이사야 강해

AN EXPOSITION ON THE BOOK OF THE PROPHET ISAIAH

〔3판〕

김효성
Hyosung Kim
Th.M., Ph.D.

옛신앙
oldfaith
2022

머리말

주 예수 그리스도(마 5:18; 요 10:35)와 사도 바울(갈 3:6; 딤후 3:16)의 증거대로, 성경은 하나님의 말씀이다. 성경이 하나님의 말씀이며 우리의 신앙과 행위에 있어서 정확무오한 유일의 법칙이라는 고백은 우리의 신앙생활에 있어서 매우 기본적이고 중요하다.

웨스트민스터 신앙고백에 진술된 대로(1:8), 우리는 성경의 원본이 하나님의 감동으로 오류가 없이 기록되었고 그 본문이 "그의 독특한 배려와 섭리로 모든 시대에 순수하게 보존되었다"고 믿는다. 이것은 교회의 전통적 견해이다. 그러므로 구약성경에서 전통적 히브리어 마소라 본문을 가장 중요하게 여기며 야곱 벤 카임에 의해 편집한 제2 랍비 성경(봄버그판)을 표준적 본문으로 간주해야 한다고 본다.

성경은 성도 개인의 신앙생활뿐 아니라, 교회의 모든 활동들에도 유일한 규범이다. 오늘날처럼 다양한 풍조와 운동이 많은 영적 혼란의 시대에, 우리는 성경으로 돌아가 성경이 무엇을 말하는지 묵상하기를 원하며 성경에 계시된 하나님의 모든 뜻을 알기를 원한다.

성경을 가지고 설교할지라도 그것을 바르게 해석하고 적용하지 않으면, 하나님의 말씀의 기근이 올 것이다(암 8:11). 오늘날 하나님의 말씀의 기근이 오고 있다고 보인다. 많은 설교와 성경강해가 있지만, 순수한 기독교 신앙 지식과 입장은 더 흐려지고 있기 때문이다.

그러므로 오늘날 요구되는 성경 해석과 강해는 복잡하고 화려한 말잔치보다 성경 본문의 바른 뜻을 간단 명료하게 해석하고 잘 적용하는 것일 것이다. 사실상, 우리는 성경책 한 권으로 충분하다. 성경 주석이나 강해는 성경 본문의 바른 이해를 위한 작은 참고서에 불과하다. 성도는 각자 성령의 도우심을 구하며 성경을 읽어야 하고, 성경 주석과 강해는 오직 참고서로만 사용해야 할 것이다.

내용 목차

서론 ·· 7
1장: 이스라엘과 유다의 부패상 ·· 9
2장: 하나님의 날 ·· 21
3장: 유다의 멸망을 예언함 ·· 33
4장: 시온의 회복 ·· 41
5장: 하나님의 심판 ·· 44
6장: 이사야의 환상 ·· 55
7장: 이스라엘의 멸망을 예언함 ·· 63
8장: 하나님을 경외하고 그 명령을 따르라 ································ 72
9장: 메시아 왕국 ·· 80
10장: 앗수르에 대한 심판 ·· 88
11장: 메시아 시대 ·· 96
12장: 하나님의 구원을 감사 찬송함 ·· 104
13장: 바벨론에 대한 말씀 ·· 108
14장: 바벨론 왕의 멸망 ·· 112
15장: 모압에 대한 말씀 ·· 120
16장: 모압의 멸망 ·· 123
17장: 다메섹에 대한 말씀 ·· 127
18장: 구스에게 주는 메시지 ·· 131
19장: 애굽에 대한 말씀 ·· 134
20장: 애굽과 구스가 사로잡힐 것 ·· 138
21장: 바벨론, 에돔, 아라비아에 대한 말씀 ······························ 141
22장: 예루살렘에 대한 말씀 ·· 145
23장: 두로에 대한 말씀 ·· 149
24장: 땅을 심판하심 ·· 153
25장: 하나님의 구원을 찬송함 ·· 157
26장: 구원의 노래 ·· 161
27장: 이스라엘의 회복 ·· 169
28장: 이스라엘에 대한 심판 ·· 173
29장: 예루살렘에 대한 진노 ·· 181
30장: 유다의 패역과 하나님의 은혜 ·· 186
31장: 하나님께로 돌아오라 ·· 194

내용 목차

32장: 메시아의 통치 ··· 198
33장: 하나님의 심판과 구원 ······························ 202
34장: 열국에 대한 심판 ···································· 209
35장: 새 세계 ··· 212
36장: 산헤립의 침입 ·· 216
37장: 히스기야의 기도와 하나님의 응답 ············ 220
38장: 히스기야의 생명 연장 ······························ 225
39장: 바벨론 사자의 방문 ································· 229
40장: 이스라엘의 회복 ····································· 233
41장: 내가 너를 도와주리라 ····························· 245
42장: 주의 종 ··· 253
43장: 하나님의 백성 ·· 261
44장: 유일하신 하나님 ····································· 277
45장: 유일하신 구원자 ····································· 288
46장: 주권적 작정자, 섭리자이심 ······················ 296
47장: 바벨론의 멸망 ·· 300
48장: 하나님의 영광을 위하여 ·························· 304
49장: 이스라엘의 회복 ····································· 311
50장: 메시아의 사역 ·· 322
51장: 하나님의 의와 구원 ································· 326
52장: 구원의 좋은 소식 ···································· 334
53장: 메시아의 고난과 대속 사역 ······················ 339
54장: 이스라엘의 영광스런 미래 ······················· 348
55장: 하나님을 청종하라 ·································· 352
56장: 이방인들도 받으심 ·································· 355
57장: 우상숭배자들을 고치심 ··························· 359
58장: 나의 기뻐하는 금식 ································· 363
59장: 하나님께서 자기 의로 구원하심 ··············· 367
60장: 영광스럽게 회복될 것 ····························· 371
61장: 메시아의 구원 시대 ································· 375
62장: 예루살렘의 회복 ····································· 379
63장: 하나님의 긍휼을 간구함 ·························· 383
64장: 하나님의 회복의 손길을 간구함 ··············· 387
65장: 하나님의 심판, 새 하늘과 새 땅 ··············· 390
66장: 하나님의 심판 ·· 398

서론

　본서의 **저자**는 선지자 이사야이다. 옛 전통에 의하면, 그는 유다 왕 므낫세 통치 기간 중 톱으로 켜져 순교를 당했다고 한다. 성경비평학자들은 이사야 40장 이하를 '제2 이사야서'라고 부르며 바벨론에서 돌아온 후 무명의 저자에 의해 기록되었다고 말한다. 그들은 성경의 예언을 믿지 않는다. 그러나 이런 견해는 성경의 진실성(시 19:7-8)과 신적 권위(요 10:35; 딤후 3:16)와 단어 영감(마 5:18; 갈 3:16)을 부정하는 이단 사상일 뿐만 아니라, 다음과 같은 사실들에도 위배된다.

　1. 이사야 40장 이하의 부분에 나타난 지리적 배경, 동식물에 관한 언급, 또 기후 조건 등은 저자가 바벨론보다 팔레스틴에 살고 있었음을 드러낸다. 예를 들어, 백향목, 디르사 나무, 상수리나무 등은 팔레스틴의 고유의 나무들이다.

　2. 우상숭배에 대한 책망(44:12-17; 57:3-10; 65:2-4)은 왕국 말기의 상황에 맞고 포로 시대나 그 후에 맞지 않는다. 에스라, 느헤미야나 말라기 등을 보면, 포로 시대나 그 후에는 우상숭배가 중요한 문제가 아니었다.

　3. 이사야 전반부와 후반부 사이의 용어나 문체의 차이점은 그것들이 다루는 주제에 관계되며, 두 부분의 공통점 혹은 유사점도 분명히 많다. 예를 들어, 구약의 다른 곳에서 오직 5회만 나오는 '이스라엘의 거룩한 자'라는 하나님의 명칭은 이사야 전반부에서 21회, 후반부에서 14회 나온다. 보수적 학자들은 두 부분에서 공통적으로 나오는 구절들이 적어도 40-50구절이 된다고 말한다.[1]

　4. 이사야 후반부도 주전 7, 8세기의 선지자들, 특히 미가의 글들과

---

1) 아쳐, 구약총론, 397쪽.

문학적 유사성이 많다. 이사야의 후반부는 언어적으로 바벨론 포로 시대의 특성인 아람어나 바벨론어의 영향이 전혀 없다. 그것은 전반부와 같이 순수한 히브리어로 되어 있다.

5. 특히 신약성경은 이사야서 전체를 한 사람 이사야에게 돌린다. 예를 들어, 요한복음 12:38, 40에서 사도 요한은 이사야 53:1과 6:10을 인용하면서 이사야의 글이라고 증거한다.

이사야서의 **주요 내용**은 심판과 구원이다. 이사야서에는 '만군의 여호와'라는 말이 61번, '영광'이 38번, '이스라엘의 거룩한 자,' '이스라엘의 거룩하신 자,' '거룩한 자'라는 말이 약 30번, '남은 자,' '남는 자,' '남아 있는 자'라는 말이 14번 사용되었다.

본문 혹은 각주에 자주 사용된 약어

KJV	영어 King James Version
NASB	영어 New American Standard Version
NIV	영어 New International Version
LXX	고대 헬라어 70인역
Syr	고대 수리아어역
It	고대 라틴어역
Vg	고대 라틴어 Vulgate역
BDB	Brown-Driver-Briggs, *Hebrew Lexicon of the O. T.*
KB	Koehler-Baumgartner, *Lexicon in Veteris Testamenti Libros*
Langenscheidt	*Langenscheidt Pocket Hebrew Dictionary*
NBD	*The New Bible Dictionary*. IVP.
Poole	Matthew Poole, *A Commentary on the Holy Bible*
JFB	Jamieson, Faussett, Brown 주석

이사야 1장: 이스라엘과 유다의 부패상

1장: 이스라엘과 유다의 부패상

1-9절, 하나님을 거역한 백성

〔1절〕 유다 왕 웃시야와 요담과 아하스와 히스기야 시대에 아모스의 아들 이사야가 유다와 예루살렘에 대하여 본 이상(異像)이라.

이사야는 주전 740년부터 680년 사이에 남쪽 유다 나라에서 사역한 선지자이었다. 그는 신약성경에서 가장 많이 인용된 선지자인데, 다른 선지자들을 합한 것보다 더 많이 인용되었다.

구약시대의 선지자들은 하나님의 특별한 도구로서 하나님의 뜻과 말씀을 전달하였다. 그들이 전한 내용은 모세의 율법과 일치하며 그 율법을 적용하는 것이었다. 그들이 전한 내용의 요지는 죄의 책망과 하나님의 심판의 경고, 그리고 회복의 예언들이며 그 회복의 예언들 중에는 메시아 예언도 포함되었다.

〔2-3절〕 하늘이여, 들으라. 땅이여, 귀를 기울이라. 여호와께서 말씀하시기를 내가 자식을 양육하였거늘 그들이 나를 거역[배반]하였도다. 소는 그 임자를 알고 나귀는 주인의 구유를 알건마는 이스라엘은 알지 못하고 나의 백성은 깨닫지 못하는도다 하셨도다.

하나님께서는 선지자 이사야를 통하여 이스라엘 백성의 죄악됨을 지적하셨다. 이스라엘 백성은 하나님을 배반하였다. 하나님께서 이스라엘 백성을 자식처럼 사랑하셨고 양육하셨음에도 불구하고, 그들은 불효막심한 자식같이, 배은망덕한 사람같이 하나님을 거역했고 배반하였다. '거역하다'는 원어(파솨 פָּשַׁע)는 '배반하다'는 뜻이다.

이스라엘 백성이 하나님을 거역하고 배반한 것은 하나님을 알지 못하였기 때문이다. 이스라엘 백성은 하나님의 은혜와 능력을 수없이 많이 체험했음에도 불구하고 그를 알지 못하였다. 그들이 하나님을 바로 알았더라면 하나님께 순종했을 것이다. 그들은 짐승보다도

이사야 1장: 이스라엘과 유다의 부패상

못한 자들이었다. 소와 나귀도 그 정도의 사랑을 받았다면 그것들은 그 주인을 알아보고 순종하였을 것이다. 죄인들이 다 그러하다.

[4-5절] 슬프다, 범죄한[죄악된] 나라요 허물진 백성이요 행악[악을 행하는 자들]의 종자[씨, 자손]요 행위가 부패한 자식이로다. 그들이 여호와를 버리며 이스라엘의 거룩한 자를 만홀히 여겨[경멸하며] 멀리하고 물러갔도다. 너희가 어찌하여 매를 더 맞으려고 더욱 더욱 패역[거역]하느냐?

이스라엘 백성은 죄악된 나라이며 허물진 백성이며 악을 행하는 자들의 씨[자손]이었고 행위가 부패한 자식이었다. 그들은 하나님을 버렸고 이스라엘의 거룩한 자를 경멸하며 멀리했다. 하나님은 사람들이 두려워해야 할 자이시며 가장 사모하며 귀히 여겨야 할 보배이신데, 이스라엘 백성은 그를 알지 못하고 버렸던 것이다.

이스라엘 백성은 매를 맞으면서도 더욱 거역하였다. '패역하다'는 원어(사라 סָרָה)는 '거역하다'는 뜻이다. 이스라엘 백성은 배교하며 변절하였다. 그들은 하나님을 거역하며 패역하였다. 그것은 사람의 본성 속에 있는 치료 불가능한 죄성이다. 사람은 스스로 자신을 고칠 수 없다. 그러므로 예레미야 17:9는 "만물보다 거짓되고 심히 부패한 것은 마음이라"고 말하였다. '심히 부패한'이라는 원어(아누쉬 אָנֻשׁ)는 '절망적이게 악한'(KJV), '치료 불가능한'(NIV)이라는 뜻이다.

[5-9절] . . . 온 머리는 병들었고 온 마음은 피곤하였으며 발바닥에서 머리까지 성한 곳이 없이 상한 것과 터진 것과 새로 맞은 흔적뿐이어늘 그것을 짜며 싸매며 기름으로 유하게 함을 받지 못하였도다. 너희 땅은 황무하였고 너희 성읍들은 불에 탔고 너희 토지는 너희 목전에 이방인에게 삼키웠으며 이방인에게 파괴됨같이 황무하였고 딸 시온은 포도원의 망대같이, 원두밭의 상직막[오이밭의 원두막](KJV, NASB)같이, 에워싸인 성읍같이 겨우 남았도다. 만군의 여호와께서 우리를 위하여 조금 남겨두지 아니하셨더면 우리가 소돔 같고 고모라 같았으리로다.

이사야는 하나님께서 이스라엘 백성에게 내리신 징벌을 증거한다. 하나님께서는 이스라엘 백성의 평안을 빼앗으셨다. 온 머리는 병들

이사야 1장: 이스라엘과 유다의 부패상

었고 온 마음은 피곤하였으며 발바닥에서 머리까지 성한 곳이 없이 상한 것과 터진 것과 새로 맞은 흔적뿐이라는 말은 하나님의 징벌이 이스라엘 나라의 높은 지도자들로부터 천한 백성들까지 미쳤고, 그것이 육신적 질병과 정신적 피곤과 연약을 포함하였음을 보인다.

또 하나님께서는 이스라엘 백성에게 치료와 회복의 처방을 주지 않으셨다. 그들은 그것을 짜며 싸매며 기름으로 유하게 함을 받지 못했다. 이스라엘 백성은 중한 병에 걸렸으나 의사의 치료를 받지 못하고 적절하고 좋은 약의 처방을 받지 못한 환자와 같았다. 이스라엘 백성이 치료와 회복의 처방을 받지 못한 것 자체가 하나님의 징벌이었다. 또 이스라엘 땅은 황폐했고 성읍들은 불에 탔고 토지는 이방인에게 삼키웠다. 하나님의 징벌은 사회적, 경제적 재앙으로 임했다.

그러나 이러한 하나님의 징벌 속에서도 이스라엘 백성을 향하신 하나님의 긍휼도 있었다. 이사야는 딸 시온이 포도원의 망대와 같이, 오이밭의 원두막과 같이, 에워싸인 성읍과 같이 겨우 남았다고 표현하며 만군의 여호와께서 조금 남겨 두지 않으셨더라면 그들이 소돔 성과 같고 고모라 성과 같았을 것이라고 말한다. 하나님께서는 그의 긍휼로 이스라엘 백성에게 조금 남겨 두셨다. 이사야서에는 '남은 자,' '남는 자,' '남아 있는 자' 등의 말이 14번 나온다.[2] 이것은 죄로 멸망케 된 인류를 향하신 하나님의 긍휼의 구원을 암시하며 그 멸망케 된 인류 중 일부를 향하신 하나님의 긍휼의 선택을 암시한다.

본문의 교훈을 정리해보자. 첫째로, 이스라엘 백성은 하나님의 특별한 사랑과 은혜를 많이 받고 체험했음에도 불구하고 불효막심하고 배은망덕한 자식같이 하나님을 배반하였고 하나님을 알지 못하였다. 그들은

---

2) 한글개역성경에 '남은 자'라는 낱말은 이사야 10:20, 21, 21, 22; 14:22, 30; 15:9; 24:6; 30:17에 아홉 번 나오고, '남는 자'라는 말은 37:31, 32에 두 번, '남아 있는 자'라는 말은 4:3; 7:22; 37:4에 세 번 나온다.

이사야 1장: 이스라엘과 유다의 부패상

짐승들보다 못한 자들이 되었다. 이성 없는 짐승들도 자기를 사랑해주는 주인을 거역하지 않고 배반하지 않고 주인의 말을 듣고 그를 기쁘게 하려고 한다. 그러나 이스라엘 백성은 세상에서 가장 큰 보배이신 하나님을 버렸고 매를 맞으면서도 더욱 거역하며 변절하였다. 그것은 인간 본성 속에 있는 치료 불가능한 죄성을 보인다. 그러나 우리는 하나님의 은혜로 심령의 변화를 받아 하나님을 알고 그를 배반치 말아야 한다.

둘째로, 하나님께서는 이스라엘 백성의 죄악에 대해 엄하게 징벌하셨다. 하나님께서는 그들을 전염병으로 치셔서 건강과 마음의 평안을 빼앗으셨고 또 그들에게 치료와 회복의 처방을 허락하지 않으셨다. 그는 또 그들에게서 사회적 평안과 경제적 안정도 빼앗으셨다. 그들에게는 전쟁과 혼란이 있었고 기근과 궁핍이 있었다. 우리는 하나님께서 우리의 죄와 악에 대해 내리시는 엄하신 징벌을 두려워해야 한다.

셋째로, 하나님께서는 징벌 중에서도 이스라엘 백성을 조금 남겨두셨다. 남은 그들은 포도원의 망대 같고 오이밭의 원두막 같았다. 하나님께서 조금 남겨두지 않으셨더라면 그들은 옛날 소돔과 고모라 성같이 완전히 멸망했을 것이다. 우리의 구원도 그러하다. 하나님께서는 예수 그리스도 안에서 인류 중 얼마를 남겨두셨다. 구원의 본질은 의(義)의 회복이다. 우리에게 의가 없었기 때문에 하나님께서는 메시아 곧 그리스도를 보내셨고 우리가 그를 믿음으로 죄씻음과 의롭다 하심을 얻게 하셨다. 바울은 "이제는 율법 외에 하나님의 한 의가 나타났으니 율법과 선지자들에게 증거를 받은 것이라. 곧 예수 그리스도를 믿음으로 말미암아 모든 믿는 자에게 미치는 하나님의 의니 차별이 없느니라. 모든 사람이 죄를 범하였으매 하나님의 영광에 이르지 못하더니 그리스도 예수 안에 있는 구속(救贖)으로 말미암아 하나님의 은혜로 값없이 의롭다 하심을 얻은 자 되었느니라"고 말했다(롬 3:21-24). 그러므로 우리는 오직 하나님의 은혜만 의지하고 주 예수 그리스도의 십자가 대속 사역과 그의(義)만 믿고 의지해야 하며, 이제는 죄와 결별한 삶을 살아야 한다.

이사야 1장: 이스라엘과 유다의 부패상

10-20절, 헛된 종교의식

〔10절〕 너희 소돔의 관원들아, 여호와의 말씀을 들을지어다. 너희 고모라의 백성아, 우리 하나님의 법에 귀를 기울일지어다.

이스라엘의 지도자들과 백성들은 옛날 멸망당한 소돔과 고모라의 관원들과 백성들과 다를 바 없었다. 옛날 소돔과 고모라 성은 물질적 풍요를 누렸던 성들이었지만, 심히 죄악되었고 불경건하고 음란했고 이웃을 사랑함이 없었다(창 13:13; 18:20; 19:1-13; 겔 16:49-50). 이와 같이, 구약시대에 하나님의 백성인 이스라엘의 지도자들은 경건하고 도덕적인 사회를 세우는 일에 무관심했고 해이하고 안이했고 부도덕했던 자들이었다. 여호와께서는 이제 그들에게 말씀하신다.

〔11절〕 여호와께서 말씀하시되 너희의 무수한 제물이 내게 무엇이 유익하뇨? 나는 숫양의 번제와 살진 짐승의 기름에 배불렀고 나는 수송아지나 어린양이나 숫염소의 피를 기뻐하지 아니하노라.

이스라엘 백성은 불경건하고 부도덕하였음에도 불구하고 형식적인 종교의식을 행하고 있었다. 그들은 무수히 많은 제물들을 하나님께 드렸다. 그들은 숫양의 번제와 살진 짐승의 기름을 드렸고 수송아지나 어린양이나 숫염소의 피를 드렸다. 오늘날 말로 표현하면, 그들은 하나님께 형식적인 예배들을 드렸고 헌금들을 바쳤다. 그러나 그런 예배들과 그런 헌금들은 하나님의 마음을 기쁘시게 하지 못했다.

〔12절〕 너희가 내 앞에 보이러 오니 그것을 누가 너희에게 요구하였느뇨? 내 마당만 밟을[짓밟을] 뿐이니라.

'밟는다'는 원어(라마스 רָמַס)는 '짓밟는다'는 뜻이다(BDB, NASB). "내 마당만 밟을 뿐이니라"는 말씀은 형식적으로 성전을 드나들 뿐 아니라, 하나님의 성전을 짓밟고 멸시한다는 뜻이다. 그것은 속임수로 하나님을 섬기는 것이며 하나님을 멸시한 것이었다. 하나님께서는 그들에게 하나님 앞에 보이러 오라고 요구한 적이 없으셨다.

이사야 1장: 이스라엘과 유다의 부패상

〔13절〕헛된 제물을 다시 가져오지 말라. 분향은 나의 가증히 여기는 바요 월삭[월삭들]과 안식일[안식일들]과 대회[대회들]로 모이는 것도 그러하니 성회와 아울러 악을 행하는 것을 내가 견디지 못하겠노라.

하나님께서는 그들의 많은 제물들을 '헛된 제물'이라고 표현하셨다. 그것은 형식적인 것들, 즉 그들의 마음에 없는 것들이었기 때문이다. 하나님께서는 그런 제물들을 다시 가져오지 말라고 말씀하셨다. 또 하나님께서는 그들의 분향과 월삭들과 안식일들과 정한 절기들의 모임들을 가증한 것이라고 표현하셨다. 그는 그것들을 미워하셨다. 왜 그러하셨는가? 그것은 그들이 성회와 아울러 악을 행하기 때문이었다. 하나님께서 원하시는 것은 단지 종교의식이 아니었고 그들이 악을 떠나는 것이었다. 악을 버리지 않고 악을 행하면서 형식적 종교의식을 행하는 것은 하나님 앞에서 헛된 일이며 가증한 일이다. 오늘날도 우리는 악을 버리고 진심으로 하나님을 경외하며 섬겨야 하고, 그렇지 않은 형식적 예배나 기도나 헌금, 형식적 예배회들과 기도회들과 집회들은 헛된 일이며 하나님 앞에 가증한 일이다.

〔14절〕내 마음이 너희의 월삭과 정한 절기를 싫어하나니 그것이 내게 무거운 짐이라. 내가 지기에 곤비하였느니라.

그들의 정기 집회들은 헛된 일일 뿐 아니라, 하나님의 싫어하시는 일이었으며 그에게 무거운 짐이 되는 일이었고 그가 지시기에 곤비한 일이었다. 그런 형식적 종교 의식들은 결코 하나님을 위한 것이 아니고 오히려 그를 피곤하게 만드는 일들일 뿐이었다. 우리는 그런 예배, 그런 헌금, 그런 기도, 그런 찬양을 하지 말아야 한다. 하나님을 섬기려는 자는 참된 경건과 순종심으로 그를 섬겨야 한다.

〔15절〕너희가 손을 펼 때에 내가 눈을 가리우고 너희가 많이 기도할지라도 내가 듣지 아니하리니 이는 너희의 손에 피가 가득함이니라.

하나님께 올리는 기도는 응답을 받을 때 의미가 있다. 그러나 그들의 기도는 하나님의 응답을 받지 못하는 기도이었다. 그들은 하나님께 많이 기도해도 소용이 없었다. 그들의 기도는 왜 응답을 받지 못하였는가? 그것은 그들의 손에 피가 가득하였기 때문이었다. 그들의 손에 가득한 피는 살인의 피이며 미움의 피이었다. 형제를 미워하는 것도 살인이라고 성경은 말한다(요일 3:15). 그들에게 미움과 살인이 가득한데 어떻게 하나님께서 그들의 기도를 들어주시겠는가?

〔16-17절〕 너희는 <u>스스로 씻으며 스스로 깨끗하게 하여 내 목전에서 너희 악업을 버리며 악행을 그치고 선행을 배우며 공의를 구하며 학대받는 자를 도와주며 고아를</u> 위하여 **신원(伸寃)하며**[원통함을 풀어주며] **과부를 위하여 변호하라 하셨느니라.**

하나님께서 말씀하신 대책은 한마디로 회개하라는 것이다. 모든 악을 버리고 선과 의를 실천하라는 것이다. 그러므로 그들은 학대받는 자를 도와주고 고아와 과부의 억울함을 풀어주어야 한다. 성경에 계시된 하나님의 뜻은 단순하고 분명하다. 그것은 우리가 죄를 회개하고 하나님과 구주 예수 그리스도를 믿고 착한 사람이 되라는 것이다. 예수님을 믿고 구원받고 의와 선과 사랑을 실천하는 것, 그것이 성경의 요점이다. 우리는 모든 악을 버리고 의와 선을 행해야 한다.

〔18-20절〕 여호와께서 말씀하시되 오라, 우리가 서로 변론하자. 너희 죄가 주홍 같을지라도 눈과 같이 희어질 것이요 진홍같이 붉을지라도 양털같이 되리라. 너희가 즐겨 순종하면 땅의 아름다운 소산을 먹을 것이요 너희가 거절하여 배반하면 칼에 삼키우리라. 여호와의 입의 말씀이니라.

많은 죄를 씻는 길은 한마디로 회개하는 것 곧 하나님께로 돌아오는 것밖에 없다. 그것은 '마음의 순종' 즉 하나님께로 마음을 돌이키는 것이다. 전에는 하나님의 뜻을 거슬러 행하였지만, 이제는 그의 뜻에 즐거이 순종하는 것이다. 그러므로 사도 베드로는 경건한 유대인들에게 말하기를, "너희가 회개하여 각각 예수 그리스도의 이름으로 세례를 받고 죄사함을 얻으라"고 하였다(행 2:38).

본문의 교훈을 정리해보자. 첫째로, 우리는 형식적 교회생활을 하지

이사야 1장: 이스라엘과 유다의 부패상

말아야 한다. 형식적인 교회생활이란 하나님을 믿는 모양만 있고 악을 버리지 않고 선을 행치 않는 교회생활이다. 그것은 실상 교회를 짓밟는 일이다. 이사야 1:12-14, "너희가 내 앞에 보이러 오니 그것을 누가 너희에게 요구하였느뇨? 내 마당만 밟을 뿐이니라. 헛된 제물을 다시 가져오지 말라. 분향은 나의 가증히 여기는 바요 월삭과 안식일과 대회로 모이는 것도 그러하니 성회와 아울러 악을 행하는 것을 내가 견디지 못하겠노라. 내 마음이 너희의 월삭과 정한 절기를 싫어하나니 그것이 내게 무거운 짐이라. 내가 지기에 곤비하였느니라." 형식적인 교인에게는 진실하고 진지한 마음이 없다. 하나님께서는 그러한 예배와 기도, 그러한 헌금과 그러한 집회들을 헛되고 가증하며 짐스러운 일이라고 말씀하셨다. 그러므로 우리는 하나님을 향한 진실함과 진지함이 없이, 하나님께서 악이라고 지적하신 바들을 회개함이 없이, 하나님께 형식적으로 예배드리고 기도하고 헌금하는 자가 되지 말아야 한다.

둘째로, 바른 교회생활은 악을 버리고 계명을 순종하면서 하는 것이다. 이사야 1:15-17, "너희가 손을 펼 때에 내가 눈을 가리우고 너희가 많이 기도할지라도 내가 듣지 아니하리니 이는 너희의 손에 피가 가득함이니라. 너희는 스스로 씻으며 스스로 깨끗케 하여 내 목전에서 너희 악업을 버리며 악행을 그치고 선행을 배우며 공의를 구하며 학대받는 자를 도와주며 고아를 위하여 신원하며 과부를 위하여 변호하라 하셨느니라." 하나님의 뜻은 우리의 거룩함이다. 우리는 계명에 어긋나는 모든 악을 버려야 한다. 우리는 하나님을 섬기지 않는 악을 버려야 하고 부모를 공경치 않는 악을 버려야 한다. 우리는 남을 미워하지 말아야 하고 음란을 버려야 하고 도적질하지 말아야 하고 거짓말하지 말아야 하고 탐심을 버려야 한다. 우리는 하나님의 계명을 순종해야 한다. 계명의 내용은 의와 선이며 사랑이다. 우리는 범사에 올바르고 선하게 살아야 한다. 우리는 우리 주위의 어려운 이웃들에 대해 선하고 너그러운 마음을 가져야 하고 또 힘있는 대로 동정하는 자가 되어야 한다.

이사야 1장: 이스라엘과 유다의 부패상

21-31절, 예루살렘의 타락과 회복

〔21-23절〕 신실하던 성읍이 어찌하여 창기가 되었는고. 공평이 거기 충만하였고 의리[의]가 그 가운데 거하였었더니 이제는 살인자들뿐이었도다. 네 은은 찌끼가 되었고 너의 포도주에는 물이 섞였도다. 네 방백들은 패역하여 도적과 짝하며 다 뇌물을 사랑하며 사례물을 구하며 고아를 위하여 신원치[원통함을 풀어주지] 아니하며 과부의 송사를 수리치 아니하는도다.

이사야는 예루살렘 성의 타락한 현실을 지적한다. 예루살렘 성은 본래 '신실하던 성읍'이었으나, 지금은 육신적 음행과 영적 음행 즉 우상숭배가 가득한 성이 되었다. 공평과 의가 충만했던 그 성은 지금 살인자들이 가득한 곳이 되었다. 죄에 대한 이성과 양심의 정죄가 없었다. 경건의 변질은 도덕적 부패를 가져온다. 사람은 하나님을 경외함으로 악을 떠난다(잠 16:6). 선지자는 또 "네 은은 찌끼가 되었고 너의 포도주에는 물이 섞였도다"라고 말한다. 찌끼가 섞인 은은 가치가 떨어지며 물이 섞인 포도주는 맛이 떨어진다. 이와 같이, 그 성은 무가치해졌고 그들은 더 이상 삶의 참된 즐거움을 누리지 못하였다.

또 유다의 지도자들은 패역했다. '패역하다'는 원어(사라르 סָרַר)는 '완고하다, 반항적이다'는 뜻이다. 그들은 하나님을 향해 완고하고 반항적이었다. 그들은 도둑들을 처벌하기는커녕 도둑들과 단짝이 되었다. 그들은 다 뇌물을 사랑하며 사례물을 좋아했다. 그들은 고아나 과부 같은 자들의 억울한 송사를 정당하고 의롭게 처리하려 하지 않았다. 이처럼 당시 구약교회는 교리적으로, 윤리적으로 심히 부패되어 있었다. 2천년 신약교회의 역사도 종종 비슷하였다.

〔24-27절〕 그러므로 주 만군의 여호와 이스라엘의 전능자(아비르 אֲבִיר)[권능자]가 말씀하시되 슬프다, 내가 장차 내 대적에게 보응하여 내 마음을 편케 하겠고 내 원수에게 보수하겠으며 내가 또 나의 손을 네게 돌려 너의 찌끼를 온전히 청결하여 버리며 너의 혼잡물을 다 제하여 버리고 내가 너의 사사[재판관]들을 처음과 같이, 너의 모사들을 본래와 같이 회복할 것이라.

이사야 1장: 이스라엘과 유다의 부패상

그리한 후에야 네가 의의 성읍이라, 신실한 고을이라 칭함이 되리라 하셨나니 시온은 공평으로 구속(救贖)이 되고 그 귀정한 자는 의로 구속이 **되리라.**

　선지자는 자기의 말과 하나님의 계시의 내용을 구별한다. 물론 그는 성령의 특별한 감동 속에서 자신과 하나님을 동일시하며 말씀을 선포할 때도 있다. 선지자는 때때로 하나님의 말씀을 직접 선포하는 자이다. 이사야는 이제 타락한 예루살렘을 향하여 하나님의 심판과 회복을 전한다. 그것은 죄인들을 향한 하나님의 공의와 긍휼의 마음을 함께 보인다. 하나님께서는 친히 예루살렘 성을 징벌하시고 깨끗케 하시고 이전과 같이 회복시키실 것이다. 하나님께서는 24, 25, 26절에서 '내가,' '내가,' '내가'라고 반복해 말씀하셨는데, 그것은 하나님께서 친히 그 일을 행하실 것을 보인다. 심판과 구원이 하나님께 있다. 하나님께서는 심판자이시며 또한 구원자이시다. 하나님께서는 심판과 구원을 행하시는 주권적 섭리자이시다.

　하나님께서는 어떻게 이스라엘 백성을 구원하시고 회복시키시는 것인가? 그는 악인들을 제거하심으로써 그렇게 하실 것이다. 하나님의 대적과 원수는 바벨론 사람들뿐 아니라, 이스라엘 백성 중 악인들도 가리킨다. 하나님께서는 이스라엘과 유다를 포로로 삼은 바벨론 나라를 징벌하실 것이며 그것이 이스라엘의 회복의 기회가 될 것이지만, 그는 또한 이스라엘 나라 안의 모든 악인들도 공의로 징벌하실 것이다. 하나님께서는 이스라엘 나라 안의 찌끼와 혼잡물을 온전히 제하여 버리실 것이며 그들의 지도자들을 본래와 같이 회복시키실 것이다. 한 사회가 바르게 되려면 그 사회의 지식인들과 지도자들이 바르게 되어야 할 것이다. 천국에는 악인들이 없을 것이다. 참된 교회 안에도 드러나게 죄를 짓는 악인들이 없어야 할 것이다.

　그런 후에, 예루살렘은 다시 경건하고 의로운 성이 될 것이다. 이것은 참 교회와 천국에서 이루어질 것이다. 죄인들은 회개하고 구원을 받을 것이다. 구원은 의(義)의 회복이다. 하나님께서는 하나님의 의

이사야 1장: 이스라엘과 유다의 부패상

로 사람을 구원하시고 의인 되게 하시며(롬 1:17; 3:21-26) 실제로 의와 거룩을 행케 하실 것이다. 구원받고 회복된 새 세계는 의의 세계가 될 것이다. 우리는 참된 교회와 천국에서 그것을 볼 것이다.

〔28-31절〕 그러나 패역한 자와 죄인은 함께 패망하고 여호와를 버린 자도 멸망할 것이라. 너희가 너희의 기뻐하던 상수리나무[테레빈 나무]로 인하여 부끄러움을 당할 것이요 너희가 너희의 택한 동산으로 인하여 수치를 당할 것이며 너희는 잎사귀 마른 상수리나무 같을 것이요 물 없는 동산 같으리니 강한 자는 삼오라기(tinder)[부싯깃](부싯돌 위에 두고 부시로 쳐서 불붙이는 물건) 같고 그의 행위는 불티같아서 함께 탈 것이나 끌 사람이 없으리라.

이사야 선지자는 악인들에 대한 하나님의 심판을 말한다. 그들이 기뻐하던 상수리나무로 인하여 부끄러움을 당하고 그들이 택한 동산으로 인하여 수치를 당할 것이라는 말씀은 그들이 그 곳들에서 행했던 우상숭배로 인해 수치를 당할 것이라는 뜻이다. 선지자 호세아도 말하기를, "저희가 산꼭대기에서 제사를 드리며 작은 산 위에서 분향하되 참나무와 버드나무와 상수리나무 아래서 하니 이는 그 나무 그늘이 아름다움이라. 이러므로 너희 딸들이 행음하며 너희 며느리들이 간음을 행하는도다"라고 하였고(호 4:13), 후에, 선지자 예레미야도 말하기를, 이스라엘 백성이 "모든 높은 산 위와 모든 푸른 나무 아래서 몸을 굽혀 행음하도다"라고 하였다(렘 2:20).

이스라엘 백성은 자기들의 우상숭배 때문에 멸망할 것이다. 그들은 잎사귀 마른 상수리나무 같을 것이며 물 없는 동산 같을 것이다. 강한 자는 삼오라기[부싯깃] 같고 그의 행위는 불티같아서 함께 탈 것이나 끌 사람이 없을 것이다. 악인들은 물 없는 동산에 잎사귀가 마른 상수리나무같이 완전히 불타서 멸망할 것이다. 패역한 자들과 죄인들은 함께 망하고 여호와를 버린 자도 멸망할 것이다. 결국, 하나님의 계명을 거슬러 행한 자들은 다 멸망할 것이다. 하나님의 철저한 공의의 심판이 다 이루어질 것이다.

이사야 1장: 이스라엘과 유다의 부패상

본문의 교훈을 정리해보자. 첫째로, 예루살렘 성은 신실하고 공평이 충만하며 의가 있는 성이었고 은과 같이 가치가 있고 포도주같이 맛이 있고 즐거움을 주는 도시이었으나, 지금은 도덕적으로 타락했고, 찌끼가 섞인 은 같고, 물이 섞여 맛이 없는 포도주같이 되었다. 물론 우리가 과거의 잘한 것은 잘한 것이지만, 하나님께서는 우리의 현재가 어떠한지에 대해 물으신다. 하나님 앞에서는 우리의 현재의 상태가 중요한 것이다. 그러므로 우리는 우리가 과거에 잘한 점들을 자랑하지 말고 현재 우리의 영적 상태, 신앙적 상태가 어떠한지 또 우리의 현재의 도덕적, 인격적 부족이 무엇인지 살펴야 하고 반성하고 고쳐야 한다.

둘째로, 하나님의 옛 백성 이스라엘은 심히 부패하고 타락하였으나, 하나님께서는 "내가 그들 가운데서 찌끼를 청결케 하고 그들을 회복시키겠다"고 말씀하셨다. 하나님께서는 구주이시다! 그는 우리의 구원을 시작하시고 완성하시는 분이시다. 그는 실제로 우리를 구원하시는 분이시다. 우리는 우리의 구원 얻은 것이 하나님의 전적인 은혜임을 깨닫고, 사람이나 사람 속에 있는 선한 무엇을 자랑하지 말고 오직 하나님께만 감사하고 찬송하며 예수 그리스도만 항상 의지해야 하고 또 우리의 성화(聖化)[거룩하여짐]도 하나님의 은혜로만 되는 줄 알고 하나님의 은혜를 구하고 하나님만 의지하고 성령의 도우심만 의지해야 한다.

셋째로, 하나님의 구원의 목표와 방향은 의와 거룩이다. 구주 예수 그리스도께서는 십자가에 죽으심으로 우리의 의를 이루셨다(롬 10:4). 우리는 구주 예수 그리스도를 믿음으로 죄사함을 얻었고 의롭다 하심을 얻었다(행 10:43; 롬 3:28). 이것은 법적인 의이며 법적인 구원이다. 그러나 하나님께서는 우리가 법적으로 뿐만 아니라, 또한 실제적으로도 의롭고 거룩한 삶을 살기를 원하신다. 우리는 실제로 거룩하고 의롭게 살아야 한다. 우리는 육신의 죄성을 따라 살면 반드시 죽을 것이다(롬 8:13). 불경건하고 불의하고 불결한 자들은 결국 멸망할 것이다. 우리는 날마다 현실 속에서 실제로 거룩하고 의롭게 살아야 한다.

이사야 2장: 하나님의 날

2장: 하나님의 날

1-4절, 여호와의 전의 산

〔1절〕 아모스의 아들 이사야가 받은 바 유다와 예루살렘에 관한 말씀이라.

미가 4:1-3에도 본문과 매우 비슷한 내용이 있다. 이사야와 미가는 같은 시대에 사역한 선지자이었고 하나님께서는 그 두 선지자에게 같은 내용의 말씀을 주셨다. 하나님께서 주신 내용은 "마지막 날들에" 되어질 일에 관한 것이었다. 그것은 신약시대에 관한 것이었다. 신약시대는 말세의 시작이다. 그러므로 사도 베드로는 그의 서신에서 "만물의 마지막이 가까왔다"고 말하였고(벧전 4:7), 사도 요한도 그의 서신에서 "이것이 마지막 때라"고 말하였다(요일 2:18).

성경에 의하면, 인류의 역사는 대략 주전 4천년 전부터 시작된다. 구약시대가 약 4천년이며 신약시대가 지금부터 약 2천년 전부터이다. 천지 창조는 주전 4천년경에 있었다. 노아의 출생은 주전 3천년경에 있었고, 아브라함의 출생은 주전 2천년경에, 또 다윗의 출생은 주전 천년경에 있었다. 신약교회 시대는 2천년이 흐르고 있다. 이 2천년은 교회의 확장의 기간이었지만, 그 중 주후 500년부터 1500년까지 천년 동안은 서방교회가 매우 부패하고 변질된 기간이었다. 이것이 로마 천주교회 시대이었다. 주후 1500년대 초, 종교개혁이 일어났고 교회가 새로워졌고 개신교회들이 세워졌고 부흥하며 확장되었다.

19세기 이후 세계복음화가 힘있게 촉진되었으나, 20세기에 들어와 교회들은 다시 불신앙과 배교에 떨어지고 있고, 이단적인 자유주의 신학과 잘못된 연합운동과 은사운동의 확산, 또한 교회음악과 예배 형식에 있어서의 세속화로 인해 심각한 혼란을 겪고 있다. 주의 재림과 역사의 대종말이 가깝다고 느껴진다. 인류의 역사 6천년은 매우 긴 시간이었다. 인류의 역사는 시작이 있고 대종말이 있다. 그 후에는 영원한 세계, 즉 복된 천국과 두려운 지옥이 펼쳐질 것이다.

〔2절〕 말일에[마지막 날에] **여호와의 전의 산이 모든 산 꼭대기에 굳게 설 것이요 모든 작은 산 위에 뛰어나리니 만방이 그리로 모여들 것이라.**

'여호와의 전의 산'은 시온산으로서 신약교회를 가리키고, 또 '모든 산꼭대기'와 '모든 작은 산'은 이방 나라들과 이방 종교들을 가리킨다고 본다. 신약교회는 하나님의 나라의 시작이며 모든 나라들과 이방 종교들 위에 뛰어날 것이다. 이것은 교회의 영광을 보인다.

만방이 그리로 모여든다는 것은 세계복음화를 말한다. 모든 나라, 모든 민족에게서 하나님의 택한 백성들이 신약교회 안으로 모여들며 강물처럼 흘러 들어올 것이다. 세계복음화는 구약성경에도 밝히 계시된 바이다. 하나님께서는 아브라함에게 "네 씨로 말미암아 천하 만민이 복을 얻으리라"고 말씀하셨고(창 22:18), 시편 67:3은 "하나님이여, 민족들로 주를 찬송케 하시며 모든 민족으로 주를 찬송케 하소서," 시편 113:3은 "해 돋는 데서부터 해 지는 데까지 여호와의 이름이 찬양을 받으시리로다," 시편 117:1은 "너희 모든 나라들아, 여호와를 찬양하며 너희 모든 백성들아, 저를 칭송할지어다"라고 말하였다.

주 예수께서는 제자들에게 세계복음화의 사명을 엄숙히 명하셨다. 그는, "그러므로 너희는 가서 모든 족속으로 제자를 삼아 아버지와 아들과 성령의 이름으로 세례를 주고 내가 너희에게 명한 모든 것을 가르쳐 지키게 하라"(마 28:19-20), "너희는 온 천하에 다니며 만민에게 복음을 전파하라"(막 16:15), "아버지께서 나를 보내신 것같이 나도 너희를 보내노라"(요 20:21), "성령이 너희에게 임하시면 너희가 권능을 받고 예루살렘과 온 유대와 사마리아와 땅끝까지 이르러 내 증인이 되리라"(행 1:8)고 말씀하셨다. 세계복음화는 하나님의 뜻이

이사야 2장: 하나님의 날

며 하나님께서 신약교회에 주신 최대의 임무와 사명이다.

〔3절〕 많은 백성이 가며 이르기를 오라, 우리가 여호와의 산(山)에 오르며 야곱의 하나님의 전(殿)에 이르자. 그가 그 도(道)로 우리에게 가르치실 것이라. 우리가 그 길로 행하리라 하리니 이는 율법이 시온에서부터 나올 것이요 여호와의 말씀이 예루살렘에서부터 나올 것임이니라.

많은 민족과 백성이 여호와의 산에 오르며 야곱의 하나님의 전에 이를 것이다. 그것은 세계의 모든 족속이 신약교회 안으로 들어올 것을 보인다. 주 예수께서는 "이 천국 복음이 모든 민족에게 증거되기 위하여 온 세상에 전파되리니 그제야 [세상] 끝이 오리라"고 말씀하셨다(마 24:14). 사도 요한은 환상 가운데서 "각 나라와 족속과 백성과 방언에서 아무라도 능히 셀 수 없는 큰 무리가 흰옷을 입고 손에 종려가지를 들고 보좌 앞과 어린양 앞에 선" 것을 보았다(계 7:9). 그는 또 "세상 나라가 우리 주와 그 그리스도의 나라가 되어 그가 세세토록 왕노릇하시리로다"라고 외치는 하늘에서 나는 큰 음성을 들었다(계 11:15). 세계복음화는 성취되고 있고 마침내 다 성취될 것이다.

복음은 예루살렘에서부터 전파될 것이다. 주께서는 "그의 이름으로 죄사함을 얻게 하는 회개가 예루살렘으로부터 시작하여 모든 족속에게 전파될 것이 기록되었다"라고 하셨고(눅 24:47), "오직 성령이 너희에게 임하시면 너희가 권능을 받고 예루살렘과 온 유대와 사마리아와 땅끝까지 이르러 내 증인이 되리라"고 말씀하셨다(행 1:8).

〔4절〕 그가 열방 사이에 판단하시며 많은 백성을 판결하시리니 무리가 그 칼을 쳐서 보습[쟁기날]을 만들고 그 창을 쳐서 낫을 만들 것이며 이 나라와 저 나라가 다시는 칼을 들고 서로 치지 아니하며 다시는 전쟁을 연습지 아니하리라.

하나님께서는 마지막 날 천하 만국을 심판하실 것이다. 하나님의 최후 심판이 있은 후에 세상에는 더 이상 전쟁이 없을 것이다. 칼은 쟁기날이나 만들고 창은 낫이나 만들 것이다. 나라와 나라 간의 전쟁

이사야 2장: 하나님의 날

이 없을 것이며 전쟁을 위한 연습이나 훈련도 없을 것이다. 평화로운 시대가 올 것이다. 천국은 의와 평안이 충만한 복된 세계일 것이다. 호세아 선지자도, "그 날에는 . . . 이 땅에서 활과 칼을 꺾어 전쟁을 없이하고 저희로 평안히 눕게 하리라"고 예언하였다(호 2:18).

본문의 교훈을 정리해보자. 첫째로, 우리는 신약시대가 마지막 때임을 알고 구주 예수 그리스도만 의지해야 한다. 이사야가 예언한 마지막 날들의 일들은 신약시대에 이루어지고 있다. 주 예수께서 오심으로 새 시대가 시작되었고, 신약시대는 종말의 시작이다. 예수께서는 하나님께서 보내주신 구주이시다. 인류를 죄에서 구원할 다른 구주는 없으시다. 오직 주 예수 그리스도만 인류의 구원자이시다. 그가 세상의 심판자로 다시 오실 때 인류 역사의 종말과 천국과 지옥이 펼쳐질 것이다. 그러므로 우리는 굳센 마음으로 주 예수께 붙어 있고(행 11:23), 항상 하나님의 은혜 안에 거하고(행 13:43), 주 예수님만 믿어야 한다(행 14:22).

둘째로, 우리는 세계복음화가 하나님의 뜻이며 큰 명령인 것을 알고 세계복음화의 일에 동참해야 한다. 사도 시대에 복음이 온 세상에 전파되기 시작했다(롬 15:19). 사도 바울은 이 복음이 천하 만민에게 전파된 바라고 증거하였다(골 1:23). 오늘날 이 복음이 세계 곳곳에 전파되고 있으나 아직도 복음이 들어가지 않은 곳이 있다면, 우리는 전도자들을 그 곳으로 보내야 하며 전도지들을 그 곳에 배포해야 한다. 우리는 세계복음화의 일에 직접 몸으로, 또 기도로, 또 헌금으로 동참해야 한다.

셋째로, 우리는 평안의 날을 소망해야 한다. 하나님의 마지막 심판이 있은 후 복된 평안의 세계가 올 것이다. 주 예수께서는 평안의 왕으로 오셨다(사 9:6-7). 천국은 의와 평안의 나라다(롬 14:17). 하나님의 약속대로 의인들이 살게 될 새 하늘과 새 땅이 올 것이다(벧후 3:13). 거기에는 모든 죄와 눈물과 고통과 질병과 죽음이 없을 것이다(계 21:4). 우리는 이 의와 평안과 기쁨의 천국이 올 것을 확신하고 소망해야 한다.

이사야 2장: 하나님의 날

5-11절, 하나님께서 버리심

〔5절〕 **야곱 족속아, 오라. 우리가 여호와의 빛에 행하자.**

빛은 지식과 진리와 의와 기쁨과 생명을 상징한다. '여호와의 빛'은 하나님의 지식과 진리와 의와 기쁨과 생명을 가리킬 것이다. 시편 119:105, "주의 말씀은 내 발에 등이요 내 길에 빛이니이다." 요한복음 1:1-4, "태초에 말씀이 계시니라. . . . 만물이 그로 말미암아 지은 바 되었으니 지은 것이 하나도 그가 없이는 된 것이 없느니라. 그 안에 생명이 있었으니 이 생명은 사람들의 빛이라." 요한복음 1:9, "참 빛 곧 세상에 와서 각 사람에게 비취는 빛이 있었나니." 그것은 예수님을 가리켰다. 요한일서 1:5-7, "우리가 저에게서 듣고 너희에게 전하는 소식이 이것이니 곧 하나님은 빛이시라. 그에게는 어두움이 조금도 없으시니라. 만일 우리가 하나님과 사귐이 있다 하고 어두운 가운데 행하면 거짓말을 하고 진리를 행치 아니함이거니와 저가 빛 가운데 계신 것같이 우리도 빛 가운데 행하면 우리가 서로 사귐이 있고 그 아들 예수의 피가 우리를 모든 죄에서 깨끗하게 하실 것이요." 우리는 하나님의 지식과 진리 안에 행해야 하며 그의 의와 기쁨과 생명 안에서 살아야 한다. 그것이 구원 얻은 성도의 삶이며, 사람의 참 행복이 거기에 있다. 시편 119:1, "행위 완전하여 여호와의 법에 행하는 자가 복이 있음이여." 성도의 삶은 말씀의 빛 안에서 사는 것이다.

〔6절〕 〔이는〕 **주께서 주의 백성 야곱 족속을 버리셨음은 그들에게 동방 풍속이 가득하며 그들이 블레셋 사람같이 술객이 되며 이방인으로 더불어 손을 잡아 언약하였음이라.**

하나님께서는 자기 백성인 야곱 족속을 버리셨다. 하나님께서 그들을 버리신 이유는 그들의 죄악 때문이었다. 사람이 하나님께 버림을 받는 이유는 한가지뿐이다. 그것은 죄 때문이다. 이스라엘의 죄는 무엇보다 우상숭배의 죄이었다. 우상숭배는 죄 중에 첫 번째 죄악이다. 그것은 하나님 대신 하나님 아닌 것을 섬기는 죄악이다. 열왕기하 17:6-8, "호세아 9년에 앗수르 왕이 사마리아를 취하고 이스라엘 사람을 사로잡아 앗수르로 끌어다가 할라와 고산 하볼 하숫가와 메대 사람의 여러 고을에 두었더라. 이 일은 이스라엘 자손이 자기를 애굽에서 인도하여 내사 애굽 왕 바로의 손에서 벗어나게 하신 그 하나님 여호와께 죄를 범하고 또다른 신들을 경외하며 여호와께서 이스라엘 자손 앞에서 쫓아내신 이방 사람의 규례와 이스라엘 여러 왕의 세운 율례를 행하였음이라." 우상숭배가 이스라엘 멸망의 죄이었다.

이스라엘의 우상숭배는 어디에서 비롯되었는가? 그것은 이방인들과의 교제에서 비롯되었다. 이스라엘 땅에는 동방 풍속, 곧 앗수르와 바벨론의 풍속이 가득하였다. 그것은 무역이나 국제결혼 등을 통해 들어왔을 것이다. 그들은 블레셋 사람들같이 술객이 되었다. 거짓된 신비주의가 이스라엘 땅에 유행했다. 또 그들은 이방인들로 더불어 손을 잡아 언약했다. 종교의 부패는 이처럼 잘못된 교제를 통해 시작되었고 조장되었다. 하나님께서는 일찍이 이방인들과의 결혼을 금하시며 잘못된 교제가 종교의 부패를 가져올 것을 경계하셨다. 신명기 7:1-4, "네 하나님 여호와께서 너를 인도하사 네가 가서 얻을 땅으로 들이시고 네 앞에서 여러 민족 헷 족속과 기르가스 족속과 아모리 족속과 가나안 족속과 브리스 족속과 히위 족속과 여부스 족속 곧 너보다 많고 힘이 있는 일곱 족속을 쫓아내실 때에 네 하나님 여호와께서 그들을 네게 붙여 너로 치게 하시리니 그때에 너는 그들을 진멸(殄滅)할 것이라. 그들과 무슨 언약도 말 것이요 그들을 불쌍히 여기지도 말 것이며 또 그들과 혼인하지 말지니 네 딸을 그 아들에게 주지 말 것이요 그 딸로 네 며느리를 삼지 말 것은 그가 네 아들을 유혹하여 그로 여호와를 떠나고 다른 신들을 섬기게 하므로 여호와께서 너희에게 진노하사 갑자기 너희를 멸하실 것임이니라."

이사야 2장: 하나님의 날

[7-9절] 그 땅에는 은금이 가득하고 보화가 무한하며 그 땅에는 마필이 가득하고 병거가 무수하며 그 땅에는 우상도 가득하므로 그들이 자기 손으로 짓고 자기 손가락으로 만든 것을 공경[경배]하여 천한 자도 절하며 귀한 자도 굴복하오니 그들을 용서하지 마옵소서.

이스라엘 땅에는 은금이 가득하고 보화가 무한하며 말들이 가득하고 병거가 무수하였다. 그들의 경제력은 컸고 군사력은 강하였다. 그 땅에는 우상도 가득하였다. 그들은 하나님 대신 자신들의 물질적인 유여함과 군대의 힘을 의지했다. 우상숭배는 물질적 유여함과 사회적 안정 속에서 더 활발해졌다. 그들은 자기 손으로 우상을 만들고 자기 손가락으로 만든 그것을 경배하여 천한 자도 절하며 귀한 자도 거기에 굴복하였다. 이스라엘 백성은 자기 손으로 만든 허무한 것을 섬기고 있었다. 천한 자나 귀한 자나 다 우상숭배에 빠져 있었다.

그러므로 선지자 이사야는 "그들을 용서하지 마옵소서"라고 말한다. 하나님의 버리심은 더 이상 용서가 없는 하나님의 마지막 조처이었다. 그것은 신약성경이 말하는 '사망에 이르는 죄'와 같았다. 사도 요한은, "형제가 사망에 이르지 아니한 죄 범하는 것을 보거든 구하라. 그러면 사망에 이르지 아니하는 범죄자들을 위하여 저에게 생명을 주시리라. 사망에 이르는 죄가 있으니 이에 대하여 나는 구하라 하지 않노라"고 말하였다(요일 5:16). 이스라엘 백성은 용서받지 못할 심각한 죄악, 즉 우상숭배의 죄의 자리에 떨어져 있었다.

[10-11절] 너희는 바위틈에 들어가며 진토에 숨어 여호와의 위엄과 그 광대하심[두려우심과 위엄]의 영광을 피하라. 그 날에 눈이 높은 자가 낮아지며 교만한 자가 굴복되고[그 날에 사람의 교만한 눈이 낮아지며 사람들의 높은 마음이 굴복되고] 여호와께서 홀로 높임을 받으시리라.

선지자 이사야는 하나님의 버리심의 결과에 대해 증거한다. 하나님의 버리심의 결과는 하나님의 진노와 심판이었다. 그들은 바위틈이나 땅 속에 숨어 여호와의 두려우심과 위엄의 영광을 피해야 할 것

이사야 2장: 하나님의 날

이다. 그런데 우상숭배의 근본 원인은 사람의 교만이었다. 그러므로 하나님의 진노의 때에 사람들의 교만한 눈과 높은 마음은 다 꺾어지고 부서질 것이며 여호와께서는 홀로 높임을 받으실 것이다. 사무엘상 15:22-23, "순종이 제사보다 낫고 듣는 것이 숫양의 기름보다 나으니 이는 거역하는 것은 사술의 죄와 같고 완고한 것은 사신 우상에게 절하는 죄와 같음이라." 하나님의 심판이 있을 것이다. 그 심판은 그의 섭리의 결말이며 이 세상의 종말이고 새 시대의 시작이 될 것이다.

본문의 교훈을 정리해보자. 첫째로, 이스라엘이 버림을 받은 근본적 이유는 우상숭배 때문이었다. 그들에게 동방 풍속이 가득했고 그들은 블레셋 사람처럼 술객이 되었다. 우상숭배는 하나님을 배반하고 하나님 아닌 것을 섬기는 죄로서 십계명의 1, 2계명을 어긴 죄이며 사람의 죄 중에 가장 큰 죄이다. 현대인의 우상은 돈과 쾌락이다. 우상숭배자는 지옥에 던지울 것이다(계 21:8). 우리는 우상숭배를 멀리해야 한다.

둘째로, 이스라엘이 우상숭배에 떨어진 것은 이방인들과의 교제 때문이었다. 그들은 이방인들과 손을 잡고 언약하였다. 우리는 불신 결혼을 하지 말고 불신자와의 교제를 조심해야 한다. 그러므로 사도 바울은 "너희는 믿지 않는 자와 멍에를 같이하지 말라"고 교훈했다(고후 6:14).

셋째로, 이스라엘에는 은금과 보화가 많았고 말과 병거가 많았으나 그 물질적 부요는 그들로 안이하게 만들었고 하나님을 참으로 섬기지 못하게 만들었다. 부자는 믿음 생활 바로 하기가 어렵고 천국에 들어가기가 어렵다. 우리는 물질적 유여함을 의지하지 말고 조심해야 한다.

넷째로, 우상숭배의 근본 원인은 사람의 교만이다. 그러나 하나님의 심판 때에 사람의 모든 교만이 다 파해지고 하나님만 홀로 높임을 받으실 것이다. 그러므로 우리는 겸손히 하나님만 높이고 하나님의 빛에 행해야 한다. 우리는 하나님의 지식과 진리와 의를 믿고 실천하며 살아야 한다. 거기에 성도의 참된 기쁨과 평안이 있고 행복과 영생이 있다.

이사야 2장: 하나님의 날

12-22절, 여호와의 날

[12절] 대저 만군의 여호와의 한 날이 모든 교만자와 거만자와 자고(自高)핸[높여진] 자에게 임하여 그들로 낮아지게 하고.

선지자가 앞절에서 "그 날에 눈이 높은 자가 낮아지며 교만한 자가 굴복되고 여호와께서 홀로 높임을 받으시리라"고 말한 이유는 만군의 여호와의 날이 모든 교만한 자들과 거만한 자들과 자기를 높이는 자들에게 임하여 그들로 낮아지게 할 것이기 때문이다. '만군의 여호와'는 하늘의 군대인 천군 천사들의 섬김을 받으시는 여호와라는 뜻이다. 천사들은 하나님의 뜻을 수행하는 자이며 그의 심판의 수종자들이다. 그들의 수효는 헤아릴 수 없이 많다.

여호와의 날 곧 하나님의 심판과 진노와 징벌의 날이 올 것이다. 그 날은 모든 교만한 자들과 거만한 자들과 높여진 자들에게 임하여 그들로 낮아지게 할 것이다. 교만은 사람의 가장 근본적인 죄악이며 실상 가장 큰 죄이다. 그것은 하나님을 대적하는 죄이다. 하나님 없는 세상 사람들의 특징은 교만이다. 그들은 사람을 만물의 척도로 본다. 그들의 삶에는 하나님이 기준이 아니고 사람이 기준이다.

교만은 하나님 대신 자기 자신을 높이는 것이다. 교만한 자는 자기 주관, 자기 주견, 자기 고집만 내세운다. 또 그것은 불순종으로 나아간다. 하나님을 부정하고 대적하는 인간 중심의 사상은 사상적 교만이며, 선을 행하고 자신을 자랑하는 것은 도덕적 교만이다. 성경을 좀 읽는 자, 기도를 좀 하는 자는 신앙적 교만, 영적 교만에 빠지기 쉽다. 하나님께서는 교만한 자를 미워하시고 물리치시고 낮추신다.

실상, 사람은 아무것도 아니다. 사람은 세상을 만든 자가 아니다. 자기 자식도 자기가 만든 것이 아니고 단지 낳았을 뿐이며 조물주의 도구가 된 것뿐이다. 사람은 자기의 존재 목적도 스스로 알지 못하고 죽음 후의 일도 알지 못한다. 사람은 세상의 기원도, 세상의 종말도

이사야 2장: 하나님의 날

알지 못한다. 사람은 질병 앞에서나 죽음 앞에서 지극히 무능하다.

〔13-16절〕 또 레바논의 높고 높은 모든 백향목과 바산의 모든 상수리나무와 모든 높은 산과 모든 솟아오른 작은 산과 모든 높은 망대와 견고한 성벽과 다시스의 모든 배와 모든 아름다운 조각물에 임하리니.

레바논의 높고 높은 모든 백향목과 바산의 모든 상수리나무라는 말은 이웃 나라의 교만한 지도자들을 가리킨 것 같다. "모든 높은 산과 모든 솟아오른 작은 산"은 교만한 이웃 나라들을 가리키고, "모든 높은 망대와 견고한 성벽"은 그들의 강한 성들을 가리켰고, "다시스의 모든 배와 모든 아름다운 조각물"은 그들의 물질적 부요를 가리켰다고 본다. '조각물'이라는 원어(쉐키이요옷 שְׂכִיּוֹת)는 '보물들, 조각품들'이라는 뜻이다. 돈이 많은 부자들은 마음이 교만하기 쉽다.

〔17-18절〕 그 날에 자고한[높여진] 자는 굴복되며 교만한 자는 낮아지고 여호와께서 홀로 높임을 받으실 것이요 우상들은 온전히 없어질 것이며.

하나님께서는 교만한 자들을 미워하신다. 잠언 6:16-17, "여호와의 미워하시는 것 곧 그 마음에 싫어하시는 것이 6, 7가지니 곧 교만한 눈과." 잠언 8:13, "여호와를 경외하는 것은 악을 미워하는 것이라. 나는 교만과 거만과 악한 행실과 패역한 입을 미워하느니라." 하나님께서는 교만한 자를 대적하시고 물리치신다. 베드로전서 5:5, "하나님이 교만한 자를 대적하시되 겸손한 자들에게는 은혜를 주시느니라."

온 세상의 주권자와 왕이신 하나님께서는 홀로 영광을 받으시기에 합당하시다. 그러므로 우리는 하나님께서 우리의 삶의 목적이시며 최고의 가치 곧 가장 귀한 분이심을 알아야 한다. 우리는 오직 하나님만 의지하고 하나님만 높이고 하나님만 따라야 한다. 시편의 히브리어 명칭은 '찬양들'이라는 뜻이며 시편의 주요 내용과 결론은 하나님을 찬송하는 것이다. 우리는 하나님만 높이며 찬양해야 한다.

우상들은 온전히 없어질 것이다. 우상은 사람이 고안해낸 것이다. 그것은 사람이 교만과 무지 속에서 자기 뜻대로 만들어낸 헛것이다.

이사야 2장: 하나님의 날

시편 115:4-8, "저희 우상은 은과 금이요 사람의 수공물이라. 입이 있어도 말하지 못하며 눈이 있어도 보지 못하며 귀가 있어도 듣지 못하며 코가 있어도 맡지 못하며 손이 있어도 만지지 못하며 발이 있어도 걷지 못하며 목구멍으로 소리도 못하느니라. 우상을 만드는 자와 그것을 의지하는 자가 다 그와 같으리로다." 오늘날의 우상도 마찬가지다. 사람의 이성이나 돈이나 세상적 부귀 영광이나 육신의 쾌락 등은 재앙의 날에 헛되다. 에스겔 7:19, "그들이 그 은을 거리에 던지며 그 금을 오예물같이 여기리니 이는 여호와 내가 진노를 베푸는 날에 그 은과 금이 능히 그들을 건지지 못하며 능히 그 심령을 족하게 하거나 그 창자를 채우지 못하고 오직 죄악에 빠뜨리는 것이 됨이로다."

〔19-21절〕 사람들이 암혈과 토굴로 들어가서 여호와께서 일어나사 땅을 진동시키시는 그의 위엄과 그 광대하심[두려우심과 위엄]의 영광을 피할 것이라. 사람이 숭배하려고 만들었던 그 은 우상과 금 우상을 그 날에 두더쥐와 박쥐에게 던지고 암혈과 험악한 바위틈에 들어가서 여호와께서 일어나사 땅을 진동시키시는 그의 위엄과 그 광대하심[두려우심과 위엄]의 영광을 피하리라.

하나님의 심판의 날이 오면, 사람들은 자기들이 섬겼던 은 우상과 금 우상이 다 쓸모 없고 무가치하고 무익하고 무능한 것임이 드러났기 때문에 그것들을 던져버릴 것이다. 그들은 바위굴과 험악한 바위 틈에 들어가서 하나님의 위엄과 그 위대하심의 영광을 피할 것이며 그것을 보고 심히 두려워 떨 것이다.

〔22절〕 너희는 인생을 의지하지 말라(키들루 חִדְלוּ)[끊으라]. 그의 호흡은 코에 있나니 수에 칠 가치가 어디 있느뇨?

우리는 사람을 높이고 자랑하고 의지하는 것을 끊어야 한다. 사람은 그 호흡이 코에 있으며 수에 칠 가치가 없다. 사람의 모든 대단하게 보이는 것들은 그가 죽으면 그것으로 끝나고 다 헛되게 된다. 그러므로 우리는 사람을 의지하거나 높이거나 자랑하지 말아야 한다.

이사야 2장: 하나님의 날

본문의 교훈을 정리해보자. 첫째로, 하나님께서는 교만한 이스라엘을 치실 것이다. 그것은 여호와의 날, 그의 심판과 진노와 징벌의 날이 임할 때 나타날 것이다. 하나님께서는 교만한 모든 사람들을 낮추실 것이다. 교만은 사람의 죄들 중에서 가장 근본적인 죄이다. 교만은 불신앙과 불순종으로 나아간다. 하나님께서는 교만을 매우 미워하신다. 교만한 자는 멸망할 것이다. 잠언 16:18은 사람이 교만하면 패망하고 마음이 거만하면 넘어진다고 말한다. 우리는 모든 교만을 버려야 한다. 성도는 신앙적 교만도 경계해야 한다. 주께서는 "너희 중에 누구든지 크고자 하는 자는 너희를 섬기는 자가 되고 너희 중에 누구든지 으뜸이 되고자 하는 자는 너희 종이 되어야 하리라"고 말씀하셨다(마 20:26-27).

둘째로, 하나님의 심판의 날이 오면 우상들은 온전히 없어질 것이다. 사람들은 자기가 경배하려고 만들었던 은 우상과 금 우상을 두더지와 박쥐에게 던질 것이다. 우상들은 사람들의 기도를 듣지 못하고 그들에게 아무 도움을 주지도 못한다. 현대적 우상도 마찬가지이다. 현대인의 우상은 사람의 이성이나 돈이나 세상적인 부귀 영광이나 육신적 쾌락이다. 많은 사람들이 사람의 이성이나 돈이나 세상적인 부귀 영광이나 육신적 쾌락을 하나님보다 더 가치 있게 여기며 살고 있지만, 그것들은 실상 다 헛된 우상들이다. 골로새서 3:5, "탐심은 우상숭배니라." 우리는 그 모든 헛된 우상들을 다 버려야 한다. 그것들은 하나님의 심판의 날에 헛된 것임이 드러날 것이다. 그것들은 참으로 허무한 것들이다.

셋째로, 우리는 오직 하나님만 의지하고 하나님만 높여야 한다. 17-18절, "그 날에 자고한 자는 굴복되며 교만한 자는 낮아지고 여호와께서 홀로 높임을 받으실 것이요 우상들은 온전히 없어질 것이며." 그러므로 선지자는 결론적으로 인생을 높이거나 의지하지 말라고 말하고 또 인생은 수에 칠 가치가 없다고 말한다. 그러므로 우리는 오직 영원히 살아계신 하나님, 전지전능하시고 의로우시고 선하시고 진실하신 하나님만 의지하고 높여야 한다. 그것이 성도의 삶의 첫 번째 목표이다.

3장: 유다의 멸망을 예언함

1-12절, 유다의 멸망과 혼란을 예언함

[1-3절] [이는] 보라, 주 만군의 여호와께서 예루살렘과 유다의 의뢰하며 의지하는 것을 제하여 버리시되[버리실 것임이라.] 곧 그 의뢰하는 모든 양식과 그 의뢰하는 모든 물과 용사와 전사(戰士)와 재판관과 선지자와 복술자와 장로와 50부장과 귀인과 모사와 공교한 장인과 능란한 요술자를 그리하실 것이며.

본문은 앞절에서 "인생을 의지하지 말라"는 말씀에 대한 이유를 보인다. 그 이유는, '주 만군의 여호와' 곧 주권적 섭리자 하나님께서 예루살렘과 유다의 의뢰하는 것을 제하여 버리실 것이며 그 중에는 각 방면의 훌륭한 사람들도 포함될 것이기 때문이다. 선지자 이사야는 유다 백성이 의지했던 것들을 열거한다. 첫째는 식품들이다. 양식과 물은 사람의 생존에 필요한 것인데 하나님께서는 그것을 제하여 버리실 것이다. 둘째는 군대이다. 군대는 국가적 안전에 필요한 것인데, 하나님께서는 그것을 제하여 버리실 것이다. 셋째는 사회를 인도할 지도자들이다. 하나님께서는 재판관 곧 제사장과 선지자와 복술자와 '능란한 요술자'와 장로와 50부장과 귀인과 모사를 제하여 버리실 것이다. 넷째는 기술자들이다. 하나님께서는 사회에 필요한 기술자들을 제하여 버리실 것이다.

오늘날도 세상 사람들은 식품들, 군대와 군사력, 사회의 지도자들과 인재들, 기술자들과 과학자들을 의지하고 의뢰한다. 오늘날 교인들 중에도 돈이나, 건강이나, 세상적 지혜와 지식이나 기술 등을 자랑하고 의지하는 자들이 있다. 그러나 그것들은 하나님께서 제거하실 때 다 없어질 요소들이다. 그러므로 우리는 세상의 것들을 의지하거나 자랑하지 말고, 오직 하나님만 의지하고 자랑해야 한다.

이사야 3장: 유다의 멸망을 예언함

〔4-7절〕 그가[내가](MT, KJV, NASB, NIV) 또 아이들로 그들의 방백을 삼으시며 적자(赤子)들[어린아이들]로 그들을 다스리게 하시리니 백성이 서로 학대하며 각기 이웃을 잔해하며 아이가 노인에게, 비천한 자가 존귀한 자에게 교만할 것이며 혹시 사람이 그 아비의 집에서 그 형제를 붙잡고 말하기를 너는 의복이 오히려 있으니 우리 관장(官長)[통치자]이 되어 이 멸망을 네 수하에 두라 할 것이면 그 날에 그가 소리를 높여 이르기를 나는 고치는 자가 되지 않겠노라. 내 집에는 양식도 없고 의복도 없으니 너희는 나로 백성의 관장(官長)[통치자]을 삼지 말라 하리라.

구약시대의 선지자는 종종 성령의 감동 가운데 하나님의 입장에서 하나님의 말씀을 선포한다. 하나님께서는 예루살렘과 유다에 사회적 혼란을 주실 것이다. 사회에 지도자들이 없어질 것이다. 하나님께서는 아이들로 그들의 방백을 삼으시며 어린아이들로 그들을 다스리게 하실 것이다. '적자들'이라는 원어(타알룰림 תַּעֲלוּלִים)는 '변덕스러움, 자유분방함'이라는 뜻으로 '변덕스런 아이들'(NASB)이라고 번역할 수 있다. 어른들에게 바른 지도를 받아야 할 어린아이들이 도리어 어른들을 다스린다고 하니 얼마나 혼란한 일이겠는가?

또 백성은 서로 학대하며 각기 이웃을 해칠 것이며, 예절이 없고 무질서할 것이다. 아이는 노인에게, 비천한 자는 존귀한 자에게 교만할 것이다. 나이 든 자를 존중하는 것은 사회의 기본적 질서이며 그것은 제5계명에 내포된 바이다. 그러므로 레위기 19:32는, "너는 센머리 앞에 일어서고 노인의 얼굴을 공경하며 네 하나님을 경외하라"고 명하였다. 그러나 유다 사회는 기본적 예절과 질서를 저버렸고 아무도 그 사회에서 지도자 되기를 원치 않을 것이다.

〔8-12절〕 예루살렘이 멸망하였고 유다가 엎드러졌음은 그들의 언어와 행위가 여호와를 거스려서 그 영광의 눈을 촉범(觸犯)[격노케]하였음이라. 그들의 안색이 스스로 증거하며 그 죄를 발표하고 숨기지 아니함이 소돔과 같으니 그들의 영혼에 화가 있을진저. 그들이 재앙을 자취하였도다. 너희는 의인에게 복이 있으리라 말하라. 그들은 그 행위의 열매를 먹을 것임이요 악

이사야 3장: 유다의 멸망을 예언함

인에게는 화가 있으리니 화가 있을 것은 그 손으로 행한 대로 보응을 받을 것임이니라. 내 백성을 학대하는 자는 아이요 관할하는 자는 부녀라. 나의 백성이여, 너의 인도자가 너를 유혹하여 너의 다닐 길을 훼파하느니라.

본문은 유다와 예루살렘의 멸망의 이유를 말한다. 8절의 '멸망하다'는 원어(카쉘 כָּשַׁל)는 '비틀거리다'는 뜻이다. 그것은 유다가 패망하기 직전의 모습을 묘사한다. 유다 나라와 유다 백성은 비틀거리다가 엎드러져 멸망할 것이다. 그들의 언어와 행위는 여호와를 거슬러 그 영광의 눈을 격노케 했다. 그들은 불신앙적인 말과 불평, 원망, 비방의 말을 하였다. 또 그들은 우상숭배하였고 살인과 음행에 빠졌다.

그들의 얼굴은 그들의 죄를 증거했다. 사람의 죄는 그의 얼굴로도 증거된다. 죄는 감추기 어렵다. 그러므로 죄는 즉시 토해내고 청산하고 새 출발하는 것이 좋다. 회개는 빠르면 빠를수록 좋다. 그러나 그들은 회개치 않았다. 더욱이, 그들은 소돔 사람들처럼 그 죄를 숨기지 않고 공공연히 드러내기까지 했다. 그들은 뻔뻔스럽기까지 했던 것이다. 특히 지도자들의 잘못이 컸고 결정적이었다. 그들을 몰아대는 자는 변덕스런 아이같이 행하며 부녀들이 관할했다. 지도자가 잘못을 하면 그 사회는 가망이 없다. 가정도 교회도 마찬가지다.

그러므로 하나님께서는 그들의 악에 대해 보응을 선언하셨다. 그들은 재앙을 자취했다. 의인에게 복이 있을 것이며 그들은 그 행위의 열매를 먹을 것이나, 악인에게는 화가 있을 것이며 그 손으로 행한 대로 보응을 받을 것이다. 의인과 악인은 각기 행한 대로 공의로운 보응을 받을 것이다. 사람은 자기가 행한 대로 보응을 받을 것이다. 전도서 12:14는, "하나님은 모든 행위와 모든 은밀한 일을 선악간에 심판하시리라"고 말했다. 사도 바울도 로마서 2:6-8에서 "하나님께서 각 사람에게 그 행한 대로 보응하시되 참고 선을 행하여 영광과 존귀와 썩지 아니함을 구하는 자에게는 영생으로 하시고 오직 당을 지어 진리를 좇지 아니하고 불의를 좇는 자에게는 노와 분으로 하시리라"

이사야 3장: 유다의 멸망을 예언함

고 말하였다. 악에 대해 보응하시는 것이 하나님의 공의이다.

본문의 교훈을 정리해보자. <u>첫째로, 하나님께서는 유다 나라의 식품들, 군대, 지도자들, 기술자들을 제하여 버리실 것이다.</u> 사람들은 건강과 돈과 지혜와 지식과 기술 등을 의지하지만, 그런 것들은 하나님께서 재앙의 날에 제거하시면 다 없어질 것이다. 그런 것들은 헛되며 사람의 영원한 삶과 행복을 위해 아무런 도움이 되지 않는다. 우리는 그런 것들을 의지하지 말고 오직 하나님과 그의 약속의 말씀만 의지해야 한다.

<u>둘째로, 하나님께서는 유다 사회에서 평안과 질서도 제하실 것이다.</u> 죄는 지도자의 부재(不在)를 가져오고 서로 미워하고 예절도 질서도 없는 사회를 만든다. 그것도 하나님께서 내리신 징벌과 재앙이다. 그러나 경건과 의는 교회와 사회에 지도자가 있게 하고 서로 사랑함을 실천하며 질서 있는 교회와 사회를 만든다. 사회적으로도, 그런 분위기 속에서 유능하고 진실한 인재들이 대통령과 장관들과 국회의원들과 법관들 등 나라의 봉사자가 되려 할 것이며, 또 교회적으로도 성숙한 인격자들과 헌신자들이 목사 되기를 지망하고 장로 되기를 사모할 것이다. 그러므로 만일 우리가 이제까지 사회적으로, 교회적으로 평안과 질서를 누렸다면, 우리는 그것이 하나님의 은혜인 줄 알고 감사하며 사모해야 한다.

<u>셋째로, 유다 나라의 멸망과 혼란은 그들의 교만과 죄악 때문에 올 것이다.</u> 하나님께서는 유다 백성이 교만하고 심히 죄악되었기 때문에 그들을 징벌하시고 혼란케 하시고 마침내 멸망시키실 것이다. 사람의 죄는 결국 멸망을 가져온다. 그러므로 우리는 평소에 말과 행위로 죄를 짓지 말고 또 환난의 날에도 불평과 원망이나 비방의 말을 버려야 한다. 특히 교인들과 교회의 모든 직분자들은 겸손한 마음으로 살고 성경에 교훈된 하나님의 명령들을 힘써 행해야 한다. 우리는 성경말씀을 열심히 읽고 배우고 성경말씀의 교훈대로 살아야 한다. 하나님의 백성된 자들마다 모든 죄를 청산하고 미움과 악을 버리고 오직 의를 행해야 하고 선과 사랑을 실천해야 한다. 그것이 평안과 형통과 영생의 길이다.

이사야 3장: 유다의 멸망을 예언함

13-26절, 시온의 딸들에게

〔13-15절〕여호와께서 변론하러 일어나시며 백성들을 심판하려고 서시도다. 여호와께서 그 백성의 장로들과 방백들을 국문[심판]하시되 포도원을 삼킨 자는 너희며 가난한 자에게서 탈취한 물건은 너희 집에 있도다. 어찌하여 너희가 내 백성을 짓밟으며 가난한 자의 얼굴에 맷돌질하느뇨? 주 만군의 여호와 내가 말하였느니라 하시리로다.

하나님께서는 백성들을 심판하려고 일어나시며 이스라엘 백성의 장로들과 방백들을 심판하시며 그들의 잘못을 지적하신다. 이스라엘 백성의 지도자들은 다른 사람들의 포도원을 강탈하였고 또 불의한 욕심을 품고 가난한 자들에게서 물건을 강탈하였다. 또 그들은 하나님의 백성을 짓밟고 가난한 자들을 학대하고 멸시했다. 그러나, 가난한 자들을 학대한 것은 하나님을 멸시한 것이다. 잠언 14:31, "가난한 사람을 학대하는 자는 그를 지으신 이를 멸시하는 자요 궁핍한 사람을 불쌍히 여기는 자는 주를 존경하는 자니라." 예수께서는 "너희가 여기 내 형제 중에 지극히 작은 자 하나에게 한 것이 곧 내게 한 것이니라"고 말씀하셨다(마 25:40). 우리는 보잘것없어 보이는 이웃 사람 하나라도 존중하고 그에게 악을 행하지 말고 도리어 선을 베풀어야 한다. 더욱이, 믿는 교우들에게는 더욱 그러해야 한다.

〔16절〕여호와께서 또 말씀하시되 시온의 딸들이 교만하여 늘인 목, 정을 통하는 눈으로 다니며 아기죽거려 행하며[멋부리면서 걷고] **발로는 쟁쟁한 소리를 낸다 하시도다.**

하나님께서는 시온의 딸들의 죄악도 지적하신다. 시온의 딸들은 교만하여 늘인 목, 정을 통하는 눈으로 다니며 멋부리면서 걷고 발로는 쟁쟁한 소리를 내었다. 그들의 죄는 교만함과 음란함의 죄이었다. 그들의 늘인 목은 그들의 교만함을 나타낸다. 교만한 자는 목을 빼며 남에게 머리를 숙이거나 인사도 하지 않는다. 또 그들의 정을 통하는 눈은 그들의 음란함을 나타낸다. '정을 통한다'는 원어(사카르 שָׂקַר)

이사야 3장: 유다의 멸망을 예언함

는 '추파를 던진다'(BDB), '요염하게 눈짓한다'(Langenscheidt), '유혹하는 눈짓을 한다'(KB)는 뜻이다. 그들은 마음이 교만하고 음란하였다.

〔17-23절〕 그러므로 주께서 시온의 딸들의 정수리에 딱지가 생기게 하시며 여호와께서 그들의 하체로 드러나게 하시리라. 주께서 그 날에 그들의 장식한 발목 고리와 머리의 망사[머릿끈]와 반달 장식[초승달 장식]과 귀고리와 팔목 고리와 면박[얼굴 가리개]과 화관과 발목 사슬과 띠[장식띠]와 향합[향수병]과 호신부[부적]와 지환[반지]과 코 고리와 예복과 겉옷과 목도리와 손주머니[지갑]와 손거울과 세마포 옷과 머리 수건과 너울을 제하시리니.

하나님께서는 시온의 딸들의 교만과 음란에 대해 징벌하시겠다고 선언하신다. 그는 시온의 딸들의 머리에 딱지가 생기게 하시며 그들의 하체로 드러나게 하시겠다고 말씀하신다. 여인들은 머리를 단장함으로 자신의 아름다움을 표현하지만, 그들의 머리에 딱지가 생기면 그들의 아름다움에 큰 손상이 생길 것이다. 또 그들의 하체 곧 그들의 은밀한 곳이 드러날 것이다. '하체'라는 원어(포스 פֹּת)는 '이마'라는 뜻으로 번역되기도 하지만(KB, NASB, NIV), '은밀한 부분'이라는 뜻이라고 보인다(BDB, Langenscheidt, KJV).

이사야는 시온의 딸들의 장신구들이나 옷들을 열거하며 하나님께서 그것들을 제하실 것이라고 말한다. 첫째는 발목 고리, 둘째는 머릿끈, 셋째는 초승달 장식, 넷째는 귀고리, 다섯째는 팔목고리, 여섯째는 얼굴 가리개이다. '면박'(面帕)이라는 말은 '면파'라고 읽어야 맞다고 하며 그것의 원어(레알라 רְעָלָה)는 '얼굴 가리개'(veil)라는 뜻이다. 일곱째는 화관(花冠), 여덟째는 발목 사슬, 아홉째는 장식띠, 열째는 향수병, 열한째는 부적, 열두째는 반지, 열셋째는 코 고리, 열넷째는 예복, 열다섯째는 겉옷, 열여섯째는 목도리, 열일곱째는 지갑, 열여덟째는 손거울, 열아홉째는 세마포옷, 스무째는 머리 수건, 스물한째는 너울이다. 시온의 딸들의 장신구들은 참으로 다양하였다. 세상에는 여인들의 장신구들이 다양하게 많다. 세상 사람들은 거기에 큰

이사야 3장: 유다의 멸망을 예언함

가치를 두고 있다. 구약교회 교인인 이스라엘 나라 여인들도 영적인 소망과 즐거움보다 물질적, 육신적, 세상적 소망과 즐거움이 컸던 것 같다. 하나님을 모르고 하나님께 소망을 두지 않는 자는 세상을 사랑하고 세상의 부귀 영화와 권세와 육신적 쾌락을 사랑할 것이다.

[24-26절] 그때에 썩은 냄새가 향을 대신하고 노끈이 띠를 대신하고 대머리가 숱한[잘 손질된](KJV, NASB, NIV) 머리털을 대신하고 굵은 베옷이 화려한 옷을 대신하고 자자(刺字)한 흔적[햇볕에 그을린 얼굴]이 고운 얼굴을 대신할 것이며 너희 장정은 칼에, 너희 용사는 전란(戰亂)[전쟁]에 망할 것이며 그 성문은 슬퍼하며 곡할 것이요 시온은 황무하여 땅에 앉으리라.

하나님의 심판 날에 시온의 딸들에게서는 썩은 냄새가 향수 냄새를 대신할 것이며 노끈이 그들이 머리에나 허리에 띠는 장식띠들을 대신할 것이다. 또 대머리가 잘 손질된 머리털을 대신할 것이며 굵은 베옷이 화려한 옷을 대신할 것이다. 또 햇볕에 그을린 얼굴이 고운 얼굴을 대신할 것이다. 포로로 잡혀가 고된 노역을 하기 때문에 여인들의 얼굴은 햇볕에 타고 상처투성이이고 씻을 형편도 되지 못할 것이다. 또 그들의 장정들과 용사들은 전쟁으로 죽을 것이며 그 성문은 슬퍼하며 시온성은 황무할 것이다.

본문의 교훈을 정리해보자. <u>첫째로, 이스라엘의 지도자들은 백성들의 포도원을 삼켰고 가난한 자들의 물건을 탈취했고 백성을 짓밟았고 가난한 자들을 학대하고 멸시했다.</u> 그들은 이웃에게 악을 행했다. 우리는 이스라엘의 지도자들처럼 하지 말아야 한다. 하나님의 뜻은, 우리가 주 예수 그리스도를 믿고 구원을 받으며 사랑과 선을 실행하는 것이다. 에베소서 2:10, "우리는 그의 만드신 바라. 그리스도 예수 안에서 선한 일을 위하여 지으심을 받은 자니 이 일은 하나님이 전에 예비하사 우리로 그 가운데서 행하게 하려 하심이니라." 디도서 2:14, "그가 우리를 대신하여 자신을 주심은 모든 불법에서 우리를 구속(救贖)하시고 우리를 깨끗하게 하사 선한 일에 열심하는 친 백성이 되게 하려 하심이니라."

이사야 3장: 유다의 멸망을 예언함

둘째로, 시온의 딸들은 교만하여 늘인 목으로 다녔다. 그러나 하나님께서는 교만을 미워하신다. 잠언 6:16-17, "여호와의 미워하시는 것 곧 그 마음에 싫어하시는 것이 6, 7가지니 곧 교만한 눈과 거짓된 혀와." 잠언 8:13, "여호와를 경외하는 것은 악을 미워하는 것이라. 나는 교만과 거만과 악한 행실과 패역한 입을 미워하느니라." 교만은 마귀의 죄라고 생각된다(딤전 3:6). 교만은 하나님을 무시하고 하나님보다 자기 자신을 높이고 의지하는 죄악이다. 교만은 하나님께 대한 불신앙과 불순종으로 나아간다. 교만한 자는 망한다. 성도의 기본적 덕은 겸손이다. 우리는 하나님과 사람 앞에서 항상 겸손해야 한다. 하나님께서는 교만한 자를 물리치시고 겸손한 자에게 은혜를 베푸신다(약 4:6). 예수 그리스도의 성육신(成肉身) 곧 하나님이신 그가 사람이 되신 것은 겸손의 극치이다. 우리는 예수 그리스도를 믿고 따르는 제자로서 교만을 버리고 오직 그의 겸손을 본받아야 한다. 우리는 교만하지 말아야 한다.

셋째로, 시온의 딸들은 정을 통하는 눈, 남을 유혹하는 눈으로 다녔다. 그러나 마음에 음욕을 품는 자마다 이미 마음으로 간음한 것이라고 주께서 말씀하셨다(마 5:28). 음란은 자기 몸으로 범죄하는 죄이다. 사도 바울은, "음행을 피하라. 사람이 범하는 죄마다 몸 밖에 있거니와 음행하는 자는 자기 몸에게 죄를 범하느니라"고 말했다(고전 6:18). 하나님의 뜻은 우리의 거룩함이다(살전 4:3). 그러므로 우리는 보는 것을 조심하고 듣는 것을 조심해야 한다. 우리는 우리의 마음을 거룩하게 지키고 우리의 눈을 정결하게 지켜야 한다. 우리는 음란하지 말아야 한다.

넷째로, 시온의 딸들은 멋부리면서 걷고 발로는 쟁쟁한 소리를 내었고 사치스럽게 온갖 장신구들을 갖추었다. 그러나 하나님께서는 사치를 미워하신다. 성도의 덕은 검소와 절제이다. 바울은 여인들이 아담한 옷 곧 단정한 옷을 입으며 땋은 머리와 금이나 진주나 값진 옷으로 하지 말고 내면적 단장, 선행의 단장을 힘쓰라고 교훈하였다(딤전 2:9-10). 우리는 사치하고 낭비하지 말고 검소하고 절제하며 살아야 한다.

4장: 시온의 회복

이사야 4장은 시온의 회복에 대해 증거한다. 이사야 1장부터 39장까지는 주로 심판에 대한 선언이지만, 심판의 선언 가운데서도 본장과 같이 회복이나 위로의 메시지가 중간 중간에 나온다. 4장에 시온의 회복에 대해 예언하고, 9장의 메시아 왕국에 대해, 11장에는 메시아 시대에 대해 예언하고, 12장에 하나님의 구원을 감사하고 찬송하며, 25장에도 하나님의 구원을 찬송하고, 또 26장에도 구원의 노래를 부르고, 27장에 이스라엘의 회복에 대해, 32장에 메시아의 통치에 대해, 또 35장에 새 세계에 대해 예언한다. 그리고 40장 이후에는 이스라엘의 회복에 대한 내용이 주로 나온다. 하나님께서는 배교한 이스라엘 백성에게 심판을 선언하시면서도 회복에 대해 말씀하신 것이다.

〔1절〕 그 날에 일곱 여자가 한 남자를 붙잡고 말하기를 우리가 우리 떡을 먹으며 우리 옷을 입으리니 오직 당신의 이름으로 우리를 칭하게 하여 우리로 수치를 면케 하라 하리라.

하나님께서 이스라엘 백성을 심판하시는 날에 남자들이 전쟁에서 많이 죽으므로 여자들은 결혼할 남자를 얻기 어렵게 될 것이며 그래서 그들은 남편에게 경제적 도움을 기대하지 않고 단지 남편이 있는 자라는 이름만이라도 얻기를 바랄 것이다.

〔2-4절〕 그 날에 여호와의 싹(체마크 צֶמַח)[가지, 순]이 아름답고 영화로울 것이요 그 땅의 소산은 이스라엘의 피난한 자를 위하여 영화롭고 아름다울 것이며 시온에 남아 있는 자, 예루살렘에 머물러 있는 자 곧 예루살렘에 있어 생존한 자 중 녹명(錄名)된[이름이 기록된] 모든 사람은 거룩하다 칭함을 얻으리니 이는 주께서 그 심판하는 영과 소멸하는 영으로 시온의 딸들의 더러움을 씻으시며 예루살렘의 피를 그 중에서 청결케 하실 때가 됨이라.

하나님께서는 회복의 날도 주실 것이다. '싹'(가지 혹은 순)은 메시아를 가리킨다고 본다. 예레미야 23:5, "나 여호와가 말하노라. 보라,

때가 이르리니 내가 다윗에게 한 의로운 가지(체마크)를 일으킬 것이라. 그가 왕이 되어 지혜롭게 행사하며 세상에서 공평과 정의를 행할 것이라." 예레미야 33:15, "그 날 그때에 내가 다윗에게 한 의로운 가지(체마크)가 나게 하리니 그가 이 땅에 공평과 정의를 실행할 것이라." 스가랴 3:8, "제사장 여호수아야, 너와 네 앞에 앉은 네 동료들은 내 말을 들을 것이니라. 이들은 예표의 사람이라. 내가 내 종 순(체마크)을 나게 하리라." 스가랴 6:12, "보라, 순(체마크)이라 이름하는 사람이 자기 곳에서 돋아나서 여호와의 전을 건축하리라." 메시아께서는 영화로우시고 아름다우실 것이다. 사도 요한은 "말씀이 육신이 되어 우리 가운데 거하시매 우리가 그 영광을 보니 아버지의 독생자의 영광이요 은혜와 진리가 충만하더라"고 말하였다(요 1:14).

또 하나님께서는 그의 택하신 백성을 거룩하게 하실 것이다. 그들은 남은 자라고 표현된다. 시온에 남아 있는 자, 예루살렘에 머물러 있어 생존한 자 중 이름이 기록된 모든 사람은 거룩하다 칭함을 얻을 것이다. 하나님께서는 죄악된 세상 가운데서도 자기 백성을 은혜로 택하시고 세상에 남겨두셨다. 하나님께서는 그 남은 자들을 거룩하게 하실 것이다. 하나님께서 그 심판하는 영과 소멸하는 영으로 시온의 딸들의 더러움을 씻으시며 "예루살렘 이 가에서 저 가까지 가득하게" 흘린 의인의 피들을(왕하 21:16) 청결케 하실 때, 그들은 거룩하다고 칭함을 받을 것이다. '심판하는 영'과 '소멸하는 영'은 우리의 죄를 깨닫게 하시고 책망하시고 우리로 죄씻음을 받게 하시는 성령을 가리킨다. 성령께서는 하나님의 택한 백성을 중생시키시고 깨끗하게 하신다. 우리는 하나님의 은혜로 '성도들' 곧 거룩한 자들이 되었다.

[5-6절] 여호와께서 그 거하시는 온 시온산과 모든 집회 위에 낮이면 구름과 연기, 밤이면 화염의 빛을 만드시고 그 모든 영광 위에 천막을 덮으실 것이며 또 천막이 있어서 낮에는 더위를 피하는 그늘을 지으며 또 풍우[폭풍과 비]를 피하여 숨는 곳이 되리라.

이사야 4장: 시온의 회복

하나님께서는 자기 백성을 천막으로 보호하실 것이다. 세상에는 여름의 무더위가 있고 겨울의 추위가 있다. 또 대낮의 뙤약볕이 있고 때때로 폭풍우가 있다. 그때마다 우리는 피할 곳이 필요하다. 하나님께서는 자기 백성을 구원하셔서 깨끗하고 거룩하게 하실 뿐 아니라 이 환난과 고통 많은 세상에서, 눈물과 슬픔의 골짜기 같은 세상에서 그들의 피난처가 되시고 은신처가 되신다(계 7:15-16). 하나님께서는 우리의 피난처와 은신처이시며 우리의 보호자와 위로자이시다.

본장의 교훈을 정리해보자. 첫째로, 본문은 메시아의 오실 것을 예언하였다. "그 날에 여호와의 싹이 아름답고 영화로울 것이요." 메시아께서 오셨다! 그가 예수 그리스도이시다! 사도 바울은 "미쁘다, 모든 사람이 받을 만한 이 말이여, 그리스도 예수께서 죄인을 구원하시려고 세상에 임하셨다 하였도다. 죄인 중에 내가 괴수니라"고 말했다(딤전 1:15). 우리는 구주이신 주 예수 그리스도를 영접했고 그를 믿었고 의지한다.

둘째로, 하나님께서 세상에 남겨두신 자들 곧 택한 백성이 있고 그들은 거룩함을 얻을 것이다. 그들은 그들의 죄와 더러움을 씻음 받을 것이다. 우리는 예수 그리스도의 피로 죄씻음과 거룩함과 의롭다 하심을 얻었다. 고린도전서 6:11, "너희 중에 이와 같은 자들이 있더니 주 예수 그리스도의 이름과 우리 하나님의 성령 안에서 씻음과 거룩함과 의롭다 하심을 얻었느니라." 우리는 죄씻음과 거룩케 하심을 감사해야 한다.

셋째로, 환난 많은 세상에서 하나님께서는 우리의 피난처가 되신다. 이 세상에서 하나님께서는 그의 백성에게 피난처가 되신다. 시편 18:2, "여호와는 나의 반석이시요 나의 요새시요 나를 건지시는 자시오 . . . 나의 피할 바위시요 나의 방패시요 나의 구원의 뿔이시요 나의 산성이시로다." 주 예수께서는 "내가 세상 끝날까지 너희와 항상 함께 있으리라"고 약속하셨다(마 28:20). 우리는 이 세상에 사는 동안 하나님께 늘 감사하며 하나님을 우리의 피난처와 요새로 굳게 믿고 의지해야 한다.

이사야 5장: 하나님의 심판

5장: 하나님의 심판

1-7절, 하나님의 포도원

[1절] 내가 나의 사랑하는 자를 위하여 노래하되 나의 사랑하는 자의 포도원을 노래하리라. 나의 사랑하는 자에게 포도원이 있음이여, 심히 기름진 산에로다.

선지자 이사야는, '나의 사랑하는 자'라는 말을 세 번 한다. '나의 사랑하는 자'는 하나님을 가리킨다. 이사야는 하나님을 사랑한다고 고백한 것이다. 우리는 하나님을 경외할 뿐 아니라 또한 사랑해야 한다. 신명기 6:5는, "너는 마음을 다하고 성품을 다하고 힘을 다하여 네 하나님 여호와를 사랑하라"고 말했다. 주 예수께서는, "네 마음을 다하고 목숨을 다하고 뜻을 다하여 주 너의 하나님을 사랑하라 하셨으니 이것이 크고 첫째 되는 계명이라"고 말씀하셨다. 사랑하는 것이 무엇인가? 그것은 좋아하는 것, 기뻐하고 즐거워하는 것, 믿고 의지하며 오래 참고 기다리는 것, 겸손히 그리고 온전히 순종하는 것이다. 우리는 하나님을 사랑하고 좋아하고 기뻐하고 즐거워하며 믿고 의지하며 오래 참고 기다리며 겸손히, 온전히 순종해야 한다.

'나의 사랑하는 자의 포도원'은 이스라엘 족속을 가리키며(7절) 또 '심히 기름진 산'은 가나안 땅을 가리킨다. 성경은 여러 곳에서 가나안 땅을 '젖과 꿀이 흐르는 땅'이라고 표현했다(출 3:8, 17; 13:5; 33:3; 레 20:24 등). 출애굽기 3:8, "내가 내려와서 그들을 애굽인의 손에서 건져내고 그들을 그 땅에서 인도하여 아름답고 광대한 땅, 젖과 꿀이 흐르는 땅 곧 가나안 족속, 헷 족속, 아모리 족속, 브리스 족속, 히위 족속, 여부스 족속의 지방에 이르려 하노라."

[2절] 땅을 파서 돌을 제하고 극상품 포도나무를 심었었도다. 그 중에 망대를 세웠고 그 안에 술틀을 팠었도다. 좋은 포도 맺기를 바랐더니 들포

이사야 5장: 하나님의 심판

도를 맺혔도다.

'극상품 포도나무'는 유다 사람을 가리켰다(7절). 그들은 하나님께서 선택하신 경건한 아브라함의 자손들이다. 그들은 하나님의 은혜로 선택되고 복을 받은 족속이다. 땅을 파서 돌을 제거하고 망대를 세우고 술틀을 파듯이, 하나님께서는 가나안 땅에 거주했던 우상숭배적이고 음란한 원주민들을 멸망시키시고 이스라엘 백성을 그 땅에 정착하게 하셨다. 하나님께서는 그들에게서 좋은 포도 맺기를 바라셨으나 그들은 들포도를 맺었다. '들포도'라는 원어(베우쉼 בְּאֻשִׁים)는 원래는 '악취나는 무가치한 것들'이라는 뜻이다. 들포도는 그들의 불경건함과 부도덕함을 가리킨다. 7절은 "그들에게 공평을 바라셨더니 도리어 포학이요 그들에게 의로움을 바라셨더니 도리어 부르짖음이었도다"라고 말한다. 이스라엘 백성은 하나님의 기대를 저버렸다.

[3-4절] 예루살렘 거민과 유다 사람들아, 구하노니 이제 나와 내 포도원 사이에 판단하라. 내가 내 포도원을 위하여 행한 것 외에 무엇을 더할 것이 있었으랴. 내가 좋은 포도 맺기를 기다렸거늘 들포도를 맺힘은 어찜인고.

이사야는 하나님의 감동 속에 하나님의 친 음성을 대언(代言)한다. 하나님께서는 그들에게 말씀하셨다. 하나님께서는 이스라엘 백성에게 모든 좋은 것을 주셨고 그들에게 좋은 열매 맺기를 원하셨다. 그러나 하나님의 많은 은혜를 받은 이스라엘 백성들은 하나님을 향해 패역하였고 불순종하였다. 이스라엘의 역사는 사람의 전적인 부패함과 무능력을 증거한 역사이었다. 그러므로 선지자 예레미야는 "만물보다 거짓되고 심히 부패한 것은 마음이라"고 말하였다(렘 17:9).

[5-6절] 이제 내가 내 포도원에 어떻게 행할 것을 너희에게 이르리라. 내가 그 울타리를 걷어 먹힘을 당케 하며 그 담을 헐어 짓밟게 할 것이요 내가 그것으로 황무케 하리니 다시는 가지를 자름이나 북[흙]을 돋우지[땅을 파지](KJV, NASB) 못하여 질려[찔레들]와 형극[가시들]이 날 것이며 내가 또 구름을 명하여 그 위에 비를 내리지 말라 하리라 하셨으니.

이사야 5장: 하나님의 심판

하나님께서는 이스라엘 백성에게 심판을 선언하신다. 이스라엘 백성은 그 국경선이나 예루살렘 성벽이 무너지고 외국 군대가 들어와 멸망을 당할 것이다. 그 결과로, 이스라엘 땅은 황무하게 될 것이다. 이스라엘 땅의 들판에는 가시나무와 엉겅퀴만 날 것이며 더욱이, 그 들판은 비도 내리지 않아 황폐해지고 황량해질 것이다.

[7절] 대저 만군의 여호와의 포도원은 이스라엘 족속이요 그의 기뻐하시는 나무는 유다 사람이라. 그들에게 공평(미슈파트 מִשְׁפָּט)을 바라셨더니 도리어 포학(미스파크 מִשְׂפָּח)[살륙, 피흘림]이요 그들에게 의로움(체다카 צְדָקָה)을 바라셨더니 도리어 부르짖음(체아카 צְעָקָה)이었도다.

선지자 이사야는 포도원의 비유를 분명하게 설명한다. 그는 여호와의 포도원이 이스라엘 족속을 가리켰고 그의 기뻐하시는 포도나무가 유다 사람을 가리켰다고 설명한다. 좋은 포도는 그들이 행한 공평과 의로움의 행위를 가리켰고, 들포도는 피흘림의 행위와 사람들의 부르짖음을 가리켰다. 원문에서 '공평'(미슈파트)과 '포학'(미스파크), '의로움'(체다카)과 '부르짖음'(체아카)이라는 단어들은 비슷한 발음으로 대조를 이룬다. 이스라엘 사회에서 도덕은 땅에 떨어졌다. 불의와 불법으로 인한 탄식과 고통의 부르짖음은 컸다. 그들에게는 '좋은 포도' 즉 공평과 의, 사랑과 진실의 도덕성이 없었다. 공평과 의, 사랑과 진실의 도덕성은 사람이 창조된 본래의, 하나님의 형상이며 예수 그리스도의 모습이며 성령의 열매이다. 그러나 '들포도'는 살륙, 피흘림, 미움, 거짓, 사악함 등 죄악된 행위들을 가리켰다.

본문의 교훈을 정리해보자. 첫째로, 이사야는 하나님을 '나의 사랑하는 자'라고 불렀다. 우리는 하나님을 사랑해야 한다. 하나님을 사랑하는 것은 하나님을 좋아하고 기뻐하고 즐거워하며 그를 믿고 의지하며 오래 참고 기다리며 즐거이 섬기며 겸손히, 온전히 순종하는 것이다. 신명기 6장에서 모세는, "이스라엘아, 들으라. 우리 하나님 여호와는 오직 하나

이사야 5장: 하나님의 심판

인 여호와시니 너는 마음을 다하고 성품을 다하고 힘을 다하여 네 하나님 여호와를 사랑하라"고 교훈했다(신 6:4-5). 하나님을 사랑하라는 것은 하나님의 계명들 중에서 가장 중요한 계명이다. 예수께서는 "네 마음을 다하고 목숨을 다하고 뜻을 다하여 주 너의 하나님을 사랑하라 하셨으니 이것이 크고 첫째 되는 계명이라"고 말씀하셨다(마 22:37-38). 우리는 창조자와 섭리자이신 영원하신 하나님을 알고 하나님을 참으로 사랑하며 좋아하고 기뻐하고 즐거워하며 그를 믿고 의지하며 오래 참고 기다리며 그를 즐거이 섬기며 겸손히 그리고 온전히 순종해야 한다.

둘째로, 하나님께서는 이스라엘 백성에게 좋은 열매를 맺기를 원하셨다. 좋은 열매는 거룩과 의와 사랑과 진실의 인격과 삶을 가리킨다. 그러나 이스라엘 백성은 그렇지 못했다. 그들은 거룩과 의와 사랑 대신에 불결과 죄악으로 가득했다. 우리는 하나님을 경외하고 악을 버리며 의와 선을 행해야 한다. 그것은 사람이 본래 지음 받았던 하나님 형상의 회복이다. 에베소서 4:22-24, "너희는 유혹의 욕심을 따라 썩어져 가는 구습을 좇는 옛사람을 벗어버리고 오직 심령으로 새롭게 되어 하나님을 따라 의와 진리의 거룩함으로 지으심을 받은 새사람을 입으라." 또 그것은 성령의 열매이다. 갈라디아서 5:22-23, "오직 성령의 열매는 사랑과 희락과 화평과 오래 참음과 자비와 양선과 충성과 온유와 절제니 이 같은 것을 금지할 법이 없느니라." 구원 얻은 자들인 우리는 경건과 의와 사랑과 선과 진실의 좋은 열매를 맺는 자들이 되어야 한다.

셋째로, 이스라엘 백성은 하나님 명령과 기대를 저버리고 들포도를 맺다가 결국 멸망할 것이다. 우리는 들포도를 맺는 자들과 그 포도원이 결국 망하고 황폐케 된다는 것을 기억해야 한다. 좋은 열매 맺지 않는 나무는 찍혀 불에 던지울 것이다. 요한복음 15:2, "무릇 내게 있어 과실을 맺지 아니하는 가지는 아버지께서 이를 제해 버리시고." 구원 얻은 성도에게도 하나님의 경고하심이 있다. 구원은 생활의 변화를 수반한다. 불의와 미움과 악과 거짓에 머무는 자들은 지옥에 던지울 것이다.

이사야 5장: 하나님의 심판

8-17절, 이스라엘의 죄와 멸망

본문은 이스라엘 백성의 죄의 지적과 멸망 예언의 말씀이다.

[8절] 가옥에 가옥을 연하며 전토에 전토를 더하여 빈틈이 없도록 하고 이 땅 가운데서 홀로 거하려 하는 그들은 화 있을진저.

선지자 이사야는 먼저 이스라엘 백성의 죄를 지적한다. 사람들은 필요 이상으로 자신들이 사는 집을 확장하였고 또 필요 이상으로 밭을 사고 또 샀다. 그것은 집과 땅, 즉 재산에 대한 욕심이었다. 그것은 이웃을 배려하지 않는 일이었다. 그것은 이웃을 사랑함이 없는 자들의 행위이었다. 하나님께서는 이와 같이 욕심으로 가득한 자들에게 진노하셨다. 이기적 욕심을 가진 자들에게 화가 있을 것이다!

[9-10절] 만군의 여호와께서 내 귀에 말씀하시되 **정녕히 허다한 가옥이 황폐하리니 크고 아름다울지라도 거할 자가 없을 것이며 열흘 같이 포도원에 겨우** 포도주 **한 바트가 나겠고 한 호멜지기에는 간신히 한 에바가 나리라 하시도다.**

선지자 이사야는 만군의 여호와, 즉 천군 천사들의 찬송과 섬김을 받으시며 온 세상을 능력으로 다스리시는 살아계신 하나님의 말씀을 전한다. 그는 말하기를, 참으로 허다한 가옥들이 황폐하며 크고 아름다울지라도 거할 자가 없을 것이며, 또한 열흘 같이 포도원에 겨우 포도주 한 바트가 나겠고 한 호멜지기에는 간신히 한 에바가 날 것이라고 말한다. 열흘 갈이(ten acres) 포도원은 약 1만 평의 땅을 가리킨다. 한 바트는 약 22리터이다. 한 호멜지기는 약 220리터의 곡식을 추수할 수 있는 밭을 말하는데, 거기서 겨우 한 에바 즉 약 22리터만 수확할 것이다. 하나님의 심판은 엄중할 것이다. 하나님께서는 그 땅을 황폐케 하시며 그 수확과 소득을 매우 부족하게 하실 것이다.

[11-12절] 아침에 일찌기[일찍이] **일어나 독주를 따라가며 밤이 깊도록 머물러 포도주에 취하는 그들은 화 있을진저. 그들이 연회에는 수금과 비파와 소고와 저와 포도주를 갖추었어도 여호와의 행하심을 관심치 아니하며**

이사야 5장: 하나님의 심판

그의 손으로 하신 일을 생각지 아니하는도다.

이스라엘 나라의 지도자들과 백성들은 아침 일찍부터 독한 술을 마시고 밤이 깊도록 포도주에 취했고 잔치를 열며 각종 악기를 연주케 했으며 포도주를 마시며 즐겼다. 그러나 그들은 하나님의 행하시는 일들에 대해서는 관심이 없었고 그의 손으로 하신 일들에 대해서는 생각하지 않았다. 그들에게는 하나님을 사랑함이 없었다. 하나님을 사랑하는 자들만 하나님과 그의 하시는 일들을 생각할 것이다.

〔13-14절〕이러므로 나의 백성이 무지함을 인하여 사로잡힐 것이요 그 귀한 자는 주릴 것이요 무리는 목마를 것이며 음부[지옥](KJV)가 그 욕망을 크게 내어 한량없이 그 입을 벌린즉 그들의 호화로움과 그들의 많은 무리와 그들의 떠드는 것과 그 중에서 연락하는 자가 거기 빠질 것이라.

하나님께서는 그의 백성의 무지와 불경건에 대해 징벌하실 것이다. 그들은 전쟁에 패배하여 포로로 잡혀갈 것이다. 그들은 일용할 양식이 부족하여 주리고 목마를 것이다. 그들의 호화로움과 향락은 끝날 것이며 그들은 다 음부(쉐올) 즉 지옥 불못에 던지울 것이다.

〔15-16절〕천한 자는 굴복되고 귀한 자는 낮아지고 오만한 자의 눈도 낮아질 것이로되 오직 만군의 여호와는 공평하므로 높임을 받으시며 거룩하신 하나님은 의로우시므로 거룩하다 함을 받으시리니.

이스라엘 백성 가운데 천한 자나 귀한 자나 다 망하여 엎드러질 것이다. 특히 교만한 자들이 낮아질 것이다. 사람은 실상 교만하기 때문에 하나님의 법에 복종치 않고 범죄한다. 교만은 불순종으로 나아간다. 그러나 그들이 멸망당할 때 그들의 교만은 낮아질 것이다. 그때 만군의 여호와께서는 공의로우시므로 높임을 받으실 것이며, 거룩하신 하나님께서는 의로우시므로 거룩하다 함을 받으실 것이다. 그가 공의로 세상을 심판하실 때 그의 영광이 온 땅에 나타날 것이다.

〔17절〕그때에는 어린양들이 자기 초장에 있는 것같이 먹을 것이요 살찐 자의 황무한 밭의 소산은 **유리하는 자들이 먹으리라.**

이사야 5장: 하나님의 심판

이스라엘 백성이 멸망하여 그 땅이 황폐해질 때 어린양들은 거기서 자기의 풀밭처럼 풀을 뜯어먹을 것이다. 사람들은 지금 평안하고 부요하여 쾌락을 즐기지만, 그 날에는 그들의 밭이 황무한 밭이 될 것이다. 그 밭들은 주인 없는 밭이 되어 거기서 무슨 열매나 결실이 나면 나그네들이 먹을 수 있게 될 것이다.

본문의 교훈을 정리해보자. <u>첫째로, 이스라엘 백성은 물질적 욕심을 가지고 사치하고 향락에 빠졌다가 망하였다.</u> 그들은 크고 안락한 집을 지었고 토지를 넓혔다. 그들은 아침 일찍부터 술 취하였고 연회와 음악을 즐겼다. 그러나 하나님께서는 그들을 향해 진노하셨고 그들의 집과 땅을 황폐케 하실 것이다. 그들은 전쟁 포로가 되고 그 땅은 황무지가 될 것이다. 그들은 지옥 형벌을 받을 것이다. 하나님 없는 세상 사람들의 삶의 특징은 돈 사랑과 육신적 쾌락 추구이다. 그러나 그것은 허무한 삶이다(전도서). 사람이 그런 가치관을 버리지 않으면 결코 구원을 받을 수 없다. 그것은 주께서 씨 뿌리는 자의 비유에서 말씀하신 가시떨기 위에 뿌려진 씨와 같이 실패할 것이다. 돈 사랑과 사치와 향락은 성도에게 매우 큰 시험거리이며 경건한 삶에 반대된다. 성도는 돈 사랑과 사치와 향락을 버리고 자족하며 검소하고 절약하며 살아야 한다.

<u>둘째로, 이스라엘 백성은 잔치에 각종 악기를 갖추었지만 여호와의 행하심에 대해서는 관심을 갖지 않았다.</u> 하나님의 백성이었던 그들은 하나님과 그의 뜻과 그의 하시는 일들에 대해서는 관심을 갖지 않았다. 사람은 자기가 중요하게 여기는 일에 관심을 갖는다. 성도는 하나님의 일에 관심을 가져야 한다. 바울이나 디모데나 에바브로디도는 하나님을 위해 자신들을 드렸고 자신들의 목숨도 아까워하지 않았다(행 20:24; 빌 2:20-22, 30). 우리는 하나님께 예배드리는 일을 귀히 여기며 찬송하고 기도하며 성경을 읽고 배우며 하나님 모르는 자들에게 전도하는 일과 교회의 봉사의 일들과 하나님의 선한 일들에 관심을 가져야 한다.

이사야 5장: 하나님의 심판

18-30절, 화 있을진저

본문은 선지자 이사야가 이스라엘 백성의 죄악들에 대한 하나님의 진노와 심판을 선포한 내용이다. 그것은 전쟁에 대한 예고이었다.

[18-19절] 거짓으로 끈을 삼아 죄악을 끌며 수레줄로 함같이 죄악을 끄는 자는 화 있을진저. 그들이 이르기를 그는 그 일을 속속히 이루어 우리로 보게 할 것이며 이스라엘의 거룩한 자는 그 도모를 속히 임하게 하여 우리로 알게 할 것이라 하는도다.

선지자 이사야는 이스라엘 백성의 거짓됨과 죄악된 행위를 지적한다. 하나님을 경외하는 성도는 의와 선과 진실의 사람이 되어야 하지만, 구약교회의 성도인 이스라엘 백성들은 불의와 죄악과 거짓으로 행하였다. 이스라엘 사회에는 불의와 죄악과 거짓이 많았다. 또 이스라엘 백성은 하나님의 거룩하고 공의로운 섭리를 믿지 않았고 그의 하시는 일을 참고 기다리지 않았다. 그들은 하나님의 작정과 섭리를 조롱하듯이 말하였다. 그것은 그들의 불신앙을 나타내었다.

[20-23절] 악을 선하다 하며 선을 악하다 하며 흑암으로 광명을 삼으며 광명으로 흑암을 삼으며 쓴 것으로 단 것을 삼으며 단 것으로 쓴 것을 삼는 그들은 화 있을진저. 스스로 지혜롭다 하며 스스로 명철하다 하는 그들은 화 있을진저. 포도주를 마시기에 용감하며 독주를 빚기에 유력한 그들은 화 있을진저. 그들은 뇌물로 인하여 악인을 의롭다 하고 의인에게서 그 의를 빼앗는도다.

이스라엘 백성은 선과 악을 바르게 판단하지 않았다. 그것은 매우 부패한 사회의 모습이었다. 잠언 28:4는, "율법을 버린 자는 악인을 칭찬하나 율법을 지키는 자는 악인을 대적하느니라"고 말한다. 악을 선하다, 선을 악하다 하는 것은 그 심령에 도덕성이 없음을 증거한다. 하나님께서는 그런 도덕적 혼란을 미워하신다. 잠언 17:15는, "악인을 의롭다 하며 의인을 악하다 하는 이 두 자는 다 여호와의 미워하심을 입느니라"고 말한다. 성도는 선악 판단을 바르게 해야 한다. 옳은 것

이사야 5장: 하나님의 심판

은 옳다 하고 그른 것은 그르다 해야 하며, 선한 것은 선하다 하고 악한 것은 악하다 해야 한다. 그것이 도덕성이며 공의로움이다. 그러나 이스라엘 백성은 그러하지 못하였다.

그럼에도 불구하고 이스라엘 백성은 스스로 지혜롭고 명철하다고 생각하였다. 그러나 실상 자신을 지혜롭게 여기는 자보다 더 어리석은 자는 없다. 잠언 26:12는, "네가 스스로 지혜롭게 여기는 자를 보느냐? 그보다 미련한 자에게 오히려 바랄 것이 있느니라"고 말한다. 우리는 항상 우리 자신을 낮추며 우리의 부족함을 인정해야 한다.

또 이스라엘 사회는 사람들이 술을 잘 마시는 사회이었다. 이것이 구약교회의 모습이었다. 사람들은 포도주를 마시기에 용감했고 독주를 섞어 만들기에 유력했다. 그러나 술취함은 사람을 실수케 만들며 술 취하는 자는 천국에 들어갈 수 없다(고전 6:9-10). 금주(禁酒)와 금연(禁煙)은 그리스도인들의 지혜롭고 유익한 전통이다.

또 이스라엘 사회에는 뇌물이 많이 오갔고 그로 인해 도덕적 판단이 왜곡되었다. 사람들은 뇌물을 받고 악인을 의롭다고 하고 의인을 악하다고 하였다. 하나님께서는 율법에서 "너는 뇌물을 받지 말라. 뇌물은 밝은 자의 눈을 어둡게 하고 의로운 자의 말을 굽게 하느니라"고 말씀하셨으나(출 23:8), 그들은 그 법을 지키지 않았다.

구약교회인 이스라엘 사회는 이처럼 불법과 거짓이 많았고 사람들은 하나님의 공의의 작정과 섭리를 믿지 않았고 선과 악을 잘못 판단했고 그러면서도 자신들을 지혜롭다고 생각하였고 술을 즐겼고 뇌물이 많이 오갔다. 이스라엘 사회는 심히 부패했고 죄악되었다. 하나님께서는 이스라엘 백성의 이런 죄악들에 대해 진노하셨다. 18-23절에서, 선지자는 '화 있을진저'라는 말을 네 번이나 반복하여 사용하였다 (18, 20, 21, 22절). 사람의 죄의 결과는 하나님의 화와 진노이다.

[24-25절] 이로 인하여 불꽃이 그루터기를 삼킴같이, 마른 풀이 불 속에 떨어짐같이 그들의 뿌리가 썩겠고 꽃이 티끌처럼 날리리니 그들이 만군

이사야 5장: 하나님의 심판

의 여호와의 율법을 버리며 이스라엘의 거룩하신 자의 말씀을 멸시하였음이라. 그러므로 여호와께서 자기 백성에게 노를 발하시고 손을 들어 그들을 치신지라. 산들은 진동하며 그들의 시체는 거리 가운데 분토[쓰레기]같이 되었으나 그 노가 돌아서지 아니하였고 그 손이 오히려 펴졌느니라.

성경에서 불은 하나님의 진노의 상징이다. 그것은 문자 그대로 불일 수도 있지만, 여러 형태로 나타나는 불같은 하나님의 진노를 가리킨다. 불은 두려운 것이다. 그것은 다 태우고 멸하는 것이다. 이스라엘 백성은 불꽃이 그루터기를 삼킴같이, 마른 풀이 불 속에 떨어짐같이, 그 뿌리로부터 썩고 망하겠고 꽃 같은 찬란한 영광은 티끌처럼 날아갈 것이다. 이스라엘의 죄악은 한마디로 하나님의 말씀을 버리고 멸시한 것이었다. 하나님을 경외하는 자는 하나님의 말씀을 두려워하며 존중할 것이며 사람이 하나님을 경외하고 그의 말씀을 존중한다면 겸손하며 정직하고 선하며 진실할 것이다. 그러나 이스라엘 백성은 심히 죄악되어 하나님의 진노로 그 시체들이 거리에 쓰레기같이 많게 될 것이며 그래도 하나님의 노가 그치지 않을 것이다.

[26-30절] 기를 세우시고 먼 나라들을 불러 땅끝에서부터 오게 하실 것이라. 보라, 그들이 빨리 달려 올 것이로되 그 중에 곤핍하여 넘어지는 자도 없을 것이며 조는 자나 자는 자도 없을 것이며 그들의 허리띠는 풀리지 아니하며 그들의 신들메는 끊어지지 아니하며 그들의 살은 날카롭고 모든 활은 당기어졌으며 그 말굽은 부싯돌 같고 차바퀴는 회리바람 같을 것이며 그 부르짖는 것은 암사자 같을 것이요 그 소리지름은 어린 사자들과 같을 것이라. 그들이 부르짖으며 물건을 움키어 염려 없이 가져가도 건질 자가 없으리로다. 그 날에 그들이 바다 물결 소리같이 백성을 향하여 부르짖으리니 사람이 그 땅을 바라보면 흑암과 고난이 있고 빛은 구름에 가리워져서 어두우리라.

선지자 이사야는 죄악된 이스라엘 백성을 향한 하나님의 심판으로 무서운 전쟁에 대해 예고한다. 하나님께서는 먼 나라들을 불러와서 이스라엘을 치게 하실 것이다. 이스라엘 나라를 침공할 이방 나라들

이사야 5장: 하나님의 심판

의 군대는 빠르고 강할 것이며 그들 중에는 피곤해 넘어지거나 조는 자가 없을 것이다. 그들의 무기는 날카로울 것이며 그들의 병거 바퀴는 회리바람 같을 것이며 그들의 부르짖는 소리는 사자들의 부르짖는 소리와 같을 것이다. 온 땅은 흑암과 고통으로 가득할 것이다.

본문의 교훈을 정리해보자. 첫째로, 하나님께서는 이스라엘의 범죄에 대해 불같이 진노하셔서 먼 나라들을 불러와 그들을 치실 것이며 그들의 시체는 거리에 쓰레기같이 될 것이다. 그것은 율법에 경고하신 대로이었다. 레위기 26장에서 하나님께서는 이스라엘 백성이 그의 계명을 지키지 않고 거역하면 대적들에게 패배하고 그들을 당할 힘이 없을 것이며 이스라엘 백성은 마침내 멸망하고 그 땅은 황폐하게 될 것이라고 경고하셨었다(14-17, 31-33, 37-38절). 사람의 죄는 하나님의 진노와 심판을 가져온다. 신약성도가 범하는 죄도 구약성도가 범하는 죄와 그 본질이 다르지 않다. 모든 죄는 다 악하고 공의로 보응하시는 하나님의 진노를 받을 만한 것이다. 하나님께서는 우리의 죄악에 대해서도 진노하시고 심판하실 것이다. 그러므로 우리는 범죄하지 말아야 한다.

둘째로, 우리는 하나님과 사람들 앞에서 바르게만 살아야 한다. 무엇이 하나님과 사람들 앞에서 바르게 사는 것인가? 우선, 우리는 창조자, 섭리자 하나님을 인정하고 경외하며 그의 말씀인 성경말씀을 존중하고 그 말씀을 읽고 듣고 믿고 묵상하고 행하는 자가 되어야 한다. 하나님을 섬기는 것은 하나님께서 주신 성경말씀의 교훈을 따라 믿고 따르는 것이며 성경이 교훈하는 대로 선악을 바르게 판단하고 불의와 죄악을 버리고 멀리하는 것이다. 선악을 바르게 판단하는 기준은 성경말씀이며 부수적으로는 이성과 양심이다. 우리는 하나님을 경외하고 주 예수 그리스도만 믿고 성경말씀대로 바르고 선하고 진실하게 살아야 하고 자신을 지혜롭게 여기지 말고 항상 겸손하게 처신하고 술 취하지 말고 결코 불의한 이익을 취하지 말아야 한다. 그래야 복된 삶이 된다.

6장: 이사야의 환상

1-7절, 이사야의 환상

〔1절〕 웃시야 왕의 죽던 해에 내가 본즉 주께서 높이 들린 보좌에 앉으셨는데 그 옷자락은 성전에 가득하였고.

웃시야 왕은 이스라엘이 남북으로 분열된 후 유다 왕국의 열 번째 왕이었다(주전 790-739년경에 통치). 역대하 26장에 보면, 웃시야 왕은, 하나님의 말씀을 밝히 아는 스가랴의 사는 날에 하나님을 구하였고, 그가 하나님을 구하는 동안 하나님께서는 그와 그의 나라를 형통케 하셨다. 그러나 그가 강성해졌을 때, 그는 마음이 교만해졌었고, 성전에 들어가서 제사장들만 할 수 있었던 하나님께 분향하는 일을 하려다가 하나님께서 치시므로 그 자리에서 즉시 나병 환자가 되었고 죽는 날까지 나병 환자로 살다가 죽었다(대하 26:5, 16, 19, 21).

교만하여 범죄했던 웃시야 왕이 하나님의 엄한 징벌로 그 말년에 불행하게 살다가 죽었을 때, 이사야는 하나님의 엄위하심과 두려우심을 크게 느꼈을 것이다. 그러나 그는 또 하나님의 두려운 공의 앞에서 인간 왕은 실패하고 죽지만, 창조주 하나님께서는 이 세상의 참된 왕으로서 영원히 살아계심을 더욱 더 알았을 것이다.

이사야는 하나님의 영광을 보았다. 구약시대의 선지자들은 하나님의 영광을 본 자들이었다. 그들은 하나님께서 보여주시는 환상을 보고 하나님께서 들려주시는 음성을 듣는 자들이었다. 이사야는 주께서 높이 들린 보좌에 앉으셨고 그 옷자락이 성전에 가득한 것을 보았다. 사도 요한은 요한복음 12:41에서 이사야가 주의 영광을 보았다고 증거한다. 주 예수님의 신성(神性)을 믿는 우리는 구약시대에 나타나신 그 하나님께서 주 예수 그리스도이셨다고 말할 수 있다. 이사야가

이사야 6장: 이사야의 환상

본 주께서 높은 보좌에 앉으신 것은 그가 왕이심을 나타낸다. 이사야는 그를 '왕'이라고 불렀다. 5절, "그때에 내가 말하되 화로다, 나여. 망하게 되었도다. 나는 입술이 부정한 사람이요 입술이 부정한 백성 중에 거하면서 만군의 여호와이신 왕을 뵈었음이로다." 또 그의 옷자락이 성전에 가득한 것은 그가 제사장이심을 나타내는 뜻도 있어 보인다. 주 예수 그리스도께서는 왕이신 동시에 제사장이시다.

〔2-4절〕 스랍들은 모셔 섰는데 각기 여섯 날개가 있어 그 둘로는 그 얼굴을 가리었고 그 둘로는 그 발을 가리었고 그 둘로는 날며 서로 창화하여 가로되 거룩하다, 거룩하다, 거룩하다, 만군의 여호와여, 그 영광이 온 땅에 충만하도다. 이같이 창화하는 자의 소리로 인하여 문지방의 터가 요동하며 집에 연기가 충만한지라.

이사야는 천사들이 그 영광의 주를 모셔 선 것을 보았다. 그는 그 천사들을 '스랍들'이라고 말한다. 성경에 나오는 가브리엘과 미가엘은 천사 개인의 이름이고, 그룹과 스랍은 천사 부류의 이름들이라고 보인다. 이사야 6장에만 나오는 스랍은 하나님을 찬송하며 하나님의 뜻을 수행하는 천사들이었다. 스랍들은 각기 여섯 날개가 있었고 그 둘로는 그 얼굴을 가리었고 그 둘로는 그 발을 가리었고 그 둘로는 날면서 서로에게 외치기를, "거룩하다, 거룩하다, 거룩하다, 만군의 여호와여, 그 영광이 온 땅에 충만하도다"라고 하였다. 스랍들이 두 날개로 얼굴을, 다른 두 날개로 발을 가린 것은 하나님을 경외함과 그들의 겸손을 나타내며, 또 그들이 다른 두 날개로 난 것은 그들이 민첩하게 하나님을 섬기며 하나님의 명령을 수행하는 것을 나타내는 것 같다. 천사들은 하나님을 섬기며 그의 뜻을 행하는 자들이다.

스랍들의 찬송 소리와 같이, 하나님께서는 거룩하시다. 거룩함이란 유한한 피조 세계로부터 초월해 계심과 죄와 불결로부터 떠나 계심을 가리킨다. '만군의 여호와'는 하늘에 있는 천군 천사들을 거느리신 능력의 하나님을 가리킨다. 하나님의 영광은 온 세상에 충만하시다.

이사야 6장: 이사야의 환상

만군의 여호와 하나님께서는 이스라엘의 하나님이실 뿐 아니라, 또한 온 우주의 하나님이시다. 그는 우주의 창조자이시며 섭리자이시다.

천사들이 외치는 소리로 인해 성전 문지방의 터가 요동하며 성전에 연기가 충만하였다. 그것은 하나님의 위엄과 영광의 표시이었다. 하나님께서 오래 전에 시내산에 내려오실 때에도 우뢰와 번개와 빽빽한 구름이 시내산 위에 있었고 온 산이 크게 진동했었다(출 19:16, 18). 이와 같이, 이사야는 하나님의 영광을 보았다. 그는, 비록 웃시야 왕이 범죄하여 하나님의 징벌로 병으로 고생하다가 죽었으나, 영원한 왕이신 여호와 하나님께서는 죽지 않고 살아계시며 지극히 거룩하시고 온 세상에 그의 영광이 충만한 하나님이심을 보았던 것이다.

[5절] 그때에 내가 말하되 화로다, 나여. 망하게 되었도다. 나는 입술이 부정한 사람이요 입술이 부정한 백성 중에 거하면서 만군의 여호와이신 왕을 뵈었음이로다.

이사야는 하나님의 거룩하심을 보았을 때 자신의 죄악됨을 깨달았다. 특히 그는 자신의 입술의 더러움을 깨닫고 고백하였다. 사람의 말은 그의 인격을 나타낸다. 선한 사람은 선한 말을 하고 악한 사람은 악한 말을 한다(마 12:35). 특히 사람의 죄성은 그의 말로 나타난다. 죄인의 특징은 악한 말을 하는 것이다. 구원 얻은 첫 번째 표는 말의 성결에서 나타날 것이다. 변화된 인격은 말의 변화로 증거될 것이다.

이사야는 하나님의 거룩하신 영광 앞에서 죽은 자와 같이 되었다. 그는 "화로다, 나여, 망하게 되었도다"라고 말했다. 어부였던 베드로는 주 예수님의 신적 영광을 보았을 때 그 발 앞에 엎드러져 "주여, 나를 떠나소서. 나는 죄인이로소이다"라고 고백했었다(눅 5:8). 요한계시록 1:17에 보면, 사도 요한은 예수 그리스도의 신적 영광을 보았을 때 그 발 앞에 엎드러져 죽은 자같이 되었었다.

[6-7절] 때에 그 스랍의 하나가 화제[부젓가락]로 단에서 취한 바 핀 숯을 손에 가지고 내게로 날아와서 그것을 내 입에 대며 가로되 보라, 이것이

이사야 6장: 이사야의 환상

네 입에 닿았으니 네 악이 제하여졌고 네 죄가 사하여졌느니라 하더라.

천사가 제단 숯불을 선지자 이사야의 입에 댄 것은 예수 그리스도께서 십자가의 고난으로 이루신 속죄로 그를 정결케 하심을 상징할 것이다. 예수 그리스도의 속죄는 추하고 더러운 우리의 입술을 정결케 한다. 예수 그리스도의 피가 우리의 온 몸을 깨끗케 한다. 죄사함 곧 더러운 악의 제거는 모든 사람에게 필요하며 특히 말씀의 전달자인 선지자들에게 필요한 일이며 오늘날도 목사와 설교자들에게 필요한 일이다. 우리의 입이 정결하지 않다면, 우리는 이 거룩한 하나님의 일을 감당할 수 없을 것이다. 하나님의 복음은 죄사함의 길이다. 그러므로 죄사함 받고 깨끗해진 자들만 복음의 전달자가 될 수 있다.

본문의 교훈을 정리해보자. 첫째로, 이사야는 환상 중 하나님의 거룩하심과 영광을 보았다. 하나님을 알며 그를 경외하는 것이 지혜와 지식의 근본이다(잠 1:7; 10:9). 주께서는 영생은 유일하신 참 하나님과 그의 보내신 자 예수 그리스도를 아는 것이라고 말씀하셨다(요 17:3). 우리는 성경을 통하여 영원하신 하나님과 주 예수님의 영광을 보아야 한다.

둘째로, 이사야는 자신이 입술이 부정하며 하나님의 진노를 받을 만한 자임을 깨달았다. 베드로는 주 앞에 엎드려 자신이 죄인임을 고백했었고 바울은 자신을 죄인 중에 괴수라고 고백했었다(눅 5:8; 딤전 1:15). 우리는 우리 자신이 심히 부족하며 지옥 가야 마땅할 죄인임을 깨닫고 겸손히 하나님 앞에 엎드려야 한다. 우리가 우리의 부족과 죄를 깨닫고 버리고 고치며 회개의 열매를 맺는 것이 하나님의 기뻐하시는 뜻이다.

셋째로, 우리는 하나님의 일에 쓰임 받기 위해 예수 그리스도의 피로 깨끗함을 얻어야 한다. 디모데후서 2:21, "누구든지 이런 것에서 자기를 깨끗하게 하면 귀히 쓰는 그릇이 되어 거룩하고 주인의 쓰심에 합당하며 모든 선한 일에 예비함이 되리라." 하나님의 복음 진리의 일꾼들은 예수 그리스도의 보혈로 몸과 입술을 깨끗케 씻음 받아야 한다.

이사야 6장: 이사야의 환상

8-13절, 거룩한 씨

[8절] 내가 또 주의 목소리를 들은즉 이르시되 내가 누구를 보내며 누가 우리를 위하여 갈꼬? 그때에 내가 가로되 내가 여기 있나이다. 나를 보내소서.

이사야는 환상 중에 하나님의 영광을 보았고 자신의 추함과 입술의 부정함을 깨달았고 또 하나님께서 천사를 보내어 제단의 숯불로 그의 입을 정결케 하심도 보았다. 그는 이런 일들을 환상 중에 보았다. 그런 후, 그는 주님의 목소리를 들었다. "내가 누구를 보내며 누가 우리를 위하여 갈꼬?"

하나님께서 자신을 '우리'라고 표현하신 것은 삼위일체의 신비를 보이신 것 같다. 그는 구약성경에서 자신에 대하여 몇 번 '우리'라는 표현을 사용하셨다. 그는 사람을 창조하실 때(창 1:26), 또 범죄한 첫 사람들을 에덴에서 내어보내실 때(창 3:22), 또 바벨탑을 쌓는 자들의 언어를 혼란시키실 때(창 11:7) '우리'라는 표현을 사용하셨다.

하나님께서는 "내가 누구를 보내며 누가 우리를 위하여 갈꼬?"라고 말씀하셨다. 이 말씀은 하나님께서 그의 일을 위해 사람을 사용하심을 보인다. 그것은 성경 역사 전체에 나타난 하나님의 섭리 방식이다. 또 이 말씀은 하나님께서 그의 일을 위해 쓰실 만한 사람이 많지 않음을 보이는 것 같다. 하나님의 일은 악한 사람들을 상대해야 하는 어려운 일이며 그 일을 수행하는 길은 고난의 길이다.

이사야는 하나님의 목소리에 응답하여 "내가 여기 있나이다. 나를 보내소서"라고 말했다. 그는 어디에서 이런 헌신의 용기가 났을까? 그것은 분명히 그의 사죄(赦罪)의 확신에서 났을 것이다. 죄책감은 사람으로 하여금 두려움과 무기력함에 머물게 만든다. 그는 하나님께 즐거이 헌신하기 어렵다. 그러나 사람은 죄사함을 확신할 때 힘과 용기를 얻고 하나님께 즐거이 헌신하게 될 것이다. 죄는 영원한 멸망

이사야 6장: 이사야의 환상

의 원인이며 거기에는 두려움밖에 없지만, 죄사함은 영생의 길이며 거기에는 기쁨과 평안과 용기가 있다. 그때 우리는 우리의 많은 죄를 사해주신 하나님께 즐거이 헌신할 수 있을 것이다.

〔9-10절〕여호와께서 가라사대 가서 이 백성에게 이르기를 너희가 듣기는 들어도 깨닫지 못할 것이요 보기는 보아도 알지 못하리라 하여 이 백성의 마음으로 둔하게 하며 그 귀가 막히고 눈이 감기게 하라. 염려컨대 그들이 눈으로 보고 귀로 듣고 마음으로 깨닫고 다시 돌아와서 고침을 받을까 하노라.

하나님께서는 이사야로 하여금 이스라엘 백성에게 그들의 영적인 어두움을 선언하게 하셨다. 그것은 하나님의 버리심이며 하나님의 심판이었다. 그러나 그것은 구원이 하나님의 은혜에 달려 있음을 알려주는 중요한 진리를 보인다. 하나님께서는 그가 은혜 주실 자에게는 은혜를 주시지만, 그가 버려두신 자들에게는 그의 은혜를 주지 않으신다. 사람은 영적으로 죽어 있고 전적으로 부패되어 있어서 하나님의 은혜가 아니면 도무지 깨닫지도 못하며 회개하고 하나님께로 돌아오지도 못하고 그의 진리를 믿고 구원을 받지도 못하고 참된 의와 선을 행하지도 못한다. 구원은 하나님의 전적인 은혜이다.

〔11-13절〕내가 가로되 주여, 어느 때까지니이까? 대답하시되 성읍들은 황폐하여 거민이 없으며 가옥들에는 사람이 없고 이 토지가 전폐하게 되며 사람들이 여호와께 멀리 옮기워서[여호와께서 사람들을 멀리 옮기셔서] 이 땅 가운데 폐한 곳이 많을 때까지니라. 그 중에 10분의 1이 오히려 남아 있을지라도 이것도 삼키운 바 될 것이나 밤나무, 상수리나무가 베임을 당하여도 그 그루터기는 남아 있는 것같이 거룩한 씨가 이 땅의 그루터기니라.

유다의 성읍들은 다 황폐할 것이다. 10분의 1이 남아 있을지라도 그것도 삼키운 바 될 것이다. 불순종하는 유다는 결국 완전히 멸망할 것이다. 이처럼, 선지자 이사야의 말씀의 사역은 전망 없는 사역같이 보였다. 하나님의 일은 때때로 그러하였다. 선지자 예레미야도 41년간 사역했지만, 유다는 결국 멸망했다. 예루살렘 성은 의인 한 사람이 없어서 결국 멸망했다. 예레미야 5:1, "너희는 예루살렘 거리로 빨리 왕래하며 그 넓은 거리에서 찾아보고 알라. 너희가 만일 공의를 행하며 진리를 구하는 자를 한 사람이라도 찾으면 내가 이 성을 사하리라."

이런 사실들은 사람이 심히 부패되어 있고 구원이 전적으로 하나님의 은혜임을 잘 증거한다. 하나님의 종들과 성도들은 이런 일들을 통해 하나님의 심정을 배우게 된다. 사도 바울은 마지막 시대에 많은 사람들이 자기 사욕을 좇을 스승을 많이 두고 귀를 진리에서 돌이켜 허탄한 이야기를 좇을 것이라고 예언하면서 그러나 전도자는 고난을 각오하며 전도자의 직무를 다해야 한다고 말했다(딤후 4:3-5).

그러나 사람이 무지하고 완악하다고 해서 하나님의 구원 계획이 실패하지는 않을 것이다. 하나님께서는, "밤나무, 상수리나무가 베임을 당하여도 그 그루터기는 남아 있는 것같이 거룩한 씨가 이 땅의 그루터기니라"고 말씀하셨다. 그루터기는 나무를 벤 후에 남은 나무 둥치를 가리킨다. 유다가 멸망해도, 그 그루터기는 남을 것이다. 또 하나님께서는 '거룩한 씨'가 이 땅의 그루터기라고 말씀하셨다.

이스라엘 땅의 '거룩한 씨'는 메시아를 암시한다. 그것이 이사야서 전체에 흐르는 메시아 진리이다. 이사야는 또 '남은 자'에 대해 많이 말한다.3) 그들은 메시아를 믿고 구원 얻은 자들을 가리킨다. 그들은 처음에는 적은 수효일 것이나(눅 12:32), 마지막에는 셀 수 없이 많은 수가 될 것이다(계 7:9). 하나님의 일은 실패하지 않고 성공할 것이다. 그러나 그 과정은 오래 참아야 하는 힘든 과정일 것이다.

본문의 교훈을 정리해보자. 첫째로, 이스라엘 백성은 듣기는 들어도 깨닫지 못할 것이요 보기는 보아도 알지 못할 것이다. 이스라엘 백성은 마음이 둔하고 귀가 막히고 눈이 감기게 될 것이며 눈으로 보고 귀로

---

3) '남아 있는 자'(4:3; 7:22; 37:4), '남은 자'(10:20, 21, 22; 14:22, 30; 15:9; 24:6; 30:17), '남는 자'(37:31, 32)로 모두 13번 사용되었다.

이사야 6장: 이사야의 환상

듣고 마음으로 깨닫고 다시 돌아와서 고침을 받지 못할 것이다. 이것은 사람의 전적 부패성을 증거한다. 하나님께서 생명 얻는 회개를 주셔야 사람이 회개할 수 있고, 하나님께서 사람의 마음의 눈을 열어 주셔야 사람이 복음 진리를 듣고 깨달을 수 있다. 사도행전 11:18, "저희가 이 말을 듣고 잠잠하여 하나님께 영광을 돌려 가로되 그러면 하나님께서 이방인에게도 생명 얻는 회개를 주셨도다 하니라." 사도행전 16:14, "두아디라 성의 자주 장사로서 하나님을 공경하는 루디아라 하는 한 여자가 들었는데 주께서 그 마음을 열어 바울의 말을 청종하게 하신지라."

둘째로, 이스라엘 백성의 영적 어두움은 그들이 완전히 황폐케 될 때까지 계속될 것이다. 성읍들은 황폐하여 거민이 없어지고 가옥들에는 사람이 없어지고 토지는 전폐하게 되며 사람들은 멀리 옮기울 것이다. 그들에게는 구원의 가망성이 전혀 없을 것이다. 이것은 구원이 전적으로 하나님의 은혜이며 전적으로 하나님께 달려 있음을 증거한다. 로마서 9:16, 18, "그런즉 원하는 자로 말미암음도 아니요 달음박질하는 자로 말미암음도 아니요 오직 긍휼히 여기시는 하나님으로 말미암음이니라," "그런즉 하나님께서 하고자 하시는 자를 긍휼히 여기시고 하고자 하시는 자를 강퍅케 하시느니라." 이것은 또한 선택의 진리도 보인다. 요한복음 10:26-27, "너희가 내 양이 아니므로 믿지 아니하는도다. 내 양은 내 음성을 들으며 나는 저희를 알며 저희는 나를 따르느니라."

셋째로, 거룩한 씨는 남은 그루터기가 될 것이다. 이것은 전적으로 부패된 인류를 위해 보내실 메시아에 대한 예언이다. 예수 그리스도께서는 하나님께서 보내주신 거룩한 씨이시며 인류의 구주이시다. 요한복음 3:16, "하나님이 세상을 이처럼 사랑하사 독생자를 주셨으니 이는 저를 믿는 자마다 멸망치 않고 영생을 얻게 하려 하심이니라." 디모데전서 1:15, "미쁘다, 모든 사람이 받을 만한 이 말이여, 그리스도 예수께서 죄인을 구원하시려고 세상에 임하셨다 하였도다." 예수 그리스도를 믿는 자들은 하나님의 남은 백성이며, 거기에만 인류의 소망이 있다.

7장: 이스라엘의 멸망을 예언함

1-9절, 연기 나는 두 나무토막

〔1-2절〕 웃시야의 손자요 요담의 아들인 유다 왕 아하스 때에 아람 왕 르신과 르말리야의 아들 이스라엘 왕 베가가 올라와서 예루살렘을 쳤으나 능히 이기지 못하니라. 혹이 다윗 집에 고하여 가로되 아람이 에브라임과 동맹하였다 하였으므로 왕의 마음과 그 백성의 마음이 삼림이 바람에 흔들림같이 흔들렸더라.

다윗 왕 때에는 이스라엘 나라가 아람 나라를 지배하기도 했었다. 또 다윗 집에는 하나님께서 그 집을 보호하신다는 약속이 있었다. 그러나 왕국 분열 후, 남방 유다 왕 아하스는 침략자들의 세력 앞에서 두려워 떨고 있었다. 그는 하나님의 보호하심에 대한 확신이 없었다. 확실히 그의 마음이 죄로 인해 약해져 있었다.

〔3-4절〕 때에 여호와께서 이사야에게 이르시되 너와 네 아들 스알야숩은 윗못 수도 끝 세탁자의 밭 큰 길에 나가서 아하스를 만나 그에게 이르기를 너는 삼가며 종용하라. 아람 왕 르신과 르말리야의 아들이 심히 노할지라도 연기나는 두 부지깽이 그루터기에 불과하니 두려워 말며 낙심치 말라.

유다 왕 아하스가 악하였지만 하나님께서는 그에게 위로와 격려의 말씀을 주셨다. 그것은 유다 나라의 경건한 자들을 위한 위로와 격려이었고 또 하나님의 궁휼로 악인들에게 회개의 기회를 주신 일이었다고 본다. 하나님께서는 선지자 이사야가 그 아들 스알야숩과 함께 아하스를 만나게 하셨다. 스알야숩이라는 이름은 '남은 자가 돌아온다'는 뜻으로 그 이름 자체가 유다 백성에게 소망과 위로가 되었다.

하나님께서 이사야를 통해 아하스에게 주신 말씀의 내용은, 아람 왕 르신과 북방 이스라엘 왕 베가를 두려워 말라는 것이었다. 그는 그들이 '연기 나는 두 부지깽이 그루터기' 즉 연기 나는 두 나무토막

이사야 7장: 이스라엘의 멸망을 예언함

에 불과하다고 표현하셨다. '연기 나는 두 나무토막'은 화덕에서 불타는 나무가 아니다. 그것은 화덕에서 꺼내져, 불이 꺼져 가는, 그래서 연기만 많이 나는 나무이다. 아람 나라와 북방 이스라엘 나라의 세력은 꺼져 가는, 연기 나는 나무토막에 불과하다는 것이다. 그것은 그 두 나라가 앗수르 왕에게 패망할 것을 암시한다. 그러므로 유다 왕은 그들을 두려워 말고 그들로 인해 낙심치 말아야 한다는 것이다.

[5-7절] 아람과 에브라임 왕과 르말리야의 아들이 악한 꾀로 너를 대적하여 이르기를 우리가 올라가 유다를 쳐서 그것을 곤하게 하고 우리를 위하여 그것을 파하고 다브엘의 아들을 그 중에 세워 왕을 삼자 하였으나 주 여호와의 말씀에 이 도모가 서지 못하며 이루지 못하리라.

아람 왕과 이스라엘 왕은 동맹을 맺고 유다를 쳐서 파하고 다브엘의 아들을 왕으로 세우자는 계획까지 세웠지만, 그 계획은 서지 못하며 이루지 못할 것이다. 세상의 모든 일은 하나님의 허락이 있어야 세워지고 이루어진다. 하나님께서는 한 국가의 흥망성쇠(興亡盛衰)뿐 아니라, 온 세계의 역사를 주관하시는 주권적 섭리자이시다.

[8-9절] 대저 아람의 머리는 다메섹이요 다메섹의 머리는 르신이며 에브라임의 머리는 사마리아요 사마리아의 머리는 르말리야의 아들이라도 65년 내에 에브라임이 패하여 다시는 나라를 이루지 못하리라. 만일 너희가 믿지 아니하면 정녕히 굳게 서지 못하리라 하셨다 할지니라.

"65년 내에 에브라임이 패하여 나라를 이루지 못하리라"는 말씀은 무슨 뜻인가? 그것은 북쪽 이스라엘 나라의 완전한 멸망과 그 백성들이 포로로 잡혀가는 일을 가리켰다고 보인다.

주전 733년경 이스라엘 왕 베가 때에 앗수르 왕 디글랏 빌레셀 3세(주전 744-727년경)는 이스라엘 백성을 포로로 잡아갔다. 열왕기하 15:29, "이스라엘 왕 베가 때에 앗수르 왕 디글랏 빌레셀이 와서 이욘과 아벨벳마아가와 야노아와 게데스와 하솔과 길르앗과 갈릴리와 납달리 온 땅을 취하고 그 백성을 사로잡아 앗수르로 옮겼더라."

이사야 7장: 이스라엘의 멸망을 예언함

또 주전 722년경 이스라엘의 마지막 왕 호세아 때에 이스라엘 나라는 앗수르 왕 살만에셀 5세(주전 727-722년경)에게 망하였고 포로로 잡혀갔다. 열왕기하 17:6, "호세아 9년에 앗수르 왕(살만에셀)이 사마리아를 취하고 이스라엘 사람을 사로잡아 앗수르로 끌어다가 할라와 고산 하볼 하숫가와 메대 사람의 여러 고을에 두었더라." 그 후, 앗수르 왕 에살핫돈(주전 681-669년경)은 사람들을 앗수르 땅에서 옮겨 사마리아 여러 성들에 두었다. 열왕기하 17:24, "앗수르 왕이 바벨론과 구다와 아와와 하맛과 스발와임에서 사람을 옮겨다가 이스라엘 자손을 대신하여 사마리아 여러 성읍에 두매 저희가 사마리아를 차지하여 그 여러 성읍에 거하니라." 북방 이스라엘은 회복의 가능성이 없어졌다. 65년의 기간이 무엇을 가리키는지 정확히 모르나, 아하스 2년(주전 740년경) 때로부터 에살핫돈이 므낫세 왕을 포로로 잡아간 때(주전 675년경; 대하 33:11)까지의 기간이 대략 65년이 된다.

그러나 유다 왕 아하스는 선지자로 전달된 하나님의 말씀을 믿고 하나님을 의지하는 대신에 앗수르 왕을 의지했고 또 다메섹 신(神)들을 의지했다. 역대하 28:16, 23, "그때에 아하스 왕이 앗수르 왕에게 보내어 도와주기를 구하였으니," "[아하스 왕은] 자기를 친 다메섹 신들에게 제사하여 가로되 아람 열왕의 신들이 저희를 도왔으니 나도 그 신에게 제사하여 나를 돕게 하리라 하였으나 그 신이 아하스와 온 이스라엘을 망케 하였더라." 우상숭배는 멸망의 죄이다.

그러므로 하나님께서는 끝으로 "만일 너희가 믿지 아니하면 정녕히 굳게 서지 못하리라"고 말씀하셨다. 하나님께서는 아하스와 유다 백성들에게 하나님께 대한 굳건한 믿음이 필요함을 말씀하신 것이다.

본문의 교훈을 정리해보자. 첫째로, 유다 왕 아하스는 우상을 섬긴 악한 왕이었고, 그 결과, 아하스와 유다 나라는 매우 약해졌고 그들은 북쪽 이스라엘과 아람의 연합군의 침공 앞에 두려워 떨고 있었다. 사람

이사야 7장: 이스라엘의 멸망을 예언함

은 범죄하면 마음이 약해지고 하나님의 보호와 도움을 확신하지 못한다. 잠언 28:1, "악인은 쫓아오는 자가 없어도 도망하나 의인은 사자같이 담대하니라." 사람은 범죄하면 약해진다. 우리는 죄를 버리고 예수 그리스도를 믿고 말씀에 순종하여 의를 행함으로 담력을 가져야 한다.

둘째로, 아람은 이스라엘과 동맹하여 유다를 침공하고 정복하려고 계획했고 새로운 왕까지 내정했으나, 본문 7절은 "주 여호와의 말씀에 이 도모가 서지 못하며 이루지 못하리라"고 말했다. 세상의 모든 일은 하나님의 주권적 섭리의 손에 달려 있다. 하나님의 허락 없는 사람의 계획은 다 헛되다. 그러므로 시편 127:1-2에는, "여호와께서 집을 세우지 아니하시면 세우는 자의 수고가 헛되며 여호와께서 성을 지키지 아니하시면 파수꾼의 경성함이 허사로다. 너희가 일찍이 일어나고 늦게 누우며 수고의 떡을 먹음이 헛되도다"라고 말했다. 또 야고보는 "너희가 도리어 말하기를 주의 뜻이면 우리가 살기도 하고 이것저것을 하리라 할 것이거늘 이제 너희가 허탄한 자랑을 자랑하니 이러한 자랑은 다 악한 것이라"고 말했다(약 4:15). 우리는 하나님의 허락이 없는, 사람의 모든 계획이 헛됨을 알고 우리의 모든 계획을 하나님께 맡겨야 한다.

셋째로, 하나님께서는 아하스에게 "만일 너희가 믿지 아니하면 정녕히 서지 못하리라"고 말씀하셨다(9절). 그러나 아하스는 앗수르를 의지하려 하였었다(왕하 16:7). 그러나 우리는 하나님만 믿고 의지해야 한다. 이사야 26:3-4, "주께서 심지가 견고한 자를 평강에 평강으로 지키시리니 이는 그가 주를 의뢰함이니이다. 너희는 여호와를 영원히 의뢰하라. 주 여호와는 영원한 반석이심이로다." 개인의 생사화복(生死禍福)이나 국가의 흥망성쇠가 다 섭리자 하나님의 손에 달려 있고 세계의 역사도 하나님의 섭리 안에 있음을 알고, 우리는 하나님의 주권적 섭리를 믿고 하나님만 믿고 의지해야 한다. 믿음의 선진들은 고난 중에도 부끄러워하지 않고 하나님을 굳게 의뢰하였다. 우리는 하나님과 그의 모든 말씀과 약속을 믿어야 하고 특히 하나님의 섭리를 굳게 믿어야 한다.

이사야 7장: 이스라엘의 멸망을 예언함

10-25절, 임마누엘의 표적

[10-12절] 여호와께서 또 아하스에게 일러 가라사대 너는 네 하나님 여호와께 한 징조(오스 אוֹת)[표적]를 구하되 깊은 데서든지 높은 데서든지 구하라. 아하스가 가로되 나는 구하지 아니하겠나이다. 나는 여호와를 시험치 아니하겠나이다 한지라.

하나님께서 아하스에게 표적을 구하라고 하신 것은 아하스가 유다 나라를 치기 위해 동맹한 아람 나라와 이스라엘 나라가 멸망할 것이라는 하나님께서 주신 이사야의 예언을 믿지 않았기 때문인 것 같다. 또 그가 하나님을 시험하지 않겠다고 말하였으나, 그것은 그가 믿음이 강해서가 아니고 하나님의 말씀을 불신하고 무시하기 때문에 한 위선적인 말이었다고 보인다. 역대하 28장에 기록된 대로, 아하스는 하나님을 믿지 않았고, 그 대신 강대국 앗수르 왕을 의지했고 다메섹 신들 곧 아람 열왕의 신들을 섬겼다(대하 28:16, 22-25).

[13-14절] 이사야가 가로되 다윗의 집이여, 청컨대 들을지어다. 너희가 사람을 괴롭게 하고 그것을 작은 일로 여겨서 또 나의 하나님을 괴로우시게 하려느냐? 그러므로 주께서 친히 징조[표적]로 너희에게 주실 것이라. 보라, 처녀가 잉태하여 아들을 낳을 것이요 그 이름을 임마누엘이라 하리라.

이사야는 아하스가 하나님을 경외하며 의지하지 않고 앗수르 왕을 의지하고 이방신을 의지하려 한 것이 사람들과 하나님을 괴롭게 한 일이라고 지적하였다. 그는 이제 하나님께서 주실 놀라운 한 표적을 선포한다. 그것은 아하스의 불신앙에도 불구하고 하나님께서 은혜로 주신 표적이었다. 그것은 임마누엘이라고 불리는 메시아의 초자연적인 탄생에 대한 것이었다. '처녀'라는 원어(알마 עַלְמָה)는 '결혼하지 않은 젊은 처녀'를 가리킨다. 그것은 구약성경의 용법과 구약성경의 헬라어 70인역과 또 신약성경의 적용에서 분명히 증거된다.4) '표적'

---

4) 구약성경의 예--창세기 24:43, "내가 이 우물곁에 섰다가 청년 여자(알

이사야 7장: 이스라엘의 멸망을 예언함

이라는 말은 임마누엘의 초자연적인 탄생에 맞다.

  메시아께서는 구약성경에 신적 존재로 예언되어 있다. 이사야 9:6, "이는 한 아기가 우리에게 났고 한 아들을 우리에게 주신 바 되었는데 그 어깨에는 정사를 메었고 그 이름은 기묘자라, 모사라, 전능하신 하나님이라, 영존하시는 아버지라, 평강의 왕이라 할 것임이라." 미가 5:2, "베들레헴 에브라다야, 너는 유다 족속 중에 작을지라도 이스라엘을 다스릴 자가 네게서 내게로 나올 것이라. 그의 근본은 상고에, 태초[영원 전]에니라." 신적 존재인 메시아께서는 사람의 보통 출생법보다 처녀 마리아의 몸을 통해 탄생하시는 것이 더 자연스럽다.

  본문에 '임마누엘(עִמָּנוּ אֵל)이라는 말은 '하나님께서 우리와 함께 계신다'는 뜻이다. 그것은 하나님의 아들 예수 그리스도의 사람 되심(성육신 成肉身)을 가리킨다. 그것은 예수 그리스도의 초자연적 탄생으로 이루어졌다. 요한복음 1:14, "말씀이 육신이 되어 우리 가운데 거하시매 우리가 그 영광을 보니 아버지의 독생자의 영광이요." 이사

마(עַלְמָה)가 물을 길러 오거든." 이 단어는 '처녀'라는 말(베술라 בְּתוּלָה)(16절)과 동의어로 사용되었다. 출애굽기 2:8, "바로의 딸이 그에게 이르되 가라, 그 소녀(알마 עַלְמָה)가 가서 아이의 어미를 불러오니." 아가 1:3, "네 기름이 향기로와 아름답고 네 이름이 쏟은 향기름 같으므로 처녀들이 너를 사랑하는구나." 아가 6:8, "왕후가 60이요 비빈이 80이요 시녀(알마 עַלְמָה)가 무수하되." 70인역 인용과 신약성경의 적용--마태복음 1:23, "보라, 처녀(파르데노스 παρθένος)가 잉태하여 아들을 낳을 것이요 그 이름은 임마누엘이라 하리라 하셨으니 이를 번역한즉 하나님이 우리와 함께 계시다 함이라." 마태는, (1) 그 모친이 요셉과 정혼하고 동거하기 전에 성령으로 잉태된 것이 나타났고, (2) 그 남편 요셉이 저를 드러내지 않고 가만히 끊고자 했고, (3) 천사가 꿈에 나타나 저에게 잉태된 자는 성령으로 된 것이라고 했고, (4) 이사야 7:14의 예언의 성취이며, 또 (5) 요셉이 주의 천사의 분부대로 그의 아내를 데려왔으나 아들을 낳기까지 동침치 않았다는 등 다섯 가지 점들을 증거했다(마 1:19-25). 누가도 천사가 처녀 마리아에게 "성령이 네게 임하시고 지극히 높으신 이의 능력이 너를 덮으시리니 이러므로 나실 바 거룩한 자는 하나님의 아들이라 일컬으리라"고 말했다고 증거하였다(눅 1:34-35).

이사야 7장: 이스라엘의 멸망을 예언함

야의 예언은 하나님의 약속이었고 하나님의 능력과 긍휼의 표이었다.

[15-16절] 그가 악을 버리며 선을 택할 줄 알 때에 미쳐 뻐터와 꿀을 먹을 것이라. 대저 이 아이가 악을 버리며 선을 택할 줄 알기 전에 너의 미워하는 두 왕의 땅이 폐한 바 되리라.

본문은 예언된 메시아께서 탄생하신 후에 약 5, 6세가 되기 전에 이스라엘 왕과 아람 왕의 나라들이 멸망할 것이라는 뜻이다. 이 말씀은 물론 그대로 성취되었다. 그 왕들과 나라들은 주 예수께서 탄생하시기 오래 전에 다 멸망했다. 그러나 이 말씀은 또한 유다 땅의 보전에 대한 약속도 내포하였다. 지금 유다 땅은 그 두 나라에게 위협을 받고 있지만, 그 두 나라는 망할지라도, 유다 나라는 보존될 것이며 유다 나라는 메시아께서 오심으로 하나님의 나라로 이어질 것이다.

[17절] 여호와께서 에브라임이 유다를 떠날 때부터 당하여 보지 못한 날을 너와 네 백성과 네 아비 집에 임하게 하시리니 곧 앗수르 왕의 오는 날이니라.

여호와께서는 앗수르 왕을 오게 하실 것이다. 복과 화는 다 하나님께 달려 있다. 하나님께서는 개인과 국가에 복을 주기도 하시고 재앙을 내리기도 하신다. 하나님께서는 주권적 섭리자이시다. 앗수르 왕은 이전에 유다 왕 아하스가 도움을 요청했던 자이었다. 아하스는 앗수르 왕 디글랏 빌레셀에게 사자를 보내어 "나는 왕의 신복이요 왕의 아들이라. 이제 아람 왕과 이스라엘 왕이 나를 치니 청컨대 올라와서 나를 그 손에서 구원하소서"라고 말하며 은금 예물을 보냈었다(왕하 16:7-8). 그러나 그는 그가 의지한 앗수르 왕에게 화를 당할 것이다. 이것은 그의 아들 히스기야 때 부분적으로 일어났다(왕하 18:13-16).

[18-19절] 그 날에는 여호와께서 애굽 하수에서 먼 지경의 파리와 앗수르 땅의 벌을 부르시리니 다 와서 거친 골짜기와 바위틈과 가시나무 울타리와 모든 초장에 앉으리라.

본문에는 '그 날에'라는 말이 네 번 나온다(18, 20, 21, 23절). 그 날

이사야 7장: 이스라엘의 멸망을 예언함

은 하나님의 심판하시는 날, 그의 진노하시는 날, 그의 재앙의 날이다. 하나님께서 정하신 심판의 날이 있다. 역사는 하나님의 시간표대로 진행된다. 하나님께서는 애굽과 앗수르를 파리와 벌로 비유하셨다. 그것은 그들 침략군들의 수가 많고 신속하고 피할 수 없을 정도로 공격적이고 그로 인한 고통과 해가 매우 클 것을 보인다. 적군들은 거친 골짜기와 바위틈과 가시덤불과 푸른 풀밭 등 모든 곳에 들어와 그 곳들을 점령할 것이다. 그 땅에는 그들을 피해 숨을 곳이 없을 것이다. 모든 땅은 그들로 인해 고통을 당하고 황폐케 될 것이다.

[20절] 그 날에는 주께서 하수 저편에서 세내어 온 삭도 곧 앗수르 왕으로 네 백성의 **머리털과 발털을 미실 것이요 수염도 깎으시리라.**

유다 왕 아하스는 앗수르 나라를 의지했으나 이처럼 유다 나라는 장차 앗수르 나라에게 큰 화를 당할 것이다. 이사야 10:5에서는 하나님께서 앗수르 사람들을 그의 진노의 막대기와 몽둥이라고 표현하셨으나, 본문은 앗수르 왕을 세내어 온 삭도 곧 면도칼이라고 표현했다. 머리털이나 수염은 사람들이 소중히 여기는 부분이다. 그러나 침략자들은 와서 그 털들을 다 밀어버릴 것이다. 유다 나라는 머리부터 발끝까지, 곧 존귀한 자로부터 비천한 자까지 다 노략되고 짓밟힐 것이다. 장차 유다 나라는 큰 낭패를 당할 것이다.

[21-22절] 그 날에는 사람이 한 어린 암소와 두 양을 기르리니 그 내는 젖이 많으므로 **버터를 먹을 것이라. 무릇 그 땅 가운데 남아 있는 자는 버터와 꿀을 먹으리라.**

사람이 한 어린 암소와 두 양을 기른다는 말은 가난한 생활을 묘사하는 것 같다. 황폐한 유다 땅에 남은 사람들은 가난할 것이다. 그러나 남은 사람들의 수가 적기 때문에 우유와 버터가 많을 것이며 그래서 모든 사람이 버터와 꿀을 먹을 것이다. 그러나 이 말은 또한 농사나 장사가 잘 되지 않으므로 곡식, 과일, 고기 등을 먹지 못하고 주로 버터와 꿀만 먹는다는 뜻도 가지는 것 같다.

이사야 7장: 이스라엘의 멸망을 예언함

〔23-25절〕 그 날에는 천(千) 주에 은 1천 개의 가치 되는 포도나무 있던 곳마다 질려[찔레]와 형극[가시나무]이 날 것이라. 온 땅에 질려[찔레]와 형극[가시나무]이 있으므로 살과 활을 가지고 그리로 갈 것이요 보습[괭이]으로 갈던 산에도 질려[찔레]와 형극[가시나무] 까닭에 두려워서 그리로 가지 못할 것이요 그 땅은 소를 놓으며 양의 밟는 곳이 되리라.

많은 포도 수확으로 큰 소득을 올렸던 포도원이 장차 가꿀 일손이 없어서 찔레와 가시나무만 무성할 것이다. 온 땅에 찔레와 가시나무가 있으므로 사람들은 살과 활을 가지고 그리로 갈 것이다. 그것은 사람들이 짐승을 사냥하기 위해서이든지 짐승으로부터 자신을 보호하기 위해서일 것이다. 괭이로 갈던 산에도 찔레와 가시나무 때문에 두려워서 그리로 가지 못할 것이요 그 땅은 소를 놓으며 양의 밟는 곳이 될 것이다. 이전에 밭과 포도원이었던 땅은 더 이상 밭농사나 포도 농사를 하지 못하고 황폐하게 버려질 것이다.

본문의 교훈을 정리해보자. 첫째로, 하나님께서는 주권적 섭리자이시다. 본문에 반복된 '그 날에'라는 말은 하나님의 작정된 심판의 날을 가리킨다. 역사는 하나님의 주권적 섭리 안에 있다. 우리 개인도 가정도 교회도 국가도 온 세계도 하나님의 섭리 안에 있다. 세상은 주인 없는 세상이 아니고 하나님께서 창조하시고 보존하시고 다스리시는 세상이다. 우리는 하나님을 인정하고 의지하며 소망하고 순종해야 한다.

둘째로, 하나님께서는 범죄한 나라들을 심판하실 것이다. 죄는 나라를 멸망케 한다. 이스라엘 나라도 유다 나라도 죄 때문에 심판을 받아 멸망할 것이다. 우리는 하나님의 공의로운 심판을 두려워해야 한다.

셋째로, 하나님께서는 메시아의 표적을 주실 것이다. 메시아의 오심은 하나님의 긍휼의 표이다. 그리스도 예수께서는 죄인을 구원하시려고 이 세상에 오셨다(딤전 1:15). 메시아께서는 임마누엘 곧 하나님께서 우리와 함께하시는 자로 오셨다(요 1:14). 이것이 구원이며 구원의 복이다. 그 결과, 구원 얻은 성도들 안에 성령께서 영원히 함께 거하신다.

이사야 8장: 하나님을 경외하고 그 명령을 따르라

8장: 하나님을 경외하고 그 명령을 따르라

1-10절, 앗수르 왕이 오리라

[1-2절] 여호와께서 내게 이르시되 너는 큰 서판을 취하여 그 위에 통용문자[사람의 철필]로 마헬살랄하스바스라 쓰라. 내가 진실한 증인 제사장 우리야와 여베레기야의 아들 스가랴를 불러 증거하게 하리라 하시더니.

'마헬살랄하스바스'(마헤르 솰랄 카쉬 바즈 מַהֵר שָׁלָל חָשׁ בַּז)라는 원문은 '노략이 속히 온다'는 뜻이다. 하나님께서는 선지자 이사야에게 전쟁이 속히 올 것을 알려주신 것이다. 또 그에게 주신 이 계시는 진실한 증인 제사장 우리야와 스가랴를 통해 확증될 것이다.

[3-4절] 내가 내 아내(한네비아 הַנְּבִיאָה)[여선지자]와 동침하매 그가 잉태하여 아들을 낳은지라. 여호와께서 내게 이르시되 그 이름을 마헬살랄하스바스라 하라. 이는 이 아이가 내 아빠, 내 엄마라 할 줄 알기 전에 다메섹의 재물과 사마리아의 노략물이 앗수르 왕 앞에 옮긴 바 될 것임이니라.

이사야의 가정은 하나님의 뜻을 전하는 도구가 되었다. 그의 아들은 메시아의 예표처럼 보인다. 그 아들의 이름은 하나님의 계시된 뜻대로 '노략이 속히 온다'는 뜻이었다. 그 아이가 자라서 '내 아빠(아비 אָבִי), 내 엄마(임미 אִמִּי)'라고 말할 줄 알기 전에, 즉 아마 두세 살이 되기 전, 앞으로 2-3년 내에, 아람과 이스라엘이 망할 것이다. 역사적으로, 아람과 이스라엘은 주전 722년경에 앗수르의 침공으로 멸망하였다. 악한 세상 나라는, 일시적으로 강할지라도, 결국 망하고 만다. 땅에 있던 전제국가들, 백성의 인권을 짓밟고 자유를 빼앗던 그 독재 국가들은 다 망하고 말았다. 대 로마 제국도, 군국주의 일본 제국도, 나치 독일도 다 망했다. 불경건하고 부도덕하던 아람과 이스라엘도 그렇게 망할 것이다. 그들은 앗수르의 침공으로 망할 것이다. 그들의 재물과 노략물은 앗수르 왕 앞으로 옮긴 바 될 것이다.

이사야 8장: 하나님을 경외하고 그 명령을 따르라

[5-8절] 여호와께서 다시 내게 일러 가라사대 이 백성이 천천히 흐르는 실로아 물을 버리고 르신과 르말리야의 아들을 기뻐하나니 그러므로 주 내가 흉용하고 창일한 큰 하수 곧 앗수르 왕과 그의 모든 위력으로 그들 위에 덮을 것이라. 그 모든 곬[수로들, 강들]에 차고 모든 언덕에 넘쳐흘러 유다에 들어와서 창일하고 목에까지 미치리라. 임마누엘이여, 그의 펴는 날개가 네 땅에 편만하리라 하셨느니라.

유다 백성의 잘못은, 천천히 흐르는 실로아 물을 버리고 아람 왕 르신과, 르말리야의 아들 이스라엘 왕 베가를 기뻐하고 의지한 것이었다. '실로아'는 예루살렘 남동쪽에 있는 샘물의 이름이다. 그것은 신약성경에 나오는 대로 예수 그리스도께서 날 때부터 소경된 자를 그리로 보내어 눈을 뜨게 하셨던 그 실로암 못이다(요 9:7). '천천히 흐르는 실로아 물'은 참 선지자들을 통하여 주시는 하나님의 말씀을 상징한 것 같다. 그것은 야단스럽거나 사람들을 혹하게 하는 달변이 아니고, 조용하고 진실하고 진지한 교훈이었을 것이다. 그러나 유다 백성은 그런 말씀에 흥미를 느끼지 않았다. 그들은 오히려 그 주위의 나라들의 요란스런 우상숭배적인 행위들에 흥미를 느끼고 있었다. 그들은 세상적 방식, 육신적 방식으로 하나님을 섬기려 하였다.

그러므로 하나님께서 먼 곳으로부터 앗수르 사람들을 불러오셔서 유다 백성이 의지하는 아람 나라와 이스라엘 나라를 멸망시키실 것이다. 하나님께서는 세상의 모든 나라들을 다스리시는 '주' 하나님이시다. 그는 이 세상의 악한 세상 나라들을 마침내 멸망시키실 것이다.

앗수르 나라의 침공은 유다 땅에도 큰 타격을 줄 것이다. 앗수르 왕은 "그 모든 수로들과 강들에 차고 그 모든 언덕에 넘쳐 흘러 유다에 들어와서 창일하고 목에까지 미칠" 것이다. '그 모든 수로들과 그 모든 언덕'은 아람과 이스라엘의 골짜기들과 강들과 언덕들을 가리키는 것 같다. 앗수르 왕은 아람과 이스라엘을 정복한 후에 유다에까지도 접근해 올 것이다. 그래서 선지자는 "임마누엘이여, 그의 펴는 날

이사야 8장: 하나님을 경외하고 그 명령을 따르라

개가 네 땅에 편만하리라"고 말한다. 앗수르의 침공은 하나님의 백성의 범죄 때문에 일어날 것이다. 그러나 유다 나라를 '임마누엘이여'라고 부른 것은 그 나라가 '임마누엘' 곧 하나님께서 함께하시는 메시아의 땅이며 장차 메시아로 인해 회복될 것을 암시한다. 메시아께서는 장차 오셔서 자기 백성을 구원하시고 회복시키실 것이다.

〔9-10절〕너희 민족들아, 훤화하래[부서지리래](NASB). 필경 패망하리라. 너희 먼 나라 백성들아, 들을지니라. 너희 허리를 동이라. 필경 패망하리라. 너희 허리에 띠를 띠라 필경 패망하리라. 너희는 함께 도모하라. 필경 이루지 못하리라. 말을 내어라. 시행되지 못하리라. 이는 하나님이 우리와 함께하심이니라.

최종적으로는 앗수르 나라를 포함하여 모든 열방이 다 멸망할 것이다. 지금 아람 나라와 이스라엘 나라가 유다 나라를 침공하고 위협하고 있지만, 그들은 수년 내에 앗수르 나라에게 멸망할 것이다. 그러나 앗수르 나라는 영원한 나라인가? 아니다. 앗수르 나라도 모든 지혜와 모략으로 계획하며 전쟁을 준비하고 행하지만 결국 망하고 말 것이다. 세상 나라들은 다 멸망할 것이다. 본문은 '필경 패망하리라'는 말을 세 번이나 반복한다. 그것은 세상 나라들의 계획이 결국 실패할 것을 말한다. 그러므로 선지자 이사야는 '필경 이루지 못하리라,' '시행되지 못하리라'고 덧붙여 말한다.

열국들이 패망하고 그들의 계획이 실패하는 까닭은 임마누엘 즉 유다 나라와 함께하시기 때문이다. 유다 나라에는 임마누엘의 약속이 있다. '임마누엘'은 '하나님께서 우리와 함께하신다'는 뜻이다. 그것은 하나님께서 이스라엘 백성에게 보내시는 메시아의 약속이다. 그것은 이사야 7:14에서 임마누엘이라고 불릴 한 아기의 탄생을 예언했을 때 이미 암시되었다. 메시아께서 오셔서 이루실 일 때문에 이 세상의 모든 나라들은 결국 패망할 것이고 하나님의 택한 이스라엘 나라와 유다 나라는 마침내 승리할 것이다.

이사야 8장: 하나님을 경외하고 그 명령을 따르라

본문의 교훈을 정리해보자. 첫째로, 하나님께서는 선지자 이사야가 낳은 아들이 내 아빠, 내 엄마라고 부르기 전, 즉 2-3년 안에 다메섹과 사마리아 곧 아람 나라와 이스라엘 나라를 멸망시키실 것이다. 하나님께서는 세계 역사를 주관하시는 자이시다. 그는 인간 나라를 다스리시며 자기 뜻대로 그것을 누구에게든지 주시며(단 4:17) 땅의 모든 거민을 없는 것같이 여기시며 땅의 거민들에게 자기 뜻대로 행하신다(단 4:35).

둘째로, 유다 백성의 문제는 천천히 흐르는 실로아 물을 버리고 아람 왕 르신과 이스라엘 왕 베가를 기뻐한 것이었다. 그 결과, 유다 나라도 앗수르의 침공과 해를 받을 것이다. 우리는 천천히 흐르는 실로아 물로 만족해야 한다. 우리는 세상을 사랑하지 말아야 하고(요일 2:15) 세상것을 의지하거나 자랑하지 말고 하나님만 자랑해야 한다(시 20:7). 하나님을 경외하고 그의 계명을 지키는 것이 사람의 본분이다(전 12:13). 우리는 역사적 기독교, 성경적 기독교의 교훈과 생활로 만족해야 한다.

셋째로, 세상 나라들은 결국 다 망할 것이다. 우상숭배한 북방 이스라엘 나라도, 아람 나라도, 또 그들을 멸망시킬 앗수르도 결국 망할 것이다. 본문은 "너희 민족들아, 필경 패망하리라"고 말한다. 본문에 '필경 패망하리라'는 표현이 세 번이나 나온다. 하나님께서는 악의 세력들을 다 파하실 것이다. 하나님께서는 홀로 역사를 주관하시는 섭리자이시다(시 96:10). 세상의 악한 나라들은 결국 다 멸망할 것이다. 하나님께서는 유다 나라도 앗수르의 침공을 받을 것이라고 예언하시면서도 유다 백성을 '임마누엘이여'라고 부르셨다. 이사야는 이방 나라들의 패망과 그들의 계획의 실패의 이유가 "하나님께서 우리와 함께하심이니라"고 말하였다(10절). '하나님께서 우리와 함께하심'이라는 뜻인 임마누엘은 메시아를 가리켰다(사 7:14). 하나님의 백성의 승리는 메시아의 사역에 의존한다. 인생은 다 죄성이 있고 부족하지만, 우리의 의(義)는 주 예수 그리스도의 대속 사역에 있다. 세상 나라들은 다 멸망하지만 하나님과 주 예수 그리스도의 영원한 나라가 온 세상에 세워질 것이다(계 11:15).

이사야 8장: 하나님을 경외하고 그 명령을 따르라

11-22절, 하나님만 두려워하라

〔11-12절〕여호와께서 강한 손으로 내게 알게 하시며 이 백성의 길로 행치 말 것을 내게 경성시켜[교훈하여](KJV, NASB) 가라사대 이 백성이 맹약한 자(케쉐르 קֶשֶׁר)[공모(共謀)](NASB, NIV)가 있다 말하여도 너희는 그 모든 말을 따라 맹약한 자[공모]가 있다 하지 말며 그들의 두려워하는 것을 너희는 두려워하지 말며 놀라지[겁내지] 말고.

하나님께서는 강한 손, 즉 강한 감동으로 그의 뜻을 알게 하셨다. 사람들의 잘못된 생각이 강하고 그 영향이 너무 크므로 하나님께서는 강한 감동으로 선지자를 교훈하셨다. '이 백성'은 북방 이스라엘과 남방 유다를 다 포함한 것 같다. 북방 이스라엘 나라는 배교적이었고 남방 유다 나라는 타협적이었다. 하나님께서는 선지자 이사야에게 '이 백성'의 길로 행치 말라고 교훈하셨다. 그는 선지자 이사야에게 "너는 백성들의 사고방식으로 생각하지 말고 너는 그들의 생활방식으로 살지 말라"고 교훈하신 것이다.

하나님께서는 또, "이 백성이 공모(共謀)가 있다 말하여도 너희는 그 모든 말을 따라 공모가 있다 하지 말며 그들의 두려워하는 것을 너희는 두려워하지 말며 겁내지 말라"고 말씀하셨다. 공모(共謀)라는 표현은 이스라엘 나라가 아람 나라와 동맹하여 유다 나라를 치려 한 것을 가리켰다고 본다. 그 연합군의 침공, 그 공모는 유다 백성에게는 매우 두려운 일이었으나, 하나님께서는 유다 백성에게 그것을 두려워하지 말고 겁내지 말라고 말씀하신 것이라고 보인다.

〔13-15절〕만군의 여호와 그를 너희가 거룩하다 하고 그로 너희의 두려워하며 놀랄[겁낼] 자를 삼으라. 그가 거룩한 피할 곳이 되시리라. 그러나 이스라엘의 두 집에는 거치는 돌, 걸리는 반석이 되실 것이며 예루살렘 거민에게는 함정[덫], 올무가 되시리니 많은 사람들이 그로 인하여 거칠 것이며 넘어질 것이며 부러질 것이며 걸릴 것이며 잡힐 것이니라.

세계 역사의 주관자는 하나님이시다. 개인의 생사화복과 국가의

이사야 8장: 하나님을 경외하고 그 명령을 따르라

흥망성쇠는 여호와 하나님께서 홀로 주장하신다. 그러므로 외형적으로는 아람 나라와 이스라엘 나라의 동맹이 위협적이고 두려운 일이지만, 유다 백성은 그것을 두려워할 필요가 없다. 유다 백성은 역사의 주관자이신 하나님만 두려워해야 한다. 역사상 경건한 성도들은 다 그러하였다. 다니엘과 세 친구들은 바벨론 왕 느부갓네살을 두려워하지 않았고 풀무불과 사자굴도 두려워하지 않았다. 그들은 하나님만 두려워하며 의지하고 소망하였다. 오늘날 신약교회의 성도들인 우리도 세상을 두려워하지 말고 하나님만 두려워해야 한다.

그러나 하나님께서 거룩한 피할 곳이 되심에도 불구하고 불신앙적 유다 백성에게는 오히려 거치는 돌이 되실 것이다. 그들은 결국 멸망의 길로 갔다. 그것이 역사적인 사실이었다. 예수 그리스도의 때에도 그러했다. 베드로전서 2:8, "경에 기록하였으되 보라, 내가 택한 보배롭고 요긴한 모퉁이 돌을 시온에 두노니 저를 믿는 자는 부끄러움을 당치 아니하리라 하였으니 그러므로 믿는 너희에게는 보배이나 믿지 아니하는 자에게는 건축자들의 버린 그 돌이 모퉁이의 머릿돌이 되고 또한 부딪히는 돌과 거치는 반석이 되었다 하니라. 저희가 말씀을 순종치 아니하므로 넘어지나니 이는 저희를 이렇게 정하신 것이라."

〔16-18절〕너는 증거의 말씀을 싸매며 율법을 나의 제자 중에 봉함하라. 이제 야곱 집에 대하여 낯을 가리우시는 여호와를 나는 기다리며 그를 바라보리라. 보라, 나와 및 여호와께서 내게 주신 자녀들이 이스라엘 중에 징조와 예표가 되었나니 이는 시온산에 계신 만군의 여호와께로 말미암은 것이니라.

'싸매며 봉함한다'는 것은 보존한다는 뜻인 동시에 감춘다는 뜻이라고 본다. 그 백성은 하나님의 말씀을 깨닫지 못하고 하나님께서도 그들을 향해 낯을 가리우시지만, 선지자 이사야는 하나님만 바라본다. 그는 세상 풍조와 여론을 역행하며 살아야 했다. 그의 길은 고난의 길이며 외로운 길이었다. 그러나 이것이 하나님의 종들과 성도들

이사야 8장: 하나님을 경외하고 그 명령을 따르라

이 가야 할 길이다. 이사야는 또 자기의 자녀들이 하나님의 징조와 예표가 되었다고 말한다. 첫아들 '스알야숩'은 '남은 자들이 돌아온다'는 뜻을 가졌고, 둘째 '마헬살랄하스바스'는 '노략이 속히 임한다'는 뜻이었다. 이사야는 하나님께서 주신 그 계시의 말씀을 잘 보존해야 했다. 그 말씀은 유다 백성에게 경고가 되고 소망이 될 것이다.

〔19-22절〕혹이 너희에게 고하기를 지절거리며 속살거리는 신접한 자와 마술사에게 물으라 하거든 백성이 자기 하나님께 구할 것이 아니냐? 산 자를 위하여 죽은 자에게 구하겠느냐 하라. 마땅히 율법과 증거의 말씀을 좇을지니 **그들의 말하는 바가 이 말씀에 맞지 아니하면 그들이 정녕히 아침 빛을 보지 못하고**(아쉐르 에인-로 쇼카르 אֲשֶׁר אֵין־לֹו שָׁחַר)[그들 속에 빛이 없기 때문이며](KJV, NASB) **이 땅으로**[그들은 이 땅을 지날 때] **헤매며 곤고하며 주릴 것이라. 그 주릴 때에 번조(煩燥)하여**[노하여] **자기의 왕 자기의 하나님을 저주할 것이며 위를 쳐다보거나 땅을 굽어보아도 환난과 흑암과 고통의 흑암뿐이리니 그들이 심한 흑암 중으로 쫓겨 들어가리라.**

선지자 이사야는 특히 신비주의적 거짓 선지자들에 관해 경계했다. 그가 사역하던 시대에 유대 사회에는 하나님의 뜻을 전한다고 하는 자들 중에 '지절거리며 속살거리는 신접한 자와 마술사' 즉 은사주의적 거짓 선지자들이 많았던 것 같다. 그러나 이사야는 "산 자를 위하여 죽은 자에게 구하겠느냐?"고 말하였다. '위하여'라는 원어(베아드 בְּעַד)는 '위하여'나 '대신하여'라는 뜻이 다 가능하나 후자가 더 적합해 보인다. 즉, 살아계신 하나님 대신에 죽은 신들과 우상들에게 구하는 것이 옳지 않다는 뜻이다. 본문은 우리의 신앙생활의 표준이 율법과 증거, 곧 성경말씀뿐임을 분명하게 말한다.

기독교는 결코 기적을 추구하고 기적을 의존하는 기적주의 종교가 아니다. 기적들은, 신구약성경이 완성되기 전에 하나님께서 자신의 진리들을 확증하는 목적으로 어느 기간 동안 주셨던 것이었다. 기독교는 하나님의 말씀을 바르게 알고 바르게 믿고 바르게 사는 종교이다. 그리스도인은 하나님 아버지와 그의 아들 예수 그리스도를 바르

이사야 8장: 하나님을 경외하고 그 명령을 따르라

게 알고 믿음으로 구원받고 하나님의 뜻대로 경건하고 의롭고 선하고 진실하게 살기를 힘쓰는 자들이다. 하나님의 말씀 중심 곧 성경 중심으로 살지 않는 자는 그 속에 빛, 곧 진리의 지식과 의와 생명이 없는 자이다. 세상에서 거짓된 신비주의에 빠져 거짓된 것들을 의지하고 그것들에게 묻는 자들은 방황하고 곤고할 것이며 결국 하나님을 저주하고 환난과 고통의 흑암에 떨어질 것이다.

본문의 교훈을 정리해보자. 첫째로, 유다 백성은 아람과 이스라엘의 공모를 두려워하지 말고 하나님만 두려워해야 했다. 하나님께서는 온 세상의 창조자와 섭리자이시며 개인의 생사화복과 국가의 흥망성쇠와 세계 역사를 홀로 주관하시는 자이시다. 우리는 오직 우리의 몸과 영혼을 지옥에 멸하실 수 있는 하나님만 두려워해야 한다(마 10:28). 여호와 하나님만 우리의 의지할 자이시며 우리의 참된 피난처이시다. 우리는 어떤 상황에서도 살아계신 참 하나님만 두려워하고 의지해야 한다.

둘째로, 우리는 성경말씀 곧 하나님의 말씀만 붙들어야 한다. 20절, "마땅히 율법과 증거의 말씀을 좇을지니 그들의 말하는 바가 이 말씀에 맞지 아니하면 그들 속에 빛[진리의 지식과 의와 생명]이 없기 때문이라"(원문). 성경은 하나님의 말씀이며 우리의 신앙생활에 유일한 규범이다. 디모데후서 3:16-17, "모든 성경은 하나님의 감동으로 된 것으로 교훈과 책망과 바르게 함과 의로 교육하기에 유익하니 이는 하나님의 사람으로 온전케 하며 모든 선한 일을 행하기에 온전케 하려 함이니라." 오늘날 기독교계는 불건전하고 거짓된 은사주의가 난무하여 성도들을 미혹케 하고 있다. 그러나 기독교는 기적을 추구하는 은사주의적 종교가 아니다. 역사적 기독교, 성경적 기독교는 십자가의 복음과 바른 교리와 윤리이다. 그것이 참된 기독교이다. 우리는 성경을 열심히 읽고 묵상하고 연구하고 개혁신학의 옛길을 참고하면서 성경의 바른 교리들을 다 믿고 성경의 바른 생활교훈들을 이해하고 힘써 실천해야 한다.

9장: 메시아 왕국

1-7절, 메시아 탄생의 예언

〔1-2절〕 [그러나] 전에 고통하던 자에게는 흑암이 없으리로다. 옛적에는 여호와께서 스불론 땅과 납달리 땅으로 멸시를 당케 하셨더니 후에는 해변길과 요단 저편 이방의 갈릴리를 영화롭게 하셨느니라. 흑암에 행하던 백성이 큰 빛을 보고 사망의 그늘진 땅에 거하던 자에게 빛이 비취도다.

이스라엘 백성은 고통을 당하고 흑암 가운데 있고 사망의 그늘진 땅에 거하며 멸시를 당하고 무겁게 멘 멍에와 어깨에 채찍과 압제자의 막대기가 있을 것이다(4절). 이스라엘 나라는 죄로 인해 이방 나라에 포로가 되고 많은 핍박과 학대와 고통을 당할 것이다. 이 예언이 과거 시제로 표현된 것은 이사야 때에 북쪽 나라가 벌써 멸망하여 그렇게 되었든지, 아니면 머잖아 확실히 그렇게 될 것을 나타낼 것이다. 이와 비슷하게, 인류의 영적 상태도 무지와 죄와 고통 아래 있었다.

그러나 고통 당하던 이스라엘 백성에게, 특히 스불론과 납달리 땅에 하나님께서 주시는 큰 빛과 즐거움이 올 것이며 기쁨과 즐거움의 날이 찾아올 것이다. 전에 고통하던 자들에게 이제 흑암이 없을 것이다. 옛적에 여호와께서 스불론 땅과 납달리 땅으로 멸시를 당케 하셨으나 후에는 해변길과 요단 저편 이방인의 갈릴리를 영화롭게 하실 것이다. '해변길'(Via Maris)은 북쪽의 다메섹에서 갈릴리 호수와 므깃도를 이어 남쪽 블레셋의 가사로 이어지는 구약시대에 매우 중요한 도로이었고, '요단 저편'이라는 표현은 가나안 땅을 표현하는 말이며, '이방인의 갈릴리'라는 표현은 이스라엘의 북쪽 지방이 이방 나라들의 영향을 많이 받아 이방 나라처럼 되었음을 나타낸다.

흑암에 행하던 백성이 큰 빛을 보고 사망의 그늘진 땅에 거하던 자들에게 빛이 비칠 것이다. 빛은 지식과 의와 기쁨을 가리킨다. 그 빛

이사야 9장: 메시야 왕국

은 메시아이신 예수 그리스도로 말미암아 왔다. 예수 그리스도께서는 '참 빛'으로 세상에 오셨다. 요한복음 1:9, "참 빛 곧 세상에 와서 각 사람에게 비취는 빛이 있었나니." 요한복음 8:12, "예수께서 또 일러 가라사대 나는 세상의 빛이니 나를 따르는 자는 어두움에 다니지 아니하고 생명의 빛을 얻으리라." 예수께서는 갈릴리에서부터 전도 사역을 시작하셨다. 마태는 이사야서의 본문을 인용하면서 예수 그리스도께서 이 예언적 내용을 성취하셨다고 말하였다(마 4:12-16).

〔3-5절〕 주께서 이 나라를 창성케 하시며 그 즐거움을 더하게 하셨으므로5) 추수하는 즐거움과 탈취물을 나누는 때의 즐거움같이 그들이 주의 앞에서 즐거워하오니 이는 그들의 무겁게 멘 멍에와 그 어깨의 채찍과 그 압제자의 막대기를 꺾으시되 미디안의 날과 같이 하셨음이니이다. 어지러이 싸우는 군인의 갑옷과 피 묻은 복장이 불에 섶[땔감]같이 살라지리니.

하나님께서는 또 그들에게 큰 즐거움을 주실 것이다. 그가 그 나라를 창성케 하시며 그 즐거움을 더하게 하셨으므로 그들은 추수하는 즐거움과 탈취물을 나누는 때의 즐거움같이 주 앞에서 즐거워할 것이다. 또 그 까닭은 하나님께서 그들의 무겁게 멘 멍에와 그 어깨의 채찍과 그 압제자의 막대기를 미디안의 날같이 꺾으실 것이기 때문이며, 어지러이 싸우는 군인의 갑옷과 피 묻은 복장이 땔감같이 불에 살라질 것이기 때문이다. 신약시대에 예수 그리스도의 복음 전도를 통한 영혼들의 구원과, 교회의 건립과 확장과, 그로 인한 충만한 기쁨과 성령께서 주시는 즐거움은 이 예언의 성취이다.

〔6-7절〕 이는 한 아기가 우리에게 났고 한 아들을 우리에게 주신 바 되었는데 그 어깨에는 정사(政事)를 메었고 그 이름은 기묘자(펠레 אלפ)[놀

---

5) 옛날 영어성경(KJV)은 히브리어 본문에 쓰여진 대로(케팁) "그 즐거움을 더하게 아니(로 לא) 하셨으므로"라고 읽었으나, 고대의 어떤 역본들(Syr. Targ)과 근래의 영어성경들(NASB, NIV)은 "그 즐거움을 그에게(로 לו) 더하게 하셨으므로"라고 읽는다(케레). 후자가 문맥에는 맞는 것 같다.

이사야 9장: 메시야 왕국

라우신 분]라, 모사(요에츠 יוֹעֵץ)[상담자]라, 전능하신[능력의] 하나님(엘 깁보르 אֵל גִּבּוֹר)이라, 영존하시는 아버지(아비-아드 אֲבִי־עַד)라, 평강의 왕(사르-쌀롬 שַׂר־שָׁלוֹם)이라 할 것임이라. 그 정사(政事)[통치권]와 평강의 더함이 무궁하며 또 다윗의 위[보좌]에 앉아서 그 나라를 굳게 세우고 지금 이후 영원토록 공평과 정의로 그것을 보존하실 것이라. 만군의 여호와의 열심이 이를 이루시리라.

이스라엘의 회복에 대한 선지자 이사야의 예언은 메시아 예언에서 절정을 이룬다. 이사야는 신적 메시아의 탄생을 예언한다.

이사야가 메시아를 '한 아기'라고 말한 것은 메시아의 인성(人性)을 증거한다. 메시아께서는 한 사람으로 탄생하실 것이다. 한 아기가 우리에게 났다고 과거시제를 사용한 것은 미래 사건에 대한 확실성을 나타낸다. '기묘자'[놀라우신 분]은 그의 신성(神性)을 나타낸다. 그의 성육신(成肉身)과 탄생, 그의 기적 행하심, 또 그의 부활 등은 다 신기하고 놀라운 일들이다. 사람으로 오실 메시아께서는 신적인 존재이시다. '모사'[상담자]라는 이름은 메시아의 지혜를 나타내며, '능력의 하나님'은 그의 능력을 나타내며, 특히 '영존하시는 아버지'는 그의 영원성, 아버지와 하나 되심, 그의 사랑, 생명의 근원 되심 등을 증거한다. 그것은 다 메시아의 신성에 관계된다. 메시아께서는 인성(人性)과 신성(神性)을 함께 가지신 독특하고 놀라운 인격이시다.

"평강의 왕," "그 어깨에 정사(政事)[통치권]를 메었고," "그 정사(政事)와 평강의 더함이 무궁하며 또 다윗의 왕위에 앉아서 그 나라를 굳게 세우고 지금 이후 영원토록 공평과 정의로 그것을 보존하실 것이라"는 등의 말씀들은 메시아의 통치 사역, 즉 그가 왕으로 통치하시며 자기 백성에게 평안을 주실 것을 보인다. "만군의 여호와의 열심이 이를 이루시리라"는 말씀은 하나님의 예언이 반드시 이루어질 것을 보인다. 하나님의 예언은 과연 그대로 이루어졌다.

예수 그리스도께서는 십자가 대속(代贖)으로 의와 평안을 이루셨다. 우리는 예수 그리스도를 믿음으로 죄사함과 의롭다 하심을 얻었고 하나님과 화목케 되었고(고후 5:18; 롬 5:1) 참 평안을 얻었다. 주께서는 친히 "수고하고 무거운 짐 진 자들아, 다 내게로 오라. 내가 너희를 쉬게 하리라"고 말씀하셨다(마 11:28). 또 그는 제자들에게, "평안을 너희에게 끼치노니 곧 나의 평안을 너희에게 주노라. 내가 너희에게 주는 것은 세상이 주는 것 같지 아니하니라. 너희는 마음에 근심도 말고 두려워하지도 말라"고 말씀하셨다(요 14:27). 그는 우리에게 평안을 주셨다. 그 평안은 그의 십자가 대속 사역에 근거한 죄사함과 의롭다 하심으로 말미암은 것이다.

본문의 교훈을 정리해보자. <u>첫째로, 하나님께서는 갈릴리 땅에 참 빛을 비추실 것이다.</u> 메시아께서는 참 빛으로 오셔서 그들에게 하나님과 사람, 구원과 내세에 대한 참 지식과 완전한 의와 기쁨과 행복을 주실 것이다. 과연 주 예수 그리스도께서 오셔서 참된 지식과 완전한 의와 기쁨과 행복을 주셨다. 구원 얻은 자들은 그것들을 이미 누리고 있다.

<u>둘째로, 메시아께서는 신성(神性)을 가진 자이실 것이다.</u> 그는 놀라운 분, 상담자, 능력의 하나님, 영존하시는 아버지라고 불리실 것이다. 그는 참된 신성(神性)과 참된 인성(人性)을 가진 독특한 인격이실 것이다. 예수 그리스도께서는 참 하나님이시며 참 사람이시다. 우리는 신적인 구주 예수 그리스도를 우리에게 주신 하나님께 감사해야 한다.

<u>셋째로, 메시아께서는 특히 평안의 왕으로 오셨다.</u> 이 세상에는 참된 평안이 없다. 참 평안은 하나님과 의의 세계에서만 가능한 복이다. 주 예수께서는 "수고하고 무거운 짐 진 자들아, 다 내게로 오라. 내가 너희를 쉬게 하리라"고 말씀하셨다. 그는 십자가 대속 사역으로 이 평안을 우리에게 허락하셨다. 예수님 믿고 죄사함 받은 자마다 이 평안을 누린다. 우리는 이 평안을 감사하며 실제로 의롭게 삶으로써 이 평안을 더 풍성히 누려야 하고 또 이 복을 다른 이들에게도 증거해야 한다.

이사야 9장: 메시야 왕국

8-21절, 이스라엘 백성에 대한 하나님의 진노

[8-10절] 주께서 야곱에게 말씀을 보내시며 그것을 이스라엘에게 임하게 하셨은즉 모든 백성 곧 에브라임과 사마리아 거민이 알 것이어늘 그들이 교만하고 완악한(고델 גָּדֵל)[거만한](NASB, NIV) 마음으로 말하기를 벽돌이 무너졌으나 우리는 다듬은 돌로 쌓고 뽕나무들이 찍혔으나 우리는 백향목으로 그것을 대신하리라 하도다.

이사야는 북방 이스라엘 백성의 교만함을 지적한다. 주께서 야곱에게 말씀을 보내셨고 그것을 이스라엘 백성에게 임하게 하셨으므로 모든 백성 곧 에브라임과 사마리아 거민이 그것을 알 수 있었지만, 그들은 교만하고 거만한 마음으로 하나님의 말씀을 대항하였다.

[11-12절] 그러므로 여호와께서 르신의 대적[대적들]을 일으켜 그를[그들을](원문) 치게 하시며 그 원수들을 격동시키시니 앞에는 아람 사람이요 뒤에는 블레셋 사람이라. 그들이 그 입을 벌려 이스라엘을 삼키리라. 그럴지라도 여호와의 노가 쉬지 아니하며 그 손이 여전히 펴지리라.

이스라엘 백성에게는 하나님의 진노가 있을 것이다. '르신(아람 왕)의 대적'은 앗수르 사람들을 가리킨다고 본다. 북쪽에는 그들이 아람 사람들과 함께, 남쪽에는 블레셋 사람들이 이스라엘 백성을 삼킬 것이다. 그러나 그럴지라도6) 하나님의 노가 쉬지 않을 것이다.

[13-17절] 이 백성이 오히려 자기들을 치시는 자에게로 돌아오지 아니하며 만군의 여호와를 찾지 아니하도다. 이러므로 여호와께서 하루 사이에 이스라엘 중에서 머리와 꼬리며 종려가지와 갈대를 끊으시리니 머리는 곧 장로와 존귀한 자요 꼬리는 곧 거짓말을 가르치는 선지자라. 백성을 인도하는 자가 그들로 미혹케 하니 인도를 받는 자가 멸망을 당하는도다. 이 백성이 각기 설만(褻慢)하며(카네프 חָנֵף)[불경건하며](BDB, NASB, NIV) 악을 행하며 입으로 망령되이(네발라 נְבָלָה)[어리석은 것을] 말하니 그러므로 주께서 그 장정을 기뻐 아니하시며 그 고아와 과부를 긍휼히 여기지 아니하시리

---

6) '그럴지라도'라는 원어(베콜 조스 בְּכָל־זֹאת)는 영어성경들에 'in spite of all this'(NASB), 'yet for all this'(NIV) 등으로 번역되었다.

- 84 -

이사야 9장: 메시야 왕국

라. 그럴지라도 여호와의 노가 쉬지 아니하며 그 손이 여전히 펴지리라.

이사야는 이스라엘 백성의 불경건함과 무지함, 완악함과 어리석음을 지적한다. 사람이 실수하고 범죄할 수는 있어도 그 실수와 죄를 깨닫고 인정하고 회개하고 고치는 것이 중요하다. 자녀가 부모 교훈을 어기고 잘못할 수 있으나 부모가 그것을 지적할 때 즉시 그 잘못을 인정하고 뉘우치고 그것을 고치는 것이 중요하다. 우리와 하나님과의 관계도 똑같다. 그러나 이스라엘 백성은 그들을 치시는 하나님께로 돌아오지 않았고 만군의 여호와이신 하나님을 찾지도 않았다.

그러므로 하나님의 진노와 심판이 선언되었다. 하나님께서는 이스라엘의 장로들과 존귀한 자들을 친히 끊으실 것이라고 말씀하셨다. 그는 하루 사이에 그들을 죽이실 것이라고 말씀하셨다. 백성을 인도하는 인도자의 역할은 중요하다. 만일 인도자가 백성을 잘못 인도하면 백성은 잘못된 길로 가고 마침내 멸망을 당하게 될 것이다. 그런데 이스라엘 백성은 잘못 인도를 받아 불경건하며 악을 행하였다.

하나님께서는 자비와 긍휼이 풍성하신 하나님이시지만, 사람들이 그를 두려워하지 않고 고의적으로 악을 행할 때는 그들을 기뻐하지 않으시고 그들을 긍휼히 여기지도 않으실 것이다. 비록 고아와 과부라 하더라도 악을 행하는 자는 하나님의 긍휼을 입을 수 없을 것이다. 더욱이, 이 모든 일에도 불구하고 여호와의 노가 쉬지 아니하며 그 손이 여전히 펴질 것이다. 하나님의 진노는 철저할 것이다.

[18-21절] 대저 악행은 불태우는 것 같으니 곧 질려[찔레]와 형극[가시]을 삼키며 빽빽한 수풀을 살라서 연기로 위로 올라가게 함과 같은 것이라. 만군의 여호와의 진노로 인하여 이 땅이 소화(消火)되리니[불타리니] 백성은 불에 타는 섶나무[잎나무, 잔가지 등] 불의 땔감]와 같을 것이라. 사람이 그 형제를 아끼지 아니하며 우편으로 움킬지라도 주리고 좌편으로 먹을지라도 배부르지 못하여 각각 자기 팔의 고기를 먹을 것이며 므낫세는 에브라임을, 에브라임은 므낫세를 먹을 것이요 또 그들이 합하여 유다를 치리라.

이사야 9장: 메시야 왕국

그럴지라도 여호와의 노가 쉬지 아니하며 그 손이 여전히 펴지리라.

이사야는 하나님의 진노를 불에 비유한다. 만군의 여호와의 진노로 인하여 그 땅은 불태워질 것이다. 백성은 잎나무, 잔가지 등 불에 타는 섶나무 즉 불 땔감과 같을 것이다. 소돔 고모라는 하늘의 불로 멸망을 당했다. 성경은 하나님의 진노를 자주 불로 표현한다. 나훔 1:6은, "누가 능히 그 분노하신 앞에 서며 누가 능히 그 진노를 감당하랴. 그 진노를 불처럼 쏟으시니 그를 인하여 바위들이 깨어지는도다"라고 말했다. 죄인들을 향한 하나님의 최종적 진노의 형벌은 지옥 불못이다. 지옥은 '꺼지지 않는 불'의 장소이며 거기는 구더기도 죽지 않고 불도 꺼지지 않을 것이다. 마가복음 9:43, "만일 네 손이 너를 범죄케 하거든 찍어버리라. 불구자로 영생에 들어가는 것이 두 손을 가지고 지옥 꺼지지 않는 불에 들어가는 것보다 나으니라." 마가복음 9:48, "거기는 구더기도 죽지 않고 불도 꺼지지 아니하느니라." 북방 이스라엘은 굶주림 속에서 서로의 것을 빼앗을 것이며 또 연합하여 남방 유다를 칠 것이다. 그러나 그럴지라도 여호와의 노가 쉬지 아니하며 그 손이 여전히 펴질 것이다. 하나님의 진노는 참으로 두렵다.

본문의 교훈을 정리해보자. 첫째로, 하나님께서는 앗수르와 아람과 블레셋 사람들을 일으켜 교만하고 거만한 이스라엘 백성을 치실 것이며 하루 사이에 이스라엘 지도자들과 거짓 선지자들을 멸망시키실 것이다. 그는 고아와 과부도 긍휼히 여기지 않으실 것이다. 사람들이 불로 섶나무를 태우듯이, 하나님께서는 그들을 태우실 것이다. 또 그는 그들이 서로의 것을 빼앗게 하실 것이다. 하나님의 진노의 심판은 이렇게 무서울 것이다. 그러나 더 두려운 것은, 12, 17, 21절에 반복해 나오는 말씀이다. "그럴지라도 여호와의 노가 쉬지 아니하며 그 손이 여전히 펴지리라." 하나님께서는 긍휼의 하나님이시지만, 죄에 대해서는 철저하게 심판하시고 징벌하시는 하나님이시다. 그러므로 우리는 믿음과 평안 안에서 살지만, 하나님의 진노를 두려워해야 한다.

둘째로, 이스라엘 백성의 죄는 특히 교만이었다. 교만은 그 자체가 큰 죄악이며 멸망의 길이다(잠 18:12). 교만은 사람의 모든 죄들 중에서 근본적인 죄이다. 사람들은 교만한 마음 때문에 자기 중심적으로 살고 하나님의 뜻과 계명에 복종하지 않고 거역한다. 이스라엘 백성이 그러했다. 교만한 자들은 자기를 치신 하나님께로 돌아오지 않았고 하나님을 찾지도 않았다. 그것은 큰 잘못이었다. 우리는 이스라엘 백성의 실패를 거울삼아 조심해야 하고, 만일 우리가 어떤 죄를 지적받는다면 교만한 마음을 가지고 그 지적을 대항하지 말고, 겸손히 받고 우리 자신을 돌아보고 성찰해야 하고 모든 교만과 모든 죄악들을 다 버리고 또 부족한 점이 무엇이든지 그것을 고치기를 하나님께 기도하고 결심해야 한다. 우리는 모든 죄악을 멀리하되 특히 교만을 멀리해야 한다. 사람이 하나님의 진노를 피하려면 모든 죄와 교만을 버려야 한다.

셋째로, 이스라엘 백성은 인도자들이 백성을 미혹케 하므로 백성이 멸망을 당하였다. 우리는 인도자들을 잘 만나야 한다. 구약시대에 거짓 선지자들은 헛된 평안을 선포하며 사람들을 잘못된 길로 인도하였다. 예레미야 6:14, "그들[선지자들]이 내 백성의 상처를 심상히[대수롭지 않게] 고쳐주며 말하기를 평강하다 평강하다 하나 평강이 없도다." 그들은 사람들이 듣기 싫어해도 죄를 지적하고 회개하라고 말했어야 했다. 예수께서는 거짓 선지자들, 즉 거짓 목사들의 출현을 예언하시며 그들을 경계하라고 교훈하셨다. 마태복음 24:11, "거짓 선지자가 많이 일어나 많은 사람을 미혹하게 하겠으며." 우리는 목사들이 전하는 말과 그 행실을 보고 그들이 참된 목사인지 여부를 알 수 있다. 마태복음 7:20, "그의 열매로 그들을 알리라." 또 먼저 믿은 자들이나 교회의 직분자들은 말과 행실에 있어서 다른 이들에게 좋은 본이 되어야 하고 교회와 교우들에게 덕을 세우는 자들이 되어야 한다. 우리는 특히 좋은 목사를 만나야 하고, 좋은 목사를 주시기를 하나님께 기도해야 한다.

이사야 10장: 앗수르에 대한 심판

10장: 앗수르에 대한 심판

1-19절, 앗수르에 대한 심판

〔1-4절〕불의한 법령을 발포하며 불의한 말을 기록하며 빈핍한 자를 불공평하게 판결하여 내 백성의 가련한 자의 권리를 박탈하며 과부에게 토색[억지로 달라고] 하고 고아의 것을 약탈하는 자는 화 있을진저. 너희에게 벌하시는 날에와 멀리서 오는 환난 때에 너희가 어떻게 하려느냐? 누구에게로 도망하여 도움을 구하겠으며 너희 영화(榮華)를 어느 곳에 두려느냐? 포로된 자의 아래에 구푸리며 죽임을 당한 자의 아래에 엎드러질 따름이니라. 그럴지라도 여호와의 노가 쉬지 아니하며 그 손이 여전히 펴지리라.

이스라엘 백성에 대한 징벌 선언의 계속이다. 그 지도자들은 백성을 위해 봉사하기커녕 옳지 않은 법령을 공포했고 가난하고 빈핍한 자들을 불공정하게 판결하며 그들의 권리를 박탈하고 과부의 소유물이나 고아의 소유물을 강제로 빼앗았다. 그러니 그런 자들에게 어떻게 하나님의 진노가 선포되지 않겠는가? 하나님의 율법은 공의와 선과 진실을 명한 법이다. 그러므로 불의와 악이 가득한 이스라엘 사회에 대해, 선지자는 하나님의 징벌을 선포하였다. 그들은 재앙의 날에 누구에게 도움을 청하러 도망칠 수 없고 다 포로로 잡혀가고 죽임을 당할 것이다. 그러나 하나님의 진노는 그 정도로 그치지 않을 것이다.

〔5-6절〕화 있을진저, 앗수르 사람이여. 그는 나의 진노의 막대기요 그 손의 몽둥이는 나의 분한(忿恨)이라. 내가 그를 보내어 한 나라(고이 카네프 גוֹי חָנֵף)[한 불경건한 나래](BDB, NASB, NIV)를 치게 하며 내가 그에게 명하여 나의 노한 백성을 쳐서 탈취하며 노략하게 하며 또 그들을 가로상[길거리]의 진흙같이 짓밟게 하려 하거늘.

하나님께서는 이방 나라 앗수르를 심판의 도구로 사용하셨다. 그는 앗수르를 '나의 진노의 막대기'라고 부르셨고, 또 "그 손의 몽둥이는 나의 분한(忿恨)이라"고 말씀하셨다. 또 그는 앗수르 사람들을 보

이사야 10장: 앗수르에 대한 심판

내어 한 불경건한 나라, 즉 이스라엘 나라를 치게 하시며 그의 노한 백성을 쳐서 탈취하며 노략하게 하시며 그들을 길거리의 진흙같이 짓밟게 하려 하셨다. 그것은 하나님의 심판이었다. 세계사는 하나님의 섭리의 역사이다. 하나님께서는 온 세상을 다스리시며 세상 나라들을 하나님의 섭리의 도구, 심판의 도구로 사용하신다. 그러나 하나님께서 앗수르 나라를 그의 심판의 도구로 사용하셨던 것은 그들이 의로웠기 때문이 아니었다. 그러므로 하나님께서는 앗수르 사람들의 악함에 대해서도 장차 진노하시고 징벌하실 것이다.

〔7-11절〕 그의 뜻은 이 같지 아니하며 그 마음의 생각도 이 같지 아니하고 오직 그 마음에 허다한 나라를 파괴하며 멸절하려 하여 이르기를 나의 방백들은 다 왕이 아니냐? 갈로는 갈그미스와 같지 아니하며 하맛은 아르밧과 같지 아니하며 사마리아는 다메섹과 같지 아니하냐? 내 손이 이미 신상을 섬기는 나라에 미쳤나니 그 조각한 신상이 예루살렘과 사마리아의 신상보다 우승하였느니라. 내가 사마리아와 그 신상에게 행함같이 예루살렘과 그 신상에게 행치 못하겠느냐 하도다.

앗수르 사람들은 하나님의 도구로 쓰임받았으나 하나님 보시기에 바르지 못하였다. 앗수르 사람들은 하나님께서 뜻하신 바 이스라엘 나라의 침공과 탈취로 만족하지 않았다. 그들의 뜻과 마음의 생각은 하나님의 뜻과 생각과 달랐다. 그들은 여러 도시들과 나라들을 파괴하며 멸절시키려 하였고 심지어 유다 나라까지도 침공하려 했다. 그들은 자기 방백들을 열방 나라들의 왕들과 같고 자기 신상들을 유다 나라와 이스라엘 나라의 신들보다 낫다고 자랑하며 교만하였다.

〔12-14절〕 이러므로 주(아도나이 אֲדֹנָי) 내가 나의 일을 시온산과 예루살렘에 다 행한 후에 [내가] 앗수르 왕의 완악한(고델 גֹּדֶל)[거만한](BDB, NASB, NIV) 마음의 열매와 높은 눈의 자랑을 벌하리라. 그의 말에 나는 내 손의 힘과 내 지혜로 이 일을 행하였나니 나는 총명한 자라. 열국의 경계를 옮겼고 그 재물을 약탈하였으며 또 용감한 자같이 위에 거한 자를 낮추었으며 나의 손으로 열국의 재물을 얻은 것은 새의 보금자리를 얻음 같고 온 세

이사야 10장: 앗수르에 대한 심판

계를 얻은 것은 내어버린 알을 주움 같았으나 날개를 치거나 입을 벌리거나 지저귀는 것이 하나도 없었다 하는도다.

하나님께서는 여러 나라들을 침략하려는 앗수르 왕의 그 욕심과 그 교만을 미워하셨다. 그러므로 그는 "주 내가 나의 일을 시온산과 예루살렘에 다 행한 후에 내가 앗수르 왕의 거만한 마음의 열매와 높은 눈의 자랑을 벌하리라"고 말씀하셨다. 하나님께서는 자신을 '주'라고 표현하셨다. 그것은 하나님 자신이 온 세상의 주인 곧 소유자시요, 주관자 즉 통치자시라는 뜻이다. 하나님께서는 주권적 섭리자이시다. 시온산과 예루살렘, 즉 유다 나라를 징계하시는 이는 하나님이시다. 그러나 그는 이제 그 일을 다 행하신 후 앗수르 왕의 거만한 마음과 높은 눈의 자랑을 벌하실 것이다. 앗수르 사람들은 마음이 교만하였고 높은 눈으로 자신들의 힘과 지혜를 자랑했다. 그들은 자신들의 힘과 지혜로 여러 나라들을 저항 없이 쉽게 정복했다고 자랑했다.

〔15-19절〕도끼가 어찌 찍는 자에게 스스로 자랑하겠으며 톱이 어찌 켜는 자에게 스스로 큰 체 하겠느냐? 이는 막대기가 자기를 드는 자를 움직이려 하며 몽둥이가 나무 아닌 사람을 들려 함과 일반이로다. 그러므로 주 만군의 여호와께서 살찐 자로 파리하게 하시며 그 영화의 아래에 불이 붙는 것같이 맹렬히 타게 하실 것이라. 이스라엘의 빛은 불이요 그 거룩한 자는 불꽃이라. 하루 사이에 그의 형극과 질려[가시와 찔레]가 소멸되며 그 삼림과 기름진 밭의 영광이 전부 소멸되리니 병인이 점점 쇠약하여 감 같을 것이라. 그 삼림에 남은 나무의 수가 희소하여 아이라도 능히 계산할 수 있으리라.

앗수르 사람들의 교만과 자랑은 합당치 않았다. 그들은 하나님의 손의 도끼나 톱과 몽둥이에 불과했다. 그러므로 그들의 자랑은 마치 도끼가 찍는 자에게 자신을 자랑하는 것과 같았고, 톱이 켜는 자에게 자신을 큰 체 하는 것 같았고, 마치 막대기가 자기를 드는 자를 움직이려 하고 몽둥이가 사람을 들려 함과 같았다. 하나님께서는 그들의 교만한 자랑을 미워하시고 불로 심판하실 것이다. 그는 그들의 살찐

이사야 10장: 앗수르에 대한 심판

자로 파리하게 하시며 그들의 영광이 맹렬히 타게 하실 것이다. 그는 그들에게 불과 같으실 것이다. 하루 사이에 그 가시와 찔레가 소멸되며 그 삼림과 기름진 밭의 영광이 다 소멸되며, 그 나라는 몸이 아픈 자가 점점 쇠약하여 감과 같을 것이라. 그 삼림에 남은 나무의 수가 적어서 아이라도 능히 셀 수 있게 될 것이다.

본문의 교훈을 정리해보자. <u>첫째로, 하나님께서는 이방나라 앗수르를 사용하여 이스라엘과 유다 나라를 징벌하실 것이다. 그러나 그는 앗수르 나라의 악함에 대해서도 징벌하실 것이다.</u> 3절, "너희에게 벌하시는 날에와 멀리서 오는 환난 때에 너희가 어떻게 하려느냐?" 5-6절, "화 있을진저, 앗수르 사람이여, 그는 나의 진노의 막대기요 그 손의 몽둥이는 나의 분한이라. 내가 그를 보내어 한 불경건한 나라를 치게 하며 내가 그에게 명하여 나의 노한 백성을 쳐서 탈취하며 노략하게 하며 또 그들을 길거리의 진흙같이 짓밟게 하려 하거늘." 12절, "주 내가 나의 일을 시온산과 예루살렘에 다 행한 후에 앗수르 왕의 거만한 마음의 열매와 높은 눈의 자랑을 벌하리라." 하나님께서는 개인의 삶과 죽음, 복과 화를 주장하시고 한 나라의 흥망성쇠를 주관하시며 세계의 역사를 섭리하신다. 그는 특히 공의로 개인과 국가와 세계를 심판하시는 자이시다.

<u>둘째로, 우리는 여호와 하나님만 경외하며 의지하고 섬기며 순종해야 한다.</u> 여호와 하나님께서는 영원하신 하나님이시며 천지만물을 창조하셨고 홀로 섭리하시는 유일하신 참 하나님이시다. 세상의 모든 사람들이 경배하며 섬겨야 할 자는 오직 여호와 하나님뿐이시다. 우리는 영원하신 여호와 하나님을 더욱 알고 그를 믿고 섬기며 순종해야 한다.

<u>셋째로, 하나님께서는 모든 불의와 악을 미워하시되 특히 가난한 자를 멸시하고 학대하는 것을 미워하시고 교만한 마음을 미워하신다.</u> 우리는 겸손한 마음으로 이웃을 내 몸과 같이 사랑하고 가난하고 병약하고 외로운 자들을 불쌍히 여기고 그런 자들에게 선을 베풀어야 한다.

이사야 10장: 앗수르에 대한 심판

20-34절, 남은 자들이 돌아올 것

〔20-23절〕 그 날에 이스라엘의 남은 자와 야곱 족속의 피난한 자들이 다시는 자기를 친 자를 의뢰치 아니하고 이스라엘의 거룩하신 자 여호와를 진실히 의뢰하리니 남은 자 곧 야곱의 남은 자가 능하신 하나님께로 돌아올 것이라. [이는] 이스라엘이여, 네 백성이 바다의 모래 같을지라도 남은 자만 돌아오리니 넘치는 공의로 훼멸[멸망]이 작정되었음이라. 이미 작정되었은즉 주 만군의 여호와께서 온 세계 중에 끝까지[완전한 멸망을] 행하시리라.

'그 날' 곧 하나님께서 앗수르 나라를 심판하시는 날에, 이스라엘의 남은 자들과 야곱 족속의 피난한 자들은 다시는 자기들을 친 앗수르 나라를 의뢰하지 않고 이스라엘의 거룩하신 자인 여호와 하나님을 진실히 의뢰할 것이며, 야곱의 남은 자들은 능하신 하나님께로 돌아올 것이다. 또 하나님께서는 온 세상의 최종적 심판과 완전한 멸망을 작정하셨고 그것을 이루실 것이다. 그는 불의와 죄에 대해 매우 진노하시고 공의로 엄히 징벌하실 것이다. '끝까지'라는 원어(칼라 כָּלָה) 말은 '완전한 멸망'을 뜻한다(BDB, NASB).

'남은 자'라는 말이 본문에 4번 나온다(20, 21, 21, 22절).[7] 그들은 하나님의 심판에서 피하여 남은 자들, 곧 하나님의 은혜로 택하심을 입은 자들이다. 세상의 멸망 중에 오직 그들만 멸망치 않고 구원을 얻을 것이다. 그들은 하나님, 곧 앗수르 나라를 멸하시고 그들을 구원하신 전능하신 하나님께로 돌아올 것이다. 그들은 다시 앗수르 나라를 의지하지 않고 여호와 하나님만 진실히 의지할 것이다.

〔24-27절〕 주 만군의 여호와께서 가라사대 시온에 거한 나의 백성들아, 앗수르 사람이 애굽을 본받아 막대기로 너를 때리며 몽둥이를 들어 너를 칠지라도 그를 두려워 말라. [이는] 내가 불구에[머잖아] 네게는 분을 그치고 노를 옮겨 그들을 멸하리라 하시도다. 만군의 여호와께서 채찍을 들어 그를

---

7) 이사야서 전체에는 약 14번 나온다. "남은 자"(10:20, 21, 21, 22; 14:22, 30; 15:9; 24:6; 30:17), "남는 자"(37:31, 32), "남아 있는 자"(4:3; 7:22; 37:4).

이사야 10장: 앗수르에 대한 심판

치시되 오렙 반석에서 미디안 사람을 쳐죽이신 것같이 하실 것이며 막대기를 드시되 바다를 향하여 애굽에 드신 것같이 하실 것이라. 그 날에 그의 무거운 짐이 네 어깨에서 떠나고 그의 멍에가 네 목에서 벗어지되 기름진 (쉐멘 שֶׁמֶן)[기름 바름(anointing)](BDB, KJV) 까닭에 멍에가 부러지리라.

　하나님께서는 다시 앗수르에 대한 심판을 말씀하신다. 유다 나라는 지금 앗수르 나라의 침공을 당하고 있지만, 하나님께서는 머잖아 유다 나라를 침략하는 앗수르 나라를 징벌하시고 멸망시키실 것이다. 주 만군의 여호와, 곧 주권자이시며 무수히 많은 천사들을 거느리신 능력의 하나님께서는 채찍을 들어 앗수르 나라의 왕을 치실 것이다. 옛날 기드온 시대에 미디안 사람들을 오렙 반석에서 죽게 하셨던 것처럼, 또 출애굽 때에 모세가 홍해 바다를 향해 지팡이를 든 것같이, 하나님께서는 이스라엘 백성을 위해 일하실 것이다.

　또 앗수르 나라가 심판을 받는 그 날에, 이스라엘 백성의 어깨에서 무거운 짐이 떠나고 그들의 목에서 그 멍에가 벗어질 것이다. 27절에 '기름진 까닭에'라는 말(밉페네 쇠멘 מִפְּנֵי־שָׁמֶן)은 '기름 바름 때문에'(KJV)라는 뜻이라고 보인다. 그 말은 하나님께서 이스라엘 나라에 주신 기름 바름[기름부음], 궁극적으로 메시아를 가리킨 것 같다(Poole, 박윤선). 앗수르 나라의 멸망과 이스라엘 나라의 구원은 메시아의 예표와 예언과 약속 때문에 이루어질 것이다.

　〔28-32절〕 앗수르 왕이[그가](원문)(KJV, NASB) **아얏에 이르러 미그론을 지나 믹마스에 치중(輜重)[짐]을 머무르고** [그들이](원문) **영(嶺)**[언덕]**을 넘어 게바에서 유숙하매 라마는 떨고 사울의 기브아 사람은 도망하도다. 딸 갈림아, 큰 소리로 외칠지어다. 라이사야, 자세히 들을지어다. 가련하다, 너 아나돗이여. 맛메나** 사람은 **피난하며 게빔 거민은 도망하도다. 이 날에 그가 놉에서 쉬고 딸 시온 산 곧 예루살렘 산을 향하여 그 손을 흔들리로다.**

　앗수르 왕은 유다에 들어올 것이다. 그는 아얏에 이르러 미그론을 지나 믹마스에 짐을 머무르고 언덕을 넘어 게바에서 유숙할 것이다. 아얏, 미그론, 믹마스, 게바, 라마, 기브아, 갈림, 라이사, 아나돗 등은 다 예루살렘 부근에 있는 성들이다. 그때 유다 성읍들은 두려워 떨며 도망칠 것이다. 적군들은 손을 흔들며 성들을 공격할 것이다.

[33-34절] 주 만군의 여호와께서 혁혁한 위력으로 그 가지를 꺾으시리니 그 장대한 자[들]가 찍힐 것이요 높은 자[들]가 낮아질 것이며 철로 그 빽빽한 삼림을 베시리니 레바논이 권능 있는 자에게 작벌을 당하리라.

이사야서에서 약 61회 사용된 '주 만군의 여호와'라는 표현(16, 23, 24, 33절)은 하나님께서 주권적 섭리자이심을 강조한다. 하나님께서는 천군 천사들을 거느리신 능력의 하나님이시며 천지만물과 사람들의 생사화복[삶과 죽음, 재앙과 복]과 국가의 흥망성쇠[부흥 발전함, 쇠하고 망함]와 세계의 역사를 주관하시는 주권적 섭리자이시다.

'혁혁한 위력으로'라는 원어(베마아라차 בְּמַעֲרָצָה)는 '와지끈하게' (with a terrible crash)(NASB)라는 뜻이다. 주 만군의 여호와께서 와지끈하게 꺾으실 '그 가지'는 앗수르 왕을 가리킬 것이며(Poole, J. A. Alexander, 박윤선), 레바논도 앗수르를 가리킬 것이다(겔 31장). 에스겔 31:3, "볼지어다, 앗수르 사람은 가지가 아름답고 그늘은 삼림의 그늘 같으며 키가 높고 꼭대기가 구름에 닿은 레바논 백향목이었느니라." 또 '그 장대한 자들'과 '높은 자들'도 앗수르 나라의 장군들을 가리킬 것이다. 또 '권능 있는 자'는 하나님 혹은 하나님의 천사(사 37:36)를 가리킬 것이다. 이 예언은 역사적으로 그대로 이루어졌다(왕하 18-19장). 앗수르 나라는 바벨론 나라에게 멸망하였다.

본문의 교훈을 정리해보자. 첫째로, 세상의 마지막 심판은 작정되어 있다. 22-23절, "이스라엘이여, 네 백성이 바다의 모래 같을지라도 남은 자만 돌아오리니 넘치는 공의로 훼멸[멸망]이 작정되었음이라. 이미 작정되었은즉 주 만군의 여호와께서 온 세계 중에 끝까지[완전한 멸망을] 행하시리라." 하나님께서는 유다 백성의 우상숭배와 음란을 심판하실 것이며, 또 앗수르 나라의 교만과 악함과 강포도 심판하실 것이다. 그가

이사야 10장: 앗수르에 대한 심판

정하신 마지막 심판의 날에, 하나님께서는 온 세상을 공의로 심판하실 것이다. 로마서 2:5, 16, "진노의 날 곧 하나님의 의로우신 판단이 나타나는 그 날에," "하나님이 예수 그리스도로 말미암아 사람들의 은밀한 것을 심판하시는 그 날." 그 심판은 참으로 두려운 사건일 것이다. 우리는 장차 세상에 임할 하나님의 공의의 심판을 두려워해야 한다. 죄인들은 마지막 날에 예비된 하나님의 완전한 멸망을 두려워하고 하나님의 미워하시는 모든 죄를 미워하고 버리고 하나님께로 돌아와야 한다.

둘째로, 우리는 남은 자들이 되어야 한다. 21-22절, "남은 자 곧 야곱의 남은 자가 능하신 하나님께로 돌아올 것이라. 이스라엘이여, 네 백성이 바다의 모래 같을지라도 남은 자만 돌아오리니 넘치는 공의로 멸망이 작정되었음이라." 로마서 11:4-5, "[엘리야에게] 하신 대답이 무엇이뇨? 내가 나를 위하여 바알에게 무릎을 꿇지 아니한 사람 7천을 남겨두었다 하셨으니 그런즉 이와 같이 이제도 은혜로 택하심을 따라 남은 자가 있느니라." 남은 자들은 하나님의 은혜로 구원 얻을 자들을 가리킨다. 온 세계에서 남은 자들만 모든 우상숭배와 죄를 회개하고 버리고 하나님께로 돌아올 것이며 하나님만 진실하게 믿고 순종할 것이다.

셋째로, 우리는 하나님의 긍휼을 의지하며 의와 선을 행해야 한다. 남은 자들은 모든 불경건하고 부도덕한 행위들과 습관들을 청산하고 경건하고 의롭고 선하고 진실한 삶을 살 것이다. 우리가 정말 하나님의 은혜를 받은 그 남은 자들이라면, 우리는 모든 죄를 버리고 오직 하나님과 주 예수 그리스도만 의지하고 하나님의 긍휼과 은혜만 늘 사모하면서 의와 선을 힘써 실천해야 한다. 로마서 6:12-13, "그러므로 너희는 죄로 너희 죽을 몸에 왕노릇하지 못하게 하여 몸의 사욕을 순종치 말고 또한 너희 지체를 불의의 병기로 죄에게 드리지 말고 오직 너희 자신을 죽은 자 가운데서 다시 산 자같이 하나님께 드리며 너희 지체를 의의 병기로 하나님께 드리라." 로마서 8:13, "너희가 육신[몸의 죄성]대로 살면 반드시 죽을 것이로되 영[성령]으로써 몸의 행실을 죽이면 살리니."

11장: 메시아 시대

1-9절, 이새에게서 난 한 싹

[1절] 이새의 줄기에서 한 싹이 나며 그 뿌리에서 한 가지8)가 나서 결실할 것이요.

이 말씀은 메시아께서 다윗의 자손으로 오실 것을 예언한 것이다. 메시아를 다윗의 자손이라고 표현하지 않고 다윗의 아버지인 이새의 자손이라고 표현한 것은 메시아의 평범한 가문을 암시하는 것 같다. 이새는 가난하고 낮은 신분의 사람이었다고 보인다. 다윗은 동료들에게 "왕의 사위 되는 것을 너희는 경한 일로 보느냐? 나는 가난하고 천한 사람이로라"고 말했었다(삼상 18:23).

이 예언은 메시아의 인성(人性)과 그의 낮아지심을 보인다. 예수님의 모친 마리아는 아기 예수를 출산하고 40일이 지나 결례(潔禮)를 행하는 날에 예루살렘에 올라가 비둘기 한 쌍으로 제사하려 했는데(눅 2:24), 그것은 물질적으로 어려운 형편을 나타낸다. 출산한 여인은 보통 1년된 어린양으로 속죄제를 드렸으나 물질적으로 어려운 자는 비둘기를 드렸다(레 12:6-8). 예수 그리스도께서는 종의 모습으로 세상에 오셨고 가난한 집에서 출생하셨고 어린 시절을 지내셨다.

[2절] 여호와의 신(루아크 רוּחַ)[영] 곧 지혜와 총명의 신[영]이요 모략과 재능[권능]의 신[영]이요 지식과 여호와를 경외하는 신[여호와 경외의 영]이 그 위에 강림하시리니(누아크 נוּחַ)[머무시리니].

'여호와의 영' 곧 성령께서는 사람으로 탄생하실 메시아 위에 머무

---

8) '가지'라는 히브리어 네체르(נֵצֶר)는 '나사렛'이라는 동네 명칭과 관련이 있는 것 같다. 사도 마태가 마태복음 2:23에서 "[예수께서] 나사렛이란 동네에 와서 사니 이는 선지자로 하신 말씀에 나사렛 사람이라 칭하리라 하심을 이루려 함이러라"고 말했을 때 이 단어를 염두에 둔 것으로 보인다.

르실 것이다. 그는 지혜와 총명의 영이시며 모략과 권능의 영이시며 지식과 여호와 경외의 영이시다. '여호와 경외의 영'이라는 말씀은 '여호와를 경외하게 하는 영'이라는 뜻일 것이다.

본절은 메시아의 신성(神性)을 예언한 것이다. 메시아께는 성령의 충만함이 있을 것이다. '메시아'라는 말은 '기름 부음 받은 자'라는 뜻이며 성령의 충만한 기름 부음을 가리킨다. 골로새서 2:9는 "그 안에는 신성(神性)의 모든 충만이 육체로 거하셨다"고 증거하였다.

예수께서 요한에게 세례를 받으실 때 성령께서는 비둘기처럼 그 위에 내려오셨다. 마태복음 3:16, "예수께서 세례를 받으시고 곧 물에서 올라오실새 하늘이 열리고 하나님의 성령이 비둘기같이 내려 자기 위에 임하심을 보시더니." 그러나 예수께서는 본래부터 신성(神性)을 가진 자로서 사람이 되셨다. 사도 요한은 "[태초부터 계신 하나님이신](요 1:1) 말씀이 육신이 되어 우리 가운데 거하시매 우리가 그 영광을 보니 아버지의 독생자의 영광이라"고 증거하였다(요 1:14).

[3-5절] 그가 여호와를 경외함으로 즐거움을 삼을 것이며(와하리코 베이레앗 에호와 וַהֲרִיחוֹ בְּיִרְאַת יְהוָה)[그개=여호와의 영께서] 그로 하여금 여호와를 경외함 중에 지혜를 얻게 하실 것이며](KJV) 그 눈에 보이는 대로 심판치 아니하며 귀에 들리는 대로 판단치 아니하며 공의로 빈핍한 자를 심판하며 정직으로 세상의 겸손한 자를 판단할 것이며 그 입의 막대기로 세상을 치며 입술의 기운으로 악인을 죽일 것이며 공의로 그 허리띠를 삼으며 성실로[신실함으로] 몸의 띠를 삼으리라.

여호와의 영께서는 메시아로 하여금 여호와를 경외함 중에 지혜를 얻게 하실 것이다. 또 메시아께서는 공의의 심판자로 일하실 것이다. 그는 눈에 보이는 대로 심판치 않으시고 귀에 들리는 대로 판단치 않으실 것이다. 즉 그는 사람을 외모로 판단하지 않으시고 공의로 판단하실 것이다. 그는 공의로 가난한 자를 심판하시고 정직으로 겸손한 자를 판단하실 것이다. 그러므로 그의 앞에는 억울한 일이 없을 것이

이사야 11장: 메시야 시대

다. 그러나 악한 자들은 그가 공의로 보응하시는 심판을 두려워해야 한다. 그것은 그가 그의 입의 막대기로 세상을 치시며 그의 입술의 기운으로 악인들을 죽이실 것이기 때문이다. 그는 심판자이시다.

〔6-9절〕 그때에 **이리가 어린양과 함께 거하며 표범이 어린 염소와 함께 누우며 송아지와 어린 사자와 살찐 짐승이 함께 있어 어린아이에게 끌리며 암소와 곰이 함께 먹으며 그것들의 새끼가 함께 엎드리며 사자가 소처럼 풀을 먹을 것이며 젖 먹는 아이가 독사의 구멍에서 장난하며 젖뗀 어린아이가 독사의 굴에 손을 넣을 것이라. 나의 거룩한 산 모든 곳에서 해됨도 없고 상함도 없을 것이니 이는 물이 바다를 덮음같이 여호와를 아는 지식이 세상에 충만할 것임이니라.**

선지자 이사야는 메시아의 오심과 그의 사역의 결과로 이 땅 위에 평화의 세계, 평안의 세계가 이루어질 것을 예언하며 그 세계를 묘사한다. 그때에 이리가 어린양과 함께 거하며 표범이 어린 염소와 함께 누울 것이며 송아지와 어린 사자가 어린아이에게 끌리며 암소와 곰이 함께 먹으며 그 새끼들이 함께 엎드리며 사자가 소처럼 풀을 먹을 것이며 젖 먹는 아이가 독사의 구멍에서 장난하며 젖뗀 어린아이가 독사의 굴에 손을 넣을 것이다. 하나님의 거룩한 산 모든 곳에서 해됨도 없고 상함도 없을 것이다. 물이 바다를 덮음같이 여호와를 아는 지식이 세상에 충만할 것이다.

메시아의 오심으로 이루어질 새 세계의 특징은 한마디로 평안이다. 거기에는 악한 짐승들이 없을 것이다. 모든 짐승들은 성질이 온순해질 것이다. 그러므로 그때는 세상에 상함과 해됨이 더 이상 없을 것이며, 그것은 세상에 하나님의 지식과 경외함이 충만할 것이기 때문이다. 이사야 65장에도 비슷한 내용이 나온다. "거기는 날 수가 많지 못하여 죽는 유아와 수한이 차지 못한 노인이 다시는 없을 것이라. 곧 백세에 죽는 자가 아이겠고 백세 못되어 죽는 자는 저주받은 것이리라," "이리와 어린양이 함께 먹을 것이며 사자가 소처럼 짚을 먹을

이사야 11장: 메시야 시대

것이며 뱀은 흙으로 식물을 삼을 것이니 나의 성산에서는 해함도 없겠고 상함도 없으리라"(20, 25절). 이 예언은, 문자적 의미라면, 천년왕국에서 이루어질 것이나, 비유적, 영적 의미로 이미 신약시대에서 이루어지고 있고 또 장차 천국에서 완전히 이루어질 것이라고 본다.

본문의 교훈을 정리해보자. 첫째로, 예수께서는 본문에 예언된 대로 인성(人性)과 신성(神性)을 가진 메시아로 세상에 오셨다. 그는 이새의 자손으로 오셨고 여호와의 영께서 그 위에 계셨다. 마태복음 1:1, "아브라함과 다윗의 자손 예수 그리스도의 족보라." 골로새서 2:9, "그 안에는 신성(神性)의 모든 충만이 육체로 거하시고." 우리는 하나님께서 주신 신적 구주 예수 그리스도를 감사히 받고 확신하고 따라야 한다.

둘째로, 메시아께서는 세상을 공의로 심판하실 것이다. 하나님께서는 아들 예수 그리스도를 심판자로 세우셨다. 요한복음 5:22, "아버지께서 아무도 심판하지 아니하시고 심판을 다 아들에게 맡기셨으니." 사도 바울은 하나님께서 "정하신 사람으로 하여금 천하를 공의로 심판할 날을 작정하시고 이에 저를 죽은 자 가운데서 다시 살리신 것으로 모든 사람에게 믿을 만한 증거를 주셨다"고 말했다(행 17:30-31). 재림하실 주 예수께서는 장차 온 세상을 공의로 심판하실 것이다. 이것을 아는 자마다 모든 죄를 멀리하고 오직 정직하고 선하게만 살아야 한다.

셋째로, 메시아께서는 평안의 세계를 시작하셨다. 마태복음 11:28, "수고하고 무거운 짐 진 자들아, 다 내게로 오라. 내가 너희를 쉬게 하리라." 평안의 시대는 신약교회에서 이미 시작되었다. 구원 얻은 성도들은 죄사함을 받았고 평안을 얻었고 이 평안의 복음은 세상에 널리 증거되고 있다. 비록 우리의 성화가 불완전하듯이 지상 교회는 아직 불완전하지만, 주 예수님의 재림으로 이루어질 천년왕국과 천국은 이 예언이 완전히 성취될 평안의 세계일 것이다. 우리는 주 예수 그리스도의 재림으로 이루어질 의와 평안과 기쁨의 세계를 사모하며 소망해야 한다.

10-16절, 만민의 기호

[10-11절] 그 날에 이새의 뿌리에서 한 싹이 나서[뿌리가 있으리니] 만민의 기호로 설 것이요 열방이 그에게로 돌아오리니 그 거한 곳이 영화로우리라. 그 날에 주께서 다시 손을 펴사 그 남은 백성을 앗수르와 애굽과 바드로스와 구스와 엘람과 시날과 하맛과 바다 섬들에서 돌아오게 하실 것이라.

이사야가 두 번 말하는 '그 날'은 분명히 메시아 시대를 가리킨다. "이새의 뿌리에서 한 싹이 나서"라는 원문은 단순히 "이새의 뿌리가 있을 것"이라고 되어 있다(KJV). 1절에서 이사야는 "이새의 줄기에서 한 싹이 나며 그 뿌리에서 한 가지가 나서 결실할 것이요"라고 예언하였었다. 그러나 그는 본절에서 "이새의 뿌리가 있을 것이라"고 말한다. 메시아께서는 이새의 자손인 한 사람으로 오실 것이지만, 실상 그는 이새의 뿌리이시며 모든 사람의 뿌리이시다.

'이새의 뿌리'라는 말은 메시아의 신성(神性)을 가리킨다. 메시아께서는 이새의 자손인 동시에 이새의 뿌리이시다. 하나님께서는 모든 사람의 뿌리이시다. 요한계시록 22:16에서도 예수께서는 "나는 다윗의 뿌리요 자손"이라고 말씀하셨다. 천지만물은 하나님에게서 나왔다. 요한복음 1:3, "만물이 그로 말미암아 지은 바 되었으니 지은 것이 하나도 그가 없이는 된 것이 없느니라." 고린도전서 8:6, "우리에게는 한 하나님 곧 아버지가 계시니 만물이 그에게서 났고 우리도 그를 위하며 또한 한 주 예수 그리스도께서 계시니 만물이 그로 말미암고 우리도 그로 말미암았느니라." 하나님께서는 만물의 뿌리이시다.

이새의 뿌리는 만민의 기호로 설 것이며 이방 나라들이 그에게로 모이며 그를 의지할 것이다. 여호와께서는 열방을 향해 기호를 세우실 것이다. '만민의 기호'라는 말은 '만민이 그를 믿고 따를 자,' 즉 온 세상의 주님과 구주라는 뜻이다. 예수 그리스도께서는 온 세상의 주님과 구주이시다. 사도 바울은 디모데전서 1:15에서, "미쁘다, 모든 사람이 받을 만한 이 말이여, 그리스도 예수께서 죄인을 구원하시려고 세상에 임하셨다 하였도다. 죄인 중에 내가 괴수니라"고 증거했다.

메시아 시대에 이스라엘의 남은 자들은 돌아오고 열방이 그에게로 모이며 그를 의지할 것이다. '돌아온다'는 원어(다라쉬 דָּרַשׁ)는 '찾는다'(KJV), '모인다'(NASB, NIV), '의지한다'는 뜻이다(BDB). 또 주께서는 그 날에 다시 손을 펴셔서 그 남은 백성을 앗수르와 애굽과 바드로스와 구스와 엘람과 시날과 하맛과 바다 섬들, 곧 동서사방으로부터 돌아오게 하실 것이다. '그 남은 백성'이라는 말은 '남은 자'라는 말과 동의어로서 하나님께서 이스라엘 백성뿐 아니라 온 세상 민족들 가운데서 그의 은혜로 택하시고 구원하실 자들을 가리킨 것 같다.

〔12절〕 여호와께서 열방을 향하여 기호를 세우시고 이스라엘의 쫓긴 자를 모으시며 땅 사방에서 유다의 이산(離散)한 자를 모으시리니.

메시아 시대에 이방인들도 하나님께로 돌아올 것이며 뿔뿔이 흩어졌던 이스라엘 백성도 돌아올 것이다. 그때 이스라엘 백성 중 남은 자들의 회복이 있을 것이며, 하나님의 은혜로 택함 받은 이방인들의 구원도 있을 것이다. 이것은 신약성경이 증거하는 바이다. 로마서 11장에서 사도 바울은 "너희가 스스로 지혜 있다 함을 면키 위하여 이 비밀을 너희가 모르기를 내가 원치 아니하노니 이 비밀은 이방인의 충만한 수가 들어오기까지 이스라엘의 더러는 완악하게 된 것이라. 그리하여 온 이스라엘이 구원을 얻으리라"고 말했다(롬 11:25-26).

〔13-16절〕 에브라임의 투기는 없어지고 유다를 괴롭게 하던 자는 끊어지며 에브라임은 유다를 투기하지 아니하며 유다는 에브라임을 괴롭게 하지 아니할 것이요 그들이 서로 블레셋 사람의 어깨에 날아앉고 함께 동방 백성을 노략하며 에돔과 모압에 손을 대며 암몬 자손을 자기에게 복종시키리라. 여호와께서 애굽 해고(海股)(레숀 얌-미츠라임 לְשׁוֹן יָם־מִצְרַיִם) [애굽 바다의 혀](KJV, NASB)[9])를 말리우시고 손을 유브라데 하수 위에 흔들어

이사야 11장: 메시야 시대

뜨거운 바람을 일으켜서 그 하수를 쳐서 일곱 갈래로 나눠 신 신고 건너가게 하실 것이라. 그의 남아 있는 백성을 위하여 앗수르에서부터 돌아오는 대로가 있게 하시되 이스라엘이 애굽 땅에서 나오던 날과 같게 하시리라.

메시아 시대에 분열된 교회의 단합이 있을 것이다. 이전에는 북쪽 이스라엘과 남쪽 유다, 즉 구약교회가 서로 질투하고 갈등하였었다. 그러나 메시아 시대에는 참된 교회는 단합하며 서로 사랑하게 될 것이다. 그것은 주께서 남기신 새 계명의 내용이며 또 요한복음 17장에 기록된 주님의 마지막 기도의 내용, 즉 "내게 주신 아버지의 이름으로 저희를 보전하사 우리와 같이 저희도 하나가 되게 하옵소서"(요 17:11)라고 하신 내용이기도 하다. 참 교회들은 일치단합할 것이다.

메시아 시대에 회복된 이스라엘 즉 신약교회는 그 주변의 나라들을 정복할 것이다. 그것은 온 세상에 복음이 전파되고 교회가 세워지는 것을 가리켰다고 본다. 세계복음화가 이루어질 것이며 남은 자들을 위한 구원의 대로(大路)가 열릴 것이다. 과연 신약교회는 세계를 복음으로 정복했다. 온 세상에 많은 사람들이 구원을 받았다. 하나님께서는 홍해를 말리시고 유브라데 강을 쳐서 일곱 갈래로 나눠 신을 적시지 않고(KJV, NASB) 건너갈 수 있게 하실 것이며, 또 그의 남아 있는 백성을 위하여 앗수르에서부터 돌아오는 큰 길이 있게 하시되 이스라엘이 애굽 땅에서 나오던 날과 같게 하실 것이다. 이 예언은 온 세계에서 하나님의 구원 사역이 힘있게 일어날 것을 암시한다.

세계복음화는 하나님의 뜻이다. 부활하신 주 예수 그리스도께서는 열한 제자들에게 "그러므로 너희는 가서 모든 족속으로 제자를 삼으라"고 명하셨다(마 28:19). 그는 고난 당하시기 전에도 제자들에게 "이 천국 복음이 모든 민족에게 증거되기 위하여 온 세상에 전파되리니 그제야 끝이 오리라"고 말씀하셨었다(마 24:14). 그 일이 거의 다

---

9) 애굽 바다 곧 홍해는 북쪽 끝이 혀처럼 둘로 갈라져 있다. 오늘날에 서쪽(애굽 쪽)은 수에즈 만이라고 부르고, 동쪽은 아카바 만이라고 부른다.

이루어졌다. 이미 신약시대의 초기에 하나님의 복음이 주의 사도들을 통해 온 세상에 전파되기 시작하였다. 사도 바울은 고린도전서에서 광대하고 효력 있는 전도의 문, 구원의 문이 에베소에서 열렸다고 간증했었다(고전 16:9). 또 그는 골로새서에서 "이 복음은 천하 만민에게 전파된 바요 나 바울은 이 복음의 일꾼이 되었노라"고 말하였다(골 1:23). 사도 요한은 요한계시록에서 증거하기를, "이 일 후에 내가 보니 각 나라와 족속과 백성과 방언에서 아무라도 능히 셀 수 없는 큰 무리가 흰옷을 입고 손에 종려가지를 들고 보좌 앞과 어린양 앞에 서서 큰 소리로 외쳐" 찬송하였다고 했다(계 7:9). 세계복음화는 거의 성취되고 있다. 이것은 이 세상의 종말이 가까웠다는 표이기도 하다.

본문의 교훈을 정리해보자. 첫째로, 메시아께서는 만민의 기호 즉 온 세상의 구주로 오실 것이다. 과연 예수 그리스도께서는 세상의 구주로 오셨다. 요한복음 3:16, "하나님이 세상을 이처럼 사랑하사 독생자를 주셨으니 이는 저를 믿는 자마다 멸망치 않고 영생을 얻게 하려 하심이니라." 디모데전서 1:15, "미쁘다, 모든 사람이 받을 만한 이 말이여, 그리스도 예수께서 죄인을 구원하시려고 세상에 임하셨다 하였도다."

둘째로, 하나님의 뜻은 열방과 이스라엘의 남은 자들이 다 메시아께 모이며 그를 의지하는 것이다. 하나님께서 창제 전에 택하신 모든 백성은 다 회개하고 메시아에게 나아와 그를 믿음으로 구원과 영생을 얻을 것이다. 천하 만민을 위해 구원의 큰 길이 열려져 있다. 하나님의 뜻은 모든 택자들이 다 구원 얻는 것이다. 세계복음화는 하나님의 뜻이다.

셋째로, 주 예수 그리스도를 믿는 자들은 온 세상에 다니며 만민에게 예수 그리스도를 전해야 한다. 마가복음 16:15, "또 가라사대 너희는 온 천하에 다니며 만민에게 복음을 전파하라." 성도들은 교회의 전도 활동에 참여해야 하고, 교회들은 복음을 전할 전도자들을 세우며 훈련시키며 파송해야 하고 또 그들을 위해 기도하고 물질로 후원해야 한다.

이사야 12장: 하나님의 구원을 감사 찬송함

12장: 하나님의 구원을 감사 찬송함

〔1절〕 그 날에 네가 말하기를 여호와여, 주께서 전에는 내게 노하셨사오나 이제는 그 노가 쉬었고 또 나를 안위[위로]하시오니 내가 주께 감사[혹은 '찬송']하겠나이다 할 것이니라.

'그 날'은 메시아 시대를 가리킨다(사 11:10). 이사야는 메시아 시대에 성도들의 감사와 찬송의 이유에 대해 말한다. 그 시대에 성도들은 하나님께 감사하며 찬송할 것이다. '감사하다'는 원어(야다 יָדָה)는 '감사하다'(NASB) 혹은 '찬송하다'(KJV, NIV)라고 번역된다.10)

그 날에 성도들이 하나님께 감사하며 찬송할 이유는 하나님의 노가 누그러졌고 하나님께서 그들을 위로하시기 때문이다. 우리의 죄는 하나님의 진노를 일으켰었다. 그러나 하나님께서는 예수 그리스도의 대속(代贖) 사역으로 우리의 죄를 용서하셨고 그의 진노를 가라앉히셨다. 사도 바울은 로마서 3:25에서 예수 그리스도의 죽음을 우리를 위한 '화목제물'이라고 말했는데, '화목제물'이라는 원어(힐라스테리온 ἱλαστήριον)는 '유화제물' 즉 하나님의 진노를 누그러뜨리는 제물이라는 뜻이다. 또 바울은 로마서 5:9에서 "이제 우리가 그 피를 인하여 의롭다 하심을 얻었은즉 더욱 그로 말미암아 진노하심에서 구원을 얻을 것이라"고 증거했다. 구원은 하나님의 진노의 그치심, 곧 진노로부터의 구원이다. 그것이 우리의 감사와 찬송의 이유이다.

〔2절〕 보라, 하나님은 나의 구원이시라. 내가 의뢰하고 두려움이 없으리니 주 여호와11)는 나의 힘이시며 나의 노래시며 나의 구원이심이라.

---

10) 이 말은 옛날 영어성경(KJV)에서 '감사하다'는 말로 40회, '찬송하다'는 말로 53회 번역되었다.

11) 옛날 영어성경(KJV)은 다른 곳에서는 '여호와'라는 단어(יְהֹוָה)를 '주'(the Lord)라는 말로 번역하였으나 본절을 포함하여 네 곳에서는 '여호와'(Jehovah)라는 말로 그대로 번역했다(출 6:3; 시 83:18; 사 12:2; 26:4).

이사야 12장: 하나님의 구원을 감사 찬송함

성도의 감사와 찬송의 내용은 하나님의 구원이다. 하나님께서는 우리의 구원자이시다. 우리는 하나님을 의뢰하고 하나님만 의뢰한다. 우리는 이 세상도, 우리 자신의 현재와 미래도 염려하거나 두려워하지 않는다. 우리는 과거에 죄 가운데 방황하던 시간들을 끝내고 하나님께로 돌아왔다. 주 여호와께서는 우리의 힘, 우리의 노래, 우리의 구원이시다. 죄는 하나님의 징벌로 우리에게 고통과 두려움을 가져왔으나, 죄사함의 구원은 하나님의 은혜로 우리에게 평안과 위로, 힘과 기쁨과 노래를 가져다 주었다.

[3절] 그러므로 너희가 기쁨으로 구원의 우물들에서 물을 길으리로다.
이사야는 구원을 우물에 비유한다. 우물은 물 저장고와 다르다. 물 저장고는 물이 줄어들지만, 우물은 계속 물이 나오는 곳이다. 우물은 물이 풍성하다. 하나님의 구원의 물은 목마름을 해소시킬 만한 풍성하고 시원한 물이며 우리의 더러움을 깨끗이 씻을 수 있는 깨끗한 물이다. 하나님께서 주시는 구원의 생명이 바로 그러하다.

주 예수께서는 구원을 생수에다 비유하셨다. 그는 수가성 여인에게 "이 물을 먹는 자마다 다시 목마르려니와 내가 주는 물을 먹는 자는 영원히 목마르지 아니하리니 나의 주는 물은 그 속에서 영생하도록 솟아나는 샘물이 되리라"고 말씀하셨다(요 4:13-14). 또 그는 초막절 끝날에 "누구든지 목마르거든 내게로 와서 마시라. 나를 믿는 자는 성경에 이름과 같이 그 배에서 생수의 강이 흘러나리라"고 말씀하셨고, 사도 요한은 이 생수의 강이 그를 믿는 자가 받을 성령을 가리킨 말씀이라고 설명하였다(요 7:37-39). 성도는 주 예수 그리스도의 대속(代贖)으로 말미암아 성령을 받는다. 성령께서는 영생수이시다.

성도의 감사와 찬송은 기쁨의 감사와 찬송이다. 성도는 기쁨으로 구원의 우물들에서 물을 긷는다. 성도는 기쁘게 하나님을 찬송한다. 스바냐는 그 기쁨의 노래를 예언하기를, "시온의 딸아, 노래할지어다.

이사야 12장: 하나님의 구원을 감사 찬송함

이스라엘아, 기쁘게 부를지어다. 예루살렘의 딸아, 전심으로 기뻐하며 즐거워할지어다. 여호와께서 너의 형벌을 제하였고 너의 원수를 쫓아내셨으며 이스라엘 왕 여호와께서 너의 중에 계시니 네가 다시는 화를 당할까 두려워하지 아니할 것이라"고 하였다(습 3:14-15).

〔4-6절〕 그 날에 너희가 또 말하기를 여호와께 감사하래[혹은 '찬송하라']. 그 이름을 부르며 그 행하심을 만국 중에 선포하며 그 이름이 높다 하라. 여호와를 찬송할 것은 극히 아름다운 일을 하셨음이니 온 세계에 알게 할지어다. 시온의 거민아, 소리를 높여 부르라. 이스라엘의 거룩하신 자가 너희 중에서 크심이니라 할 것이니라.

메시아 시대에 성도들은 하나님의 이름을 찬송하며 감사하고 그의 행하심을 만국 중에 선포할 것이다. 그들은 여호와께서 행하신 지극히 아름다운 일을 찬송하며 만국에 전파할 것이다. '극히 아름다운 일'이라는 원어(게우스 גֵּאוּת)는 '뛰어나신 일들'(KJV, NASB)이라는 뜻이다. 그것은 메시아로 말미암은 구원의 일을 가리킨다.

인류의 구원은 역사적으로는 구주 예수 그리스도의 오심과 십자가에 죽으심과 삼일 만에 부활하심으로 이루어진 일이다. 그것이 하나님의 복음의 내용이다. 그러므로 사도 바울은, "내가 받은 것을 먼저 너희에게 전하였노니 이는 성경대로 그리스도께서 우리 죄를 위하여 죽으시고 장사 지낸 바 되었다가 성경대로 사흘 만에 다시 살아나사"라고 말하였다(고전 15:3-4). 복음의 내용은 놀랍고 엄위하신 일들이다. 그러나 구원은 개인적으로는 구주 예수 그리스도를 믿고 구원을 받은 사건이다. 우리 같은 죄인이 어떻게 하나님을 알고 구주 예수 그리스도를 믿고 구원 얻게 되었는지, 참으로 놀랍고 감사할 뿐이다.

구원은 단지 사람들이 하는 일이 아니다. 구원은 하나님께서 하신 일이며 또 하나님께서 지금도 하시는 일이다. 구원은 의롭다 하심 곧 칭의(稱義)(롬 3:21-24)와 거룩하여짐 곧 성화(聖化)(롬 6:19, 22)를 포함한다. 하나님께서는 우리의 구주이시다(딤전 1:1; 딛 1:3). 우리가

이사야 12장: 하나님의 구원을 감사 찬송함

구주 예수 그리스도를 믿음으로 의롭다 하심을 얻은 것도 하나님께서 하신 일이요, 우리가 성령의 인도하심과 도우심을 따라 몸의 죄성을 이기며 거룩한 삶을 조금씩 이루어가는 것도 하나님께서 하시는 일이다. 사도 바울은 "너희 속에 착한 일을 시작하신 이가 그리스도 예수의 날까지 이루실 줄을 우리가 확신하노라"고 말하였고(빌 1:6) 또 "그런즉 심는 이나 물 주는 이는 아무것도 아니로되 오직 자라나게 하시는 하나님뿐이니라"고 말하였다(고전 3:7).

본장의 교훈을 정리해보자. 본장에서 선지자 이사야는 메시아 시대에 성도들이 하나님께 감사와 찬송을 올릴 것을 예언했다. 첫째로, 성도들의 감사와 찬송의 이유는 하나님의 진노가 그쳤고 구원을 받았고 그의 위로하심을 얻기 때문이다. 우리는 죄사함을 얻었고 우리의 과거의 많은 죄들에 대한 하나님의 진노가 예수 그리스도로 말미암아 그쳤고 다시 정죄함이 없고 우리의 심령에 하나님의 위로가 넘쳤다.

둘째로, 성도들의 감사와 찬송의 내용은 하나님께서 우리의 구원이 되신다는 것이다. 2절, "보라, 하나님은 나의 구원이시라." 선지자 이사야의 예언들은 예수 그리스도의 오심으로 이루어졌다. 우리는 우리를 위해 십자가에 죽으시고 삼일 만에 부활하신 예수 그리스도를 믿음으로 죄사함과 의롭다 하심을 얻었다. 주 여호와 하나님께서는 우리의 힘과 노래와 구원이 되셨다. 우리는 그 구원의 우물들에서 물을 길을 것이다. 이 구원은 죄와 죽음, 질병, 가난, 슬픔으로부터의 구원이다. 우리의 구원의 기쁨은 성령의 생명수로 우리의 심령에 넘쳐흐를 것이다.

셋째로, 구원 얻은 성도들은 구주 하나님께 감사와 찬송을 올려야 하며 하나님의 하신 '극히 아름다운 일' 즉 그의 뛰어나신 일을 온 세상에 전파해야 한다. 하나님의 극히 아름다운 일은 인류의 구주로 오신 예수 그리스도의 죽으심과 부활로 말미암은 대속 사역과 또 우리 속에 주신 구원의 체험이다. 우리는 그 일을 찬송하며 온 세상에 전파해야 한다.

이사야 13장: 바벨론에 대한 말씀

13장: 바벨론에 대한 말씀

〔1-2절〕 아모스의 아들 이사야가 바벨론에 대하여 받은 경고(맛사 מַשָּׂא) [말씀]라. 너희는 자산(赭山)[벌거숭이산] 위에 기호를 세우고 소리를 높여 그들을 부르며 손을 흔들어 그들로 존귀한 자의 문에 들어가게 하라.

이사야가 바벨론 나라에 대하여 받은 말씀은 하나님께서 바벨론 나라에 내리시는 멸망의 날에 관한 내용이다. 하나님께서 유다 백성에게 벌거숭이산 위에 기호를 세우고 소리를 높여 부르라고 말씀하신 자들은 그가 바벨론 나라를 치게 하시려고 부르실 자들을 가리켰다. 17절에 보면, 그들은 메대 사람들이었다.

〔3절〕 내가 나의 거룩히 구별한 자[자들]에게 명하고 나의 위엄을 기뻐하는 용사들을 불러 나의 노를 풀게 하였느니라.

하나님께서 바벨론 나라를 치게 하시려고 부르실 자들은 하나님께서 거룩하게 구별하신 자들이며 하나님의 위엄을 기뻐하는 용사들인데, 하나님께서는 그들을 불러 바벨론 나라를 심판하실 도구로 사용하실 것이며 바벨론 나라를 향하신 그의 노를 풀게 하실 것이다.

〔4-5절〕 산에서 무리의 소리가 남이여, 많은 백성의 소리 같으니 곧 열국 민족이 함께 모여 떠드는 소리라. 만군의 여호와께서 싸움을 위하여 군대를 검열하심이로다. 무리가 먼 나라에서, 하늘가에서 왔음이여, 곧 여호와와 그 진노의 병기라. 온 땅을 멸하려 함이로다.

산에 모인 많은 무리들은 먼 나라에서, 하늘가에서 바벨론 나라를 치러 올 무리들이다. 그들은 하나님의 진노의 도구이며, 하나님께서 바벨론 제국의 온 땅을 멸하기 위해 부르신 군대들이다. 하나님께서는 사령관처럼 그들을 검열하시며 지휘하실 것이다.

〔6절〕 너희는 애곡할지어다. 여호와의 날이 가까왔으니 전능자에게서 멸망이 임할 것임이로다.

이사야 13장: 바벨론에 대한 말씀

바벨론 나라의 멸망의 날은 '여호와의 날'이라고 표현된다. '여호와의 날'은 하나님의 심판의 날이다. 그것은 하나님께서 작정하신 날이다. 전능하신 하나님께서 바벨론 나라를 멸망시키실 날이 가까웠기 때문에 그 백성들은 이 두려운 사실을 듣고 애곡해야 할 것이다.

[7-8절] 그러므로 모든 손이 피곤하며 각 사람의 마음이 녹을 것이라. 그들이 놀라며 괴로움과 슬픔에 잡혀서 임산한 여자같이 고통하며 서로 보고 놀라며 얼굴은 불꽃같으리로다.

그 날의 전쟁은 참으로 두렵고 참혹할 것이다. 그 날에 사람들의 모든 손은 피곤하고 각 사람의 마음은 녹으며 그들은 다 놀라 괴로움과 슬픔에 잡히며 해산하는 여인같이 고통하며 서로 보고 놀라고 두렵고 당황하여 얼굴이 붉게 상기될 것이다.

[9-10절] 여호와의 날 곧 잔혹히 분냄과 맹렬히 노하는 날이 임하여 땅을 황무케 하며 그 중에서 죄인을 멸하리니 하늘의 별들과 별 떨기[별무리들](바른성경)가 그 빛을 내지 아니하며 해가 돋아도 어두우며 달이 그 빛을 비취지 아니할 것이로다.

그 날은 '여호와의 날' 곧 여호와 하나님께서 잔혹히 분내시며 맹렬히 노하시는 날이다. 그 날은 하나님의 심판하시는 날이며 죄인들을 멸하시기 위해 예비된 날이다. 그 날에는 하늘의 해와 달과 별들도 빛을 잃을 것이다. 자연만물도 하나님의 진노를 드러낼 것이다.

[11절] 내가 세상의 악과 악인의 죄를 벌하며 교만한 자의 오만을 끊으며 강포한 자의 거만을 낮출 것이며.

하나님께서 이 세상에 대해 진노하시고 심판하시는 이유는 하나뿐이다. 그것은 세상의 악 때문에, 즉 이 세상에 사는 사람들의 악행들 때문이다. 하나님께서는 죄인들의 악을 벌하려 하신다. 그는 이 세상의 악을 '교만' '오만' '강포' '거만'이라고 표현하신다. 교만과 강포는 어느 시대에나 인간 사회에서 볼 수 있는 대표적인 죄악들이다.

[12-14절] 내가 사람을 정금보다 희소케 하며 오빌의 순금보다 희귀케

이사야 13장: 바벨론에 대한 말씀

하리로다. 나 만군의 여호와가 분하여 맹렬히 노하는 날에 하늘을 진동시키며 땅을 흔들어 그 자리에서 떠나게 하리니 그들이 쫓긴 노루나 모으는 자 없는 양같이 각기 동족에게로 돌아가며 본향으로 도망할 것이나.

이 세상은 사람을 위해 창조된 세상이지만, 사람들의 범죄로 인해 하나님께서 이 세상을 심판하실 때 땅에 사는 사람들의 수효는 심히 적게 될 것이다. 하나님께서 맹렬히 진노하시는 날에 사람들은 쫓긴 노루같이, 모으는 자 없는 양같이, 놀라서 뿔뿔이 자기 고향으로 도망할 것이다. 바벨론 제국의 거민들이 그러할 것이다.

[15-16절] 만나는 자는 창에 찔리겠고 잡히는 자는 칼에 엎드러지겠고 그들의 어린아이들은 그 목전에 메어침을 입겠고 그 집은 노략을 당하겠고 그 아내는 욕을 당하리라.

어느 전쟁이나 그러하겠지만, 바벨론 나라의 멸망의 전쟁 때에는 수많은 사람들이 창과 칼에 죽을 것이며 어린아이들이 어른들의 눈 앞에서 메어침을 당하겠고 아내들이 욕을 당할 것이다.

[17-18절] 보라, 은을 돌아보지 아니하며 금을 기뻐하지 아니하는 메대 사람을 내가 격동시켜 그들을 치게 하리니 메대 사람이 활로 청년을 쏘아 죽이며 태의 열매를 긍휼히 여기지 아니하며 아이를 가석히[불쌍히] 보지 아니하리라.

하나님께서는 바벨론 나라를 멸망시킬 나라를 말씀하셨다. 그는 그의 진노의 도구로 쓰일 나라가 바로 '메대'라고 말씀하셨다. 하나님께서는 메대 사람들을 격동시켜 바벨론 사람들을 치게 하실 것이다. 메대 사람들의 무자비한 침공으로 바벨론 나라는 멸망할 것이다.

[19-22절] 열국의 영광(체비 צְבִי)[아름다움]이요 갈대아 사람의 자랑하는 노리개(팁에레스 게온 תִּפְאֶרֶת גְּאוֹן)[위엄의 영광](BDB)가 된 바벨론이 하나님께 멸망당한 소돔과 고모라같이 되리니 그 곳에 처할 자가 없겠고 거할 사람이 대대에 없을 것이며 아라비아 사람도 거기 장막을 치지 아니하며 목자들도 그 곳에 그 양떼를 쉬게 하지 아니할 것이요 오직 들짐승들이 거기 엎드리고 부르짖는 짐승이 그 가옥에 충만하며 타조가 거기 깃들이며 들양

이사야 13장: 바벨론에 대한 말씀

이 거기서 뛸 것이요 그 궁성에는 시랑[이리]이 부르짖을 것이요 화려한 전에는 들개가 울 것이라. 그의 때가 가까우며 그의 날이 오래지 아니하리라.

바벨론 나라는 황폐하여질 것이다. 바벨론은 열국의 아름다움을 대표하였고 갈대아 사람들의 위엄의 영광이었다. 그런데 그 거대한 제국이 멸망하여 소돔과 고모라같이 되며 그 곳에 처할 자가 없겠고 거할 사람이 영영히 없을 것이다. 아라비아 사람들도 거기에 장막을 치지 아니하며 목자들도 그 곳에 그 양떼를 쉬게 하지 아니할 것이다. 오직 들짐승들이 거기 엎드리고 그 가옥들에는 부르짖는 짐승들이 가득하며 타조가 거기 깃들이며 들양이 거기서 뛸 것이요 그 궁성에는 이리가 부르짖을 것이요 화려한 집에는 들개가 울 것이다. 바벨론의 멸망의 때가 가깝고 그의 날이 오래지 아니할 것이다.

본장의 교훈을 정리해보자. 첫째로, 하나님께서는 메대 사람을 격동시켜 바벨론 나라를 쳐 멸망시키게 하실 것이다. 메대 사람은 하나님의 진노의 도구가 될 것이다. 하나님의 날 곧 그가 작정하신 심판의 날이 올 것이다. 하나님께서 이 모든 일들을 주관하실 것이다. 그는 온 세상을 다스리는 섭리자이시다. 우리는 그의 주권적 섭리를 알아야 한다.
둘째로, 하나님께서 바벨론 나라에게 진노하시는 것은 그들의 죄가 컸기 때문이다. 그들은 악하고 교만하고 거만하고 강포했다. 그들의 죄는 하나님의 진노를 일으켰다. 죄는 하나님의 진노를 일으킨다. 그러므로 우리는 우리의 어떤 죄를 깨달을 때 즉시, 철저하게 회개해야 한다.
셋째로, 우리의 의는 예수 그리스도밖에 없다. 우리의 행위의 의가 더러운 누더기 옷 같으나 예수 그리스도께서는 우리의 완전한 의가 되시며 우리는 예수 그리스도를 믿음으로 그의 구속(救贖)으로 말미암아 하나님의 은혜로 값없이 의롭다 하심을 얻었다(롬 3:24). 이제 우리는 예수 그리스도의 의 안에 거하며 그의 의만 믿으며 실제로 모든 죄악된 생각과 말과 행위를 버리고 오직 의롭고 선하게만 살아가야 한다.

이사야 14장: 바벨론 왕의 멸망

14장: 바벨론 왕의 멸망

1-23절, 바벨론 왕의 멸망

〔1-2절〕 여호와께서 야곱을 긍휼히 여기시며 이스라엘을 다시 택하여 자기 고토(故土)에 두시리니 나그네된 자가 야곱 족속에게 가입되어 그들과 연합할 것이며 민족들이 그들을 데리고 그들의 본토에 돌아오리니 이스라엘 족속이 여호와의 땅에서 그들을 얻어 노비(奴婢)를 삼겠고 전에 자기를 사로잡던 자를 사로잡고 자기를 압제하던 자를 주관하리라.

이스라엘 백성이 범죄함으로 하나님의 징벌을 받아 온 세계에 뿔뿔이 흩어졌었으나, 하나님께서는 그들을 긍휼히 여기셔서 다시 택하시고 고향으로 돌아오게 하실 것이다. '나그네된 자' 곧 이방인들은 이스라엘의 회복의 때 이스라엘 족속에게 가입하여 그들과 연합할 것이다. 즉 이방인들이 개종하고 구원을 얻을 것이다. 신약교회는 그들을 포함할 것이다. 이스라엘 족속은 회복의 날에 힘과 세력을 얻어 이방인들을 굴복시킬 것이다. 이것은 정치적, 군사적 정복이 아니고, 영적인 정복, 곧 복음 전파로 말미암은 회개와 구원이며, 그것은 신약교회가 복음으로 이방인들을 구원하는 것을 나타낼 것이다. 주 예수께서는 제자들에게 말씀하시기를, "하늘과 땅의 모든 권세를 내게 주셨으니 그러므로 너희는 가서 모든 족속으로 제자를 삼아 아버지와 아들과 성령의 이름으로 세례를 주라"고 하셨다(마 28:18-20).

〔3-5절〕 여호와께서 너를 슬픔과 곤고와 및 너의 수고하는 고역(苦役)에서 놓으시고 안식을 주시는 날에 너는 바벨론 왕에 대하여 이 노래를 지어 이르기를 학대하던 자가 어찌 그리 그쳤으며 강포한 성[12]이 어찌 그리 폐하

---

12) '강포한 성'이라는 원어(마드헤바 מַדְהֵבָה)는 '황금 도시'(KJV), 혹은 '금을 강요하는 자(exactress of gold)'(B. Davidson, Langenscheidt)라는 뜻이든지, 아니면 '사나움, 난폭함'(BDB) 혹은 '폭행'(KB)이라는 뜻을 가진 단어

이사야 14장: 바벨론 왕의 멸망

였는고. 여호와께서 악인의 몽둥이와 패권자의 홀을 꺾으셨도다.

이스라엘 백성이 슬픔과 곤고와 수고의 고역에서 놓이고 안식을 얻는 날이 올 것이다. 파사 왕 고레스 때에 이 일이 부분적으로 성취되어 그들은 고국으로 돌아왔다. 그러나 완전한 성취는 신약교회로 시작되어(마 11:28) 천국에서 완성될 것이다. 그 날에 그들은 바벨론 왕에 대해 노래하기를, 학대하던 자가 그쳤고 금을 강요하던 자 혹은 격노함이 그쳤고 여호와께서 악인의 몽둥이와 패권자의 홀을 꺾으셨다고 할 것이다. 이스라엘 백성과 이방인들을 학대하고 압제하였던 바벨론 왕과 그 제국은 망하고 그 왕권은 폐해질 것이다. 여호와께서는 악인들의 몽둥이와 패권자의 홀을 꺾으실 것이다.

〔6-8절〕 그들이 분내어 여러 민족을 치되 치기를 마지 아니하였고 노하여 열방을 억압하여도 그 억압을 막을 자 없었더니 이제는 온 땅이 평안하고 정온[조용]하니 무리가 소리질러 노래하는도다. 향나무와 레바논 백향목도 너로 인하여 기뻐하여 이르기를 네가 넘어뜨리웠은즉 올라와서 우리를 작벌할 자 없다 하는도다.

이사야는 바벨론의 발자취를 증거한다. 바벨론은 강대한 세계적 제국이고 그것을 제압할 세력은 어느 곳에도 없었다. 그러나 하나님께서 그 나라를 무너뜨리시므로 온 땅이 평안하고 조용하며 무리가 소리질러 노래할 것이다. 향나무와 레바논 백향목도 그를 인해 기뻐할 것이다. 이 나무들은 이스라엘을 상징하는 것 같다.

〔9-11절〕 아래의 음부(陰府)[지옥](KJV)가 너로 인하여 소동하여 너의 옴을 영접하되 그것이 세상에서의 모든 영웅을 너로 인하여 동하게[움직이게] 하며 열방의 모든 왕으로 그 보좌에서 일어서게 하므로 그들은 다 네게 말하여 이르기를 너도 우리같이 연약하게 되었느냐? 너도 우리같이 되었느냐 하리로다. 네 영화가 음부에 떨어졌음이여, 너의 비파 소리까지로다. 구더기가 네 아래 깔림이여, 지렁이가 너를 덮었도다.

___

(마르헤바 מַרְהֵבָה)를 잘못 쓴 것(誤記)일 것이라고 한다(BDB, DSS, LXX, Syr). 근래의 영어성경들(NASB, NIV)은 '격노함'(fury)이라고 번역하였다.

이사야 14장: 바벨론 왕의 멸망

바벨론 왕이 멸망할 때 지옥은 비유적으로 표현해 소동할 것이다. 영화롭고 강대한 나라, 비파 소리가 울려 퍼졌던 희락의 나라 바벨론이 멸망하다니, 지옥에 먼저 가 있던 열왕들이 다 놀라며 "너도 우리 같이 연약하게 되었느냐?"고 말할 것이다. 그 영화를 누렸던 바벨론 왕은 죽어 구더기와 지렁이가 있는 누추한 곳으로 던지울 것이다.

[12-14절] 너 아침의 아들 계명성(morning star, 샛별, 금성)이여, 어찌 그리 하늘에서 떨어졌으며 너 열국을 엎은 자여, 어찌 그리 땅에 찍혔는고. 네가 네 마음에 이르기를 내가 하늘에 올라 하나님의 뭇별 위에 나의 보좌를 높이리라. 내가 북극 집회의 산 위에 좌정하리라. 가장 높은 구름에 올라 지극히 높은 자와 비기리라 하도다.

바벨론 제국이 세계적 위세를 드러내었을 때, 바벨론 왕은 교만하여 자신을 지극히 높은 자 하나님과 감히 견주려 하였다.

[15-17절] 그러나 이제 네가 음부 곧 구덩이의 맨 밑에 빠치우리로다[빠뜨리우리로다]. 너를 보는 자가 주목하여 너를 자세히 살펴보며 말하기를 이 사람이 땅을 진동시키며 열국을 경동(驚動)시키며[놀라게 하며] 세계를 황무케 하며 성읍을 파괴하며 사로잡힌 자를 그 집으로 놓아 보내지 않던 자가 아니뇨 하리로다.

선지자는 바벨론 왕의 멸망을 말한다. 그는 이제 음부 곧 지옥의 맨 밑에 빠뜨리울 것이다. 사람은 각각 자기의 행위대로 보응을 받을 것이다. 상급에 차등이 있듯이, 형벌에도 차등이 있을 것이다. 큰 죄를 범한 자는 큰 벌을 받을 것이다. 그것이 하나님의 공의이다. 한 때 온 세계를 두렵게 하고 놀라게 하며 파괴하며 정복하였던 바벨론 왕은 이제 지옥의 맨 밑에 던지워 극심한 고통과 형벌을 당할 것이다.

[18-20절] 열방의 왕들은 모두 각각 자기 집에서 영광 중에 자건마는 오직 너는 자기 무덤에서 내어 쫓겼으니 가증한 나무가지 같고 칼에 찔려 돌구덩이에 빠진 주검에 둘려 싸였으니 밟은 시체와 같도다. 네가 자기 땅을 망케 하였고 자기 백성을 죽였으므로 그들과 일반으로 안장함을 얻지 못하나니 악을 행하는 자의 후손은 영영히 이름이 나지 못하리로다 할지니라.

이사야 14장: 바벨론 왕의 멸망

바벨론 왕은 죽은 후에 무덤에 정상적으로 안장(安葬)되지도 못할 것이다. 악한 사람들의 생애의 마지막은 항상 비참할 것이다.

[21-23절] 너희는 그들의 열조의 죄악을 인하여 그 자손 도륙하기(마트베아크 מַטְבֵּחַ)[살육할 장소](BDB)를 예비하여 그들로 일어나 땅을 취하여 세상에 성읍을 충만케 하지 못하게 하라. 만군의 여호와께서 말씀하시되 내가 일어나 그들을 쳐서 그 이름과 남은 자와 아들과 후손을 바벨론에서 끊으리라. 나 여호와의 말이니라. 내가 또 그것으로 고슴도치의 굴혈과 물웅덩이가 되게 하고 또 멸망의 비로 소제하리라. 나 만군의 여호와의 말이니라.

바벨론은 그 선조들의 죄악 때문에 그 자손들이 살육을 당할 것이다. 그들은 다시 온 세상에 성읍을 충만하게 건립하지 못할 것이다. 바벨론은 멸망할 것이며 그 땅은 황폐할 것이다. 그 땅은 '고슴도치의 굴'이 될 것이다. 하나님께서는 멸망의 비로 소제할 것이다. 이 모든 일을 "내가" "내가" 즉 '만군의 여호와께서' 친히 하실 것이다.

본문의 교훈을 정리해보자. 첫째로, 바벨론 왕의 멸망은 하나님께서 하시는 일이다. 하나님께서는 일어나 바벨론 왕들과 그 자손들을 바벨론에서 끊으실 것이다. 하나님께서는 온 세상을 홀로 작정하셨고 홀로 섭리하신다. 하나님께서는 우리 개인의 생사화복(生死禍福)과 나라의 흥망성쇠(興亡盛衰)와 온 세계의 역사를 홀로 주관하시고 섭리하신다.

둘째로, 바벨론 왕은 교만과 강포 때문에 멸망할 것이다. 그는 교만하여 자신을 하나님과 견주려 했고 또다른 사람들을 압제하였다. 그러나 그의 영광과 희락은 다 없어질 것이다. 그는 지옥 맨 밑에 떨어질 것이다. 우리는 세상을 사랑치 말고 교만치 말고 강포치 말아야 한다.

셋째로, 하나님께서는 이스라엘 백성을 긍휼히 여기시고 다시 택하여 고향으로 돌아오게 하실 것이며 그들에게 안식을 주실 것이다. 바벨론 왕의 멸망은 이스라엘 백성에게 안식이 될 것이다. 우리는 하나님의 은혜로 죄사함과 의롭다 하심의 구원을 얻었다. 우리는 우리를 구원하신 하나님의 은혜 안에 항상 거하며 감사하고 바르게만 살아야 한다.

이사야 14장: 바벨론 왕의 멸망

24-32절, 앗수르와 블레셋의 멸망

[24절] 만군의 여호와께서 맹세하여 가라사대 나의 생각한 것이 반드시 되며 나의 경영한 것이 반드시 이루리라.

'만군의 여호와'라는 명칭은 하늘의 천군 천사들을 거느리시고 그들을 자유로이 동원하시는 하나님 곧 모든 일들을 힘있게 행하시고 이루시는 하나님을 나타낸다. 만군의 여호와께서 맹세하신다는 말씀은 하나님께서 선포하신 진리가 확실함을 증거한다. 하나님의 말씀은 다 진리이지만, 그가 맹세하시며 선포하시는 말씀은 더욱 확실한 진리이다. '나의 생각한 것'과 '나의 경영한 것'이라는 말은 하나님의 작정과 계획을 가리킨다. 하나님께서는 만세 전에 작정하신 바를 다 반드시 이루신다. 인류 역사는 하나님의 작정의 성취 과정이다. 그러므로 시편 135:6은, "여호와께서 무릇 기뻐하시는 일을 천지와 바다와 모든 깊은 데서 다 행하셨도다"라고 말하였다.

[25-27절] 내가 앗수르 사람을 나의 땅에서 파하며 나의 산에서 발 아래 밟으리니 그때에 그의 멍에가 이스라엘에게서 떠나고 그의 짐이 그들의 어깨에서 벗어질 것이라. 이것이 온 세계를 향하여 정한 경영이며 이것이 열방을 향하여 편 손이라 하셨나니 만군의 여호와께서 경영하셨은즉 누가 능히 그것을 폐하며 그 손을 펴셨은즉 누가 능히 그것을 돌이키랴.

하나님께서는 앗수르 나라의 멸망을 작정하셨다. '나의 땅' '나의 산'은 이스라엘 땅을 가리킨다. 앗수르 나라는 세계의 많은 나라들을 정복하고 지배했고 북쪽 이스라엘도 정복했었다. 그러나 하나님께서는 앗수르 사람들을 이스라엘 땅에서 파하시며 이스라엘 산에서 발 아래 밟으실 것이다. 그때에 앗수르의 멍에가 이스라엘 백성에게서 떠나갈 것이며 앗수르의 짐이 그들의 어깨에서 벗어질 것이다. 앗수르의 멸망의 날은 이스라엘에게 자유와 해방의 날이 될 것이다.

앗수르 나라가 당시 세계를 지배한 대제국이었으므로, 앗수르를

이사야 14장: 바벨론 왕의 멸망

향하신 하나님의 작정은 곧 온 세계를 향하신 하나님의 작정이었다. 실상, 세계 역사는 하나님의 작정과 섭리의 역사이다. 열국들의 흥망성쇠는 다 하나님의 작정과 섭리 안에 있다. 하나님의 작정과 섭리는 주권적 작정과 섭리이며 그것을 대항하거나 좌절시킬 자는 아무도 없다. 아무도 만군의 여호와께서 하시는 일들을 폐할 수 없다.

[28-29절] 아하스 왕의 죽던 해에 받은 경고(맛사 מַשָּׂא)[말씀]라. 블레셋 온 땅이여, 너를 치던 막대기가 부러졌다고 기뻐하지 말라. 뱀의 뿌리에서는 독사가 나겠고 그 열매는 나는 불뱀이 되리라.

이사야는 또한 블레셋의 멸망도 예언하였다. '너를 치던 막대기'는 블레셋을 치던 남쪽 유다 나라의 세력을 가리켰다고 보인다. 역대하 26장에 보면, 유다의 웃시야 왕은, 블레셋 사람과 싸우고 가드 성과 야브네 성과 아스돗 성을 헐고 아스돗 땅과 블레셋 사람 가운데 성읍들을 건축하였고 또 하나님께서 도우셔서 블레셋 사람과 구르바알에 거한 아라비아 사람과 마온 사람을 쳤었다(대하 26:6-7).

"너를 치던 막대기가 부러졌다"는 말은 블레셋을 지배했던 유다의 왕권이 쇠약해졌음을 보인다. 그러나 하나님께서는 블레셋 사람들에게 그 일 때문에 기뻐하지 말라고 말씀하신다. 그는 그 이유로서 "뱀의 뿌리에서는 독사가 나겠고 그 열매는 나는 불뱀이 되리라"고 말씀하신다. '독사'와 '불뱀'은 쇠약해진 유다 왕국에서 일어날 강한 왕을 가리킨다고 보인다. 그는 궁극적으로 장차 오실 메시아를 가리킨 것이라고 보이나, 역사상 히스기야 왕에게서도 어느 정도 성취되었다고 본다. 열왕기하 18:8에 보면, 히스기야 왕은 블레셋 사람을 쳐서 가사와 그 사방에 이르고 망대에서부터 견고한 성까지 이르렀다.

[30절] 가난한 자의 장자는 먹겠고 빈핍한 자는 평안히 누우려니와 내가 너의 뿌리를 기근으로 죽일 것이요 너의 남은 자는 살륙을 당하리라.

'가난한 자,' '빈핍한 자'는 유다 나라를 가리켰다고 본다. 선지자는 유다 백성이 지금은 가난하고 궁핍할지라도, 그들이 배부르게 먹고

이사야 14장: 바벨론 왕의 멸망

평안히 눕는 때가 올 것이라고 예언한다. 그때 하나님께서는 블레셋의 뿌리가 될 자들을 기근으로 죽이실 것이며 그들의 남은 자들이 칼로 살육을 당하게 하실 것이다.

[31절] 성문이여, 슬피 울지어다. 성읍이여, 부르짖을지어다. 너 블레셋이여, 다 소멸되게 되었도다. 대저 연기가 북방에서 오는데 그 항오를 떨어져 행하는 자[대열에서 떨어지는) 낙오자가] 없느니라.

선지자 이사야는 블레셋 사람들이 다 소멸되게 되었다고 말한다. 블레셋 나라는 북방으로부터 오는 군대에 의해 소멸될 것이다. '북방에서 오는 연기' 곧 '북방으로부터 오는 군대'는 바벨론 군대를 가리키는 것 같다. 그 군대에는 낙오자가 없을 것이다. 바벨론 군대는 그곳으로 보내져서 블레셋을 징벌하고 멸망시킬 것이다.

[32절] 그 나라 사신들에게 어떻게 대답하겠느냐? 여호와께서 시온을 세우셨으니 그의 백성의 곤고한 자들이 그 안에서 피난하리라 할 것이니라.

이사야는 북방의 군대의 침입으로 블레셋 나라가 멸망할 것이지만, 그 사건이 시온의 재건(再建) 곧 유다 나라를 재건하는 일이 될 것이라고 말한다. 그는, 이방 나라 사신들에게 "여호와께서 시온을 세우셨으니 그의 백성의 곤고한 자들이 그 안에서 피난하리라"고 대답하라고 전한다. 유다 나라도 바벨론 군대에 의해 멸망을 당할 것이지만 장차 하나님의 뜻 가운데 회복될 것이며, 지금 곤고한 이스라엘 백성은 장차 하나님께서 시온 성을 재건하실 때 그 시온 성 안으로 피난하게 될 것이다. 하나님께서는 후에 바벨론 나라도 멸망시키실 것이며 바벨론 왕이 멸망할 때 이스라엘의 회복의 예언은 성취될 것이다.

본문의 교훈을 정리해보자. 첫째로, 앗수르와 블레셋의 멸망은 하나님의 손 안에 있다. 24절, "만군의 여호와께서 맹세하여 가라사대 나의 생각한 것이 반드시 되며 나의 경영한 것이 반드시 이루리라." 27절, "만군의 여호와께서 경영하셨은즉 누가 능히 그것을 폐하며 그 손을 펴

이사야 14장: 바벨론 왕의 멸망

셨은즉 누가 능히 그것을 돌이키랴." 하나님께서는 만세 전에 세상의 모든 일을 그의 뜻 가운데 다 작정하셨고 그것들을 다 이루실 것이다. 세계 역사는 하나님의 주권적인 작정과 섭리의 손 안에 있다. 그것은 하나님의 작정이 이루어지는 과정이다. 시편 115:3은, "우리 하나님은 하늘에 계셔서 원하시는 모든 것을 행하셨나이다"라고 말하였고, 시편 135:6은, "여호와께서 무릇 기뻐하시는 일을 천지와 바다와 모든 깊은 데서 다 행하셨도다"라고 말하였다. 다니엘 4:35는, "땅의 모든 거민을 없는 것같이 여기시며 하늘의 군사에게든지 땅의 거민에게든지 그는 자기 뜻대로 행하시나니 누가 그의 손을 금하든지 혹시 이르기를 네가 무엇을 하느냐 할 자가 없도다"라고 말했다. 우리는 개인의 생사화복과 국가의 흥망성쇠와 세계의 역사를 홀로 주관하시고 섭리하시는 하나님을 굳게 믿고 의지하며 오직 그의 모든 계명에 순종해야 한다.

둘째로, 앗수르와 블레셋의 멸망은 시온의 재건을 위한 것이었다. 32절, "여호와께서 시온을 세우셨으니 그의 백성의 곤고한 자들이 그 안에서 피난하리라 할 것이니라." 하나님의 작정과 섭리의 목표는 교회이다. 하나님께서는 마침내 시온을 다시 세우시고 곤고한 이스라엘 백성이 그리로 피난하게 하실 것이다. 하나님의 관심은 만세 전에 택하신 자기 백성, 즉 예수 그리스도께 주셔서 그가 그들을 위해 대속 사역을 이루게 하신 자들, 즉 교회에 있다. 하나님께서는 만세 전에 우리를 자기 백성으로 택하셨고 예수 그리스도를 통해 역사적으로, 객관적으로 우리를 구속(救贖)하셨고 때가 되어 성령을 통해 중생(重生)시켜 교회로 이끄시고 교회를 세우신다. 하나님께서는 우리를 구원하신 후에도 우리를 의(義)로 훈련시키신다. 성경은 성도들을 의로 교육하기에 유익한 책이다. 성도의 지상 생활은 하나님의 섭리의 과정이며, 그것은 고난과 훈련과 징계를 통해 성화를 이루게 하시는 과정이다. "하나님을 사랑하는 자 곧 그 뜻대로 부르심을 입은 자들에게는 모든 것이 합력하여 선을 이룬다"(롬 8:28). 그 '선'은 무엇보다 우리의 성화를 가리킨다.

이사야 15장: 모압에 대한 말씀

15장: 모압에 대한 말씀

〔1절〕 모압에 관한 경고(맛사 מַשָּׂא)[말씀]라. 하루 밤에 모압 알이 망하여 황폐할 것이며 하루 밤에 모압 길이 망하여 황폐할 것이라.

모압은 유대 땅 동남부 사해 동쪽 지역이었다. 모압은 롯의 큰 딸이 나은 모압이라는 아들의 자손들이다. 하나님께서는 모압 족속에 대해서 자세한 관심을 가지셨고, 모압의 패망을 예언하셨다. 모압의 패망은 하룻밤에 찾아올 것이다. '알'은 모압 중부의 성이며, '길'은 길하레셋이라는 성으로 모압 남부의 중심도시이며, 북부의 디본과 함께 모압의 쌍둥이 수도이었다. 모압 알이 하룻밤에 망하여 황폐해지고 모압의 수도 길까지도 하룻밤에 망하여 황폐해질 것이다.

〔2-5절〕 그들은 바잇[신전](NASB)과 디본 산당에 올라가서 울며 모압은 느보와 메드바를 위하여 통곡하도다. 그들이 각각 머리털을 없이하였고 수염을 깎았으며 거리에서는 굵은 베로 몸을 동였으며 지붕과 넓은 곳에서는 각기 애통하여 심히 울며 헤스본과 엘르알레는 부르짖으며 그 소리는 야하스까지 들리니 그러므로 모압의 전사가 크게 부르짖으며 그 혼이 속에서 떨도다. 내 마음이 모압을 위하여 부르짖는도다. 그 귀인들(베리케하 בְּרִיחֶהָ) [그 피난민들](BDB, KJV, NASB)은 소알과 에글랏 슬리시야로 도망하여 울며 루힛 비탈길로 올라가며 호로나임 길에서 패망을 부르짖으니.

모압이 멸망할 때 그 거민들은 그들의 신전과 산당들에 올라가서 그들의 멸망을 인해 통곡할 것이다. 사람들은 머리털과 수염을 깎고 거리에서는 굵은 베로 몸을 동이고 지붕들과 넓은 곳들에서 애통하며 심히 울 것이다. 헤스본과 엘르알레는 북방 국경의 성이며 야하스는 중부의 동쪽 끝의 성이었다. 북방의 국경지역에서 부르짖는 소리가 중부의 동쪽 국경까지 들릴 것이다. 그 멸망의 날에 용감한 군인들도 크게 부르짖을 것이며 그들의 혼이 떨리는 큰 두려움이 닥칠 것이다. 선지자 이사야는 멸망하는 모압을 생각하며 놀람과 고통 속에

이사야 15장: 모압에 대한 말씀

또한 아마 긍휼의 심령으로 부르짖는다. 소알은 모압의 서남쪽 끝, 즉 사해의 남단에 있는 성이었다. '에글랏 슬리시야'(עֶגְלַת שְׁלִשִׁיָּה)는 도시 이름이든지 혹은 '3년된 어린 암소'(KJV)라는 말로 '3년된 어린 암소같이 급하게'라는 뜻 같다. 그렇다면 그 표현은 모압이 멸망할 때 급한 피난 행렬이 있을 것을 묘사하는 것이라고 보인다.

[6-9절] 니므림 물이 마르고 풀이 시들었으며 연한 풀이 말라 청청한 것 [푸른 것]이 없음이로다. 그러므로 그들이 얻은 재물과 쌓았던 것을 가지고 버드나무 시내를 건너리니 이는 곡성(哭聲)이 모압 사방(게불 גְּבוּל)[국경]에 둘렸고 슬피 부르짖음이 에글라임에 이르며 부르짖음이 브엘엘림에 미치며 디몬 물에는 피가 가득함이로다. 그럴지라도[13] 내가 디몬에 재앙을 더 내리되 모압에 도피한 자와 그 땅의 남은 자에게 사자를 보내리라.

그 피난하는 때에는 푸른 채소 같은 먹을 양식이 없고 마실 물이 없을 것이다. 피난민들은 자기 소유물들을 챙겨 짊어지고 버드나무 시내를 건널 것이다. 곡성(哭聲)이 모압의 사방 국경 지역까지 가득할 것이다. 살육이 가득함으로 디몬 물에 피가 가득할 것이다. 하나님께서는 "내가 디몬에 재앙을 더 내리되 모압에 도피한 자와 그 땅의 남은 자에게 사자를 보내리라"고 말씀하신다. 모압의 멸망은 하나님께서 내리실 심판이다. 하나님의 심판은 철저하실 것이다. 하나님께서는 남은 자들에게와 도피한 자들에게도 사자들을 보내셔서 그들로 죽게 하실 것이다. 오늘날까지도 모압 지역은 황폐해 있다고 한다.

본장의 교훈을 정리해보자. 첫째로, 하나님께서는 모압에 대해 깊은 관심을 가지고 계시며 본장에서 적어도 모압의 16개 지명들을 열거하셨다. 그는 이스라엘 나라뿐 아니고 이방 나라에 대해서도 많은 관심을 가지고 계셨다. 하나님께서는 세상의 모든 나라들에 대해 많은 관심을

---

13) 키 כִּי ('왜냐하면')(KJV)라는 말이 여기에서는 문맥상 '참으로'(surely) (NASB) 혹은 '그러나'(but)(NIV) 등으로 번역된다.

이사야 15장: 모압에 대한 말씀

가지고 계신다. 그는 세상의 모든 나라들을 살피시고 섭리하신다. 그러므로 하나님께서는 신약교회에 세계복음화의 명령을 주신 것이다. 우리는 하나님께서 이 세상의 모든 나라를 살피시고 섭리하신다는 사실을 잊지 말고 기억해야 한다. 마태복음 28:19, "너희는 가서 모든 족속으로 제자를 삼아 아버지와 아들과 성령의 이름으로 세례를 주라." 마가복음 16:15, "너희는 온 천하에 다니며 만민에게 복음을 전파하라." 사도행전 1:8, "성령이 너희에게 임하시면 너희가 권능을 받고 예루살렘과 온 유대와 사마리아와 땅끝까지 이르러 내 증인이 되리라." 그는 오늘날도 세계 역사를 주관하시고 우리나라의 현재와 미래를 주관하신다.

둘째로, 본장은 하룻밤에 모압의 성들인 '알'과 '길'이 망할 것을 예언한다. 하룻밤에 모압 성들에 멸망이 올 것이다. 이와 같이 오늘날 예수 그리스도의 재림과 하나님의 마지막 세상 심판의 날이 가까이 오고 있다. 그러므로 주께서는 우리 모두에게 깨어 예비하고 있으라고 말씀하셨다. 마태복음 24:42-43, "그러므로 깨어 있으라. 어느 날에 너희 주가 임하는지 너희가 알지 못함이니라." 깨어 있는 생활이란 그리스도인의 정상적 신앙생활을 가리킨다. 내일이라는 시간은 우리의 것이 아니다. 그것은 오직 하나님의 손 안에 있다. 그러므로 우리는 안일함과 해이함과 나태함을 버리고 오늘이라고 부르는 날에 날마다 항상 깨어 진지한 마음을 가지고 믿음과 소망과 사랑의 정상적 신앙생활을 힘써야 한다.

셋째로, 하나님께서는 친히 모압을 심판하시되 철저히 심판하실 것이다. 사람들의 죄는 국가적 멸망을 가져올 것이다. 그것은 심한 통곡과 두려움, 급한 피난 행렬, 먹을 양식과 마실 물의 궁핍, 살육의 가득함 등을 포함하는 무서운 멸망이 될 것이다. 하나님께서는 만복의 근원이시지만, 또한 악인들을 공의로 엄하게 벌하시는 자이다. 3차 세계대전은 생물학 무기, 화학 무기, 핵무기의 참혹한 전쟁이 될 것이다. 그러므로 우리는 불경건과 미움과 음란과 거짓과 탐욕 등의 모든 죄악을 버리고 오직 예수님만 믿고 그의 교훈대로 바르고 선하게만 살아야 한다.

이사야 16장: 모압의 멸망

16장: 모압의 멸망

〔1-2절〕 너희는 이 땅 치리자에게 어린양들을 드리되 셀라에서부터 광야를 지나 딸 시온산으로 보낼지니라. 모압의 여자들은 아르논 나루에서 떠다니는 새 같고 보금자리에서 흩어진 새 새끼 같을 것이라.

본장은 모압의 멸망을 예언한다. '이 땅 치리자'는 유다 왕을 가리킨다고 보인다. '셀라'는 모압 남쪽 에돔의 보스라 부근 도시를 가리키든지, 아니면 모압 땅의 한 지역을 가리켰을 것이다. 선지자는 모압이 유다 왕에게 조공을 드리며(왕하 3:4 때처럼) 그를 섬기라고 말한다. 그것은 유다 왕에게 복종하라는 말이며 이 말은 유다 왕이 섬기는 하나님께 복종하라는 뜻도 포함한다. 아르논은 모압 북부 국경으로서 동서로 가로질러 사해로 흐르는 강이다. 모압이 멸망할 때 모압의 여자들은 보금자리를 떠난 새들처럼 방황할 것이다.

〔3-4절〕 너는 모략을 베풀며 공의로 판결하며 오정 때에 밤같이 그늘을 짓고 쫓겨난 자를 숨기며 도망한 자를 발각시키지 말며 나의 쫓겨난 자들로 너와 함께 있게 하되 너 모압은 멸절하는 자 앞에서 그 피할 곳이 되라. 대저 토색하는 자가 망하였고 멸절하는 자가 그쳤고 압제하는 자가 이 땅에서 멸절하였으며.

본문은, 모압이 시온의 통치자에게 말하는 내용으로 해석되기도 하지만(Amplified Bible, NASB, NIV), 선지자가 모압에게 계속 말하는 내용으로 보인다(한글개역, KJV, Poole, 박윤선). 그렇다면, 선지자는 모압에게, 모략을 베풀며 공의로 판단하여 유다 피난민들을 위하여 대낮에 밤같이 그늘을 짓고 그 쫓겨난 자들을 숨기며 도망한 자들을 발각시키지 말며 그들로 그와 함께 있게 하고 멸절하는 자 앞에서 그들의 피할 곳이 되라고 말하는 것이라고 본다. 선지자가 그런 말을 하는 까닭은, 이스라엘 백성을 토색하는 자가 망하고 멸절하는 자가 그치고 압제하는 자가 이 땅에서 멸절할 것이기 때문이다. '토색하는

이사야 16장: 모압의 멸망

자' '멸절하는 자' '압제하는 자'는 이스라엘을 괴롭혔던 앗수르 사람들을 가리킬 것이다. '망하였고' '그쳤고' '멸절하였으며'라고 과거형으로 표현된 것은 확실한 미래 사건을 나타내는 표현법이라고 본다.

[5절] 다윗의 장막에 왕위는 인자함으로 굳게 설 것이요 그 위(位)에 앉을 자는 충실함으로 판결하며 공평을 구하며 의를 신속히 행하리라.

본문은 다윗 왕국의 회복을 예언한다고 보인다. 그 왕국은 인자함과, 충실함 혹은 진실함과, 공평과 의로 굳게 설 것이다. 세상 나라는 망해도 하나님의 나라는 마침내 굳게 설 것이다. 다윗 왕국의 회복은 예수 그리스도의 십자가 대속 사역으로 말미암아 신약교회 안에서 시작되었고 장차 예수 그리스도의 재림으로 이루어질 영광의 천국, 즉 의와 평안의 새 세계에서 완전한 모습으로 이루어질 것이다.

[6절] 우리가 모압의 교만을 들었나니 심히 교만하도다. 그의 거만하며 교만하며 분노함도 들었거니와 그 과장이 헛되도다.

모압의 문제는 교만이었다. 모압 사람들은 심히 교만하고 거만하며 자신을 헛되이, 과장되이 자랑하였다. '그 과장이 헛되다'는 원어(로 켄 밧다우 לֹא כֵן בַּדָּיו)는 '그의 헛된 말들이 옳지 않다'는 뜻이다. 모압의 자랑하는 말들은 다 헛되고 옳지 않았다. 교만은 하나님 대신 자기 자신을 높이는 태도이다. 교만한 자는 하나님을 의지하지 않고 그의 계명에 순종치 않는다. 교만은 결국 멸망에 이른다.

[7-8절] 그러므로 모압이 모압을 위하여 통곡하되 다 통곡하며 길하레셋 건포도 떡을 위하여 그들이 슬퍼하며 심히 근심하리니 이는 헤스본의 밭과 십마의 포도나무가 말랐음이라. 전에는 그 가지가 야셀에 미쳐 광야에 이르고 그 싹이 자라서 바다를 건넜더니 이제 열국 주권자들이 그 좋은 가지를 꺾었도다.

모압은 다른 나라들의 침입으로 인한 성읍들의 파괴와 밭의 곡물들과 열매들의 없음을 인하여 슬퍼하며 통곡할 것이다. 길하레셋은 모압의 수도이다. '건포도 떡'이라는 원어(아쉬쉐 אֲשִׁישֵׁי)는 '건포도

떡'(BDB, KB, NASB)이라는 뜻이든지, 아니면 '기초들'(KJV), '파괴로 드러난 기초들'(Gesenius)이라는 뜻이라고 한다.

〔9-10절〕 그러므로 내가 야셀의 울음처럼 십마의 포도나무를 위하여 울리라. 헤스본이여, 엘르알레여, 나의 눈물로 너를 적시리니 너의 여름실과, 너의 농작물에 떠드는 소리가 일어남이니라(나팔 גדד)[소멸됨이니라, 그쳤음이니라(KJV, NASB, NIV]. 즐거움과 기쁨이 기름진 밭에서 떠났고 포도원에는 노래와 즐거운 소리가 없어지겠고 틀에는 포도를 밟을 사람이 없으리니 이는 내가 그 소리를 그치게 하였음이라.

선지자 이사야는 모압의 멸망을 동정하며 눈물을 흘린다. 모압은 이전에 풍성한 포도와 그 외의 여름실과의 수확으로 인해 즐거워하며 기뻐하던 그 즐거움과 기쁨을 잃어버릴 것이다. 즐거움과 기쁨이 기름진 밭에서 떠났고 포도원에는 노래와 즐거운 소리가 없어지겠고 포도즙 틀에는 포도를 밟을 사람이 없을 것이다. 그것은 하나님께서 그 떠드는 소리를 그치게 하셨기 때문이다. 이것은 하나님의 심판과 징벌이다. 세상의 모든 일들은 하나님의 섭리 안에 있다. 하나님께서는 사람에게 기쁨을 주기도 하시고 그것을 빼앗기도 하신다.

〔11-12절〕 이러므로 나의 마음이 모압을 위하여 수금같이 소리를 발하며 나의 창자가 길하레셋을 위하여 그러하도다. 모압 사람이 그 산당에서 피곤하도록 봉사하며 자기 성소에 나아가서 기도할지라도 무효하리로다.

선지자 이사야는 모압을 인하여 마음 깊은 곳에서부터 슬퍼한다. 모압 사람들은 그 산당에서 피곤하도록 그들의 신 그모스를 섬겼고 기도하였지만, 그들의 모든 종교적 행위와 기도가 헛되었다. 종교라고 다 똑같은 것이 아니며, 신이라고 다 괜찮은 것이 아니며, 경건하다고 다 선한 것이 아니다. 바른 경건이어야 하고 모든 사람은 참 신을 섬겨야 하고 참 종교를 가져야 한다. 하나님의 감동으로 기록된 성경은 참 하나님과 바른 경건을 가르쳐준다. 모든 사람은 이 세상의 창조자시요 섭리자이신 하나님을 믿고 섬겨야 하며 그가 사람들의

이사야 16장: 모압의 멸망

생활 규칙으로 주신 도덕법 즉 십계명을 행해야 한다.

[13-14절] 이는 여호와께서 전에 모압을 들어 하신 말씀이어니와 이제 여호와께서 말씀하여 가라사대 품군의 정한 해와 같이 3년 내에 모압의 영화와 그 큰 무리가 능욕을 당할지라. 그 남은 수가 심히 적어 소용이 없이 되리라 하시도다.

'소용이 없이 된다'는 원어(로 캅비르 לֹא כָבִיר)는 '힘이 있지 않다' 혹은 '수가 많지 않다'는 뜻이다(BDB). 모압의 멸망은 일찍 예언된 바이었지만, 이제 3년 내에 모압의 영화와 그 큰 무리가 능욕을 당할 것이며 그 남은 수는 심히 적고 그 국가는 미약하게 될 것이다.

본장의 교훈을 정리해보자. 첫째로, 모압 사람들은 헛된 우상숭배를 하며 심히 교만하게 살다가 멸망할 것이다. 사람이 교만하면 멸망한다. 잠언 16:18, "교만은 패망의 선봉이요 거만한 마음은 넘어짐의 앞잡이니라." 잠언 18:12, "사람의 마음의 교만은 멸망의 선봉이요 겸손은 존귀의 앞잡이니라." 교만한 자는 하나님을 무시하고 불경건해지고 하나님의 계명을 거역하여 우상숭배와 부도덕에 떨어진다. 또 그 결과는 하나님의 심판이며 멸망이다. 그러므로 우리는 교만하지 말아야 한다.

둘째로, 우리는 오직 하나님 중심으로만 살아야 하고 겸손해야 한다. 창조자와 섭리자 하나님을 알고 그를 경외하는 것은 모든 경건생활의 시작이다. 우리는 창조자와 섭리자 하나님께 대한 바른 지식과 믿음을 가져야 한다. 하나님에 대한 모든 지식은 성경에 분명하게 계시되어 있다. 그러므로 우리는 성경에 근거한 바른 지식과 믿음을 가져야 한다.

셋째로, 우리는 하나님께서 명령하시고 교훈하신 대로 절대복종하며 살아야 한다. 우리는 이 세상의 것들에 대해서는 '절대'라는 말을 쓰지 않지만 하나님의 명령과 교훈에 대해서는 쓴다. 하나님의 요구하시는 바는 우리가 그를 경외하여 그 모든 말씀을 행하고 마음을 다하고 성품을 다하여 그를 사랑하고 그를 섬기는 것이며(신 10:12-13) 그의 명하시고 교훈하신 대로 의롭고 선하고 겸손하고 진실하게 사는 것이다.

이사야 17장: 다메섹에 대한 말씀

17장: 다메섹에 대한 말씀

〔1-3절〕 다메섹에 관한 경고(맛사 משׂא)[말씀]라. 보라, 다메섹이 장차 성읍 모양을 이루지 못하고 무너진 무더기가 될 것이라. 아로엘의 성읍들이 버림을 당하리니 양 무리를 치는 곳이 되어 양이 눕되 놀라게 할 자가 없을 것이며 에브라임의 요새와 다메섹 나라와 아람의 남은 백성이 멸절하여 이스라엘 자손의 영광같이 되리라. 만군의 여호와의 말씀이니라.

다메섹은 아람 나라의 수도이다. 다메섹에 대한 말씀은 아람 나라에 대한 말씀이다. 그 내용은 아람과 이스라엘이 멸망할 것이라는 것이다. 앗수르 왕 디글랏 빌레셀은 유다 왕 아하스의 요청을 받아들여 아람 나라를 멸망시켰다(왕하 16:9). 옛날 기록물에 의하면, 앗수르 왕 디글랏 빌레셀은 "내가 목베어 죽인 자들의 수효는 다 셀 수 없고 르신의 아버지 벤하닷의 왕국의 500개 성읍들을 훼파하여 무더기를 만들었다"고 말했다(박윤선, 173쪽). 그 후, 이스라엘도 멸망했다.

아로엘은 요단강 동남편 모압 국경 가까이의 이스라엘 성읍인데, 아로엘의 성읍들은 그 주위의 성읍들을 가리키는 것 같다. 그 성읍들은 황폐하여 사람들 대신에 양들이 평온하게 눕는 곳이 될 것이다. 북쪽 이스라엘과 아람 나라가 동맹관계에 있었기 때문에, 다메섹에 관한 예언의 말씀에서 이스라엘 나라의 성읍들이 함께 언급되었다. 아람 나라도 이스라엘 나라도 멸망할 것이다. '이스라엘 자손의 영광'은 '소멸하는 이스라엘 자손의 영광'이라는 뜻이라고 본다.

〔4-6절〕 그 날에 야곱의 영광이 쇠하고 그 살찐 몸이 파리하리니 마치 추수하는 자가 곡식을 거두어 가지고 그 손으로 이삭을 벤 것 같고 르바임 골짜기(예루살렘으로부터 서남쪽의 골짜기)에서 이삭을 주운 것 같으리라. 그러나 오히려 주울 것이 남으리니 감람나무를 흔들 때에 가장 높은 가지 꼭대기에 실과 2, 3개가 남음 같겠고 무성한 나무의 가장 먼 가지에 4, 5개가 남음 같으리라. 이스라엘의 하나님 여호와의 말씀이니라.

이사야 17장: 다메섹에 대한 말씀

이사야는 이스라엘 나라의 멸망에 대한 하나님의 말씀도 전한다. 앗수르 사람들은 이스라엘 나라를 침략해 마치 추수꾼이 추수하듯이 그것을 점령할 것이다. 그러나 하나님께서는 범죄한 이스라엘 나라를 심판하시고 멸망시키시지만 그들 중에 조금 남겨두실 것이다. 그 남겨진 자들은 하나님의 은혜로 선택된 자들이다. 그들은 장차 이스라엘 나라를 회복시킬 것이며 신약교회로 이어질 것이다.

[7-8절] 그 날에 사람이 자기를 지으신 자를 쳐다보겠으며 그 눈이 이스라엘의 거룩하신 자를 바라보겠고 자기 손으로 만든 단을 쳐다보지 아니하며 자기 손가락으로 지은 아세라나 태양상을 바라보지 아니할 것이며.

이스라엘 백성들 중에 하나님의 은혜로 남겨진 자들은 우상숭배를 청산하고 창조자 하나님 이스라엘의 거룩하신 자께로 돌아와 그를 쳐다보며 바라보며 믿고 의지할 것이다. 이것이 구원이다. 구원 얻은 자들은 우상들을 버리고 참 하나님께로 돌아와 그를 섬길 것이다.

[9-11절] 그 날에 그 견고한 성읍들이 (옛적에) 이스라엘 자손 앞에서 버린 바 된 수풀 속의 처소와 작은 산꼭대기의 처소 같아서 황폐하리니 이는 네가 자기의 구원의 하나님을 잊어버리며 자기의 능력의 반석을 마음에 두지 않은 까닭이라. 그러므로 네가 기뻐하는 식물을 심으며 이방의 가지도 이종(移種)하고 네가 심는 날에 울타리로 두르고 아침에 너의 씨로 잘 발육하도록 하였으나 근심과 심한[절망적] 슬픔의 날에 농작물이 없어지리라.

선지자는 이스라엘의 견고한 성읍들의 멸망에 대한 하나님의 말씀을 계속 전한다. 원문에는 '옛적에'라는 말이 없으나, "이스라엘 자손 앞에서 버린 바된 수풀 속의 처소와 작은 산꼭대기의 처소"는 옛적에 이스라엘 백성이 정복했던 가나안 족속들의 처소들을 가리켰다고 본다. 범죄한 이스라엘의 견고한 성읍들은, 우상숭배적이고 음란했던 옛날 가나안 족속들의 성읍들처럼 황폐해질 것이다. 이스라엘 나라가 멸망하는 까닭은 창조주 하나님을 의지하지 않고 구원의 하나님을 잊어버렸기 때문이다. 그것은 가장 큰 죄악이며 거기에서 그 외의

이사야 17장: 다메섹에 대한 말씀

모든 죄악이 나온다. 이스라엘 백성은 주위의 이방 나라 종교와 그 풍습을 받아들였고 그것을 본받아 섬겼으므로 '근심과 절망적 슬픔의 날' 곧 하나님의 심판의 날에 멸망할 것이다. '없어지리라'는 원어(네드 נֵד)는 '[황폐한] 무더기'라는 뜻이다(KJV, NASB).

〔12-14절〕슬프다, 많은 민족이 소동하였으되 바다 파도의 뛰노는 소리 같이 그들이 소동하였고 열방이 충돌하였으되 큰물의 몰려옴같이 그들도 충돌하였도다. 열방이 충돌하기를 많은 물의 몰려옴과 같이 하나 주께서 그들을 꾸짖으시리니 그들이 멀리 도망함이 산에 겨가 바람 앞에 흩어짐 같겠고 폭풍 앞에 떠도는 티끌 같을 것이라. 보라, 저녁에 두려움을 당하고 아침 전에 그들이 없어졌나니 이는 우리를 노략한 자의 분깃이요 우리를 강탈한 자의 보응이니라.

이스라엘 백성들의 핍박자들과 노략자들도 멸망할 것이다. 많은 민족의 소동과 충돌은, 유다 나라를 침공했던 아람 나라와 이스라엘 나라의 연합 동맹군을 가리키든지, 혹은 이스라엘 나라를 침공했고 또 유다 나라를 침공하려는 앗수르 나라와 그 동맹한 연합군들의 소동과 충돌을 가리킬 것이다. 그런데 하나님께서 그들을 꾸짖으실 때, 즉 하나님의 심판의 때에, 그들은 바람 앞에 겨같이, 폭풍 앞에 떠도는 티끌같이 될 것이다. 저녁까지 두려움이 되었던 그들이 밤이 지나고 아침이 되기 전에 멸망당할 것이다. 이런 놀라운 일이, 유다 왕 히스기야 때에 예루살렘 성을 공격했던 앗수르 왕 산헤립의 군사 18만 5천명이 하룻밤에 죽임을 당한 사건에서 일어났다. 이것은 이스라엘 나라를 노략한 자들의 분깃이며 보응이었다.

본장의 교훈을 정리해보자. 첫째로, 멸망의 날에 이스라엘 백성은 그들이 손으로 만든 우상을 쳐다보지 않고 그들을 지으신 자를 쳐다볼 것이다. 7-8절, "그 날에 사람이 자기를 지으신 자를 쳐다보겠으며 그 눈이 이스라엘의 거룩하신 자를 바라보겠고 자기 손으로 만든 단을 쳐다보지 아니하며 자기 손가락으로 지은 아세라나 태양상을 바라보지 아

이사야 17장: 다메섹에 대한 말씀

니할 것이며." 우리는 멸망한 이스라엘 나라처럼 사람들이 만든 헛된 우상들을 바라보거나 의지하지 말고 오직 창조자 하나님만 바라보고 그를 믿고 의지하며 섬겨야 한다. 시편 96:5, "만방의 모든 신은 헛것이요 여호와께서는 하늘을 지으셨음이로다." 예레미야 10:14-16, "사람마다 우준하고 무식하도다. 금장색마다 자기의 조각한 신상으로 인하여 수치를 당하나니 이는 그 부어만든 우상은 거짓 것이요 그 속에 생기가 없음이라. 그것들은 헛것이요 망령되이 만든 것인즉 징벌하실 때에 멸망할 것이나 야곱의 분깃은 이같지 아니하시니 그는 만물의 조성자요 이스라엘은 그 산업의 지파라. 그 이름은 만군의 여호와시니라."

둘째로, 이스라엘의 견고한 성읍들이 황폐케 된 것은 그들이 구원의 하나님을 잊어버린 까닭이다. 9-10절, "그 날에 그 견고한 성읍들이 옛적에 이스라엘 자손 앞에서 버린 바 된 수풀 속의 처소와 작은 산꼭대기의 처소 같아서 황폐하리니 이는 네가 자기의 구원의 하나님을 잊어버린 까닭이라." 우리는 우리의 죄를 사하시고 우리를 지옥에서 건져주신 하나님과 주 예수 그리스도의 은혜를 잊어버리지 말고 항상 감사해야 한다. 시편 103:2-4, "내 영혼아, 여호와를 송축하며 그 모든 은택을 잊지 말지어다. 저가 네 모든 죄악을 사하시며 네 모든 병을 고치시며 네 생명을 파멸에서 구속(救贖)하시고 인자와 긍휼로 관을 씌우시며."

셋째로, 이스라엘 백성은 멸망 중에서도 하나님의 은혜로 남은 자들이 있을 것이다. 4-6절, "그 날에 야곱의 영광이 쇠하고 그 살찐 몸이 파리하리니 마치 추수하는 자가 곡식을 거두어 가지고 그 손으로 이삭을 벤 것 같고 르바임 골짜기에서 이삭을 주운 것 같으리라. 그러나 오히려 주울 것이 남으리니 감람나무를 흔들 때에 가장 높은 가지 꼭대기에 실과 2, 3개가 남음 같겠고 무성한 나무의 가장 먼 가지에 4, 5개가 남음 같으리라." 하나님께서는 자기 백성을 징벌하시면서도 조금 남겨두셨다. 오늘날도 하나님의 은혜로 남겨두신 자들이 있다. 구원은 오직 하나님의 은혜이다(딤후 1:9). 우리는 하나님의 은혜만 의지해야 한다.

이사야 18장: 구스에게 주는 메시지

18장: 구스에게 주는 메시지

〔1-3절〕 슬프다(호이 הוֹי)[혹은 '화 있을지저'(KJV)14)], **구스의 강 건너편 날개치는 소리나는 땅이여, 갈대배를 물에 띄우고 그 사자를 수로로 보내며 이르기를 너희 경첩한[빠른] 사자들아, 너희는 강들이 흘러 나뉜 나라로 가되 장대하고 준수한 백성 곧 시초부터 두려움이 되며 강성하여 대적을 밟는 백성에게로 가라 하도다. 세상의 모든 거민, 지상에 거하는 너희여, 산들 위에 기호를 세우거든 너희는 보고 나팔을 불거든 너희는 들을지니라.**

구스는 애굽 나라의 남쪽, 곧 나일강 상류지역의 나라이었고 오늘날 수단이라는 나라의 동북부이다. 구스는 고대에 매우 강대한 나라이었고, 비록 한때 애굽의 지배를 받기도 하였으나, 애굽을 지배하기도 했다. 창세기 10장에 보면, 구스는 함의 맏아들이었으며 그 형제는 미스라임과 붓과 가나안이었다. 미스라임은 애굽의 시조이다.

선지자는 구스를 '구스의 강 건너편 날개치며 소리나는 땅'이라고 표현한다. 본문의 '구스의 강'은 나일강 상류이다. 나일강은 세계에서 가장 긴 강으로 총길이가 6,695킬로미터이다.15) '날개치며 소리나는 땅'이라는 표현은 '날개 그늘 아래 있는 땅'(KJV) 즉 비교적 평안한 땅이라는 뜻이든지, 혹은 '날개 치는 땅'(NASB, NIV) 즉 무역이 활발한 땅이라는 뜻일 것이다. 구스(Cush)는 주전 2,000년에 이미 존재했던 나라로 고대에 지중해와 근동과 아프리카 문명의 교류가 이루어진 중심지의 역할을 했고, 구스인들은 농업, 예술, 정치, 종교, 금속 공업 등의 지식을 나누었고 또 무역의 중심지이었다고 한다(월드북 대백과사전). 나일강은 애굽 뿐만 아니라, 구스 사람들에게로 연결하는 수로(水路)이며 주요 통로이었다. 나일강 하류에 자생하는 파피러스

---

14) 이사야 5:8, 11, 18; 10:5; 28:1; 29:15; 31:1; 45:9, 10 등.
15) 브라질의 아마존강은 6,516km이며, 중국의 양쯔강은 6,300km임.

이사야 18장: 구스에게 주는 메시지

나무들은 배를 만드는 좋은 재목이었다고 한다.

선지자는 구스를 '강들이 흘러 나누인 나라'라고 표현한다. 구스는 나일강의 큰 두 지류가 합치는 곳이다. 오늘날 그 두 지류를 백나일강과 청나일강이라고 부른다. 그것은 오늘날 수단이라는 나라에 있다. 선지자는 또 구스를 '장대하고 준수한 백성 곧 시초부터 두려움이 되며 강성하여 대적을 밟는 백성'이라고 표현한다. 과연, 구스는 고대에 일찍부터 힘이 있고 번성한 나라이었다. 구스의 멸망에 대한 소식은 그 당시에 온 세계의 모든 거민들에게 알려질 만한 뉴스거리이었다. 빠른 사자를 보내어 구스에게 멸망의 소식을 전하라는 말은 구스 사람들의 회개를 촉구하는 뜻이 있고, 또 아울러 유다 사람들이 구스를 부러워하거나 의지하지 말라는 뜻도 들어 있다고 본다.

〔4-6절〕여호와께서 내게 이르시되 내가 나의 처소에서 종용히[조용히] 감찰함이 쬐이는 일광[햇볕] 같고 가을 더위에 운무[구름] 같도다. 추수하기 전에 꽃이 떨어지고 포도가 맺혀 익어 갈 때에 내가[그가](원문) 낫으로 그 연한 가지를 베며 퍼진 가지를 찍어버려서 산의 독수리들에게 땅의 들짐승들에게 끼쳐주리니 산의 독수리들이 그것으로 과하(過夏)하며[여름을 나며] 땅의 들짐승들이 다 그것으로 과동(過冬)하리라 하셨음이니라.

이사야는 심판자 하나님을 자기 처소인 하늘에서 죄인들을 조용히 감찰하시는 자로 묘사한다. 그러나 하나님께서는 쬐이는 햇볕같이 또 가을 더위에 이슬을 머금은 구름처럼 그들의 행위를 주목하시며 그들에게 언제라도 징벌을 내리실 수 있다. 그는 마침내 갑자기 추수 직전에 꽃이 떨어지듯이, 포도가 익어갈 즈음에 낫으로 그 가지를 베어버리듯이, 그래서 산의 독수리들이나 땅의 들짐승들에게 주어 그것들이 여름을 나고 겨울을 나게 하듯이, 그들을 심판하시고 징벌하실 것이다. 하나님의 심판은 사람들이 예측할 수 없는 때에 갑작스럽게 온다. 우리는 심판자 하나님을 바라보아야 한다.

〔7절〕그때에 강들이 흘러 나누인 나라의 장대하고 준수하며 시초부터

이사야 18장: 구스에게 주는 메시지

두려움이 되며 강성하여 대적을 밟는 백성에게서 만군의 여호와께 드릴 예물을 가지고 만군의 여호와의 이름을 두신 곳 시온산에 이르리라.

이사야는 '강들이 흘러 나누인 나라'인 구스가 '장대하고 준수하며 시초부터 두려움이 되며 강성하여 대적을 밟는 백성'이라고 다시 말하며 이 강대하고 역사 깊은 나라가 멸망할 때 그 백성이 만군의 여호와께 예물을 드리기 위해 만군의 여호와의 이름을 두신 시온산에 이를 것이라고 예언한다. 이 예언은 하나님의 구원 역사가 구스 땅에도 임할 것이라는 것을 보인다. 이것은 하나님의 긍휼의 구원이다.

본장의 교훈을 정리해보자. 첫째로, 아무리 강대한 나라인 구스라 할지라도, 하나님께서 멸하실 것이다. 하나님께서는 세상 나라들의 권세를 크게 여기지 않으신다. 다니엘 4:35, "땅의 모든 거민을 없는 것같이 여기시며 하늘의 군사에게든지 땅의 거민에게든지 그는 자기 뜻대로 행하시나니 누가 그의 손을 금하든지 혹시 이르기를 네가 무엇을 하느냐 할 자가 없도다." 그러므로 우리는 세상 나라들의 세력을 의지하지 말고 세상 나라 권력자들도 의지하지 말아야 한다. 그것들은 허무하다.

둘째로, 하나님께서는 그의 처소 하늘에서 온 세상을 감찰하신다. 그는 잠잠하신 듯하나 다 보고 감찰하시고 그의 정하신 때에 갑자기 악인들을 공의로 심판하시고 보응하시고 징벌하신다. 세상에서 그의 심판을 피할 자는 아무도 없다. 그러므로 우리는 오직 세상을 공의로 심판하시는 하나님만 바라보고 하나님 앞에 바르게만 살아야 한다.

셋째로, 구스가 패망할 때 하나님을 알고 그에게 예물을 드리며 그를 섬기는 자들이 있을 것이다. 이것은 구스에 주시는 하나님의 구원이다. 솔로몬은 전도서에서 세상의 모든 일들이 헛됨을 말하며 성령의 감동 가운데서 "일의 결국을 다 들었으니 하나님을 경외하고 그 명령을 지킬지어다. 이것이 사람의 본분(콜 כֹּל)[모든 것]이니라"고 결론을 내렸다. 우리는 영원하신 하나님, 곧 창조자와 섭리자이신 여호와 하나님을 알고 그를 경외하고 그의 모든 계명들을 힘써 지키며 그를 섬겨야 한다.

이사야 19장: 애굽에 대한 말씀

19장: 애굽에 대한 말씀

〔1-4절〕 애굽에 관한 경고(맛사 מַשָּׂא)[말씀]라. 보라, 여호와께서 빠른 구름을 타고 애굽에 임하시리니 애굽의 우상들이 그 앞에서 떨겠고 애굽인의 마음이 그 속에서 녹으리로다. 그가[내가] 애굽인을 격동하사 애굽인을 치게 하시리니 그들이 각기 형제를 치며 각기 이웃을 칠 것이요 성읍이 성읍을 치며 나라가 나라를 칠 것이며 애굽인의 정신이 그 속에서 쇠약할 것이요 그 도모는 그의 파하신 바가 되리니 그들이 우상과 마술사와 신접한 자와 요술객에게 물으리로다. 그가[내가] 애굽인을 잔인한 군주의 손에 붙이시리니 포학한 왕이 그들을 치리하리라. 주 만군의 여호와의 말씀이니라.

하나님께서는 애굽 나라에 대해 말씀하신다. 그는 심판자로 빠른 구름을 타고 그 곳에 임하실 것이다. 그때 애굽의 우상들은 그 앞에서 떨 것이며 애굽 사람들의 마음은 녹을 것이다. 하나님께서는 애굽에 내란(內亂)이 일어나게 하실 것이다. 그러나 애굽 사람들은 정신이 쇠약해지고 마술적 우상숭배에 더욱 빠질 것이다. 하나님께서는 또 애굽 사람들을 잔인한 군주의 손에 붙이실 것이다. 그 군주는 주전 670년에 애굽을 통일했다고 알려진 심히 포학했던 군주 프싸메티쿠스든지, 그의 아들 느고(주전 616-597년에 통치)이었다고 보인다.

〔5-10절〕 바닷물이 없어지겠고 강이 잦아서[물이 줄어] 마르겠고 강들에서는 악취가 나겠고 애굽 시냇물은 줄어들고 마르므로 달과 갈[갈대들과 골풀들(등심초)]이 시들겠으며 나일 가까운 곳 나일 언덕의 초장과 나일강 가까운 곡식 밭이 다 말라서 날아 없어질 것이며 어부들은 탄식하며 무릇 나일강에 낚시를 던지는 자는 슬퍼하며 물에 그물을 치는 자는 피곤할 것이며 세마포를 만드는 자와 백목[흰 천]을 짜는 자들이 수치를 당할 것이며 애굽의 **기둥**[쇠소세하 שָׁתֹתֶיהָ][귀족들(BDB, NASB), 직조공들(KB, NIV)]이 부숴지고[부서지고] 품군들이 다 마음에 근심하리라.

하나님께서는 나일강을 마르게 하시며 강에서 악취가 나며 갈대들과 골풀들도 시들 것이며, 그 주위 밭들에서 농사하는 농부들과 나일

- 134 -

강에서 고기 잡는 어부들이 탄식할 것이다. 애굽 땅에는 먹을 음식이 부족해지고 농부들과 어부들과 수공업자들의 일도 없어질 것이다.

〔11-15절〕소안의 방백은 지극히 어리석었고 바로의 가장 지혜로운 모사의 모략은 우준하여졌으니 너희가 어떻게 바로에게 이르기를 나는 지혜로운 자들의 자손이라. 나는 옛 왕들의 후예라 할 수 있으랴. 너의 지혜로운 자가 어디 있느냐? 그들이 만군의 여호와께서 애굽에 대하여 정하신 뜻을 알 것이요 곧 네게 고할 것이니라. 소안의 방백들은 어리석었고 놉의 방백들은 미혹되었도다. 그들은 애굽 지파들의 모퉁이 돌이어늘 애굽으로 그릇가게 하였도다. 여호와께서 그 가운데 사특한(이웨임 עועים)[뒤틀린, 일그러진] 마음을 섞으셨으므로 그들이 애굽으로 매사에 잘못 가게 함이 취한 자가 토하면서 비틀거림 같게 하였으니 애굽에서 머리나 꼬리나 종려나무 가지나 갈대나 아무 할 일이 없으리라.

'소안'은 애굽의 옛 수도로 이스라엘 백성이 살던 고센 땅에 있었고 아마 이스라엘 백성이 애굽에서 출발했던 라암셋과 동일하다고 생각된다. 소안의 방백들, 즉 애굽 왕의 측근의 방백들은 지극히 어리석었고 바로의 가장 지혜로운 모사들의 계획은 미련했다. 하나님께서는 애굽에 대해 정하신 뜻 곧 애굽의 심판에 대해 말씀하신다. 애굽의 지혜자들이라도 그것을 알지 못했다. 하나님께서 소안과 놉의 방백들에게 뒤틀린 마음을 주셨기 때문에, 그들은 애굽으로 매사에 잘못 가게 했다. 참모들이 좋은 조언을 하지 못하면 나라는 평안할 수 없다. 하나님께서는 이 모든 일들을 다 섭리하셨다.

〔16-17절〕그 날에 애굽인이 부녀와 같을 것이라. 그들이 만군의 여호와의 흔드시는 손이 그 위에 흔들림을 인하여 떨며 두려워할 것이며 유다의 땅은 애굽의 두려움이 되리니 이는 만군의 여호와께서 애굽에 대하여 정하신 모략을 인함이라. 그 소문을 듣는 자마다 떨리라.

애굽 사람들은 두려워 떨 것이다. 그들의 두려워함은 하나님께서 그들 위에 손을 흔드시기 때문이다. 애굽 사람들은 유다 땅을 두려워할 것이다. 이 세상의 모든 일은 하나님께서는 주권적으로 작정하신

대로 이루어질 것이다. 애굽 나라의 현재와 미래도 그러할 것이다.

[18-22절] 그 날에 애굽 땅에 가나안 방언을 말하며 만군의 여호와를 가리켜 맹세하는 다섯 성읍이 있을 것이며 그 중 하나를 장망성(將亡城)[멸망성]이라 칭하리라. 그 날에 애굽 땅 중앙에는 여호와를 위하여 제단이 있겠고 그 변경(邊境)에는 여호와를 위하여 기둥이 있을 것이요 이것이 애굽 땅에서 만군의 여호와를 위하여 표적과 증거가 되리니 이는 그들이 그 압박하는 자의 연고로 여호와께 부르짖겠고 여호와께서는 한 구원자, 보호자(라브 רָב)[우두머리, 대장]를 보내사 그들을 건지실 것임이라. 여호와께서 자기를 애굽에 알게 하시리니 그 날에 애굽인이 여호와를 알고 제물과 예물을 그에게 드리고 경배할 것이요 여호와께 서원하고 그대로 행하리라. 여호와께서 애굽을 치실 것이라도 치시고 고치실 것인 고로 그들이 여호와께로 돌아올 것이라. 여호와께서 그 간구함을 들으시고 그를 고쳐주시리라.

애굽 안에 다섯 성읍이나 하나님을 알게 되며 그 중 하나는 '멸망성'(이르 하헤레스 עִיר הַהֶרֶס)이라 불릴 것이다. 이 도시는 고대의 중요 도시인 '헬리오폴리스'(혹은 '온')의 뜻인 '태양성'(이르 하케레스 עִיר הַחֶרֶס)을 빗대어 말한 것이라고 보인다. 즉, '태양성'이 멸망의 도시가 되고, 후에 하나님을 경외하는 도시로 거듭날 것을 암시하였다고 본다. 또 애굽 땅 중앙에는 하나님을 섬기는 단이 있을 것이다. 이것은 하나님을 위하는 표가 될 것이다. 그들은 그들을 압박하는 자 때문에 하나님께 부르짖을 것이며 하나님께서는 그들에게 한 구원자, 즉 신적 구주를 보내셔서 그들을 건져주실 것이다. 애굽 나라는 하나님을 섬기는 나라로 변화될 것이다. 이것은 로마 제국 시대에 애굽의 알렉산드리아가 기독교 세계의 한 중요한 도시가 되었을 때 성취되었다고 보인다. 하나님께서는 자기를 애굽에 알게 하실 것이며 애굽 사람들은 하나님을 알고 제물과 예물을 그에게 드리고 경배할 것이며 그에게 서원하고 그대로 행할 것이다. 하나님께서는 애굽을 치실지라도 치시고 고치실 것이므로 그들이 하나님께로 돌아올 것이다. 그는 그들의 간구함을 들으시고 그들을 고쳐주실 것이다. 하나님께

이사야 19장: 애굽에 대한 말씀

서는 두려운 심판자이시지만, 또한 죄인들을 치료하시는 구원자이시다. 애굽에는 하나님의 긍휼과 은혜로 구원 얻을 자들이 있을 것이다.

[23-25절] 그 날에 애굽에서 앗수르로 통하는 대로가 있어 앗수르 사람은 애굽으로 가겠고 애굽 사람은 앗수르로 갈 것이며 애굽 사람이 앗수르 사람과 함께 경배하리라. 그 날에 이스라엘이 애굽과 앗수르로 더불어 셋이 (쉘리쉬야 שְׁלִישִׁיָּה)[세 번째가 되고](KJV, NASB, NIV) 세계 중에 복이 되리니 이는 만군의 여호와께서 복을 주어 가라사대 나의 백성 애굽이여, 나의 손으로 지은 앗수르여, 나의 산업 이스라엘이여, 복이 있을지어다 하실 것임이니라.

하나님께서는 이방 세계에 생명 얻는 회개와 구원의 은혜를 주실 것이다. 하나님의 구원의 은혜는 이스라엘뿐 아니라, 애굽을 포함한 이방 나라들에도 내려질 것이다. 이방인들이 하나님의 백성으로 불리고 하나님을 섬기는 특권을 누릴 것이다. 신약교회는 하나님의 구원의 은혜를 입은 자들의 모임이다. 세계복음화는 하나님의 뜻이다.

본장의 교훈을 정리해보자. <u>첫째로, 하나님께서는 이방 나라 애굽도 섭리하신다.</u> 그는 애굽인을 잔인한 군주의 손에 붙이실 것이다(4절). 그는 애굽에 대해 심판의 뜻과 모략을 정하셨다(12, 17절). 그는 애굽의 방백들에게 뒤틀린 마음을 주셔서 매사에 잘못 가게 하셨다(14절).

<u>둘째로, 그는 특히 애굽 나라의 혼란을 섭리하신다.</u> 그는 그 나라에 내전(內戰)을 주시고 그들의 정신이 쇠약케 하시고(2-3절) 잔인한 군주의 손에 그들을 붙이시고(4절) 소안의 방백들과 지혜자들을 어리석게 하시고(11절) 그들이 매사에 애굽으로 잘못 가게 하셨다(13-14절).

<u>셋째로, 그는 애굽에도 은혜로 구원 얻을 자들을 주실 것이다.</u> 그는 애굽 땅 중앙에 여호와를 위한 제단이 있게 하시고(19절) 그들이 하나님께 부르짖고 그를 알고 그에게 제물을 드리고 경배하게 하시고(20-21절) 그에게 돌아오고 이스라엘과 앗수르와 함께 세상에서 복된 나라가 되게 하실 것이다(22-25절). 우리는 하나님의 은혜를 감사해야 한다.

이사야 20장: 애굽과 구스가 사로잡힐 것

20장: 애굽과 구스가 사로잡힐 것

〔1절〕 앗수르 왕 사르곤이 군대장관을 아스돗으로 보내매 그가 와서 아스돗을 쳐서 취하던 해.

본문은 하나님께서 선지자 이사야에게 본장의 말씀을 주신 때가 앗수르 왕 사르곤이 군대장관을 아스돗으로 보내어 아스돗을 쳐서 취했던 해이었다고 말한다. 앗수르 왕 사르곤은 사르곤 2세로서 주전 722년부터 705년까지 통치했던 인물로 알려진다. 그는, 주전 722년 이스라엘 나라를 침공하여 멸망시켰던 앗수르 왕 살만에셀 5세(주전 727-722)의 왕위를 빼앗고 그를 이어 왕이 된 자이었다.

그는 군대장관을 아스돗으로 보내어 그것을 쳐서 취하였다. 본문에 '군대장관'이라는 말(타르탄 תַּרְתָּן)은 '앗수르의 야전사령관 직함'이라고 한다(BDB). 아스돗은, 앗수르에서 애굽으로 이어지는 고대의 중심도로인 해안 도로(Via Maris)에서 블레셋 지역의 첫 주요 도시이었다. 주전 713년 아스돗이 앗수르를 배반하였고 다른 도시들도 동참하였으며, 애굽은 그들에게 도움을 약속하였다. 그러나 주전 711년 앗수르는 아스돗을 점령하였다. 그것은 앗수르의 애굽 침공이 임박하였음을 의미하였다. 발굴된 조각문에 의하면, 사르곤은 "내가 아스돗으로 나아가 포위하고 정복하였다"고 기록하였다(Annals 224).

아스돗이 앗수르 왕에게 점령된 때 하나님께서는 이사야에게 말씀하셨다. 그는 때때로 역사 속에서 특별한 사건의 때에 자신의 뜻을 알리셨다. 오늘날 그는 성경을 통해 자신의 뜻을 알려주신다. 신구약 성경은 우리의 믿음과 행위에 대한 정확무오한 유일한 규범이다.

〔2-4절〕 곧 그때에 여호와께서 아모스의 아들 이사야에게 일러 가라사대 갈지어다. 네 허리에서 베를 끄르고 네 발에서 신을 벗을지니라 하시매 그가 그대로 하여 벗은 몸과 벗은 발로 행하니라. 여호와께서 가라사대 나

이사야 20장: 애굽과 구스가 사로잡힐 것

의 종 이사야가 3년 동안 벗은 몸과 벗은 발로 행하여 애굽과 구스에 대하여 예표와 기적(모펫 מוֹפֵת)[징조]이 되게 되었느니라. 이와 같이 애굽의 포로와 구스의 사로잡힌 자가 앗수르 왕에게 끌려갈 때에 젊은 자나 늙은 자가 다 벗은 몸, 벗은 발로 볼기까지 드러내어 애굽의 수치를 뵈이리니.

아스돗이 앗수르에게 점령된 때 여호와께서는 이사야에게 겉옷을 벗고 신을 벗으라고 명하셨다. 그것은 부끄러운 내용의 이상한 명령이었다. 그러나 이사야는 하나님의 명령에 그대로 즉시 순종했다. 그는 그 명령대로 벗은 몸과 벗은 발로 행했다. 하나님께서는 그 명령에 대해 설명하셨다. 그는, "나의 종 이사야가 3년 동안 벗은 몸과 벗은 발로 행하여 애굽과 구스에 대하여 예표와 징조가 되게 되었느니라"고 말씀하셨다. 그는 또, "이와 같이 애굽의 포로와 구스의 사로잡힌 자가 앗수르 왕에게 끌려갈 때에 젊은 자나 늙은 자가 다 벗은 몸, 벗은 발로 볼기까지 드러내어 애굽의 수치를 보이리라"고 말씀하셨다. 그것은 애굽 사람들과 구스 사람들이 앗수르와의 전쟁에서 패함으로 포로로 잡혀 끌려갈 것을 상징적으로, 예표적으로 보여주신 것이었다. '3년 동안'이라는 말은 3년간의 계속적인 경고와 교훈의 뜻으로 보인다. 이사야가 3년 동안 벗은 몸과 벗은 발로 행하는 것은 애굽과 구스 사람들에게 또 유대인들에게 확실한 교훈이 될 것이다.

[5-6절] 그들이 그 바라던 구스와 자랑하던 애굽을 인하여 놀라고 부끄러워할 것이라. 그 날에 이 해변 거민이 말하기를 우리가 믿던 나라 곧 우리가 앗수르 왕에게서 벗어나기를 바라고 달려가서 도움을 구하던 나라가 이같이 되었은즉 우리가 어찌 능히 피하리요 하리라.

본문의 '그들'과 '이 해변 거민'은 이스라엘 땅에 거주하는 자들 곧 유대인들과 블레셋 사람들을 가리킬 것이다. 그들은 애굽 나라와 구스 나라를 바라고 의지하며 자랑하였다. 그들은 애굽 나라를 믿었고, 앗수르 왕에게서 벗어나기를 바라며 애굽으로 달려가서 도움을 구했다. 특히 하나님의 백성인 유대인들이 하나님 대신에 애굽과 구스를

이사야 20장: 애굽과 구스가 사로잡힐 것

의지하였다(사 31:1). 이것은 하나님께 대한 불신앙의 죄이었다.

그러나 이제 애굽 나라와 구스 나라가 앗수르 나라에게 패망할 때 그들은 놀라고 부끄러워할 것이며 피할 곳을 몰라 당황해 할 것이다. 그들은 늦게나마 애굽 나라와 구스 나라가 참으로 사람들이 의지하고 자랑할 만한 대상이 되지 못함을 깨닫게 될 것이다(사 30:3).

본장의 교훈을 정리해보자. 첫째로, 하나님을 경외하는 유대인들은 애굽이나 구스를 의지하지 말았어야 하였다. 하나님께서는 자기 백성이 하나님 대신 사람이나 세상 것 의지하는 것을 기뻐하지 않으시고 노여워하신다. 우리는 땅에 있는 모든 것이 우리가 의지할 만한 것이 못됨을 인정해야 한다. 우리가 세상 것들을 의지한다면 하나님께서는 그것을 노여워하시고, 우리는 어느 날 그것들 때문에 크게 낙망하게 될 것이다.

둘째로, 하나님께서는 자기 백성이 하나님 대신 의지하는 것을 폐하신다. 하나님께서는 우리가 잘못 의지하는 세상의 것이 얼마나 허무한 것인가를 깨우쳐 주신다. 우리가 의지하던 것이 무너질 때 우리에게 큰 충격과 낙망이 되겠지만, 그것은 하나님의 은혜이다. 우리는 처음부터 세상의 것들을 의지하지 말았어야 했다. 우리는 처음부터 세상의 것들이 헛되다는 것을 알았어야 했다. 자기 백성이 이 세상의 헛된 것들을 의지하면, 하나님께서는 어느 날 그 의지하는 것들을 없어지게 하실 것이다. 그것은 우리로 하나님만 바라게 하시는 하나님의 은혜이다.

셋째로, 우리는 이 세상의 것들을 의지하지 말고 하나님만 의지하며 살아야 한다. 이것은 새로운 진리가 아니고 사람들이 옛날부터 가져야 했던 진리이다. 사람은 하나님을 떠나서 살 수 없는 존재이다. 사람은 창조될 때부터 하나님 의지하며 그의 계명에 순종하며 살았어야 하는 존재이었다. 이제라도, 사람들은 그것을 깨닫고 하나님께로 돌아와야 한다. 그것은 인생의 정로(正路)로 돌아오는 것이다. 우리는 이 세상의 허무한 것들을 의지하지 말고 오직 하나님만 의지하며 살아야 한다.

이사야 21장: 바벨론, 에돔, 아라비아에 대한 말씀

21장: 바벨론, 에돔, 아라비아에 대한 말씀

〔1-4절〕 해변 광야에 관한 경고[말씀]라. 적병이 광야에서, 두려운 땅에서 남방 회리바람같이 몰려왔도다. 혹독한[괴로운, 무서운] 묵시가 내게 보였도다. 주께서 가라사대 속이는 자는 속이고 약탈하는 자는 약탈하도다. 엘람이여, 올라가고 메대여, 에워싸라. 그의 모든 탄식을 내가 그치게 하였노라 하시도다. 이러므로 나의 요통이 심하여 임산한 여인의 고통 같은 고통이 내게 임하였으므로 고통으로 인하여 듣지 못하며 놀라서 보지 못하도다 [내가 그것을 듣자 엎어졌고 그것을 보자 당황하였도다](MT, KJV). 내 마음이 진동하며 두려움이 나를 놀래며 희망의 서광[네쉐프 키쉬키 נֶשֶׁף חִשְׁקִי]〔나의 즐거움의 새벽빛(혹은 저녁빛)](BDB)이 변하여 내게 떨림이 되도다.

본문은 바벨론에 대한 말씀이다. '해변 광야'는 큰 강 유브라데를 품고 있는 바벨론 나라를 가리킨다. 9절, "마병대가 쌍쌍이 오나이다. 그가 대답하여 가라사대 함락되었도다, 함락되었도다, 바벨론이여. 그 신들의 조각한 형상이 다 부숴져 땅에 떨어졌도다 하시도다." 바벨론을 침공할 적군들이 광야에서 회리바람같이 몰려올 것이다. 바벨론은 이전에 속이는 자요 약탈하는 자이었으나 이제는 엘람[파사]과 메대의 연합군에 의해 속임을 당하고 약탈을 당할 것이다. 메대와 파사의 연합군은 들어와 바벨론을 멸망시킬 것이다. 이 모든 일들이 하나님의 손 안에 있고 하나님께서 행하시는 일들이다. 하나님께서는 메대 나라와 파사 나라에게 '올라가서 바벨론을 치고 정복하라'고 명령하신다. 하나님께서는 그 일을 행하시고 이루실 것이다. 전쟁은 하나님의 손 안에 있다. 세계사는 하나님의 섭리의 역사이다. 하나님께서는 바벨론의 학대로 인한 모든 사람들의 탄식을 그치게 하실 것이다. 그러나 대제국 바벨론 나라의 멸망 소식은 선지자 이사야에게 여인의 출산 고통 같은 큰 고통과 두려움과 떨림을 줄 것이다.

〔5-9절〕 그들이 식탁을 베풀고 파숫군[파수꾼]을 세우고(차포 핫차피스

이사야 21장: 바벨론, 에돔, 아라비아에 대한 말씀

הַצָּפִית צָפֹה)[자리를 펴고](BDB, NASB, NIV) 먹고 마시도다. 너희 방백들아, 일어나 방패에 기름을 바를지어다. 주께서 내게 이르시되 가서 파숫군[파수꾼]을 세우고 그 보는 것을 고하게 하되 마병대가 쌍쌍이 오는 것과 나귀떼와 약대떼를 보거든 자세히, 유심히 들으라 하셨더니 파숫군[파수꾼]이 사자같이 부르짖기를 주여, 내가 낮에 늘 망대에 섰었고 밤이 맞도록 파수하는 곳에 있었더니 마병대가 쌍쌍이 오나이다. 그가 대답하여 가라사대 함락되었도다, 함락되었도다, 바벨론이여. 그 신들의 조각한 형상이 다 부숴져[부서져] 땅에 떨어졌도다 하시도다.

바벨론 군대는 자신들의 군사력만 믿고 안일하게 식탁을 베풀고 먹고 마셨다. 그러므로 선지자는 침략자가 곧 들어올 것이니 그것을 막을 준비를 하라고 말한다. 그러나 바벨론은 마침내 멸망할 것이다. 메대 파사의 연합군은 전쟁에서 마병대와 나귀떼와 약대떼를 많이 사용하였다. 마침내 파수꾼이 마병대가 온다고 사자같이 부르짖었다. 바벨론 성은 확실히 함락될 것이다. 과거시제로 표현된 것은 확실한 미래의 사건이기 때문이다. 바벨론 나라의 멸망의 원인은 죄 때문이었다. 특히 그것은 우상숭배의 죄 때문이었다. 그러므로 하나님께서는 "그 신들의 조각한 형상이 다 부서져 땅에 떨어졌다"고 말씀하셨다. 예레미야도 하나님께서 바벨론의 조각한 신상들을 벌하실 것이라고 예언했다(렘 51:47, 52). 우상숭배의 죄는 죄 중에 가장 큰 죄이다. 바벨론이 멸망하는 날 그 우상들이 헛된 것들임이 증명될 것이다.

〔10절〕너 나의 타작한 것이여, 나의 마당의 곡식이여, 내가 이스라엘의 하나님 만군의 여호와께 들은 대로 너희에게 고하였노라.

'너 나의 타작한 것' '나의 마당의 곡식'은 앞에서 예언한 바벨론을 가리킨 말씀이라고 본다. 그들은 하나님의 심판하시는 섭리의 소식을 듣고 그의 섭리의 손길을 깨닫고 교훈을 얻어야 한다. 그들은 이스라엘의 하나님께서 온 세상의 주권적 섭리자이심을 알아야 한다.

〔11-12절〕두마에 관한 경고[말씀]라. 사람이 세일에서 나를 부르되 파숫군[파수꾼]이여, 밤이 어떻게 되었느뇨[얼마나 지났느뇨]? 파숫군[파수꾼]

이사야 21장: 바벨론, 에돔, 아라비아에 대한 말씀

이여, 밤이 어떻게 되었느뇨[얼마나 지났느뇨]? **파숫군**[파수꾼]**이 가로되 아침이 오나니 밤도 오리라. 네가 물으려거든 물으라. 너희는 돌아올지니라.**

　본문은 두마에 관한 말씀이다. 두마는 에돔을 가리킨다. 선지자는 에돔 사람들도 지금 밤, 곧 환난 중에, 고난 가운데 있다고 말한다. 그들은 그 고난의 밤, 환난의 밤이 언제 지나갈지를 선지자에게 묻고 선지자는 아침 곧 환난의 끝이 올 것이라고 대답한다. 그러나 그는 또 "밤도 오리라"고 덧붙인다. 그것은 또다른 환난이 올 것이라는 뜻이다. 또 선지자는 돌아오라고 중요한 말을 선포한다. 중요한 것은, 환난의 남은 기간이 얼마이며 그 끝이 언제인가가 아니고, 하나님께로 돌아왔는가, 참으로 회개했는가이었다. 환난과 고난의 날은 에돔 백성이 범죄함으로 온다. 회개가 없으면 또 환난이 올 것이다. 그러나 회개하는 자에게는 하나님께서 평안한 날을 주실 것이다.

　[13-17절] 아라비아에 관한 경고[말씀]라. 드단 대상(隊商)이여, 너희가 아라비아 수풀에서 유숙하리라. 데마 땅의 거민들아, 물을 가져다가 목마른 자에게 주고 떡을 가지고 도피하는 자를 영접하라. 그들이 칼날을 피하며 뺀 칼과 당긴 활과 전쟁의 어려움에서 도망하였음이니라. 주께서 이같이 내게 이르시되 품군의 정한 기한같이 1년 내에 게달의 영광이 다 쇠멸하리니 게달 자손 중 활 가진 용사의 남은 수가 적으리라 하시니라. 이스라엘의 하나님 여호와의 말씀이니라.

　본문은 아라비아에 관한 말씀이다. 드단 대상(隊商)은 낙타 타고 떼지어 다니는 상인들이다. 그들은 물질적으로 부요하였을 것이다. 그러나 바벨론이 멸망할 때에 그들은 칼날을 피하며 뺀 칼과 당긴 활과 전쟁의 어려움에서 도피해 수풀 속에 거하며 데마 거민들을 통해 겨우 물과 떡의 도움을 받는 처지가 될 것이다. 그들은 물질적 여유를 하루아침에 다 잃어버릴 것이다. 게달은 이스마엘의 열두 아들들 중 하나이다. 창세기 25:13-15, "이스마엘의 아들들의 이름은 그 이름과 그 세대대로 이와 같으니라. 이스마엘의 장자는 느바욧이요 그 다

이사야 21장: 바벨론, 에돔, 아라비아에 대한 말씀

음은 게달과 앗브엘과 밉삼과 미스마와 두마와 맛사와 하닷과 데마와 여둘과 나비스와 게드마니." 게달 사람들은 양떼를 치는 유목민이었고 비교적 부유한 자들이었다고 보인다. 그러나 그들도 전쟁에서 패배함으로 1년 내에 쇠약해질 것이다.

본장의 교훈을 정리해보자. 첫째로, 하나님 없는 이방 나라들은 결국 다 멸망할 것이다. 강대한 바벨론 나라도 멸망할 것이다. 부요한 드단 상인들도, 게달의 영광도 쇠하여질 것이다. 하나님께서는 세상 나라들을 공의로 심판하실 것이다. 그는 사람들의 행한 대로 심판하실 것이다. 로마서 2:6-8, "하나님께서 각 사람에게 그 행한 대로 보응하시되 참고 선을 행하여 영광과 존귀와 썩지 아니함을 구하는 자에게는 영생으로 하시고 오직 당을 지어 진리를 좇지 아니하고 불의를 좇는 자에게는 노와 분으로 하시리라." 그러므로 우리는 하나님 알지 못하는 세상 나라의 권세와 영광을 의지하거나 자랑하지 말아야 하고, 그것들이 다 하나님의 심판으로 어느 날 혹은 삽시간에 멸망할 것들임을 깨달아야 한다.

둘째로, 하나님께서는 온 세상을 주관하시고 통치하시는 분이시다. 그는 엘람(파사)과 메대의 연합군을 불러와 바벨론을 쳐서 멸망케 하실 것이다. 그는 바벨론으로 인해 그에게 올라온 모든 탄식을 그치게 하실 자이시다. 그는 주 곧 온 세상의 주인이시요 주관자이시다. 사탄과 악령들은 하나님의 하시는 일을 방해하지 못한다. 하나님께서는 우리 개인의 삶과 우리의 가정과 교회와 국가와 세계를 주관하시고 섭리하신다.

셋째로, 사람에게 중요한 것은, 모든 죄를 버리고 하나님께 돌아오는 것이다. 바벨론의 멸망의 원인은 우상숭배 때문이었다(9절). 에돔은 지금 닥친 고난을 모면하는 것보다 죄를 버리고 하나님 중심으로 사는 것이 중요하다. 그렇지 못하면, 아침이 와도 또 밤이 올 것이다. 환난 당하는 자들에게는 환난의 시간이 얼마나 남았는가가 중요한 것이 아니고 참으로 회개했는가가 중요하다. 참된 회개만이 평안의 길이다.

이사야 22장: 예루살렘에 대한 말씀

22장: 예루살렘에 대한 말씀

〔1-4절〕이상(異像) 골짜기에 관한 경고[말씀]라. 네가 지붕에 올라감은 어찜인고? 훤화하며 떠들던[소란하고 떠들썩한](바른성경) 성, 즐거워하던 고을이여, 너의 죽임을 당한 자가 칼에 죽은 것도 아니요 전쟁에 사망한 것도 아니며 너의 관원들은 다 함께 도망하였다가 활을 버리고[활 없이] 결박을 당하였고 너의 멀리 도망한 자도 발견되어 다 함께 결박을 당하였도다. 이러므로 내가 말하노니 돌이켜 나를 보지 말지어다. 나는 슬피 통곡하겠노라. 내 딸 백성이 패멸하였음을 인하여 나를 위로하려고 힘쓰지 말지니라.

'이상 골짜기'는 예루살렘을 가리킨다. 내 딸 백성, 유다, 예루살렘, 셉나, 엘리아김, 다윗의 집 등의 말은 본장이 예루살렘에 관한 것임을 보인다(4, 8, 10, 15, 20, 22절). 예루살렘 성은 선지자들을 통해 하나님의 말씀과 이상(異像)을 많이 받았었다. 그러나 그 성이 멸망할 것이다. 그 거민들은 적군들의 침입을 확인하기 위해 지붕에 올라갈 것이다. 떠들며 즐거워하던 쾌락의 성에 멸망의 재앙이 임할 것이다. 성의 거민들과 관원들은 전쟁을 피하여 도망쳤다가 '활을 버리고' 결박을 당하며 죽임을 당할 것이다. 선지자 이사야는 유다 나라와 예루살렘 성의 멸망을 인해 슬피 통곡할 것이며 위로받기를 원치 않는다.

〔5-7절〕이상(異像)의 골짜기에 주 만군의 여호와께로서 이르는 분요[소란]와 밟힘과 혼란의 날이여, 성벽의 무너뜨림과 산악에 사무치는 부르짖는 소리로다. 엘람 사람은 전통(箭筒)[화살통]을 졌고 병거 탄 자와 마병이 함께하였고 기르 사람은 방패를 들어내었으니 병거는 너의 아름다운 골짜기에 가득하였고 마병은 성문에 정렬되었도다.

예루살렘 성에 소란과 밟힘과 혼란의 날이 올 것이다. 그것은 '주 만군의 여호와께로서 이르는' 날이다. 예루살렘의 멸망은 하나님께서 내리시는 심판이며 징벌이다. 성벽은 무너지고 사람들의 부르짖는 소리는 산악을 진동시킬 것이다. 선지자는 엘람 사람들과 기르 사람

이사야 22장: 예루살렘에 대한 말씀

들에 대해 말한다. 엘람과 기르는 앗수르 사람들이나 바벨론 사람들을 가리킬 것이다. 엘람은 티그리스강 하류 동쪽 지역이지만, 기르 ('길'; 왕하 16:9; 암 1:5; 9:7)는 그 위치가 정확히 확인되지 않는다고 한다. 그들 침략군의 병사들은 예루살렘의 골짜기에 가득할 것이다.

[8-11절] 그가 유다에게 덮였던 것을 벗기매 이 날에야 네가 수풀 곳간의 병기를 바라보았고 너희가 다윗 성의 무너진 곳이 많은 것도 보며 너희가 아래 못의 물도 모으며 또 예루살렘의 가옥을 계수하며 그 가옥을 헐어 성벽을 견고케도 하며 너희가 또 옛 못의 물을 위하여 두 성벽 사이에 저수지를 만들었느니라. 그러나 너희가 이 일을 하신 자를 앙망하지 아니하였고 이 일을 옛적부터 경영하신 자를 존경하지 아니하였느니라.

유다에게 덮였던 것을 벗기신 이는 하나님이시다. '덮였던 것'이란 방어 요새들을 가리키는 것 같다(NASB). 앗수르 왕 산헤립은 올라와 유다의 모든 견고한 성을 쳐서 취했다(왕하 18:13; 사 36:1). '수풀 곳간의 병기' 즉 '삼림의 궁궐의 병기'는 솔로몬이 지은 '레바논 삼림의 궁(왕상 7:2)에 있는 병기들'을 가리키는 것 같다. 삼림의 궁의 병기를 바라본다는 말은 그것들을 의지한다는 뜻이다. 유다 백성은 예루살렘 성의 무너진 곳들을 보수하고 저수지도 만드는 등 방어태세를 정비했다. 심지어 가옥들의 일부를 헐어 성벽을 견고케 했다. 그러나 그들의 문제점은 성의 수비에만 힘쓰고 이 일을 옛적부터 계획하시고 행하시는 하나님을 의지하지 않은 것이다. 우리는 세상의 모든 일을 작정하시고 섭리하시는 하나님을 의지하고 경배해야 한다.

[12-14절] 그 날에 주 만군의 여호와께서 명하사 통곡하며 애호하며 머리털을 뜯으며 굵은 베를 띠라 하셨거늘 너희가 기뻐하며 즐거워하여 소를 잡고 양을 죽여 고기를 먹고 포도주를 마시면서 내일 죽으리니 먹고 마시자 하도다. 만군의 여호와께서 친히 내 귀에 들려 가라사대 진실로 이 죄악은 너희 죽기까지 속지 못하리라 하셨느니라. 주 만군의 여호와의 말씀이니라.

하나님께서는 그 재앙 앞에서 그들이 통회자복하기를 명하셨으나 그들은 오히려 먹고 마시고 즐거워하였고 "내일 죽으리니 먹고 마시

이사야 22장: 예루살렘에 대한 말씀

자"라고 말하였다. 이것이야말로 육신주의요 쾌락주의이다. 이것은 하나님을 아는 성도답지 못한 모습이다. 그러므로 그들의 육신주의, 쾌락주의는 사함 받지 못하는 큰 죄로 간주되었다.

〔15-19절〕 주 만군의 여호와께서 가라사대 너는 가서 그 국고(國庫)를 맡고 궁을 차지한[다스리는, 책임 맡은] 셉나를 보고 이르기를 네가 여기 무슨 관계가 있느냐? 여기 누가 있기에 여기서 너를 위하여 묘실을 팠느냐? 높은 곳에 자기를 위하여 묘실을 팠고 반석에 자기를 위하여 처소를 쪼아내었도다. 나 여호와가 너를 단단히 속박하고 장사같이 맹렬히 던지되 정녕히 너를 말아 싸서 공같이 광막한 지경에 던질 것이라. 주인의 집에 수치를 끼치는 너여, 네가 그 곳에서 죽겠고 네 영광의 수레도 거기 있으리래[혹은 '네가 그 곳에서 죽겠고 거기서 네 영광의 수레도 네 주의 집의 수치가 되리라'(MT, KJV)]. 내가 너를 네 관직에서 쫓아내며 네 지위에서 낮추고.

유다의 멸망은 왕뿐 아니라, 고위 공직자의 부패에도 기인하였다. 전능하신 주 하나님께서는, 유다의 국고(國庫)를 맡고 왕궁을 다스리는 셉나를 책망하신다. 그는 교만하여 임금처럼 자기를 위해 바위에, 높은 곳에 자기의 묘실을 팠다. 그것은 합당치 않은 행동이었다. 그래서 하나님께서는 그를 그 관직에서 쫓아내시며 그의 지위를 낮추시고 그를 붙잡아 포로 되게 하실 것이며, 이방 나라에서 죽고 수치를 당하게 하실 것이다. 하나님께서는 교만한 자를 물리치신다.

〔20-24절〕 그 날에 내가 힐기야의 아들 내 종 엘리아김을 불러 네 옷을 그에게 입히며 네 띠를 그에게 띠워 힘 있게 하고 네 정권을 그의 손에 맡기리니 그가 예루살렘 거민과 유다 집의 아비가 될 것이며 내가 또 다윗 집의 열쇠를 그의 어깨에 두리니 그가 열면 닫을 자가 없겠고 닫으면 열 자가 없으리라. 못이 단단한 곳에 박힘같이 그를 견고케 하리니 그가 그 아비 집에 영광의 보좌가 될 것이요 그 아비 집의 모든 영광이 그 위에 걸리리니 그 후손과 족속 되는 각 작은 그릇 곧 종지로부터 항아리까지리라.

하나님께서는 엘리아김을 불러 셉나의 관직을 그에게 주고 유다를 다스리는 권세를 주실 것이다. 그는 그의 직책을 견고케 하시며 그로

이사야 22장: 예루살렘에 대한 말씀

그 아버지 집에 영광의 보좌가 되게 하실 것이다. 그의 친척들이 그로 인해 영광을 누릴 것이다. 하나님께 모든 주권이 있다. 그는 사람을 높이기도 하고 낮추기도 하시며 세우기도 하고 폐하기도 하신다. 특히, 그는 교만한 자를 물리치시고 겸손한 자에게 은혜를 베푸신다.

[25절] 만군의 여호와께서 가라사대 그 날에는 단단한 곳에 박혔던 못이 삭으리니 그 못이 부러져 떨어지므로 그 위에 걸린 물건이 파쇄되리라 하셨다 하라. 나 여호와의 말이니라.

본문은 지금 권세를 누리는 셉나가, 단단한 곳에 박혔던 못이 삭아 부러져 그 위에 걸린 물건이 부서짐같이 멸망하게 됨을 말한 것 같다.

본장의 교훈을 정리해보자. 첫째로, 하나님께서는 주권자이시다. 5절, "주 만군의 여호와께로서 이르는 소란과 밟힘과 혼란의 날이여." 19-21절, "내가 너를 네 관직에서 쫓아내며 네 지위에서 낮추고 그 날에 내가 힐기야의 아들 내 종 엘리아김을 불러 네 옷을 그에게 입히며." 한 나라의 평안과 전쟁, 사람을 관직에 세움과 쫓아냄이 다 하나님의 주권적 손 안에 있다. 세상의 크고 작은 모든 일들이 다 하나님의 주권적 작정과 섭리 안에서 되어진다. 우리는 하나님의 주권을 믿어야 한다.

둘째로, 이스라엘 백성은 예루살렘 성의 수비에만 힘썼고 하나님을 의지하지 않았다. 10-11절, "가옥을 헐어 성벽을 견고케도 하며 너희가 또 옛못의 물을 위하여 두 성벽 사이에 저수지를 만들었느니라. 그러나 너희가 이 일을 하신 자를 앙망하지 아니하였고 이 일을 옛적부터 경영하신 자를 존경하지 아니하였느니라." 우리는 하나님을 의지해야 한다.

셋째로, 이스라엘 백성은 회개하라는 하나님의 명령을 듣지 않았고 오히려 먹고 마시며 즐겼다. 12-13절, "그 날에 주 만군의 여호와께서 명하사 통곡하며 애호하며 머리털을 뜯으며 굵은 베를 띠라 하셨거늘 너희가 기뻐하며 즐거워하여 소를 잡고 양을 죽여 고기를 먹고 포도주를 마시면서 내일 죽으리니 먹고 마시자 하도다." 우리는 쾌락주의를 버리고 하나님의 명령에 순종하여 모든 죄를 철저히 회개해야 한다.

이사야 23장: 두로에 대한 말씀

23장: 두로에 대한 말씀

〔1-3절〕두로에 관한 경고[말씀]라. 다시스의 선척들아, 너희는 슬피 부르짖을지어다. 두로가 황무하여 집이 없고 들어갈 곳도 없음이요 이 소식이 깃딤[구브로] 땅에서부터 그들에게 전파되었음이니라. 바다에 왕래하는 시돈 상고로 말미암아 부요하게 된 너희 해변 거민들아, 잠잠하라. 시홀의 곡식 곧 나일의 추수를 큰 물로 수운하여 들였으니 열국의 시장이었도다.

두로에 관한 말씀이다. 두로는 이스라엘 북쪽 국경 너머에 지중해 연안의 나라이다. 다시스는 스페인의 타르테수스(Tartessus)나 이탈리아 서쪽 사디니아섬일 것이라는 견해(아하로니)도 있으나, 소아시아 동남부 길리기아 다소로 보는 것(요세푸스, 매튜 풀)이 성경 본문에 가장 맞는 것 같다. 그것은 두로와 무역하였던 한 중요 도시이었다. 옛 시대에 무역의 한 중심지인 두로가 황무하여 집이 없고 사람들이 들어갈 곳도 없기 때문에 그 소식을 깃딤 땅 곧 구브로 섬에서 들은 다시스의 뱃사람들은 슬피 부르짖을 것이다. 두로는 지중해 연안의 다시스와 시돈 상인들의 각종 물품들과 애굽 상인들의 풍부한 곡물 거래 때문에 두로는 부요함을 누렸다. 두로는 아시아의 홍콩처럼 각 나라의 풍성한 상품들이 거래되는 열국의 시장이었다. 그러나 이제 두로의 멸망은 그들로 할 말을 잃게 하는 큰 충격이 될 것이다.

〔4-7절〕시돈이여, 너는 부끄러워할지어다. 대저 바다 곧 바다의 보장(保障)[견고한 성]이 말하기를 나는 구로(劬勞)[해산의 수고를] 하지 못하였으며 생산[출산]하지 못하였으며 청년 남자들을 양육하지 못하였으며 처녀들을 생육지도 못하였다 하였음이니라. 그 소식이 애굽에 이르면 그들이 두로의 소식을 인하여 통도(痛悼)[슬퍼]하리로다. 너희는 다시스로 건너갈지어다. 해변 거민아, 너희는 슬피 부르짖을지어다. 이것이 고대에 건설된 너희 희락의 성 곧 그 백성이 자기 발로 먼 지방까지 가서 유하던 성이냐?

바다에서 견고한 성인 두로가 자녀들을 출산치 못하고 양육치 못

이사야 23장: 두로에 대한 말씀

하는 자가 됨으로 부끄러움을 당할 것이다. 두로의 멸망 소식이 애굽에 이르면 애굽 사람들도 슬퍼할 것이다. 두로는 고대에 건설된 유서 깊은 성이며 '희락의 성' 곧 그 부요와 세력으로 인하여 기쁨과 즐거움이 넘쳤던 성이며 먼 지방까지 세력을 떨쳤던 성이었으나, 이제 그 거민들은 다시스로 도피할 것이며, 또 그 곳에서 물건들을 사고 팔았던 자들은 두로의 멸망을 인해 슬피 부르짖을 것이다.

〔8-12절〕 면류관을 씌우던 자요 그 상고(商賈)들은 방백이요 그 무역자들은 세상에 존귀한 자이던 두로에 대하여 누가 이 일을 정하였느뇨? 만군의 여호와의 정하신[계획하신](NASB, NIV) 것이라. 모든 영광의 교만을 욕되게 하시며 세상의 모든 존귀한 자로 멸시를 받게 하려 하심이니라. 딸 다시스여, 나일같이 너희 땅에 넘칠지어다. 너를 속박함이 다시는 없으리라. 여호와께서 바다 위에 손을 펴사 열방을 흔드시며 여호와께서 가나안에 대하여 명을 내려 그 견고한 성을 훼파하게 하시고 가라사대 너 학대받은 처녀 딸 시돈아, 네게 다시는 희락이 없으리니 일어나 깃딤으로 건너가라. 거기서도 네가 평안을 얻지 못하리라 하셨느니라.

두로는 '면류관을 씌우던 자' 즉 다른 나라들에 귀한 물건들을 공급하던 자이었고 두로와 무역하던 자들은 각 나라의 방백과 귀족들이었다. 이사야는 그런 두로의 멸망이 만군의 여호와의 정하신 것이라고 말한다. 멀리 떨어져 있던 다시스도 두로에게 속박을 당했었으나 이제 두로의 멸망으로 자유함을 누릴 것이다. 상인이라는 뜻을 가진 '가나안'은 두로 지역을 염두에 둔 말씀이며 '그 견고한 성'은 두로를 가리켰다고 본다. 학대받던 시돈은 두로로 인해 다시는 희락을 누리지 못할 것이며 그 거민들은 깃딤 곧 구브로 섬으로 도피할지라도 거기서도 평안을 얻지 못할 것이다.

〔13-14절〕 갈대아 사람의 땅을 보라. 그 백성이 없어졌나니 곧 앗수르 사람이 들짐승의 거하는 곳이 되게 하였으되 그들이 망대를 세우고 궁전을 헐어 황무케 하였느니래그 궁궐들을 헐었으며 그가 그것을 황무케 하셨느니래(원문). 다시스의 선척들아, 너희는 슬피 부르짖으라. 너희 견고한 성

이사야 23장: 두로에 대한 말씀

이 파괴되었느니라.

'너희 견고한 성'은 두로를 가리킨다. 13절은 하나님께서 갈대아 사람들을 사용해 두로를 멸망시키실 것이라는 뜻으로 보기도 하지만(재미슨-포셋-브라운, 박윤선), 하나님께서 갈대아인들의 땅을 황폐케 하신 것처럼 두로도 황폐케 하실 것이라는 뜻 같다(매튜 풀).

〔15-18절〕그 날부터 두로가 한 왕의 연한같이 70년을 잊어버림이 되었다가 70년이 필한 후에 두로는 기생 노래의 뜻같이 될 것이라. 잊어버린 바 되었던 기생 너여, 수금을 가지고 성읍에 두루 행하며 기묘한 곡조로 많은 노래를 불러서 너를 다시 기억케 하라 하였느니라. 70년이 필한 후에 여호와께서 두로를 권고(眷顧)하시리니[돌아보시리니] 그가 다시 취리(取利)하여 지면에 있는 열방과 음란을 행할[무역할] 것이며 그 무역한 것과 이익을 거룩히 여호와께 돌리고 간직하거나 쌓아 두지 아니하리니 그 무역한 것이 여호와 앞에 거하는 자의 배불리 먹을 자료, 잘 입을 자료가 되리라.

하나님께서는 두로의 멸망뿐 아니라, 두로의 회복도 작정하셨다. 여호와께서 두로를 돌아보실 것이다. 두로는 70년 동안 잊혀져 있다가 다시 회복되어 물질적 유여를 가질 것이다. 그러나 이제 그 물질적 유여는 하나님께 거룩히 드려질 것이며 하나님 앞에 거하는 자들의 먹을 양식과 입을 것을 제공하는 데 쓰일 것이다. 이 예언은 신약시대에 이루어졌다고 보인다. 초대교회사를 쓴 유세비우스는 두로에 하나님의 교회가 세워졌고 그것의 많은 재물이 하나님께 바쳐졌고 전도 사역의 후원을 위해 드려졌다는 사실을 증거했다(교회사, 10.4).

본장의 교훈을 정리해보자. 첫째로, 한때 열국의 시장으로 부요했고 '바다의 보장,' '희락의 성'이라고 불릴 정도로 견고하고 즐거움이 넘쳤던 두로 성은 황무케 되어 집도 없고 어린 자녀들도 없고 그 거민들이 부끄러워하고 멀리 도피할 것이며 주위의 나라 사람들도 놀라고 슬퍼할 것이다. 우리는 이 세상의 부귀와 영광이 일시적이고 헛됨을 알고 그것들을 기뻐하거나 자랑하지 말아야 한다. 전도서 1:2-3, "전도자가

이사야 23장: 두로에 대한 말씀

가로되 헛되고 헛되며 헛되고 헛되니 모든 것이 헛되도다. 사람이 해 아래서 수고하는 모든 수고가 자기에게 무엇이 유익한고." 베드로전서 1:24, "그러므로 모든 육체는 풀과 같고 그 모든 영광이 풀의 꽃과 같으니 풀은 마르고 꽃은 떨어지되." 요한일서 2:15-16, "이 세상이나 세상에 있는 것들을 사랑치 말라. 누구든지 세상을 사랑하면 아버지의 사랑이 그 속에 있지 아니하니 이는 세상에 있는 모든 것이 육신의 정욕과 안목의 정욕과 이생의 자랑이니 다 아버지께로 좇아 온 것이 아니요." 우리는 이 세상의 부귀와 영광을 기뻐하거나 자랑하지 말아야 한다.

둘째로, 두로의 멸망을 작정하시고 섭리하신 이는 하나님이시며 그는 두로의 회복도 작정하셨다. 8-9절, "두로에 대하여 누가 이 일을 정하였느뇨? 만군의 여호와의 정하신 것이라." 17절, "70년이 마친 후에 여호와께서 두로를 돌아보시리니." 개인의 생사화복도, 가정이나 국가의 흥망성쇠도 다 하나님께 달려 있다. 하나님 안에 참된 평안이 있고 형통과 영생이 있다. 그러므로 우리는 오직 섭리자 하나님만 의지해야 한다. 시편 39:7, "주여, 내가 무엇을 바라리요? 나의 소망은 주께 있나이다." 이사야 45:7, "나는 빛도 짓고 어두움도 창조하며 나는 평안도 짓고 환난도 창조하나니 나는 여호와라. 이 모든 일을 행하는 자니라 하였노라." 우리는 오직 주권적 섭리자 하나님만 의지해야 한다.

셋째로, 하나님께서 두로를 멸망시키신 까닭은 두로가 부요와 영광 속에 교만했기 때문이었다. 9절, "모든 영광의 교만을 욕되게 하시며." 사람이 부요해지면 교만해지고 음란과 향락에 빠지기 쉽다. 그러므로 사람은 겸손히 하나님을 경외하고 의지하며 그의 계명대로 의와 선을 행해야 한다. 미가 6:8, "사람아, 주께서 선한 것이 무엇임을 네게 보이셨나니 여호와께서 네게 구하시는 것이 오직 공의를 행하며 인자(仁慈)를 사랑하며 겸손히 네 하나님과 함께 행하는 것이 아니냐?" 마태복음 11:29, "나는 마음이 온유하고 겸손하니 나의 멍에를 메고 내게 배우라. 그러면 너희 마음이 쉼을 얻으리니." 우리는 겸손히 선을 행해야 한다.

이사야 24장: 땅을 심판하심

24장: 땅을 심판하심

〔1-3절〕 여호와께서 땅을 공허하게 하시며 황무하게 하시며 뒤집어엎으시고 그 거민을 흩으시리니 백성과 제사장이 일반일 것이며 종과 상전이 일반일 것이며 비자(婢子)와 가모(家母)가 일반일 것이며 사는 자와 파는 자가 일반일 것이며 채급하는[꾸어주는] 자와 채용하는[꾸는] 자가 일반일 것이며 이자를 받는 자와 이자를 내는 자가 일반일 것이라. 땅이 온전히 공허하게 되고 온전히 황무하게 되리라. 여호와께서 이 말씀을 하셨느니라.

하나님께서 온 세상을 심판하실 때는 땅이 온전히 황무해지고 그 거민이 흩어지고 사회의 조직이 다 무너짐으로 혼란해져 높은 자나 낮은 자, 존귀한 자나 비천한 자가 없고 사는 자나 파는 자, 꾸어주는 자나 꾸는 자, 이자를 받는 자나 이자를 내는 자, 다시 말해 가진 자나 못 가진 자의 구별이 없어질 것이다. 온 세상이 혼란한 것이다.

〔4-6절〕 땅이 슬퍼하고 쇠잔하며 세계가 쇠약하고 쇠잔하며 세상 백성 중에 높은 자가 쇠약하며 땅이 또한 그 거민 아래서 더럽게 되었으니 이는 그들이 율법을 범하며 율례를 어기며 영원한 언약을 파하였음이라. 그러므로 저주가 땅을 삼켰고 그 중에 거하는 자들이 정죄함을 당하였고[당하였도다. 그러므로](MT, KJV, NASB, NIV) 땅의 거민이 불타서 남은 자가 적으며.

온 세상이 슬퍼하고 쇠잔해질 것이다. 세상에서 높은 자들도 쇠약해질 것이다. 온 땅은 그 거민들로 인해 더러워질 것이다. 왜냐하면 그들이 율법을 범하고 율례를 어기며 영원한 언약을 파하였기 때문이다. '율법' '율례' '영원한 언약'은 이스라엘 백성에게는 모세 율법과 십계명을 가리키지만, 이방인들에게는 하나님께서 모든 사람의 마음에 심어주신 양심을 가리킬 것이다. 로마서 2:14-15, "(율법 없는 이방인이 본성으로 율법의 일을 행할 때는 이 사람은 율법이 없어도 자기가 자기에게 율법이 되나니 이런 이들은 그 양심이 증거가 되어 그 생각들이 서로 혹은 송사하며 혹은 변명하여 그 마음에 새긴 율법의

이사야 24장: 땅을 심판하심

행위를 나타내느니라)." 양심은 사람에게 주신 행위언약의 반영이다. 온 세상이 하나님의 심판을 받아 황폐하게 될 것은 그 거민들의 죄악 때문이다. 사람들의 죄가 멸망의 원인이다. 그러므로 세상의 마지막 날에 악인들은 저주를 받고 정죄를 당하며 멸망을 당할 것이다.

〔7-13절〕 새 포도즙이 슬퍼하고 포도나무가 쇠잔하며 마음이 즐겁던 자가 다 탄식하며 소고치는 기쁨이 그치고 즐거워하는 자의 소리가 마치고 수금 타는 기쁨이 그쳤으며 노래하며 포도주를 마시지 못하고 독주는 그 마시는 자에게 쓰게 될 것이며 약탈을 당한(토후 והו)[혼란한] 성읍이 훼파되고 집마다 닫히었고 들어가는 자가 없으며 포도주가 없으므로 거리에서 부르짖으며 모든 즐거움이 암흑하여졌으며 땅의 기쁨이 소멸되었으며 성읍이 황무하고 성문이 파괴되었느니라. 세계 민족 중에 이러한 일이 있으리니 곧 감람나무를 흔듦[흔듦] 같고 포도를 거둔 후에 그 남은 것을 주움 같을 것이니라.

하나님의 심판으로 온 세상이 황무할 때 사람의 기쁨과 즐거움이 사라질 것이다. 사람들은 포도주와 독주를 마시지 못할 것이며 기쁨으로 악기를 타며 노래 부르는 일도 없어질 것이다. 사람의 행복은 먹고 마시며 기뻐하고 즐거워하며 노래 부르는 것으로 표현되는데, 그때에는 그런 기쁨과 즐거움, 그런 노래와 행복이 없을 것이다. 혼란한 성읍은 훼파되고 집들은 문이 닫혀 있고 드나드는 사람들도 없을 것이다. 마지막 심판 때에는 온 세상에 이런 일이 있을 것이다.

〔14-16절〕 무리가 소리를 높여 부를 것이며 여호와의 위엄을 인하여 바다에서부터 크게 외치리니 그러므로 너희가 동방에서 여호와를 영화롭게 하며 바다 모든 섬에서 이스라엘 하나님 여호와의 이름을 영화롭게 할 것이라. 땅끝에서부터 노래하는 소리가 우리에게 들리기를 의로우신 자에게 영광을 돌리세 하도다. 그러나 나는 이르기를 나는 쇠잔하였고 나는 쇠잔하였으니 내게 화가 있도다. 궤휼자[배신자]가 궤휼[배신]을 행하도다. 궤휼자[배신자]가 심히 궤휼[배신]을 행하도다 하였도다.

하나님께서 온 세상을 심판하실 때, 하나님의 공의의 위엄과 영광을 찬송하는 소리가 온 세상에서 들릴 것이다. 이방 나라들 가운데서

이사야 24장: 땅을 심판하심

하나님의 은혜로 구원 얻은 자들이 하나님을 찬송하며 그의 공의로운 처분에 대해 영광을 돌리기 때문일 것이다. 신약시대에 구원 얻은 성도들이 바로 그런 찬송을 하나님께 부를 것이다.

그러나 그때는 대환난의 때이며 성도들에게 고난과 핍박도 있는 때이다. 선지자가 말한 '궤휼자'는 적그리스도들과 핍박자들을 가리킬 것이다. 그것은 신약성경에 예언된 바와 일치한다. 주께서는 그가 재림주로 오기 직전에 온 세상에 전쟁들, 기근들, 전염병들, 지진들, 적그리스도들과 거짓 선지자들, 그리고 배교와 핍박들 등이 있을 것을 예언하셨다. 마태복음 24:6-14, "난리와 난리 소문을 듣겠으나 너희는 삼가 두려워 말라. 이런 일이 있어야 하되 끝은 아직 아니니라. 민족이 민족을, 나라가 나라를 대적하여 일어나겠고 처처에 기근과 [전염병과](전통본문) 지진이 있으리니 이 모든 것이 재난의 시작이니라. 그때에 사람들이 너희를 환난에 넘겨주겠으며 너희를 죽이리니 너희가 내 이름을 위하여 모든 민족에게 미움을 받으리라. 그때에 많은 사람이 시험에 빠져 서로 잡아 주고 서로 미워하겠으며 거짓 선지자가 많이 일어나 많은 사람을 미혹하게 하겠으며 불법이 성하므로 많은 사람의 사랑이 식어지리라." 데살로니가후서 2:3, "누가 아무렇게 하여도 너희가 미혹하지 말라. 먼저 배도하는 일이 있고 저 불법의 사람 곧 멸망의 아들이 나타나기 전에는 이르지 아니하리니."

〔17-20절〕 땅의 거민아, 두려움과 함정과 올무가 네게 임하였나니 두려운 소리를 인하여 도망하는 자는 함정에 빠지겠고 함정 속에서 올라오는 자는 올무에 걸리리니 이는 위에 있는 문이 열리고 땅의 기초가 진동함이라. 땅이 깨어지고 깨어지며 땅이 갈라지고 땅이 흔들리고 흔들리며 땅이 취한 자같이 비틀비틀하며 침망[오두막](KJV, NASB, NIV)같이 흔들리며 그 위의 죄악이 중하므로 떨어지고 다시 일지[일어나지] 못하리라.

신약시대는 하나님의 구원이 온 땅에 편만한 동시에 환난과 핍박도 많은 시대이다. 세상의 거민들에게 두려움과 함정과 올무가 임할

이사야 24장: 땅을 심판하심

것이며 땅의 기초가 흔들리고 땅이 깨어지고 갈라지고 술 취한 자같이, 오두막같이 흔들릴 것이다. 대환난 시대의 한 특징은 지진이다.

[21-23절] 그 날에 여호와께서 높은 데서 높은 군대를 벌하시며 땅에서 땅의 왕들을 벌하시리니 그들이 죄수가 깊은 옥에 모임같이 모음을 입고 옥에 갇혔다가 여러 날 후에 형벌을 받을 것이라. 그때에 달이 무색하고 해가 부끄러워하리니 이는 만군의 여호와께서 시온산과 예루살렘에서 왕이 되시고 그 장로들 앞에서 영광을 나타내실 것임이니라.

하나님께서는 높은 군대, 즉 악한 천사들인 사탄과 악령들을 벌하실 것이며, 땅의 열국의 왕들도 심판하실 것이다. 그들은 최종적 심판의 날까지 지옥에 갇혀 있다가 마지막 날에 공의의 벌을 받을 것이다. 사도 베드로는 "하나님이 범죄한 천사들을 용서치 아니하시고 지옥에 던져 어두운 구덩이에 두어 심판때까지 지키게 하셨다"고 말했다 (벧후 2:4). 또 그때에 해와 달이 빛을 잃을 것이다. 그것은 신약성경의 예언들과 일치한다(마 24:29; 계 8:12).

본장의 교훈을 정리해보자. <u>첫째로, 하나님께서는 온 세상을 공의로 심판하시며 죄악된 땅을 황폐케 하실 것이며 또 사탄과 악령들과 악인들에게 영원한 지옥 형벌을 내리실 것이다.</u> 온 세상에 왕은 오직 여호와 하나님 한 분뿐이시다. 우리는 하나님의 공의의 통치를 믿어야 한다.

<u>둘째로, 우리가 범죄하면 하나님께 욕을 돌리며 그의 진노를 가져올 것이나, 우리가 하나님을 섬기며 죄를 버리고 그의 계명에 순종하면 우리는 그를 영화롭게 할 것이며 그의 기쁨과 평안을 누릴 것이다.</u> 우리는 하나님만 영화롭게 해야 한다. 거기에 인생의 참 행복이 있다.

<u>셋째로, 신약시대는 환난과 핍박이 있는 시대이며 주 예수님의 재림 직전에 온 세상은 대환난을 경험할 것이다.</u> 주의 재림 직전의 대환난은 천재지변을 비롯하여 전쟁들, 기근들, 전염병들, 지진들, 적그리스도들과 거짓 목사들, 배교와 핍박들 등을 가리켰다. 그때 성도들에게는 믿음과 인내가 필요하다(계 13:10). 우리는 고난과 핍박을 각오해야 한다.

25장: 하나님의 구원을 찬송함

〔1절〕 여호와여, 주는 나의 하나님이시라. 내가 주를 높이고 주의 이름을 찬송하오리니 주는 기사[기사들]를 옛적의 정하신 뜻대로 성실함과 진실함으로[완전한 진실함으로](NASB, NIV) 행하셨음이라.

이사야는 여호와 하나님을 자신의 하나님으로 고백하며 하나님을 높이고 하나님의 이름을 찬송한다. 그가 하나님을 찬송하는 까닭은, 하나님께서 기이한 일들을 옛적에 정하신 뜻대로 완전한 진실함으로 행하실 것이기 때문이다. 그것은 하나님께서 자기 백성 이스라엘을 앗수르 나라와 바벨론 나라로부터 확실히 구원하실 것을 가리킨다고 본다. 이사야는 그것이 옛날부터 하나님께서 계획하시고 작정하신 바이었고 때가 되어 하나님께서 행하실 일임을 내다보았다.

〔2-3절〕 주께서 성읍으로 무더기를 이루시며 견고한 성읍으로 황무케 하시며 외인의 궁성으로 성읍이 되지 못하게 하사 영영히 건설되지 못하게 하셨으므로 강한 민족이 주를 영화롭게 하며 포학한 나라들의 성읍이 주를 경외하리이다.

이스라엘 나라를 핍박하는 앗수르 나라나 바벨론 나라의 성읍들을 황폐케 만드는 일은 어느 누구도 상상할 수 없는 일들이다. 그러나 하나님께서는 그것들을 무더기가 되게 하시고 황폐케 만드실 것이다. 그러므로 하나님께서 놀라운 일들을 이루실 때 강한 민족들과 포학한 나라들이라도 하나님의 위엄과 능력을 인정하고 그를 두려워하게 될 것이다. 하나님의 심판 때에 사람들은 하나님을 알게 될 것이다.

〔4-5절〕 주는 포학자의 기세가 성벽을 충돌하는 폭풍과 같을 때에 빈궁한 자의 보장(保障)[방어물]이시며 환난 당한 빈핍한 자의 보장[방어물]이시며 폭풍 중에 피난처시며 폭양[뙤약볕]을 피하는 그늘이 되셨사오니 마른 땅에 폭양[뙤약볕]을 제함같이 주께서 외인의 훤화[소란함]를 그치게 하시며 폭양[뙤약볕]을 구름으로 가리움같이 포학한 자의 노래를 낮추시리이다.

이사야 25장: 하나님의 구원을 찬송함

'빈궁한 자,' '환난 당한 빈핍한 자'는 하나님의 백성을 묘사하는 말이다. 폭풍이 성벽에 충돌하듯이 포학자의 기세가 몰려올 것이지만 하나님께서는 가난하고 고난 당하는 자기 백성을 지키시고 보호하실 것이다. 그는 폭풍 중의 피난처와 같고 뙤약볕을 피하는 그늘과 같으시다. 낯선 이방 나라 사람들의 떠드는 소리는 마른 땅에 뙤약볕같이 위협적이었으나 하나님께서는 그것들을 그치게 하실 것이며, 뙤약볕을 구름으로 가리움같이 그는 포학한 자들의 떠드는 소리를 낮추실 것이다. 하나님께서는 사람들의 모든 환경 여건을 홀로 주관하시고 인도하시는 주권적 섭리자, 통치자이시다.

〔6-8절〕 만군의 여호와께서 이 산에서 만민을 위하여 기름진 것과 오래 저장하였던 포도주로 연회(宴會)를 베푸시리니 곧 골수가 가득한 기름진 것과 오래 저장하였던 맑은 포도주로 하실 것이며 또 이 산에서 모든 민족의 그 가리워진 면박[얼굴가리개]과 열방의 그 덮인 휘장을 제하시며 사망을 영원히 멸하실 것이라. 주 여호와께서 모든 얼굴에서 눈물을 씻기시며 그 백성의 수치를 온 천하에서 제하시리라. 여호와께서 이같이 말씀하셨느니라.

만군의 여호와께서는 만민을 위하여 기름진 것과 오래 저장하였던 포도주로 연회(宴會)를 베푸실 것이다. 이 말씀은 세계적인 구원과 회복을 암시한다고 본다. '이 산에서'라는 말은 '예루살렘 산에서'라는 뜻이며, 이것은 신약교회와 장차 이루어질 영광스런 천국을 가리킨 것으로 보인다. '만민'은 이방인들과 유대인들을 다 포함할 것이다. 기름진 것과 오래 저장했던 포도주의 연회(宴會)는 예수님의 비유들에 나오는 천국 잔치이며(마 22:2; 눅 13:29; 14:16), 그 잔치는 영적 의미를 가지며 이미 신약교회에서 시작되었다고 본다. 또 신약시대에는 얼굴 가리개와 덮인 휘장이 제거되듯이 이방인들에게 하나님의 지식이 열렸고 하나님께 나아가는 길이 열렸다.

고린도후서 4:3-4, 6, "만일 우리 복음이 가리웠으면 망하는 자들에게 가리운 것이라. 그 중에 이 세상 신이 믿지 아니하는 자들의 마음

이사야 25장: 하나님의 구원을 찬송함

을 혼미케 하여 그리스도의 영광의 복음의 광채가 비취지 못하게 함이니 그리스도는 하나님의 형상이니라," "어두운 데서 빛이 비취리라 하시던 그 하나님께서 예수 그리스도의 얼굴에 있는 하나님의 영광을 아는 빛을 우리 마음에 비춰셨느니라." 히브리서 10:19-20, "형제들아, 우리가 예수의 피를 힘입어 성소[지성소](KJV, NIV)에 들어갈 담력을 얻었나니 그 길은 우리를 위하여 휘장 가운데로 열어 놓으신 새롭고 산 길이요 휘장은 곧 저의 육체니라."

사망을 영원히 멸하시고 주께서 모든 얼굴에서 눈물을 씻기시며 그 백성의 수치를 온 천하에서 제하시리라는 말씀은 예수 그리스도의 대속으로 말미암아 장차 천국에서 영생을 누리게 될 복을 보인다. 천국은 만유의 회복이다. 요한복음 11:25-26, "예수께서 [마르다에게] 가라사대 나는 부활이요 생명이니 나를 믿는 자는 죽어도 살겠고 무릇 살아서 나를 믿는 자는 영원히 죽지 아니하리니 이것을 네가 믿느냐?" 요한계시록 21:4-5는, [새 예루살렘 성에서] "모든 눈물을 그 눈에서 씻기시매 다시 사망이 없고 애통하는 것이나 곡하는 것이나 아픈 것이 다시 있지 아니하리니 처음 것들이 다 지나갔음이러라. 보좌에 앉으신 이가 가라사대 보라, 내가 만물을 새롭게 하노라 하시고 또 가라사대 이 말은 신실하고 참되니 기록하라 하시고"라고 말한다.

〔9-12절〕 **그 날에 말하기를 이는 우리의 하나님이시라. 우리가 그를 기다렸으니 그가 우리를 구원하시리로다. 이는 여호와시라. 우리가 그를 기다렸으니 우리는 그 구원을 기뻐하며 즐거워하리라 할 것이며 여호와의 손이 이 산에 나타나시리니**[머무시리니] **모압이 거름물**[거름더미] **속의 초개**[지푸라기]**의 밟힘같이 자기 처소에서**(타크타우 יוֹחְתַּה)[그 아래서](KJV, NIV) **밟힐 것인즉 그가 헤엄치는 자의 헤엄치려고 손을 펼같이 그 속에서 그 손을 펼 것이나** 여호와께서 **그 교만과 그 손의 교활을 누르실 것이라. 너의 성벽의 높은 보장을 헐어 땅에 내리시되 진토에 미치게 하시리라.**

하나님께서 만민을 위해 연회(宴會)를 베푸시는 그 날에 구원 얻은

이사야 25장: 하나님의 구원을 찬송함

모든 사람은 하나님을 찬송할 것이다. 그들은 하나님의 구원, 즉 이 세상의 회복을 기다리며 기다렸었다. 이제 하나님의 구원이 그들에게 이루어졌고 그들은 그 구원을 기뻐하며 즐거워할 것이다. 그러나 모압은 거름더미 속의 지푸라기같이 밟히게 될 것이다. 모압은 세상 나라의 한 예로 언급된 것 같다. 하나님께서는 세상 나라들을 멸망시키시며 그들의 교만과 그들의 손의 교활함을 파하실 것이다.

본장의 교훈을 정리해보자. 첫째로, 우리는 하나님의 구원을 기뻐하며 구주 하나님을 찬송해야 한다. 1절, "여호와여, 주는 나의 하나님이시라. 내가 주를 높이고 주의 이름을 찬송하오리니." 9절, "그 날에 말하기를 이는 우리의 하나님이시라. 우리가 그를 기다렸으니 그가 우리를 구원하시리로다. 이는 여호와시라. 우리가 그를 기다렸으니 우리는 그 구원을 기뻐하며 즐거워하리라 할 것이며." 예수께서 세상에 오심으로 하나님의 뜻이 이루어졌고 복음이 온 세상에 널리 전파되어 셀 수 없이 많은 영혼들이 구원을 얻었다. 이제 우리는 지옥 갈 죄인들이 하나님의 구원을 얻어 천국 백성된 것을 기뻐하며 하나님을 찬송해야 한다.

둘째로, 우리는 하나님께서 자기의 백성을 보호하심을 믿어야 한다. 하나님께서는 우리에게 폭풍 중에 피난처이시며 뙤약볕을 피하는 그늘이시다(4절). 환난 많은 세상에서 그는 우리의 피난처와 그늘이 되신다. 시편 23:4, "내가 사망의 음침한 골짜기로 다닐지라도 해를 두려워하지 않을 것은 주께서 나와 함께하심이라. 주의 지팡이와 막대기가 나를 안위하시나이다." 우리는 하나님의 목자 되심을 굳게 믿고 의지해야 한다.

셋째로, 우리는 장차 하나님의 천국 잔치에 참여하는 특권을 감사하며 기뻐해야 한다. 천국은 왕이신 하나님께서 아들 예수 그리스도를 위해 혼인잔치를 베푼 것과 같다(마 22:2). 신약교회는 이미 천국의 시작이다. 우리는 이미 천국의 평안과 기쁨을 시식(試食)하고 있다. 그러나 우리는 장차 영광의 천국에서 영생과 충만한 기쁨의 복을 누릴 것이다.

이사야 26장: 구원의 노래

26장: 구원의 노래

1-11절, 구원의 노래

〔1절〕 **그 날에 유다 땅에서 이 노래를 부르리라. 우리에게 견고한 성읍이 있음이여,** 여호와께서 **구원으로 성과 곽을 삼으시리로다.**

이사야는 메시아 시대에 부를 노래를 소개한다. 그 내용은 7절까지 계속된다. 그것은 구원의 노래, 즉 하나님께서 자기 백성을 지키시고 평안을 주시고 교만한 악인들을 낮추실 것이라는 내용이다. 그 노래는 한 견고한 성읍, 여호와께서 구원으로 성곽처럼 보호하시는 성에 대해 말한다. 그것은 하나님의 나라를 가리킬 것이다. 스가랴 2:5도 "여호와의 말씀에 내가 그 사면에서 불성곽이 되리라"고 말씀하셨다. 하나님의 나라, 곧 천국은 견고하고 안전한 성이다. 하나님께서는 친히 자기 백성을 구원하시고 보호하실 것이다.

〔2-3절〕 **너희는 문들을 열고 신**(信)(에무님 אֱמוּנִים)[신실함](faithfulness)**을 지키는 의로운 나라로 들어오게 할지어다. 주께서 심지**(心志)(예체르יֵצֶר)[생각]**가 견고한 자를 평강에 평강으로**(솰롬 솰롬 שָׁלוֹם שָׁלוֹם)[완전한 평안으로](KJV, NASB, NIV) **지키시리니 이는 그가 주를 의뢰함이니이다.**

"너희는 문들을 열고 신을 지키는 의로운 나라로 들어오게 하라"는 원문은 영어성경들의 번역대로 "신실함을 지키는 의로운 나라가 들어오도록 너희는 문들을 열라"는 뜻이다. 본문은 성도를 '신실함을 지키는 의로운 나라' '생각이 견고한 자' '주를 의뢰하는 자'라고 묘사한다. 성도는 신실해야 하고, 은혜로 받은 하나님의 의 곧 예수 그리스도의 의 안에서 의를 행하는 자이어야 하며, 생각이 확고해야 하며, 하나님만 의지해야 한다. 믿음은 하나님에 대한 확고한 지식이며, 하나님을 믿고 의를 행하는 자들만 하나님의 나라에 들어올 수 있다.

하나님께서는 그들을 완전한 평안으로 지키실 것이다. '평안'이라

이사야 26장: 구원의 노래

는 말은 마음의 평안, 몸의 건강, 물질적 여유, 환경적 평안 등을 다 포함한다. 평안은 하나님께서만 주실 수 있는 복이다. 하나님께서는 '평안의 주님'이시다(살후 3:16). 우리가 하나님만 의지하고 계명에 순종할 때 하나님께서는 풍성한 평안을 주실 것이다(사 48:18).

[4절] 너희는 여호와를 영원히 의뢰하라. 주 여호와는 영원한 반석(만세 반석)이심이로다.

우리는 하나님을 안 이후로 하나님을 믿고 의지했고 또 앞으로도 영원히 하나님을 의뢰하고 의지해야 한다. 그것이 인생의 정로(正路)요 마땅한 일이다. 왜냐하면 주 여호와 하나님께서는 영원한 반석이시기 때문이다. '주 여호와'라는 원어(야흐 예호와 יָהּ יְהוָה)는 '여호와, 여호와'이다. '여호와'라는 하나님의 명칭은 히브리어 '이다' '있다'라는 말에서 나온 말로서 '스스로 계신 자'(출 3:14), 즉 영원자존자(永遠自存者)라는 뜻이라고 보인다. 영원자존자이신 여호와 하나님께서는 우리의 '영원한 반석' 곧 만세반석이 되신다. '반석'은 '보호자, 피난처'라는 뜻이다. 여호와 하나님께서는 우리의 영원한 보호자와 피난처가 되시므로, 우리는 그를 영원히 의지해야 한다.

[5-6절] 높은 데 거하는 자를 낮추시며 솟은 성을 헐어 땅에 엎으시되 진토에 미치게 하셨도다. 발이 그것을 밟으리니 곧 빈궁한 자의 발과 곤핍한 자의 걸음이리로다.

'높은 데 거하는 자'와 '솟은 성'은 악인들과 악한 나라들을 묘사하는 것이라고 보며, '빈궁한 자'와 '곤핍한 자'는 하나님의 진실한 백성들을 가리킨다고 본다. 악인들은 교만하고, 악한 나라들도 그렇지만, 하나님께서는 그들을 낮추시고 땅에 엎드러지게 하실 것이며, 고난 당하는 그의 백성들이 그들을 발로 밟게 하실 것이다.

[7절] 의인의 길은 정직함이여, 정직하신 주께서 의인의 첩경을 평탄케 하시도다.

'정직함'이라는 원어(메솨림 מֵישָׁרִים)는 '평탄함'이라는 뜻도 있다

(BDB, NASB, NIV). 그것은 평안을 주신다는 3절의 말씀과 같은 내용이다. 하나님께서는 의롭고 정직하게 사는 자기의 백성의 길을 평탄케 하신다. 그는 그들의 길에서 감당치 못할 시험과 환난을 제거하시고 감당할 만한 길로 인도하신다. 고린도전서 10:13, "사람이 감당할 시험밖에는 너희에게 당한 것이 없나니 오직 하나님은 미쁘사 너희가 감당치 못할 시험 당함을 허락지 아니하시고 시험 당할 즈음에 또한 피할 길을 내사 너희로 능히 감당하게 하시느니라."

[8-9절] 여호와여, 주의 심판하시는 길에서 우리가 주를 기다렸사오며 주의 이름 곧 주의 기념 이름을 우리 영혼이 사모하나이다. 밤에 내 영혼이 주를 사모하였사온즉 내 중심이 주를 간절히[일찍이(KJV), 부지런히(NASB), 아침에(NIV)] 구하오리니 이는 주께서 땅에서 심판하시는 때에 세계의 거민이 의(義)를 배움이니이다.

하나님의 참된 백성은 하나님의 심판이 시행되어 고난을 당하는 어두운 밤 같은 때에도 하나님을 기다렸고 주의 기념 이름을 사모했다. 그것이 하나님의 백성의 특징이다. 성도는 하나님만 바라며 심지어 큰 징계를 받는 고난의 깊은 밤에라도 하나님을 이른 아침부터, 간절히, 부지런히 바란다. 하나님의 심판은 공의로우시며, 하나님의 심판 때에 온 세상은 하나님의 의를 깨닫고 배우게 될 것이다.

[10-11절] 악인은 은총을 입을지라도 의를 배우지 아니하며 정직한 땅에서 불의를 행하고 여호와의 위엄을 돌아보지 아니하는도다. 여호와여, 주의 손이 높이 들릴지라도 그들이 보지 아니하나이다마는 백성을 위하시는 주의 열성을 보면 부끄러워할 것이라. 불이 주의 대적을 사르리이다.

악인들은 하나님의 은총을 입을 때라도 의를 배우지 않으며 정직한 땅에서 불의를 행하고 하나님의 위엄을 두려워하지 않고 그 심판의 손길을 깨닫지 못한다. 그러나 하나님께서 자기 백성을 위하시고 불로 그들을 불사르시는 열심을 보면 그들은 부끄러워할 것이다.

본문의 교훈을 정리해보자. 첫째로, 하나님께서는 견고한 성읍이시

이사야 26장: 구원의 노래

요 만세반석이시다. 1절, "우리에게 견고한 성읍이 있음이여, 여호와께서 구원으로 성과 곽을 삼으시리로다." 4절, "너희는 여호와를 영원히 의뢰하라. 주 여호와는 영원한 반석[만세반석]이심이로다." 하나님께서는 우리의 영원한 거처이시다. 시편 90:1-2, "주여, 주는 대대에 우리의 거처가 되셨나이다. 산이 생기기 전, 땅과 세계도 주께서 조성하시기 전 곧 영원부터 영원까지 주는 하나님이시니이다." 하나님께서는 온 세상 만물의 품이시며 세상에 살고 있는 모든 사람들의 품이시다. 누구든지 하나님께 피한다면, 그를 해칠 수 있는 자는 세상에 아무도 없다. 그는 영원히 우리가 의지할 자이시며 우리의 보호자이시다. 그러므로 우리는 만세반석 되신 하나님만 영원토록 믿고 의지해야 한다.

둘째로, 하나님 안에는 완전한 평안이 있다. 그는 자기 백성을 완전한 평안으로 지키시며 평탄한 길로 인도하신다. 하나님께서는 평안의 주님이시다. 그는 우리에게 때마다 일마다 평안을 주실 수 있고 또 주시는 분이시다(살후 3:16). 하나님을 떠난 세상에는 미움과 싸움, 속임과 슬픔이 있지만, 천국은 의와 평안과 기쁨의 세계이며(롬 14:17) 거기에는 완전한 평안이 있다. 우리가 모든 염려를 하나님께 맡기면, 하나님께서는 평안으로 우리의 마음과 생각을 지켜주실 것이다(빌 4:6-7).

셋째로, 그러므로 우리는 오직 하나님을 경외하고 의지하며 그의 뜻대로 정직하게, 선하게, 진실하게만 살아야 한다. 하나님의 견고한 성에 들어가려면 '신실함을 지키는 의로운 나라'이어야 하고, '생각이 확고한 자'이어야 한다. 사람이 죄를 지으면 하나님의 진노를 가져올 것이며 그의 징벌을 피할 수 없을 것이다. 그러나 하나님을 믿고 의지하는 확고한 생각과 마음으로 의와 선을 행하면 풍성한 평안 가운데 거할 것이다. 예수 그리스도의 십자가 속죄의 공로로 의롭다 하심을 얻은 자는 계속 범죄해서는 안 된다(요일 3:9). 성도가 죄를 짓지 않고 힘써 의를 행한다면 하나님께서는 그에게 평안을 주시고 그의 길을 평탄케 하실 것이다. 성도는 예수 그리스도의 의 안에서 오직 의와 선을 행해야 한다.

이사야 26장: 구원의 노래

12-21절, 환난 중에 하나님을 앙모함

〔12절〕 여호와여, 주께서 우리를 위하여 평강을 베푸시오리니 주께서 우리 모든 일을 우리를 위하여 이루심이니이다.

하나님께서는 우리에게 평안을 주실 수 있는 분이시다. 사도 바울은 데살로니가 교인들에게 "평강[평안]의 주께서 친히 때마다 일마다 너희에게 평강[평안]을 주시기를 원하노라"고 기원하였다(살후 3:16). 우리가 하나님의 평안을 기대하는 까닭은 하나님께서 우리의 모든 일을 섭리하시며 그것을, 우리를 위해, 즉 우리의 유익을 위해, 우리의 구원과 성화를 위해 행하시고 이루시기 때문이다. 그러므로 사도 바울은 로마서 8:28에서 "우리가 알거니와 하나님을 사랑하는 자 곧 그 뜻대로 부르심을 입은 자들에게는 모든 것이 합력하여 선을 이루느니라"고 말하였다. 그것은 일차적으로 우리의 성화를 가리킨다.

〔13-14절〕 여호와 우리 하나님이시여, 주 외에 다른 주들이 우리를 관할하였사오나 우리가 주만 의뢰하고 주의 이름을 부르리이다. 그들은 죽었은즉 다시 살지 못하겠고 사망하였은즉 일어나지 못할 것이니 이는 주께서 벌하여 멸하사 그 모든 기억을 멸절하셨음이니이다.

'주 외에 다른 주들'이란 이방 나라들의 왕들을 가리킨다. 선지자는 이스라엘 백성이 이방 나라들의 왕들의 지배를 받았을 때에도 오직 하나님의 은혜로 하나님만 의지하며 하나님의 이름을 부를 것이라고 고백한다. 14절의 '그들'은 이방 나라들의 주들 곧 왕들을 가리킨다고 본다. 하나님께서는 이방 나라들의 왕들을 벌하실 것이며 그들은 다 죽을 것이며 세상에서 그들에 대한 기억은 없어질 것이다.

〔15절〕 여호와여, 주께서 이 나라를 더 크게 하셨고 이 나라를 더 크게 하셨나이다. 스스로 영광을 얻으시고 이 땅의 모든 경계를 확장하셨나이다.

'이 나라'는 회복된 이스라엘 나라(1절)를 가리킨다. 하나님께서는 장차 확실히 이스라엘 나라를 더 크게 하실 것이며 그 땅의 모든 경계

이사야 26장: 구원의 노래

를 확장하실 것이며 이로 인해 영광을 얻으실 것이다. 이것은 영적인 이스라엘인 신약교회가 온 세상에 확장될 것을 암시한다.

〔16절〕여호와여, 백성이 환난 중에 주를 앙모하였사오며 주의 징벌이 그들에게 임할 때에 그들이 간절히 주께 기도하였나이다.

이스라엘 백성은 범죄함으로 하나님의 징벌을 받으며 온 세계에 뿔뿔이 흩어질 것이지만, 그 환난 중에 하나님을 앙모하며 하나님의 징벌이 임하였을 때 간절히 하나님께 기도할 것이다. '간절히 기도한다'는 원어(차쿤 라카쉬 צָקוּן לַחַשׁ)는 '속삭이는 기도를 쏟아 붓다'는 뜻이다. 이스라엘 백성은 앗수르와 바벨론 나라에서의 포로생활 중에서, 부자유스럽고 힘든 상황 속에서도 조용한 소리의 속삭이는 기도를 하나님 앞에 쏟아 붓고 계속 그렇게 기도할 것이다.

〔17-18절〕여호와여, 잉태한 여인이 산기(産期)가 임박하여 구로하며 부르짖음같이 우리가 주의 앞에 이러하나이다. 우리가 잉태하고 고통하였을지라도 낳은 것은 바람 같아서 땅에 구원을 베풀지 못하였고 세계의 거민을 생산치 못하였나이다.

이스라엘 백성이 포로생활 중에 하나님께 갈급히 부르짖은 기도는 마치 잉태한 여인이 출산의 때가 다 되어 해산의 고통으로 부르짖음과 같을 것이다. 그러나 그 산고의 부르짖음은 온 세상에 흩어진 이스라엘 백성들에게 구원이 되지 못할 것이다.

〔19절〕주의 죽은 자들은 살아나고 우리의 시체들은 일어나리이다. 티끌에 거하는 자들아, 너희는 깨어 노래하라. 주의 이슬은 빛난(오로스 אוֹרֹת)[새벽](BDB, NASB, NIV) 이슬이니 땅이 죽은 자를 내어놓으리로다.

이사야는 "주의 죽은 자들은 살아나고 우리의 시체들은 일어나리이다"라고 말한다. 이사야는 소망의 소식을 전한다. '주의 죽은 자들'이라는 표현은 하나님의 백성을 가리킨다. 이스라엘 백성 중에는 이미 죽은 자들도 있을 것이며 지금 살아 있어도 죽은 자와 같이 사는 자들도 있을 것이다. "우리의 시체들은 일어나리이다"라는 원어(네벨

이사야 26장: 구원의 노래

라시 예쿠문 נְבֵלָתִי יְקוּמוּן)는 "그들은 나의 시체와 함께 일어나리이다"라는 뜻이라고 본다. 선지자는 이스라엘 백성의 부활과 회복을 믿고 거기에 자신의 부활도 포함시켰다고 보인다.

이사야는 또, "티끌에 거하는 자들아, 너희는 깨어 노래하라. 주의 이슬은 새벽 이슬이니 땅이 죽은 자를 내어놓으리로다"라고 말한다. 구약성경의 이 본문은 멸망했던 이스라엘의 회복과 더불어 종말론적 부활을 예언한다고 본다. 다니엘 12:2도 "땅의 티끌 가운데 자는 자 중에 많이 깨어 영생을 얻는 자도 있겠다"고 말하였다. 신약성경은 부활의 진리를 밝히 증거한다. 주께서는 "무덤 속에 있는 자가 다 그의 음성을 들을 때가 오나니 선한 일을 행한 자는 생명의 부활로, 악한 일을 행한 자는 심판의 부활로 나오리라"고 말씀하셨다(요 5:28-29). 사도 바울도, "우리가 다 잠잘 것이 아니요 마지막 나팔에 순식간에 홀연히 다 변화하리니 나팔 소리가 나매 죽은 자들이 썩지 아니할 것으로 다시 살고 우리도 변화하리라"고 말하였다(고전 15:51).

〔20-21절〕 내 백성아, 갈지어다. 네 밀실에 들어가서 네 문을 닫고 분노가 지나기까지 잠깐 숨을지어다. 보라, 여호와께서 그 처소에서 나오사 땅의 거민의 죄악을 벌하실 것이라. 땅이 그 위에 잦았던[흘려졌던] 피를 드러내고 그 살해(殺害)당한 자를 다시는 가리우지 아니하리라.

지금 부활의 때가 된 것은 아니다. 아직 세상에는 환난이 있을 것이며 먼저 하나님의 심판이 온 세상에 임할 것이다. 하나님께서는 장차 땅의 거민들의 죄악을 벌하실 것이다. 심판자께서는 땅 위에 흘려졌던 의인들의 피 흘림에 대해 철저히 보응하실 것이다. 그러므로 성도들은 대환난 때에 밀실에 들어가서 문을 닫고 하나님의 분노가 지나기까지 잠깐 숨어 있어야 한다. 밀실은, 세상과 분리된 곳이며 하나님과 밀접한 교제를 나누는 곳이며 하나님의 보호가 있는 곳이다(매튜 풀). 그때 성도들은 세상 사람들과 무분별하게 교제하지 말고 성경을 읽고 기도하며 하나님과 교제하기를 힘써야 한다. 이 세상에서 성도

이사야 26장: 구원의 노래

들이 당하는 환난은 길어 보여도 우리가 영원한 천국에 비교하면 '잠깐'에 불과할 것이다. 우리는 곧 영광의 천국을 보게 될 것이다.

본문의 교훈을 정리해보자. **첫째로, 우리는 세상 사는 동안 하나님께서 우리에게 평안 주실 것과 또 우리의 모든 일이 합력하여 선을 이루게 하실 것을 믿어야 한다.** 하나님께서는 평안의 주님이시며 우리의 삶의 구체적인 현실 가운데서 평안을 주실 수 있고 주시는 주님이시다. 참된 평안은 하나님께서만 주실 수 있고(살후 3:16) 우리 주 예수께서 주실 수 있고 주시는 것이다. 요한복음 14:27, "평안을 너희에게 끼치노니 곧 나의 평안을 너희에게 주노라. 내가 너희에게 주는 것은 세상이 주는 것 같지 아니하니라. 너희는 마음에 근심도 말고 두려워하지도 말라." 또 하나님께서는 우리의 모든 일이 합력하여 선을 이루게 하시는 섭리자이시다. 로마서 8:28, "우리가 알거니와 하나님을 사랑하는 자 곧 그 뜻대로 부르심을 입은 자들에게는 모든 것이 합력하여 선을 이루느니라." 그것은 일차적으로 우리의 영적 성숙 즉 성화(聖化)를 가리킨다.

둘째로, 그러므로 우리는 환난 중에도 하나님만 의지하고 소망해야 한다. 이스라엘 백성은 이방 나라 왕들의 지배를 받을 때도 오직 하나님의 은혜로 하나님을 의지하며 하나님의 이름을 부를 것이다. 그들은 환난 중에 하나님을 앙모하고 하나님께 속삭이는 기도를 쏟아 부을 것이다. 하나님께서는 장차 자기 백성을 회복시키실 것이며 그의 죽은 자들을 영광스럽게 부활시키실 것이다. 오늘날 신약 성도들은 예수 그리스도의 재림과 죽은 자들의 영광스런 부활과 복된 천국과 영생의 소망을 가지고 있다. 그러므로 우리는 이 세상에서 하나님만 의지하고 소망 중에 즐거워하며 환난 중에 참고 또 기도에 항상 힘써야 한다(롬 12:12).

셋째로, 우리는 환난 시대에 밀실에 들어가 잠깐 숨어야 한다. 우리는 믿지 않는 자와 멍에를 같이하지 말고 교제의 교훈을 지키고, 성경을 읽고 묵상하며 기도함으로써 하나님과 밀실의 교제를 힘써야 한다. 하나님께서는 그런 성도들을 보호하시고 날마다 승리케 하실 것이다.

이사야 27장: 이스라엘의 회복

27장: 이스라엘의 회복

〔1절〕 그 날에 여호와께서 그 견고하고(카쉐 הָשָׁק)[사납고] **크고 강한 칼로 날랜**(바리아크 בָּרִיחַ)[날 듯이 빠른] **뱀 리워야단**(리웨야산 לִוְיָתָן)[바다 괴물] **곧 꼬불꼬불한 뱀 리워야단을 벌하시며 바다에 있는 용**(탄닌 תַּנִּין)[큰 바다 동물]**을 죽이시리라.**

'그 날'은 앞에서 말한 "땅의 거민의 죄악을 벌하실" 날(26:21), 곧 세상의 마지막 심판 날이다. '날랜 뱀 리워야단 곧 꼬불꼬불한 뱀 리워야단'과 '바다에 있는 용'은 가까이는 앗수르나 바벨론 같은 세상 나라들을 가리키겠지만, 궁극적으로는 창세기 3장에 나오는 간교한 뱀이며 요한계시록 12:9에 말씀한, 온 세상을 미혹하는 사탄을 가리킨다고 본다(재미슨-포셋-브라운). 그 옛 뱀 사탄은 마침내 하나님의 심판을 받을 것이다. 하나님께서는 사납고 강한 칼로 그를 죽이실 것이다. 요한계시록 20:10은 마귀가 마지막 심판 때에 불과 유황 못 즉 지옥불에 던지울 것이라고 증거했다. 지옥은 사탄과 악령들을 위해 준비된 곳이다(마 25:41). 사탄과 악령들은 지옥불에 던지울 것이다.

〔2-5절〕 그 날에 너희는 **아름다운**(케메르 חֶמֶד)[포도주의](KJV, NASB)[16] **포도원을 두고 노래를 부를지어다. 나 여호와는 포도원지기가 됨이여, 때때로**(리르가임 לִרְגָעִים)[매 순간](BDB, KJV, NASB) **물을 주며 밤낮으로 간수하여 아무든지 상해하지 못하게 하리로다.** 나는 포도원에 대하여 **노함이 없나니 질려와 형극**[찔레와 가시들]**이 나를 대적하여 싸운다 하자. 내가 그것을 밟고 모아 불사르리라.** 그리하지 아니할 것 같으면 **나의 힘을 의지하고 나와 화친하며 나로 더불어 화친할 것이니라.**

포도원은 이스라엘 나라를 상징하였다. 포도원이 다시 포도주를

---

16) '아름다운'이라는 번역은 몇 개의 히브리어 사본들과 헬라어 칠십인역, 아람어 탈굼역, 수리아어역을 따른 것인데, 그것은 본문을 케메드 חֶמֶד (소원, 기쁨)라고 읽었다고 보인다(BDB).

이사야 27장: 이스라엘의 회복

생산할 수 있게 되듯이, 황폐된 이스라엘 나라가 다시 회복될 것이다. 하나님께서는 포도원지기처럼 친히 이스라엘을 관리하시고 매 순간 물을 주듯이 성령의 감동과 힘을 주시고 밤낮 지키시고 아무도 그들을 해치지 못하게 보호하실 것이다. 하나님께 감사해야 한다. 하나님께서는 이스라엘 백성에 대해 노함이 없을 것이다. 이스라엘 사회에서 혹 하나님을 대적하는 자들이 일어날지라도 그는 그들을 제압하시고 진멸하실 것이다. 마지막 심판의 날에는 모든 사람이 심판을 받든지, 아니면 하나님의 힘을 의지하고 그와 화목할 것이다.

〔6절〕 후일에는 야곱의 뿌리가 박히며 이스라엘의 움이 돋고 꽃이 필 것이라. 그들이 그 결실로 지면에 채우리로다.

'후일에'라는 원어(핫바임 הַבָּאִים)는 옛날 영어성경은 '오는 자들'(KJV)이라고 번역했으나, 원어사전은 '오는 날들에, 후일에'라는 관용구로 본다(BDB, NASB, NIV). 장차 이스라엘 나라는 아름답게 회복되고 하나님의 구원의 결실은 온 세상에 충만하게 될 것이다.

〔7-8절〕 주께서 그 백성을 치셨은들 그 백성을 친 자들을 치심과 같았겠으며 백성이 살륙을 당하였은들 백성을 도륙한 자의 살륙을 당함과 같았겠느냐? 주께서 백성을 적당하게 견책하사 쫓아내실 때에 동풍 부는 날에 폭풍으로 그들을 옮기셨느니라.

'적당하게'라는 원어(베삿세아 בְּסַאסְּאָה)는 '그를 몰아내심으로써'라는 뜻이거나(BDB, NASB), '정확하게'(measure by measure)(게세니우스, 델리취, RSV) 혹은 '어느 정도, 적당하게'(in measure)(KJV, ASV)라는 뜻이라고 한다. 본문의 뜻은, 주 하나님께서 이방 나라들을 치셨듯이 자기의 백성 이스라엘을 치시지는 않았지만, 그들을 어느 정도, 적당하게 징벌하셨다는 뜻인 것 같다.

〔9-11절〕 야곱의 불의가 속(贖)함을 얻으며 그 죄를 없이 함을 얻을 결과는 이로 인하나니 곧 그가 제단의 모든 돌로 부숴진 횟돌 같게 하며 아세라와 태양상으로 다시 서지 못하게 함에 있는 것이라. 대저 견고한 성읍은

이사야 27장: 이스라엘의 회복

적막하고 거처가 황무하며 버림이 되어 광야와 같았은즉 송아지가 거기서 먹고 거기 누우며 그 나뭇가지를 먹어 없이하리라. 가지가 마르면 꺾이나니 여인이 와서 그것을 불사를 것이라. 이 백성이 지각이 없으므로 그들을 지으신 자가 불쌍히 여기지 아니하시며 그들을 조성하신 자가 은혜를 베풀지 아니하시리라.

본문은 하나님께서 이스라엘 백성의 죄를 어떻게 징벌하실는지를 말한다. 하나님께서는 우상을 섬기던 제단과 우상들을 다 부서뜨리시고, 견고한 성읍들을 적막하고 황무하게 만드실 것이며, 그 곳들에서 송아지들이 먹고 누울 것이다. 그 백성이 하나님께 대한 깨달음과 지식이 없으므로 그들을 창조하신 하나님께서는 그들을 불쌍히 여기지 않으시고 징벌하실 것이다. 그러나 그 징벌로 인해 그들은 이제 하나님의 긍휼로 구속(救贖)함을 얻을 것이다.

〔12-13절〕 너희 이스라엘 자손들아, 그 날에 여호와께서 창일하는 하수에서부터 애굽 시내에까지 과실을 떠는 것같이 너희를 일일이 모으시리라. 그 날에 큰 나팔을 울려 불리니 앗수르 땅에서 파멸케 된 자와 애굽 땅으로 쫓겨난 자가 돌아와서 예루살렘 성산에서 여호와께 경배하리라.

'하수'(나하르 נָהָר)는 유브라테스 강을 가리킨다. '시내'라는 원어(나칼 נַחַל)는 '와디'라고 부르는 시내, 즉 비가 올 때만 흐르는 물이 있는 시내를 가리킨다. 이스라엘 민족의 회복의 날에, 하나님께서는 저 북쪽 유브라테스 강부터 남방 애굽 시내까지에 흩어진 이스라엘 백성을 '일일이' 곧 한 사람, 한 사람씩 다 불러모으실 것이다. 그들은 돌아와 예루살렘의 거룩한 산에서 여호와께 경배할 것이다. 참 신앙생활은 모든 헛된 우상을 버리고 하나님께로 돌아와서 살아계신 참 하나님을 섬기는 것이다. 데살로니가전서 1:9-10에서, 사도 바울은 데살로니가 교인들에 대해 증거하기를, "저희가 우리에 대하여 스스로 고하기를 우리가 어떻게 너희 가운데 들어간 것과 너희가 어떻게 우상을 버리고 하나님께로 돌아와서 사시고 참되신 하나님을 섬기며

이사야 27장: 이스라엘의 회복

또 죽은 자들 가운데서 다시 살리신 그의 아들이 하늘로부터 강림하심을 기다린다고 말하니 이는 장래 노하심에서 우리를 건지시는 예수시니라"고 하였다. 이것이 참된 회개이며 구원이다.

본장의 교훈을 정리해보자. <u>첫째로, 인류와 온 세상을 미혹했던 영인 사탄과 악령들은 마침내 지옥불에 던지울 것이다.</u> 주 예수께서는 지옥이 "마귀와 그 사자들을 위하여 예비된 영영한 불"이라고 말씀하셨다(마 25:41). 요한계시록 20:10은 세상을 미혹하던 마귀가 불과 유황 못에 던지울 것이라고 예언했다. 사도 바울은 로마서에서 "평강의 하나님께서 속히 사단을 너희 발 아래서 상하게 하시리라"고 말하였다(롬 16:20). 지금 사탄과 악령들은 활개치며 온 세상과 교회들을 시험하고 부패시키지만, 그들은 마지막 심판 때 지옥불에 던지울 것이다. 그것이 하나님의 엄격한 공의이시다. 우리는 사탄과 악령들의 운명을 알아야 한다.

<u>둘째로, 하나님께서는 자기 백성의 죄를 어느 정도, 적당하게 징책하시지만, 그들의 모든 죄와 불의를 다 씻으실 것이며, 온 세계에 흩어진 하나님의 백성을 일일이 다 불러모으실 것이다.</u> 구원은 하나님께 있다. 주께서는, "나를 보내신 이의 뜻은 내게 주신 자 중에 내가 하나도 잃어버리지 아니하고 마지막 날에 다시 살리는 이것이니라. 내 아버지의 뜻은 아들을 보고 믿는 자마다 영생을 얻는 이것이니 마지막 날에 내가 이를 다시 살리리라"고 말씀하셨다(요 6:39-40). 예수 그리스도께서는 그의 임무를 완수하실 것이다. 하나님께서는 택하신 백성을 다 구원하실 것이다. 온 세계에서 하나님의 택하신 자들은 다 구원 얻을 것이다.

<u>셋째로, 세계 각 곳에서 돌아온 이스라엘 백성은 예루살렘 성산에서 여호와께 경배할 것이다.</u> 우리는 하나님을 우리의 마음을 다하고 성품을 다하고 힘을 다하여 사랑해야 한다(신 6:5). 우리에게는 하나님보다 더 사랑하는 것이나 하나님 대신에 사랑하는 것이 없어야 한다. 하나님을 경외하고 그의 계명들을 순종하는 것이 인생의 본분이다(전 12:13). 우리는 모든 우상을 버리고 오직 살아계신 참 하나님만 섬겨야 한다.

28장: 이스라엘에 대한 심판

1-13절, 에브라임의 술취함과 교만

〔1절〕 취한 자 에브라임의 교만한 면류관이여, 화 있을진저. 술에 빠진 자의 성 곧 영화로운 관같이 기름진 골짜기 꼭대기에 세운 성이여, 쇠잔해가는 꽃 같으니 화 있을진저.

선지자 이사야는 에브라임 곧 북쪽 이스라엘 나라를 '술 취한 자'라고 표현했다. 구약교회인 이스라엘 나라는 '영화로운 관같이' 상당한 물질적 부요와 힘과 영광을 누리고 있었으나, 술 취한 자가 많았고 또 그들은 전체적으로 교만해 있었다. 선지자 이사야는 그 나라에 화가 있을 것이며 그 나라가 쇠해지고 사라질 것이라고 말한다.

〔2절〕 보라, 주께 있는 강하고 힘있는 자가 쏟아지는 우박같이, 파괴하는 광풍같이, 큰물의 창일함같이 손으로 그 면류관을 땅에 던지리니.

'주께 있는 강하고 힘있는 자'는 앗수르 나라를 가리킨다고 보인다. 앗수르 나라는 '주께 있는' 자, 곧 하나님께서 이스라엘을 심판하시는 도구로 사용될 것이다. 우리는 하나님의 뜻을 이루는 도구로 쓰일 수 있고 이방 나라들도 하나님의 쓰시는 도구로 쓰일 수 있다. 세계의 역사는 하나님의 섭리의 역사이다. 하나님께서는 온 세상의 주권적 섭리자이시다. 앗수르 나라는 쏟아지는 우박같이, 파괴하는 광풍같이, 큰물의 창일함같이 이스라엘 땅에 덮칠 것이다. 주전 722년경에 북방 이스라엘이 앗수르에 의해 멸망했을 때 이 예언이 이루어졌다. 열왕기하 17장은 북방 이스라엘의 멸망의 사실을 기록하였다.

〔3-4절〕 에브라임의 취한 자의 교만한 면류관이 발에 밟힐 것이라. 그 기름진 골짜기 꼭대기에 있는 그 영화의 쇠잔해 가는 꽃이 여름 전에 처음 익은 무화과와 같으리니 보는 자가 그것을 보고 얼른 따서 먹으리로다.

이스라엘 나라는 술취하고 교만한 면류관 같았으나, 그 면류관은

이사야 28장: 이스라엘에 대한 심판

발에 밟힐 것이다. 그 나라는 기름진 골짜기의 꼭대기에 있는 아름다운 꽃이었으나, 여름 전에 처음 익은 무화과를 사람들이 보고 얼른 따서 먹듯이 그 꽃은 떨어지고 쇠잔해질 것이다. 북쪽 이스라엘 나라는 멸망할 것이다. 그 부귀와 힘과 영광은 곧 사라질 것이다.

[5-6절] 그 날에 만군의 여호와께서 그 남은 백성에게 영화로운 면류관이 되시며 아름다운 화관이 되실 것이라. 재판석에 앉은 자에게는 판결하는 신이 되시며 성문에서 싸움을 물리치는 자에게는 힘이 되시리로다 마는.

'그 날에'는 앞에서 말한 이스라엘의 멸망의 날을 가리킨다. '만군의 여호와'라는 명칭은 하나님께서 하늘의 천군 천사들을 자유로이 동원하시는 전능하신 섭리자이심을 증거한다. '그 남은 백성'은 남쪽 유다 백성을 가리키는 것 같다. 북쪽 이스라엘 나라가 멸망한 후에도 남쪽 유다 나라는 약 136년 동안이나 더 지속되었다. 하나님께서는 그 남은 유다 백성에게 영화로운 면류관과 아름다운 화관이 되실 것이다. 하나님께서는 재판석에 앉은 자들에게 '판결하는 신'(루아크 미쉬파트 רוּחַ מִשְׁפָּט) 즉 '공의의 영'이 되시며 성문에서 싸움을 물리치는 자들, 즉 법정에서 자신의 정당함을 위하여 변론하는 자들에게 힘이 되실 것이다. 유대 사회에는 경건과 도덕성이 유지될 것이다. 그것은 특히 히스기야나 요시야 왕 때를 가리킨 것 같다.

[7-8절] [그러나(KJV) 이] 유다 사람들도 포도주로 인하여 옆걸음 치며 독주로 인하여 비틀거리며 제사장과 선지자도 독주로 인하여 옆걸음 치며 포도주에 빠지며 독주로 인하여 비틀거리며 이상을 그릇 풀며 재판할 때에 실수하나니 모든 상에는 토한 것, 더러운 것이 가득하고 깨끗한 곳이 없도다.

'이들'(7절)은 '그 남은 백성' 곧 유다 백성을 가리킬 것이다. 남쪽 유다 나라는 상당한 기간 하나님을 믿고 섬길 것이지만, 그들도 마침내 부패될 것을 보이신 말씀이라고 보인다. 그들은 우상숭배와 세상 사랑을 인해 부패할 것이다. 제사장들과 선지자들도 그러하고 이스라엘 온 땅에 죄악들이 가득할 것이다. 하나님의 옛 백성 이스라엘은

이사야 28장: 이스라엘에 대한 심판

이와 같이 북방이나 남방이나 다 부패하여 결국 멸망하게 될 것이다.

〔9-10절〕 그들이 이르기를 **그가 누게 지식을 가르치며 누게 도를 전하여 깨닫게 하려는가. 젖 떨어져 품을 떠난 자들에게 하려는가. 대저 경계에 경계를 더하며 경계에 경계를 더하며 교훈에 교훈을 더하며 교훈에 교훈을 더하되 여기서도 조금, 저기서도 조금 하는구나 하는도다.**

유다 백성은 선지자들을 통해 전달된 하나님의 말씀들을 '젖 떨어져 품을 떠난 자들에게' 주는 초보적인 말씀이라고 무시하고 조롱했고, 그가 반복된 교훈을 한다고 멸시하며 비방했다. 그러나 그들 속에 하나님의 참 형상이 이루어지기까지 그들은 하나님의 말씀을 무시하지 말고 반복하여 듣고 배워야 할 것이며, 또 겸손하고 가난한 마음으로 하나님의 말씀을 사모하며 받아야 할 것이다.

〔11절〕 **그러므로 [그가] 생소한**(라아그 לַעֲגֵי)[더듬거리는](BDB, KJV, NASB, NIV) **입술과 다른 방언으로 이 백성에게 말씀하시리라.**

그들이 하나님의 말씀을 무시하고 거절하였을 때 하나님께서는 그들을 이방 나라들에 포로로 잡혀가게 하실 것이다. 그들은 이방 나라들에서 다른 방언하는 자들 가운데 거할 것이다.

〔12-13절〕 **전에 그들에게 이르시기를 이것이 너희 안식이요 이것이 너희 상쾌함이니 너희는 곤비한 자에게 안식을 주라 하셨으나 그들이 듣지 아니하였으므로 여호와께서 그들에게 말씀하시되 경계에 경계를 더하며 경계에 경계를 더하며 교훈에 교훈을 더하며 교훈에 교훈을 더하고 여기서도 조금, 저기서도 조금 하사 그들로 가다가 뒤로 넘어져 부러지며 걸리며 잡히게 하시리라.**

하나님께서는 전에 그들에게 하나님의 안식과 그것을 받는 방법에 대해 말씀하셨으나, 그들은 그 말씀을 듣지 않았다. 참 안식은 하나님 안에 있고 하나님의 말씀을 듣고 지킴에 있다. 그러나 사람들은 하나님의 계명을 어기고 범죄함으로 수고롭고 곤고한 삶을 살고 있다.

13절은, 이스라엘 백성이 하나님의 말씀을 무시하고 비방한 말을 하나님께서 되받아서 말씀하신 것이라고 보인다. 하나님께서는 여전

이사야 28장: 이스라엘에 대한 심판

히 선지자들을 통하여 반복된 교훈을 하실 것이다. 그러나 그들은 그 말씀을 받지 않고 뒤로 넘어져 부러지며 걸리며 잡히게 될 것이다. 말씀을 믿지 않는 자는 어떤 좋은 말씀도 믿지 않을 것이다.

본문의 교훈을 정리해보자. 첫째로, 이스라엘 백성은 술 취하며 교만했고 하나님께서는 술 취하고 교만한 이스라엘을 멸망케 하실 것이다. 1절, "취한 자 에브라임의 교만한 면류관이여, 화 있을진저 . . . 쇠잔해 가는 꽃 같으니." 3절, "에브라임의 취한 자의 교만한 면류관이 발에 밟힐 것이라." 이스라엘의 물질적 부요와 힘과 영광은 쇠잔해가는 꽃같이 되며 발에 밟힐 것이다. 만군의 여호와께서는 강하고 힘있는 앗수르 나라를 불러 갑자기 이스라엘에게 임하게 하시며 그 면류관을 땅에 던지고 그것을 발로 밟게 그 땅을 정복케 하실 것이다. 술 취하는 자는 하나님의 나라에 들어가지 못한다. 고린도전서 6:9-10, "불의한 자가 하나님의 나라를 유업으로 받지 못할 줄을 알지 못하느냐? 미혹을 받지 말라. 음란하는 자나 우상숭배하는 자나 간음하는 자나 탐색하는 자나 . . . 술 취하는 자[는] . . . 하나님의 나라를 유업으로 받지 못하리라." 또 교만한 자는 멸망한다. 잠언 16:18, "교만은 패망의 선봉이요 거만한 마음은 넘어짐의 앞잡이니라." 우리는 술 취하거나 교만하지 말아야 한다.

둘째로, 여호와께서는 그 남은 유다 백성에게 영화로운 면류관이 되실 것이며 하나님의 말씀은 우리에게 안식과 상쾌함이 되는 좋은 말씀이 될 것이다(5, 12절). 시편 73:25, "하늘에서는 주 외에 누가 내게 있으리요 땅에서는 주밖에 나의 사모할 자 없나이다." 신명기 10:12-13, "네 하나님 여호와께서 네게 요구하시는 것이 무엇이냐? 곧 네 하나님 여호와를 경외하여 그 모든 도를 행하고 그를 사랑하며 마음을 다하고 성품을 다하여 네 하나님 여호와를 섬기고 내가 오늘날 네 행복을 위하여 네게 명하는 여호와의 명령과 규례를 지킬 것이 아니냐?" 우리는 하나님만 의지하고 성경의 모든 말씀을 다 믿고 힘써 지켜야 한다.

14-29절, 유다 지도자들에 대한 심판

〔14-15절〕 이러므로 예루살렘에 있는 이 백성을 치리하는 너희 경만(輕慢)한(라촌 לָצוֹן)[경멸하는, 비웃는] 자여, 여호와의 말씀을 들을지어다. 너희 말이 우리는 사망과 언약하였고 음부[무덤]와 맹약하였은즉 넘치는 재앙이 유행할지라도 우리에게 미치지 못하리니 우리는 거짓으로 우리 피난처를 삼았고 허위[속임] 아래 우리를 숨겼음이라 하는도다.

이사야는 예루살렘에 있는 이 백성을 치리하는 자들, 곧 유다 지도자들을 '너희 경만한 자, 경멸하는 자, 비웃는 자'라고 부른다. 유다의 지도자들은 교만하여 선지자들을 통해 선포되는 하나님 말씀을 경멸하며 비웃었다. 그것은 하나님을 경멸하고 비웃는 악이다. 또 교만한 그들은 자신들이 사망과 언약을 맺고 무덤과 맹약했으므로 넘치는 재앙이 와도 자기들에게 미치지 못하며 자기들은 죽지 않을 것이라고 말했다. 또 그들은 거짓과 속임으로 자신을 감추었다. 그러나 하나님께서는 그들의 헛된 말을 판단하시고 징벌하실 것이다.

〔16절〕 그러므로 주 여호와께서 가라사대 보라, 내가 한 돌을 시온에 두어 기초를 삼았노니 곧 시험한 돌이요 귀하고 견고한 기초 돌[귀한 모퉁잇돌이며 견고한 기초]이라. 그것을 믿는 자는 급절하게(야키쉬 יָחִישׁ)[당황하게](NASB, NIV) 되지 아니하리로다.

'주 여호와'라는 명칭은 하나님께서 온 세상의 주인이시며 주권적 섭리자이시며 영원자존자(永遠自存者)이심을 증거한다. 하나님께서는 장차 한 돌을 시온에 두실 것이다. 그 돌은 '시험한 돌,' '귀한 모퉁잇돌,' '견고한 기초'라고 표현된다. 시편 118:22는, "건축자의 버린 돌이 집 모퉁이의 머릿돌이 되었다"고 말한다. 구약성경에 예언된 이 돌은 예수 그리스도를 가리켰다. 예수께서는 하나님의 나라와 교회의 귀한 모퉁잇돌이시며 견고한 기초이시다. 그는 자신을 '건축자들의 버린 모퉁이의 머릿돌'이라고 표현하셨다(마 21:42-44). 사도 베드로는 유대인 공회 앞에서, "이 예수는 너희 건축자들의 버린 돌로서

이사야 28장: 이스라엘에 대한 심판

집 모퉁이의 머릿돌이 되었느니라"고 증거하였다(행 4:11). 또 그를 믿는 자는 당황하게 되지 않을 것이다. 예수님을 믿는 자는 재앙의 날에 당황치 않을 것이다. 예수 그리스도 안에만 피할 곳이 있다.

〔17-18절〕나는 공평으로 줄을 삼고 의로 추를 삼으니 우박이 거짓의 피난처를 소탕하며 물이 그 숨는 곳에 넘칠 것인즉 너희의 사망으로 더불어 세운 언약이 폐하며 음부[무덤]로 더불어 맺은 맹약이 서지 못하여 넘치는 재앙이 유행할 때에 너희가 그것에게 밟힘을 당할 것이라.

하나님의 심판은 공의로운 심판이다. 하나님께서는 유다 지도자들의 거짓과 불의에 대해 공의롭게, 철저하게 심판하실 것이다. 그는 그들이 은밀하게 숨은 곳들도 다 찾아내어 징벌하실 것이다.

〔19-21절〕그것이 유행할 때마다 너희를 잡을 것이니 아침마다 유행하고 주야로 유행한즉 그 전하는 도를 깨닫는 것이 오직 두려움이라. 침상이 짧아서 능히 몸을 펴지 못하며 이불이 좁아서 능히 몸을 싸지 못함 같으리라 하셨나니 대저 여호와께서 브라심 산에서와 같이 일어나시며 기브온 골짜기에서와 같이 진노하사 자기 일을 행하시리니 그 일이 비상할 것이며 자기 공(功)(아보다 עֲבֹדָה)[행위]을 이루시리니 그 공[행위]이 기이할 것임이라.

하나님의 심판 때에 그들은 피할 수 없을 것이다. 그것은 침대가 짧아 몸을 다 펴지 못하는 것과 같고 이불이 짧아 몸을 다 덮지 못하는 것과 같을 것이다. 그들은 하나님의 심판을 면할 수 없을 것이다. 하나님께서는 브라심 산에서와 같이, 또 기브온 골짜기에서와 같이 일어나 진노하실 것이다. 브라심 산과 기브온 골짜기는 다윗 시대의 승전 사건들을 가리킨 것 같다(삼하 5:20-25; 대상 14:11-16).

〔22절〕그러므로 너희는 경만(輕慢)한[경멸하는, 비웃는] 자가 되지 말라. 너희 결박이 우심(尤甚)할까[더 심할까] 하노라. 대저 온 땅을 멸망시키기로 작정하신 것을 내가 만군의 주 여호와께로서 들었느니라.

이스라엘 백성이 계속 하나님의 말씀을 경멸한다면 그들은 이방 나라들에게 포로가 될 것이며 그들의 결박은 더욱 견고하게 될 것이다. 하나님께서는 온 세상을 멸망하실 일을 작정하셨다. 그는 전에도

이사야 28장: 이스라엘에 대한 심판

죄악된 세상을 심판하신 적이 있었다. 그는 옛 세상을 홍수로 심판하셨었고 소돔과 고모라 성을 유황불비로 심판하셨었다. 그는 불경건한 이방 나라들뿐 아니라, 유다 백성도 악을 행하면 심판하실 것이다. 그는 마지막 날에 온 세상을 심판하실 것이다(벧후 3:6-7).

[23-29절] 너희는 귀를 기울여 내 목소리를 들으라. 자세히 내 말을 들으라. 파종하려고 가는 자가 어찌 끊이지 않고 갈기만 하겠느냐? 그 땅을 개간하며 고르게만 하겠느냐? 지면을 이미 평평히 하였으면 소회향[시래]을 뿌리며 대회향[커민]을 뿌리며 소맥[밀]을 줄줄이 심으며 대맥[보리]을 정한 곳에 심으며 귀리[호밀]를 그 가에 심지 않겠느냐? 이는 그의 하나님이 그에게 적당한 방법으로 보이사 가르치셨음이며 소회향[시래]은 도리깨로 떨지 아니하며 대회향[커민]에는 수레바퀴를 굴리지 아니하고 소회향[시래]은 작대기로 떨고 대회향[커민]은 막대기로 떨며 곡식은 부수는가? 아니라, 늘 떨기만 하지 아니하고 그것에 수레바퀴를 굴리고 그것을 말굽으로 밟게 할지라도 부수지는 아니하나니 이도 만군의 여호와께로서 난 것이라, 그의 모략은 기묘하며 지혜는 광대하니라.

농부는 밭을 갈고 씨를 뿌리고 곡식을 거두어 타작한다. 본문은 하나님께서 이방 나라들과 이스라엘 나라를 심판하시지만, 그것은 그의 목적이 아니고 그의 구원 계획을 이루는 한 방편이며 그의 목적은 사람을 구원하는 것임을 암시하는 말씀이라고 본다. 하나님께서 인류를 창조하신 일은 결코 실패로 끝나지 않을 것이다. 그는 창세 전에 세우신 그의 구원 계획을 다 이루실 것이다. 이사야 46:9-10, "너희는 옛적 일을 기억하라. 나는 하나님이라. 나 외에 다른 이가 없느니라. 나는 하나님이라. 나 같은 이가 없느니라. 내가 종말을 처음부터 고하며 아직 이루지 아니한 일을 옛적부터 보이고 이르기를 나의 모략이 설 것이니 내가 나의 모든 기뻐하는 것을 이루리라 하였노라." 요한복음 6:39-40, "나를 보내신 이의 뜻은 내게 주신 자 중에 내가 하나도 잃어버리지 아니하고 마지막 날에 다시 살리는 이것이니라. 내 아버지의 뜻은 아들을 보고 믿는 자마다 영생을 얻는 이것이니 마지막

이사야 28장: 이스라엘에 대한 심판

날에 내가 이를 다시 살리리라 하시니라." 그러므로 이사야는 하나님의 모략이 기묘하며 그의 지혜가 광대하다고 말한다.

본문의 교훈을 정리해보자. 첫째로, 하나님께서는 온 세상의 멸망을 작정하셨다. 22절, "온 땅을 멸망시키기로 작정하신 것을 내가 만군의 주 여호와께로서 들었느니라." 온 땅의 멸망의 작정은 가까이는 유다 땅의 멸망에 대한 말씀이겠지만, 그것은 온 세상의 마지막 대심판에 대한 하나님의 뜻을 보이는 것 같다. 성경은 온 세상의 마지막 대심판에 대한 하나님의 뜻을 밝히 증거한다. 베드로후서 3:10, "주의 날이 도적같이 오리니 그 날에는 하늘이 큰 소리로 떠나가고 체질[원소들]이 뜨거운 불에 풀어지고 땅과 그 중에 있는 모든 일이 드러나리로다[불타버리리라]." 악한 세상을 향한 하나님의 마지막 대심판은 작정되어 있다.

둘째로, 우리는 오신 메시아를 믿어야 한다. 16절, "주 여호와께서 가라사대 보라 내가 한 돌을 시온에 두어 기초를 삼았노니 곧 시험한 돌이요 귀한 모퉁잇돌이며 견고한 기초라. 그것을 믿는 자는 당황하게 되지 아니하리로다." 본문에 예언된 돌은 구약성경에 약속된 메시아이신 예수 그리스도이시며 그는 교회의 기초석이시다. 베드로전서 2:4, "사람에게는 버린 바가 되었으나 하나님께는 택하심을 입은 보배로운 산 돌이신 예수에게 나아와." 우리는 주 예수 그리스도를 믿어야 한다. 그를 믿는 자만 구원을 얻고 장차 임할 세상의 멸망을 피할 수 있다.

셋째로, 우리는 경멸하며 비웃는 자들이 되지 말아야 한다. 유대의 지도자들은 경만(輕慢)한 자들 곧 경멸하며 비웃는 자들이었다. 그들은 재앙을 피할 수 있다고 큰 소리 쳤다. 그들은 거짓과 허위로 가득하였다. 그러나 우리는 경만한 자, 즉 경멸하며 비웃는 자가 되지 말아야 한다. 하나님께서는 유대 지도자들의 악에 대해 공의로, 철저하게 심판하시고 징벌하실 것이다. 그들은 다 멸망을 당할 것이다. 우리는 겸손히 하나님의 말씀을 듣고 두려움으로 그 말씀을 받고 믿고 소망하며 하나님 앞에서 그의 모든 계명들을 순종하는 자들이 되어야 한다.

이사야 29장: 예루살렘에 대한 진노

29장: 예루살렘에 대한 진노

〔1-2절〕 슬프다, 아리엘이여, 아리엘이여, 다윗의 진 친 성읍이여, 연부년[해마다] 절기가 돌아오려니와 내가 필경 너 아리엘을 괴롭게 하리니 네가 슬퍼하고 애곡하며 내게 아리엘과 같이 되리라.

'아리엘'(אֲרִיאֵל)은 '하나님의 사자(獅子)'라는 뜻으로 이스라엘 나라에서 으뜸 되는 도시 예루살렘을 가리킨다. 그 도시는 다윗 왕이 진 치고 수도로 삼은 성이었다. 해마다 절기들이 되면 그 성은 많은 사람들로 붐비었겠지만, 그것은 하나님을 기쁘시게 한 일이 아니었다. 하나님께서는 이제 그 성을 괴롭게 하시겠다고 말씀하신다. '네가 내게 아리엘같이 되리라'는 말씀에서 '아리엘'은 '번제단 화로'라는 말 (아리엘 אֲרִיאֵל)을 연상시킨다. 두 단어의 발음은 비슷하다. 그것은 예루살렘 성이 피가 쏟아지고 불붙는 번제단 화로같이 될 것을 암시한다. 예루살렘 성은 하나님의 징벌하시는 때 살륙 당하는 많은 사람들의 피가 흘려지고 불같은 환난을 당하게 될 것이다.

〔3-4절〕 내가 너를 사면으로 둘러 진을 치며 군대로 너를 에우며[포위하며] 대(臺)[진지]를 쌓아 너를 치리니 네가 낮아져서 땅에서 말하며 네 말소리가 나직히[나직이] 티끌에서 날 것이라. 네 목소리가 신접한 자의 목소리같이 땅에서 나며 네 말소리가 티끌에서 지껄거리리라.

예루살렘 성은 군대들의 포위 공격으로 심히 낮아져서 사람들의 말소리나 목소리가 땅에서 나듯이 조용하게 날 것이다. 전에 교만했던 예루살렘 거민들은 그 환난의 때에 낮아지고 비천해질 것이다.

〔5절〕 그럴지라도[그러나](NASB, NIV) 네 대적의 무리는 세미한 티끌 같겠고 강포한 자의 무리는 불려가는 겨 같으리니 그 일이 경각간에 갑자기 이룰 것이라.

5절부터 8절까지의 본문은 해석상 어려움이 있고 유력한 주석가들도 견해가 나뉜다. 본문은 하나님께서 예루살렘을 대적하는 원수들

이사야 29장: 예루살렘에 대한 진노

에게 내리실 징벌도 선언하신 말씀이라고 본다. 본문은 히스기야 때 앗수르 왕 산헤립이 군대를 거느리고 그 성을 치러 올라왔으나 하나님께서 그 군대를 치시므로 하룻밤에 군사 18만 5천명이 죽임 당한 사건을 가리켰든지 아니면 그 사건은 적어도 한 예표이었다.

〔6-8절〕만군의 여호와께서 벽력[벼락]과 지진과 큰 소리와 회리바람과 폭풍과 맹렬한 불꽃으로 그들을[너를](원문) 징벌하실 것인즉 아리엘을 치는 열방의 무리 곧 아리엘과 그 보장(保障)[요새들]을 쳐서 곤고케 하는 모든 자는 꿈같이, 밤의 환상같이 되리니 주린 자가 꿈에 먹었을지라도 깨면 그 속은 여전히 비고 목마른 자가 꿈에 마셨을지라도 깨면 곤비하며 그 속에 갈증이 있는 것같이 시온산을 치는 열방의 무리가 그와 같으리라.

만군의 여호와께서 천둥과 지진과 폭풍으로 그 침략자들을 징벌하실 것이다. 그들은 꿈에 음식을 먹을지라도 여전히 속히 비고 물을 마실지라도 깨면 여전히 목마른 것같이 쇠약할 것이다. 예루살렘 성을 치는 앗수르 나라의 왕과 그 군사들의 계획은 헛될 것이다.

〔9-12절〕너희는 놀라고 놀라라. 너희는 소경이 되고 소경이 되라. 그들의 취함이 포도주로 인함이 아니며 그들의 비틀거림이 독주로 인함이 아니라. 대저 여호와께서 깊이 잠들게 하는 신[영]을 너희에게 부어주사 너희의 눈을 감기셨음이니 눈은 선지자요 너희 머리를 덮으셨음이니 머리는 선견자라. 그러므로 모든 묵시가 너희에게는 마치 봉한 책의 말이라. 그것을 유식한 자에게 주며 이르기를 그대에게 청하노니 이를 읽으라 하면 대답하기를 봉하였으니 못하겠노라 할 것이요 또 무식한 자에게 주며 이르기를 그대에게 청하노니 이를 읽으라 하면 대답하기를 나는 무식하다 할 것이니라.

본문은 하나님께서 유대의 지도자들과 선지자들의 눈을 어둡게 하실 것을 보이는 것 같다. 그 선지자들의 눈이 어두워 하나님의 뜻을 알지 못하고 백성들에게 바른 말씀으로 교훈하지 못한 것도 하나님의 심판이었다. 하나님께서 그들에게 그런 어두움을 주신 것이었다.

하나님께서 은혜 주지 않으시고 내버려두시면 성경은 성도들에게 봉한 책이 될 것이다. 유식한 자들은 성경책이 인봉되어 있어서 깨달지 못할 것이고, 무식한 자들은 무식해서 그것을 깨닫지 못할 것이다. 거짓된 교훈이 온 땅에 가득하게 되며 하나님의 바른 말씀 곧 성경의 바른 교훈은 사라져서 바른 말씀의 기근과 기갈의 때가 올 것이다.

〔13절〕 주께서 가라사대 이 백성이 입으로는 나를 가까이하며 입술로는 나를 존경하나 그 마음은 내게서 멀리 떠났나니 그들이 나를 경외함은 사람의 계명으로 가르침을 받았을 뿐이라.

영적으로 잠든 유대 백성은 외식의 죄에 빠져 있었다. 그들은 입으로는 하나님을 가까이하고 입술로는 하나님을 존경한다고 말하지만, 그들의 마음은 하나님께로부터 멀리 떠나 있었다. 그것이 외식이다. 그러나 하나님께서 원하시는 것은 단지 우리가 하나님을 믿는다는 입술의 고백이나 말이 아니고, 우리의 진실한 마음과 계명 순종이다.

〔14절〕 그러므로 내가 이 백성 중에 기이한 일 곧 기이하고 가장 기이한 일을 다시 행하리니 그들 중의 지혜자의 지혜가 없어지고 명철자의 총명이 가리워지리라[가리어지리라].

하나님께서는 그들에게 기이한 일을 행하실 것이다. 그것은 그가 그들에게서 지혜와 총명을 없이하시는 것이다. 유대 나라에는 영적 어두움이 찾아올 것이다. 그들에게는 지혜자가 없어지고 명철자가 사라질 것이다. 그것은 확실히 하나님의 심판이다.

〔15-16절〕 화 있을진저, 자기의 도모를 여호와께 깊이 숨기려 하는 자여, 그 일을 어두운 데서 행하며 이르기를 누가 우리를 보랴. 누가 우리를 알랴 하니 너희의 패리함이 심하도다. 토기장이를 어찌 진흙같이 여기겠느냐? 지음을 받은 물건이 어찌 자기를 지은 자에 대하여 이르기를 그가 나를 짓지 아니하였다 하겠으며 빚음을 받은 물건이 자기를 빚은 자에 대하여 이르기를 그가 총명이 없다 하겠느냐?

유대 지도자들의 마음의 은밀한 악은 하나님 앞에서 숨길 수 없는 것이었다. 하나님께서는 그런 악을 다 아시고 판단하시고 징벌하실 것이다. 창조자 하나님께서는 피조물인 우리들과 다르시다. 우리를 만드신 그는 우리의 마음의 생각들과 몸의 행위들을 다 아신다.

[17절] 미구(未久)에[잠시 후에] 레바논이 기름진 밭으로 변하지 않겠으며 기름진 밭이 삼림으로 여김이 되지 않겠느냐?

본문은 이스라엘의 회복에 대한 예언이라고 보인다. 울창한 삼림의 레바논 산이 기름진 밭으로 변하듯이, 기름진 밭이 울창한 삼림의 산이 되듯이, 구원은 사람의 생각과 행동의 현격한 변화를 가져올 것이다. 지금 슬픔과 고난을 당하는 자들은 기쁨과 평안을 누릴 것이며, 지금 기쁨과 평안을 누리는 자들은 곤고해지며 패망할 것이다.

[18-19절] 그 날에 귀머거리가 책의 말을 들을 것이며 어둡고 캄캄한데서 소경의 눈이 볼 것이며 겸손한 자가 여호와를 인하여 기쁨이 더하겠고 사람 중 빈핍한 자가 이스라엘의 거룩하신 자를 인하여 즐거워하리니.

하나님께서 구원의 은혜를 베푸실 때, 귀머거리와 소경들은 하나님의 말씀을 듣고 보고 깨달아 지식을 갖게 될 것이다. 그것은 육신적으로 예수님의 지상 생활에서 이루어졌고 또 영적으로 신약교회 안에서 이루어졌다. 지금 고난 중에 있고 환난을 당하는 자들은 그 날에 하나님으로 인해 풍성한 기쁨과 즐거움을 누릴 것이다.

[20-21절] 이는 강포한 자가 소멸되었으며 경만(輕慢)한 자가 그쳤으며 죄악의 기회를 엿보던 자가 다 끊어졌음이라. 그들은 송사에 사람에게 죄를 입히며[그들은 말로 사람을 범죄자가 되게 하며](KJV, NASB) 성문에서 판단하는 자를 올무로 잡듯하며 헛된 일로 의인을 억울케 하느니라.

그 날에 이스라엘 나라의 회복은 강포한 자들과 경만(輕慢)한 자들 곧 조롱하는 자들, 또 죄악의 기회를 엿보던 자들과 의인을 악인이라고 비난하는 자들이 제거됨으로써 이루어질 것이다.

[22-24절] 그러므로 아브라함을 구속(救贖)하신 여호와께서 야곱 족속에 대하여 말씀하시되 야곱이 이제부터는 부끄러워 아니하겠고 그 얼굴이 이제부터는 실색(失色)하지[창백하지] 아니할 것이며 그 자손은 나의 손으로 그 가운데서 행한 것을 볼 때에[그가 나의 손으로 지은 그들의 자녀들을 볼 때](KJV, NASB) 내 이름을 거룩하다 하며 야곱의 거룩한 자를 거룩하다 하며 이스라엘의 하나님을 경외할 것이며 마음이 혼미하던 자도 총명하게

이사야 29장: 예루살렘에 대한 진노

되며 원망하던 자도 교훈을 받으리라 하셨느니라.

변화된 회복의 모습은 첫째, 그들이 하나님의 이름을 더 이상 욕되게 하지 않고 거룩하게 할 것이며, 둘째, 그들이 하나님을 경외할 것이며, 셋째, 그들이 더 이상 영적으로 어둡고 혼미하지 않고 참 지혜와 지식을 가지고 바른 교훈을 받을 것이다.

본장의 교훈을 정리해보자. 첫째로, 하나님께서는 사자 같은 예루살렘 성이라도 번제단 화로같이 피흘림과 불로 심판하실 것이다. 예루살렘 거민들의 형식적인 종교의식은 헛된 것이었다. 그들의 모든 교만은 낮춰질 것이다. 죄를 품고 드리는 예배, 찬송, 기도, 헌금은 헛될 것이다. 우리는 모든 죄를 버리고 하나님의 심판을 두려워해야 한다.

둘째로, 이스라엘 백성은 영적으로 어두웠고 외식의 죄에 빠져 있었고 그들의 지도자들은 영적 소경들이었다. 백성들은 입으로는 하나님을 가까이하고 입술로는 하나님을 공경한다고 말하지만, 마음은 하나님과 멀었다. 우리는 모든 외식의 죄를 버리고 진심으로 하나님을 섬겨야 한다. 예수께서는 우리가 하나님께 심령과 진심으로 예배드려야 하며 하나님께서는 이런 예배자들을 찾으신다고 말씀하셨다(요 4:23-24).

셋째로, 이스라엘 백성은 참으로 부족하고 연약했지만 하나님께서는 그들을 버리지 않으시고 회복시키실 것이다. 구원은 전적으로 하나님의 긍휼의 손에 달려 있다. 무지하고 무감각했던 그들은 영적인 눈과 귀가 열리고 하나님을 알고 그를 경외하고 그의 바른 교훈을 받을 것이다. 하나님께서는 만세 전에 택하신 자기 백성을 하나도 잃어버리지 않고 다 구원하실 것이다. 우리는 전적으로 부패되고 전적으로 무능력해진 자들이었음에도 불구하고, 하나님께서는 자기 독생자 예수 그리스도의 핏값으로 우리의 죄를 사하셨고 그의 긍휼의 섭리와 오래 참으심으로 우리를 친히 구원하셨고 의와 거룩의 열매 맺는 길로 우리를 끝까지 인도하실 것이다. 우리는 구주 하나님의 은혜를 감사해야 한다.

이사야 30장: 유다의 패역과 하나님의 은혜

30장: 유다의 패역과 하나님의 은혜

1-17절, 유다의 패역

〔1-2절〕 여호와께서 가라사대 화 있을진저, 패역한(소르림 סוֹרְרִים)[반역적인] 자식들이여, 그들이 계교를 베푸나[의논하되] 나로 말미암아 하지 아니하며 맹약을 맺으나 나의 신으로 말미암아 하지 아니하였음이로다. 그들이 바로의 세력 안에서 스스로 강하려 하며 애굽의 그늘에 피하려 하여 애굽으로 내려갔으되 나의 입에 묻지 아니하였으니 죄에 죄를 더하도다.

유다 백성들은 하나님의 백성임에도 불구하고 하나님을 의지하며 하나님의 영의 감동 가운데 환난에 대처할 방법을 의논하지 않았고 다른 나라와 조약을 맺을 때도 그러했다. 그들은 패역한 자들, 완고하고 반역적인 자들이었고 하나님 없이 행한 자들이었다. 그들은 어려운 현실 속에서 하나님께 기도하지 않고 애굽 왕 바로의 세력을 의지하고 그 그늘에 피하려고 했다. 그들은 인간적인 방책만을 구했던 것이다. 그것은 주권적 섭리자 하나님을 경외하며 섬기는 자들의 바른 태도가 아니었다. 그것은 그들의 죄에 죄를 더하는 일이었다.

〔3-5절〕 그러므로 바로의 세력이 너희의 수치가 되며 애굽의 그늘에 피함이 너희의 수욕이 될 것이라. 그 방백들이 소안에 있고 그 사신들이 하네스(아마, 다바네스[렘 43:7])에 이르렀으나 그들이 다 자기를 유익하게 못하는 민족을 인하여 수치를 당하리니 그 민족이 돕지도 못하며 유익하게도 못하고 수치가 되게 하며 수욕이 되게 할 뿐임이니라.

무지하고 패역한 유다 백성에게 하나님의 진노가 선포되었다. 그들이 의지한 애굽 왕 바로의 세력은 그들에게 수치와 수욕이 될 것이다. 유다의 방백들이 소안에 있고 그 사신들이 하네스에 이르렀으나 애굽은 그들에게 아무런 도움을 주지 못하고 도리어 수치만 줄 것이다. 소안은 애굽의 옛날 수도 라암셋을 가리킨다(출 12:37).

이사야 30장: 유다의 패역과 하나님의 은혜

[6-7절] 남방 짐승에 관한 경고라[남방의 짐승들의 무거운 짐들이여] (KJV). 사신들이 그 재물을 어린 나귀 등에 싣고 그 보물을 약대 제물 안장에 얹고 암사자와 수사자와 독사와 및 날아다니는 불뱀이 나오는 위험하고 곤고한 땅을 지나 자기에게 무익한 민족에게로 갔으나 애굽의 도움이 헛되고 무익하니라. 그러므로 내가 애굽을 가만히 앉은 라합(רהב)[바다짐승]이라 일컬었느니라.

'남방'은 유다의 남쪽 지역(Negev)을 가리킨다. 유다의 사신들은 어린 나귀 등에 많은 보물을 싣고 위험하고 곤고한 땅을 지나 애굽에 내려가 도움을 청하였으나 그들의 수고는 헛되게 될 것이다.

[8-11절] 이제 가서 백성 앞에서 서판에 기록하며 책에 써서 후세에 영영히 있게 하라. 대저 이는 패역한 백성이요 거짓말하는 자식이요 여호와의 법을 듣기 싫어하는 자식이라. 그들이 선견자에게 이르기를 선견하지 말라. 선지자에게 이르기를 우리에게 정직한 것을 보이지 말라. 부드러운 말을 하라. 거짓된 것을 보이라. 너희는 정로(正路)를 버리며 첩경에서 돌이키라. 이스라엘의 거룩하신 자로 우리 앞에서 떠나시게 하라 하는도다.

하나님께서는 하나님의 뜻을 서판에 기록하며 책에 써서 후세의 사람들에게 교훈이 되게 하시기를 원하셨다. 성경책을 써서 사람들로 하나님의 뜻을 배우게 하는 것은 하나님의 기쁘신 뜻이었다.

유다 백성은 심령이 심히 부패되어 있었다. 그들은 하나님께 순종하지 않았다. 그들의 마음은 비뚤어져 있었고 반역적이었다. 그들은 거짓말을 잘하는 자들이며 하나님의 법을 듣기 싫어하는 자들이었다. 그들은 하나님께서 보내시고 세우신 선지자들과 선견자들 즉 하나님의 말씀을 전하는 자들에게 하나님의 바른 말씀을 전하지 말라고 말했다. 그들은 그들에게 정직한 말을 하지 말고 부드러운 말, 즉 그들의 귀에 듣기 좋은 말, 아첨하는 말을 하고 또 거짓된 것을 보이라고 요구하였다. 그들은 선지자들에게 정로(正路) 즉 바른 길, 바른 노선을 버리라고 말하며 하나님을 그들 앞에서 떠나시게 하라고 했다. 즉 그들은 하나님의 바른 말씀을 듣기 싫어하였던 것이다.

이사야 30장: 유다의 패역과 하나님의 은혜

〔12-14절〕이러므로 이스라엘의 거룩하신 자가 말씀하시되 너희가 이 말을 업신여기고 압박과 허망(날로즈 נָלוֹז)[간교함](BDB, NASB)을 믿어 그것에 의뢰하니 이 죄악이 너희로 마치 무너지게 된 높은 담이 불쑥 나와 경각간에 홀연히 무너짐 같게 하리라 하셨은즉 그가 이 나라를 훼파하시되 토기장이가 그릇을 훼파함같이 아낌이 없이 파쇄하시리니 그 조각 중에서, 아궁이에서 불을 취하거나 물웅덩이에서 물을 뜰 것도 얻지 못하리라.

유다 백성은 선지자를 통하여 선포되는 하나님의 말씀을 업신여기고 도리어 압박과 간교함을 믿고 의지했기 때문에 갑자기 멸망이 그들에게 임할 것이다. 그것은 마치 높은 담이 갑자기 불쑥 나와 순식간에 무너짐과 같고, 토기장이가 그릇을 아낌없이 부숨과 같을 것이다. 하나님의 심판의 날에 그 깨진 조각들 중에 재를 취하거나 물을 뜰 만한 조각도 없을 정도로, 유다 나라는 멸망할 것이다.

〔15절〕주 여호와 이스라엘의 거룩하신 자가 말씀하시되 너희가 돌이켜 **안연히 처하여야**[회개하고 평안히 거하여야] **구원을 얻을 것이요 잠잠하고 신뢰하여야 힘을 얻을 것이어늘 너희가 원치 아니하고.**

주 여호와께서는 이스라엘 백성에게 여러 번 기회를 주셨고, 그들에게 죄에서 돌이키고 평안히 하나님을 믿고 의지해야 구원을 얻고 또 잠잠하고 하나님을 의지해야 힘을 얻는다고 말씀하셨지만, 그들은 하나님의 말씀과 교훈을 거절하였고 그의 경고를 무시하였다.

〔16-17절〕[그들이] 이르기를 아니라, 우리가 말 타고 도망하리라 한 고로 너희가 도망할 것이요 또 이르기를 우리가 빠른 짐승을 타리라 한 고로 너희를 쫓는 자가 빠르리니 한 사람이 꾸짖은즉 천 사람이 도망하겠고 **다섯이 꾸짖은즉 너희가** 다 **도망하고 너희 남은 자는** 겨우 **산꼭대기의 깃대 같겠고 영**[언덕] **위의 기호 같으리라 하셨느니라.**

유다 백성은 하나님의 말씀을 듣는 대신에 전쟁 나면 말 타고 도망갈 계획이나 세웠다. 그들은 그렇게 될 것이다. 그들은 침략자들 때문에 말 타고 도망가게 되고 빠른 짐승을 타고 도망가게 될 것이다. 한 사람이 꾸짖으면 천 사람이 도망가겠고 다섯 사람이 꾸짖으면 모두

이사야 30장: 유다의 패역과 하나님의 은혜

다 도망갈 것이며 그들의 남은 자는 겨우 산꼭대기의 깃발같이 될 것이다. 하나님께서 멸망하는 그 나라에 조금 남겨두실 것이다.

본문의 교훈을 정리해보자. 첫째로, 유다 백성은 애굽 왕 바로와 그의 힘을 의지하였다. 1-2절, "그들이 바로의 세력 안에서 스스로 강하려 하며 애굽의 그늘에 피하려 하여 애굽으로 내려갔으되." 그들은 애굽의 도움을 청하기 위해 사신들을 보내었었다. 그러나 그것은 헛되고 무익한 일이었다. 애굽은 그들에게 아무런 도움이 되지 못했다. 우리는 세상의 것을 의지하지 말고 사람이나 은금도 의지하지 말아야 한다. 그것은 우리에게 약간의 도움이 될 수도 있으나, 완전한 도움이 되지 못한다. 하나님께서 그것을 헛되게 하시면 그것은 언제나 헛되게 될 것이다. 그러므로 우리는 환난 날에 사람이나 세상 것을 의지하지 말아야 한다.

둘째로, 유다 백성은 패역하였다. 9절, "대저 이는 패역한 백성이요 거짓말하는 자식이요 여호와의 법을 듣기 싫어하는 자식이라." 그들의 마음은 비뚤어져 있었고 하나님의 말씀을 거역하고 불순종했다. 그들은 하나님 없이 무슨 일을 의논하고 계획하였다. 그들은 하나님의 법을 듣기 싫어하였고 선지자에게 정직한 것을 보이지 말고 부드러운 말을 하며 정로를 버리며 하나님을 그들 앞에서 떠나시게 하라고 요구했다 (10-11절). 그들은 악하고 패역하였다. 우리는 패역하지 말아야 한다.

셋째로, 하나님께서는 우리가 잠잠히 하나님만 의지하고 그의 법을 좋아하고 바른 말씀, 곧 인생의 정로를 걷기를 원하신다. 15절, "주 여호와 이스라엘의 거룩하신 자가 말씀하시되 너희가 돌이켜 안연히 처하여야[회개하고 평안히 거하여야] 구원을 얻을 것이요 잠잠하고 신뢰하여야 힘을 얻을 것이어늘." 우리는 늘 잠잠히 하나님만 의지하고 그의 말씀인 성경책을 좋아하고 그것을 주야로 읽고 묵상하며 인생의 정로를 걷기를 힘써야 한다. 우리가 세상을 사는 동안, 건강 문제, 경제 문제 등 여러 가지 문제와 시험과 환난이 있어도 늘 회개하며 하나님만 의지하고 그의 말씀만 붙들고 행하면, 우리는 항상 승리할 것이다.

이사야 30장: 유다의 패역과 하나님의 은혜

18-33절, 하나님의 은혜와 긍휼하심

〔18-19절〕그러나(라켄 לָכֵן)[그러므로](KJV, NASB) 여호와께서 기다리시나니 이는 너희에게 은혜를 베풀려 하심이요 [그러므로] 일어나시리니 이는 너희를 긍휼히 여기려 하심이라. 대저 여호와는 공의의 하나님이심이라. 무릇 그를 기다리는 자는 복이 있도다. 시온에 거하며 예루살렘에 거하는 백성아[이는 백성이 시온에, 예루살렘에 거할 것임이니라](MT, KJV), 너는 다시 통곡하지 않을 것이라. 그가 너의 부르짖는 소리를 인하여 네게 은혜를 베푸시되 들으실 때에 네게 응답하시리라.

앞절들에서 하나님의 진노와 심판이 경고되었기 때문에 하나님께서는 유다 백성의 회개를 기다리신다. 그의 심판은 공의를 시행하시는 것이지만, 그것이 끝이 아니시다. 그는 긍휼이 풍성하시다. 하나님께서 인생으로 고생하며 근심하게 하심이 본심이 아니시다(애 3:33). 그러므로 하나님을 기다리는 자들은 복이 있다. 시온에서 추방되었던 그 백성은 다시 시온에 거하게 되고 통곡하던 백성은 다시는 통곡하지 않는 자들이 될 것이다. 그것은 그들이 고난 중에 회개하며 부르짖는 소리를 하나님께서 들으셨고 긍휼히 여기셨기 때문이다.

〔20-22절〕주께서 너희에게 환난의 떡과 고생의 물을 주시나 네 스승은 다시 숨기지 아니하시리니 네 눈이 네 스승을 볼 것이며 너희가 우편으로 치우치든지 좌편으로 치우치든지 네 뒤에서 말소리가 네 귀에 들려 이르기를 이것이 정로(正路)니 너희는 이리로 행하라 할 것이며 또 너희가 너희 조각한 우상에 입힌 은과 부어만든 우상에 올린 금을 더럽게 하여 불결한 물건을 던짐같이 던지며 이르기를 나가라 하리라.

하나님께서 유다 백성에게 주시는 은혜는 두 가지로 증거되었다. 첫째로, 하나님께서는 그들에게 참된 스승들, 곧 참된 선지자들을 끝까지 주실 것이다. 그들은 이스라엘 백성에게 "이것이 정로(正路) 곧 바른 길, 바른 노선이다"라고 외칠 것이다. 둘째로, 하나님께서는 그들이 모든 금은으로 입힌 우상들을 버리게 하실 것이다. 그들의 죄는

이사야 30장: 유다의 패역과 하나님의 은혜

우상숭배의 죄이었다. 그러므로 그들의 회복은 모든 우상을 버리고 살아계신 참 하나님께로 돌아와 하나님만 섬기는 경건의 회복이다. 순수한 경건의 회복은 주께서 우리를 구원하시는 구원의 본질이다.

〔23-26절〕네가 땅에 뿌린 종자에 주께서 비를 주사 땅 소산의 곡식으로 살찌고 풍성케 하실 것이며 그 날에 너의 가축이 광활한 목장에서 먹을 것이요 밭 가는 소와 어린 나귀도 키와 육지창으로 까부르고 맛있게 한 먹이(베릴 카미츠 בְּלִיל חָמִיץ)[소금으로 간을 한 여물]를 먹을 것이며 크게 살륙하는 날 망대가 무너질 때에 각 고산(高山), 각 준령(峻嶺)에 개울과 시냇물이 흐를 것이며 여호와께서 그 백성의 상처를 싸매시며 그들의 맞은 자리를 고치시는 날에는 달빛은 햇빛 같겠고 햇빛은 7배가 되어 일곱 날의 빛과 같으리라.

이사야는 회복된 이스라엘의 모습을 본문에서 물질적 풍요로움으로 묘사했다. 하나님께서는 그들에게 적절한 비를 주셔서 그들에게 추수할 곡식과 양식이 풍성케 하실 것이다. 밭 가는 소와 나귀까지도 겨를 까부르고 소금으로 간을 한 여물을 먹을 것이다. 또 앗수르 나라와 바벨론 나라가 멸망하는 날, 곧 그 망대들이 무너질 때, 높은 산들과 언덕들에도 시냇물들이 흘러 땅들이 비옥해질 것이다. 또 회복된 이스라엘 땅은 달빛이 햇빛 같고 햇빛은 일곱 배나 밝은 빛이 될 것이다. 장차 이루어질 천국의 영광이 그러할 것이다(계 21:23).

〔27-29절〕보라, 여호와의 이름이 원방에서부터 오되 그의 진노가 불붙듯하며 빽빽한 연기가 일어나듯하며 그 입술에는 분노가 찼으며 그 혀는 맹렬한 불같으며 그 호흡은 마치 창일하여 목에까지 미치는 하수 같은즉 그가 멸하는 키로 열방을 까부르며 미혹되게 하는 자갈[재갈]을 여러 민족의 입에 먹이시리니 너희가 거룩한 절기를 지키는 밤에와 같이 노래할 것이며 제[피리]를 불며 여호와의 산으로 가서 이스라엘의 반석에게로 나아가는 자같이 마음에 즐거워할 것이라.

본문은 앗수르 나라와 바벨론 나라에 대한 하나님의 진노와 심판을 묘사하는 것이라고 보인다. 여호와의 이름이 원방 즉 파사 나라로

이사야 30장: 유다의 패역과 하나님의 은혜

부터 올 것이다. 하나님의 진노가 불붙듯하시며 빽빽한 연기가 일어나듯하실 것이다. 그 입술에는 분노가 차셨고 그 혀는 태워 삼키는 불같으실 것이다. 그는 멸하는 키로 열방을 까부르실 것이다.

그러나 이스라엘 백성은 거룩한 절기를 지키는 밤에와 같이 노래하며 피리를 불 것이며 여호와의 산으로 가서 이스라엘의 반석 되신 하나님께로 나아가는 자같이 마음에 즐거워할 것이다. 앗수르 나라와 바벨론 나라의 멸망은 이스라엘 백성에게 기쁨과 구원과 해방이 될 것이다. 궁극적으로 사탄의 멸망은 성도들에게 기쁨과 평안이 될 것이다. 그때 성도들은 기뻐하며 노래할 것이다.

[30-33절] 여호와께서 그 장엄한 목소리를 듣게 하시며 혁혁한 진노로 그 팔의 치심을 보이시되 맹렬한 화염과 폭풍과 폭우와 우박으로 하시리니 여호와의 목소리에 앗수르가 낙담할 것이며 주께서는 막대기로 치실 것인데 여호와께서 예정하신 몽둥이를 앗수르 위에 더하실 때마다 소고를 치며 수금을 탈 것이며 그는 전쟁 때에 팔을 들어 그들을 치시리라. 대저 도벳은 이미 설립되었고 또 왕을 위하여 예비된 것이라. 깊고 넓게 하였고 거기 불과 많은 나무가 있은즉 여호와의 호흡이 유황 개천 같아서 이를 사르시리라.

하나님의 진노는 장엄한 목소리, 혁혁한 진노, 팔의 치심, 맹렬한 태워 삼키는 불, 폭풍과 폭우와 우박 등으로 묘사된다. 33절의 '도벳'은 '힌놈의 아들들의 골짜기'라는 곳으로 우상숭배자들이 자기 아들들을 몰렉 신에게 제물로 불태워 바쳤던 가증한 곳이었다. 그 곳은 지옥을 상징한다. 도벳은 이미 설립되었다. 지옥은 사탄과 악령들과 악인들을 위해 만세 전에 설립된 곳이다. 그 곳은 앗수르 왕과 바벨론 왕을 위해 예비된 곳이다. 앗수르 왕과 바벨론 왕은 사탄의 표상이다. 그 곳은 깊고 넓은 곳이다. 지옥은 깊고 넓은 장소이다. 거기는 불과 많은 나무들이 있고 여호와의 호흡은 유황 개천 같아서 그것을 사를 것이다. 지옥은 불과 유황으로 타는 영원한 형벌의 장소이다.

하나님의 아들 예수께서는 '지옥 꺼지지 않는 불'에 대해 분명하게

이사야 30장: 유다의 패역과 하나님의 은혜

말씀하셨다. 마가복음 9:43-48, "만일 네 손이 너를 범죄케 하거든 찍어버리라. 불구자로 영생에 들어가는 것이 두 손을 가지고 지옥 꺼지지 않는 불에 들어가는 것보다 나으니라. [거기는 그들의 구더기도 죽지 않고 불도 꺼지지 아니하느니라](전통본문). 만일 네 발이 너를 범죄케 하거든 찍어 버리라. 절뚝발이로 영생에 들어가는 것이 두 발을 가지고 지옥 [꺼지지 않는 불](전통본문)에 던지우는 것보다 나으니라. [거기는 그들의 구더기도 죽지 않고 불도 꺼지지 아니하느니라](전통본문). 만일 네 눈이 너를 범죄케 하거든 빼어버리라. 한 눈으로 하나님의 나라에 들어가는 것이 두 눈을 가지고 [불의](전통본문) 지옥에 던지우는 것보다 나으니라. 거기는 [그들의] 구더기도 죽지 않고 불도 꺼지지 아니하느니라." 지옥은 영원한 불못이다.

본문의 교훈을 정리해보자. 첫째로, 하나님께서는 공의의 하나님이시지만 또한 은혜의 하나님이시다. 우리는 하나님만 바라며 하나님의 은혜를 기다리며 오직 정로(正路), 즉 바른 길로만 행해야 한다.

둘째로, 구약교회에서 가장 큰 죄악은 우상숭배이었다. 구원은 우상을 버리고 하나님께로 돌아와 오직 그를 섬기는 것이다. 현대인의 우상은 돈과 육신의 쾌락과 자기 자신이다. 하나님께서는 우상을 미워하신다. 우리는 돈 사랑, 육신의 쾌락 사랑, 자기 사랑을 버려야 한다.

셋째로, 하나님께서는 주권적 섭리자이시며 우리에게 선한 목자이시다. 그는 우리를 푸른 초장과 잔잔한 물가로 늘 인도하신다. 그러므로 우리는 세상 사는 동안 외적 여건, 곧 육신적, 물질적, 환경적 여건 즉 몸의 건강, 물질적 여유, 환경적 평안을 너무 염려하지 말아야 한다.

넷째로, 앗수르 나라에 대한 하나님의 심판은 이스라엘과 유다 백성에게 구원과 회복과 기쁨이 될 것이다. 그러나 하나님의 공의의 심판 자체는 참으로 두려운 것이다. 죄를 미워하시는 하나님의 마지막 심판과 지옥 형벌은 남아 있다. 우리는 하나님의 진노를 두려워해야 한다.

이사야 31장: 하나님께로 돌아오라

31장: 하나님께로 돌아오라

〔1-3절〕 도움을 구하러 애굽으로 내려가는 자들은 화 있을진저. 그들은 말을 의뢰하며 병거의 많음과 마병의 심히 강함을 의지하고 이스라엘의 거룩하신 자를 앙모치 아니하며 여호와를 구하지 아니하거니와 여호와께서도 지혜로우신즉 재앙을 내리실 것이라. 그 말을 변치 아니하시고 일어나사 악행하는 자의 집을 치시며 행악을 돕는 자를 치시리니 애굽은 사람이요 신이 아니며 그 말들은 육체요 영이 아니라. 여호와께서 그 손을 드시면 돕는 자도 넘어지며 도움을 받는 자도 엎드러져서 다 함께 멸망하리라.

이스라엘 백성은 앗수르 나라의 침공을 예상하였을 때 하나님께 대한 믿음을 가지지 못했다. 그들은 마땅히 거룩하신 하나님을 의지하며 기도해야 했으나 하나님을 의지하지도 기도하지도 않았고, 도리어 애굽의 말과 병거와 마병을 의지하며 그 도움을 구하기 위해 애굽으로 사신들을 파송하였다. 그것은 큰 불신앙의 죄이었다.

하나님께서는 마음에 정하신 바를 실패치 않고 다 이루시는 지혜로운 섭리자이시다. 그는 자기 백성의 불경건과 불신앙에 대해 징벌하실 것이다. 그는 모세의 율법에 경고하신 대로 행하실 것이다. 그는 악을 행하는 자의 집과 그를 돕는 자의 집을 치실 것이다. 그는 애굽이 사람이며 신이 아니고 그 말들이 육체이며 영이 아님을 나타내실 것이다. 여호와께서 일어나 그 손을 드시면, 즉 그가 심판을 행하시면, 돕는 애굽도, 도움을 받는 이스라엘도 다 엎드러지며 함께 멸망할 것이다. 하나님 대신 애굽을 의지하는 자들은 다 멸망할 것이다.

〔4-5절〕 [이는] 여호와께서 이같이 내게 이르시되 큰 사자나 젊은 사자가 그 식물을 움키고 으르렁거릴 때에 그것을 치려 여러 목자가 불려 왔다 할지라도 그것이 그들의 소리로 인하여 놀라지 아니할 것이요 그들의 떠듦을 인하여 굴복지 아니할 것라[것임이라]. 이와 같이 나 만군의 여호와가 강림하여 시온산과 그 영(嶺)[언덕] 위에서 싸울 것이며 새가 날개치며 그

이사야 31장: 하나님께로 돌아오라

새끼를 **보호함같이 나 만군의 여호와가 예루살렘을 보호할 것이라. 그것을 호위하며 건지며 넘어와서 구원하리라 하셨나니.**

하나님께서는 예루살렘을 보호하실 것이다. 그는 자신을 짐승들 중 가장 용맹스런 큰 사자나 젊은 사자에 비유하셨다. 그것이 먹이를 움키고 으르렁거릴 때 그것을 치려고 불려온 여러 목자들은 이방 나라의 왕들을 가리켰다고 본다. 만군의 하나님, 곧 천군 천사들을 자유로이 사용하시는 능력의 하나님께서는 시온산과 그 언덕을 위하여 싸우실 것이다. 그는 어미새가 그 새끼를 보호함같이 예루살렘 성을 보호하실 것이다. 그는 자기 백성을 건지시며 구원하실 것이다.

[6절] **이스라엘 자손들아, 너희는 심히 거역하던 자에게로 돌아오라.**

하나님께서는 "이스라엘 자손들아, 너희는 심히 거역하던 자에게로 돌아오라"고 말씀하셨다. 이것은 선지자들이 전한 주요 내용이었다. 이것은 이스라엘 나라의 역사가 '하나님을 심히 거역한 역사'이었음을 보인다. 이스라엘 백성은 하나님의 택하심을 입고 많은 사랑을 받았었지만 하나님을 심히 거역했다. 모세는 신명기 9장에서 이스라엘 백성의 광야생활을 세 마디로 요약했었는데, 그것은 첫째로 목이 곧고, 둘째로 항상 거역하고, 셋째로 하나님을 속히 떠난 것이라고 했었다. 그것이 이스라엘의 모습이었다. 그러나 그들은 그 거역하던 자에게 돌아와야 한다. 하나님께서는 그들에게 아직 기회를 주신다. 그는 그가 택하신 백성들을 구원해 내기를 원하신다. 그는 그의 뜻하신 바를 이루실 것이며 그의 뜻은 결코 실패하지 않을 것이다.

[7절] **너희가 자기 손으로 만들어 범죄한 은우상, 금우상을 그 날에는 각 사람이 던져버릴 것이며.**

회개는 죄를 청산하는 것이며 사람의 죄 중에 대표적인 죄는 우상숭배의 죄이다. 하나님께서 이스라엘 백성을 구원하고자 하실 때, 즉 그들이 하나님께로 돌아올 때, 그들은 자기의 손으로 만들었던, 그리

이사야 31장: 하나님께로 돌아오라

고 그것 때문에 크게 범죄하였던 은우상과 금우상을 다 던져버릴 것이다. 우상의 청산이 구원의 시작이며 구원 얻은 증표이다. 현대인의 첫 번째 우상은 돈이며, 때때로 교인들도 이런 세상적 풍조에 물들어 있다고 보인다. 그러나 돈 사랑은 일만 악의 뿌리이며 그것을 버리고 극복함 없이는 구원에 들어갈 수 없다. 탐심은 우상숭배이다(골 3:5). 사람은 그것을 버리고 청산할 때 구원 얻은 표를 가질 것이다.

〔8절〕 **앗수르는 칼에 엎더질 것이나 사람의 칼로 말미암음이 아니겠고 칼에 삼키울 것이나 여러 사람의 칼로 말미암음이 아닐 것이며 그는 칼 앞에서 도망할 것이요**[칼를 피하지 못할 것이요](NASB)[17] **그 장정들은 복역하는 자**[강제노역자들](NASB, NIV)**가 될 것이라.**

하나님께서는 이스라엘에 위협이 되는 앗수르 나라도 치실 것이다. 그 나라는 사람들의 칼에 엎드러지고 삼키울 것이 아니고 하나님의 칼에 멸망당할 것이다. 하나님께서는 열국의 칼을 사용하실 것이나, 그것은 하나님께로부터 나온 일이며 하나님으로 말미암은 일일 것이다. 또 앗수르 군사들은 정복자들에 의해 강제노역을 당할 것이다.

〔9절〕 **그의 반석은 두려움을 인하여 물러가겠고 그의 방백들은 기호**(군대의) 깃발)**를 인하여 놀라리라. 이는 여호와의 말씀이라. 여호와의 불은 시온에 있고 여호와의 풀무는 예루살렘에 있느니라.**

'그의 반석'은 앗수르 왕을 가리킬 것이다. '물러간다'는 원어(아바르 עָבַר)는 여기서는 '멸망한다'는 뜻이다(BDB). 앗수르 왕과 그의 방백들은 놀라 물러나며 멸망할 것이다. 그것은 하나님께서 행하시는 일일 것이다. 하나님의 불은 시온에 있고 그의 풀무불은 예루살렘 성에 있을 것이다. 앗수르 왕과 군사들이 예루살렘 성을 침공할 때, 하나님께서는 예루살렘 성을 지키시고 거기로부터 열국을 불로 사르실 것이다. 하나님께서는 자기 백성을 그들로부터 지키실 것이다.

---

17) '도망하다'는 동방 원문은 '스스로 도망하다'(나스 로 נָס לוֹ)로 읽으라고 제안되나(케레), '피하지 못하다'(나스 로 נָס לֹא)로 쓰여 있다(케팁).

이사야 31장: 하나님께로 돌아오라

본장의 교훈을 정리해보자. **첫째로**, 이스라엘 백성의 실패는 어려운 문제를 맞을 때 하나님 대신 세상의 것들을 의지한 데 있었다(1절). 그들은 하나님 대신 애굽의 군사력을 의지했다. 하나님께서는 복과 재앙을 내리시는 주권적 섭리자이시다. 이 세상의 모든 것들은 다 덧없다. 그것들은 우리가 의지할 만한 것이 못된다. 이 세상에서 하나님 대신 의지할 것은 아무것도 없다. 우리는 도움을 구하러 애굽으로 내려가지 말고 말과 병거와 마병을 의지하지 말고 오직 하나님을 의지해야 한다.

둘째로, 이스라엘 백성은 심히 거역하던 자에게로 돌아와야 했다(6절). 그것이 회개와 믿음이며 거기에 구원이 있다. 하나님 없이 살며 죄 가운데 방황하는 모든 사람들은 헛된 우상들을 다 버리고 살아계시고 참되신 하나님께로 돌아와야 한다. 하나님께서는 우상을 섬기는 세상 사람들을 심판하실 것이며 그들은 다 멸망할 것이다. 특히 하나님께서 만세 전에 택하신 모든 사람들은 다 하나님께로 돌아와야 한다.

셋째로, 우리는 하나님만 섬기며 그에게만 예배드리고 기도 드려야 한다. 신명기 28장에 증거된 율법의 기본 원리는, 우리가 하나님의 말씀을 지켜 행하면 하나님께서 우리에게 모든 복, 즉 육신적, 물질적, 사회적 복을 주실 것이라는 약속과, 우리가 하나님의 말씀을 지켜 행하지 않으면 하나님께서 우리에게 모든 재앙을 내리실 것이라는 경고이었다. 하나님께서는 우리 개인의 생사화복과 국가의 흥망성쇠를 주관하신다. 그는 절대적 주권자이시다. 신명기 32:39는, "이제는 나 곧 내가 그인 줄 알라. 나와 함께 하는 신이 없도다. 내가 죽이기도 하며 살리기도 하며 상하게도 하며 낫게도 하나니 내 손에서 능히 건질 자 없도다"라고 말한다. 이것은 개인에게도, 가정에게도, 교회에게도, 국가에게도 적용된다. 그러므로 우리는 우리 개인과 가정뿐 아니라, 우리의 교회와 사회도 하나님의 긍휼을 입기 위해 기도하여야 한다(딤전 2:1-2). 우리는 주권적 섭리자 하나님께만 기도하며 의탁하고 하나님만 의지해야 하고 그를 바로 섬기며 성경의 모든 계명과 교훈을 힘써 순종해야 한다.

32장: 메시아의 통치

〔1-4절〕 보라, 장차 한 왕이 의로 통치할 것이요 방백들이 공평으로 정사(政事)할[다스릴] 것이며 또 그 사람(이쉬 אִישׁ)[한 사람](KJV)은 광풍을 피하는 곳, 폭우를 가리우는 곳 같을 것이며 마른 땅에 냇물 같을 것이며 곤비한 땅에 큰 바위 그늘 같으리니 보는 자의 눈이 감기지 아니할 것이요 듣는 자의 귀가 기울어질 것이며 조급한 자의 마음이 지식을 깨닫고 어눌한 자의 혀가 민첩하여 말을 분명히 할 것이라.

본문에 장차 의로 통치할 왕은 메시아를 가리키고 공평으로 다스릴 방백들은 주의 종들을 가리켰다고 본다. 이사야 9:6-7에 말하기를, "이는 한 아기가 우리에게 났고 한 아들을 우리에게 주신 바 되었는데 그 어깨에는 정사(政事)를 메었고 그 이름은 기묘자라, 모사라, 전능하신 하나님이라, 영존하시는 아버지라, 평강의 왕이라 할 것임이라. 그 정사(政事)와 평강의 더함이 무궁하며 또 다윗의 위(位)에 앉아서 그 나라를 굳게 세우고 자금 이후 영원토록 공평과 정의로 그것을 보존하실 것이라"고 했었다. 예수 그리스도께서는 유대인의 왕으로 오셨다(마 2:2). 그는 십자가에 죽으심으로 우리를 위해 의를 이루셨고(롬 10:4) 또 장차 의의 심판자로 다시 오실 것이다(계 22:10-12).

또 메시아께서는 땅 위에서 자기 백성에게 '광풍과 폭우를 피할 곳'이 되는 '한 사람'으로 증거되셨다고 본다. 광풍과 폭우는 세상에서 당하는 환난들과 학대들을 가리킨다. 그는 자기 백성을 악한 자들로부터 보호하신다. 또 메시아 시대에 사람들은 영적으로 눈이 열리고 귀가 열릴 것이며 하나님과 메시아에 대한 지식을 갖게 될 것이며, 또 그들의 조급하고 어리석은 마음은 하나님을 알게 되고 어눌한 혀는 민첩해져 분명한 말로 찬송하고 기도하며 전도할 것이다.

〔5절〕 어리석은 자를 다시 존귀하다(나디브 נָדִיב)[고상하다] 칭하지 아니하겠고 궤휼한 자(킬라이 כִּילַי)[악한, 무뢰한, 악당](BDB)를 다시 정대(正

이사야 32장: 메시야의 통치

大)하다(쇼아 שׁוֹעַ)[너그럽다](KJV, NASB) **말하지 아니하리니.**
 메시아 시대에는 사람들이 어리석은 자를 고상하다고 말한다거나 악당을 너그럽다고 말하지 않을 것이다.
 〔6-7절〕 이는 어리석은 자는 어리석은 것을 말하며 그 마음에 불의를 품어 간사(奸邪)(코네프 חֹנֶף)[불경건](NASB)**를 행하며 패역한 말**(토아 תּוֹעָה)[잘못된 말](KJV, NASB)**로 여호와를 거스리며**[거스르며] **주린 자의 심령을 비게 하며 목마른 자의 마시는 것을 없어지게 함이며 궤휼한 자는 그 그릇**(켈라이 כֵּלָיו)[그의 무기들](NASB)**이 악하여 악한 계획을 베풀어 거짓말로 가련한 자를 멸하며 빈핍한 자가 말을 바르게 할지라도** 그리함이어니와.
 어리석은 자는 어리석은 것을 말하고 마음에 불의를 품고 불경건한 일을 행하고 잘못된 말로 여호와를 거스르며 굶주린 자의 심령을 비게 하며 목마른 자의 마시는 것을 없어지게 할 것이다.
 〔8절〕 고명한(나디브 נָדִיב)[고상한] **자는 고명한**[고상한] **일을 도모하나니 그는 항상 고명한**[고상한] **일에 서리라.**
 고상한 자라는 말은 경건하고 의롭고 선한 자들을 가리킨다. 참된 성도들은 고상한 자들이 되어야 한다. 그들은 의와 불의, 선과 악을 구별하며 의와 선을 택하고 행하는 자들이 되어야 한다.
 〔9-11절〕 너희 안일한 부녀들아, 일어나 내 목소리를 들을지어다. 너희 염려 없는 딸들아, 내 말에 귀를 기울일지어다. 너희 염려 없는 여자들아, 1년 남짓이 지나면 너희가 당황하여 하리니[곤란하리니] **포도 수확이 없으며 열매 거두는** 기한이 **이르지 않을 것임이니라. 너희 안일한 여자들아, 떨지어다. 너희 염려 없는 자들아, 당황하여 할지어다. 옷을 벗어 몸을 드러내고** 베로 **허리를 동일지어다.**
 '안일한 부녀들'(2번)이나 '염려 없는 딸들'(3번)이라는 표현은 죄에 대해 무감각한 이스라엘 백성을 가리켰다고 본다. 안일한 이스라엘 백성은 오래지 않아서 큰 곤란을 당할 것이다. 그들은 포도 수확이 없을 것이며 열매를 거두지도 못할 것이다. 그들은 옷을 찢어 몸을 드러낼 것이며 베로 허리를 동이며 슬퍼하고 탄식할 것이다.

이사야 32장: 메시야의 통치

〔12-14절〕 좋은 밭을 위하며 열매 많은 포도나무를 위하여 가슴을 치게 될 것이니라. 형극[가시들]과 질려[찔레들]가 내 백성의 땅에 나며 희락의 성읍, 기뻐하는 모든 집에 나리니 대저 궁전이 폐한 바 되며 인구 많던 성읍이 적막하며 산과 망대가 영영히 굴혈이 되며 들 나귀의 즐겨하는 곳과 양떼의 풀 먹는 곳이 될 것임이어니와.

사람들은 좋은 밭의 곡식을 얻지 못하고 열매가 많던 포도나무의 수확도 얻지 못하므로 가슴을 치며 슬퍼할 것이다. 전에 기쁨이 넘쳤던 성읍들은 이제 적막하기만 하고 가시덤불과 찔레가 나고 들나귀가 뛰놀며 양떼가 풀을 먹는 황폐한 곳이 될 것이다.

〔15절〕 필경은 위에서부터 성신[성령]을 우리에게 부어주시리니 광야가 아름다운 밭이 되며 아름다운 밭을 삼림으로 여기게 되리라[위에서부터 성령을 우리에게 부어주시며 광야가 아름다운 밭이 되고 아름다운 밭을 삼림으로 여기게 될 때까지 그러하리라](KJV, NASB, NIV).

황폐한 이스라엘 땅은 메시아의 오심으로 회복될 것이다. 광야가 아름다운 밭이 되며 아름다운 밭은 삼림같이 될 것이다. 메시아께서 오실 때, 하나님께서는 자기 백성에게 특히 성령을 부어주실 것이다. 선지자 에스겔도 "내 신[영]을 너희 속에 두어 너희로 내 율례를 행하게 하리니 너희가 내 규례를 지켜 행할지라"고 예언하였다(겔 36:27).

〔16-20절〕 그때에 공평이 광야에 거하며 의가 아름다운 밭에 있으리니 의의 공효[열매](NIV)는 화평이요 의의 결과는 영원한 평안과 안전이라. 내 백성이 화평한 집과 안전한 거처와 종용히 쉬는 곳에 있으려니와 먼저 그 삼림은 우박에 상하고 성읍은 파괴되리라. 모든 물가에 씨를 뿌리고 소와 나귀를 그리로 모는 너희는 복이 있느니라.

성령께서 오시는 메시아 시대는 의의 시대요 평안과 안전함이 있는 시대이다. 예수 그리스도께서는 우리의 의와 평안이 되셨다. 고린도전서 1:30, "예수는 하나님께로서 나와서 우리에게 지혜와 의로움과 거룩함과 구속함이 되셨으니." 마태복음 11:28, "수고하고 무거운 짐 진 자들아, 다 내게로 오라. 내가 너희를 쉬게 하리라." 요한복음

14:27, "평안을 너희에게 끼치노니 곧 나의 평안을 너희에게 주노라." 그러나 그런 일이 있기 전에 먼저 하나님의 공의의 심판이 있을 것이다. 이스라엘도 유다도 앗수르도 바벨론도 그들의 죄악들 때문에 멸망할 것이다. 그 심판이 있은 후 하나님의 나라는 물가에 뿌린 씨로 자란 풀을 가축에게 먹이는 평화롭고 복된 나라로 묘사되었다.

본장의 교훈을 정리해보자. 첫째로, 본장에 예언된 의로 통치하실 왕은 바로 예수 그리스도이시다. 1절, "보라, 장차 한 왕이 의로 통치할 것이요." 그 의로 통치하실 왕이 바로 구약성경에 예언된 예수 그리스도이시다. 우리는 그를 영접하며 의지하고 그 안에 거해야 한다.

둘째로, 우리는 악을 분별하고 고상한 삶을 살아야 한다. 8절, "고상한 자는 고상한 일을 도모하나니 그는 항상 고상한 일에 서리라." 이 세상은 선악이 뒤섞여 혼란스러운 세상이며 세상에는 어리석고 불경건하고 악하고 거짓된 일이 많다. 그러나 우리는 악을 정확하게 분별하고 의와 선을 택하여 고상한 삶을 사는 고상한 자들이 되어야 한다.

셋째로, 우리는 안일한 이스라엘 백성처럼 되지 말아야 한다. 9절, "너희 안일한 부녀들아, 일어나 내 목소리를 들을지어다. 너희 염려 없는 딸들아, 내 말에 귀를 기울일지어다." 우리는 안일함을 버리고 깨어 근신해야 한다. 우리는 말씀과 기도로 항상 깨어 있고 육신의 쾌락을 구하며 범죄하는 자가 되지 말아야 한다. 하나님의 마지막 심판의 날이 있다. 우리는 장차 하나님 앞에 설 수 있도록 깨어 기도해야 한다.

넷째로, 우리는 성령의 인도하심을 받아 의와 평안을 누리는 자가 되어야 한다. 15절, "위에서부터 성령을 우리에게 부어주시며 광야가 아름다운 밭이 되고 아름다운 밭을 삼림으로 여기게 될 때까지 그러하리라." 17절, "의의 열매는 화평이요 의의 결과는 영원한 평안과 안전이라." 우리는 예수님을 믿음으로 의롭다 하심을 받았고 성령을 받았다. 이제 우리는 성령을 따라 의를 행함으로 풍성한 평안을 누려야 한다.

이사야 33장: 하나님의 심판과 구원

33장: 하나님의 심판과 구원

1-16절, 하나님의 심판

〔1절〕 화 있을진저, 너 학대[파괴]를 당치 아니하고도 학대[파괴]하며 속임을 입지 아니하고도 속이는 자여, 네가 학대[파괴]하기를 마치면 네가 학대[파괴]를 당할 것이며 네가 속이기를 그치면 사람이 너를 속이리라.

이것은 앗수르 나라에 대한 심판의 말씀이다. 앗수르 나라는 이스라엘 나라를 파괴하였고 속였었다. 그러나 이제 하나님께서 그 나라에 대해 벌하실 것이다. 그 나라는 하나님의 재앙을 받을 것이다. 그 나라는 다른 나라에 의해 파괴를 당할 것이며 속임을 당할 것이다.

〔2절〕 여호와여, 우리에게 은혜를 베푸소서. 우리가 주를 앙망하오니 주는 아침마다 우리의 팔이 되시며 환난 때에 우리의 구원이 되소서.

선지자 이사야는 하나님께서 이스라엘 백성에게 은혜를 베푸시기를 간구한다. 인생의 참 소망은 하나님께 있다. 하나님께서 우리에게 은혜를 베푸시고 환난 때에 아침마다 구원의 팔이 되시지 않는다면, 우리는 세상의 환난들과 원수 마귀의 권세를 이길 수 없을 것이다.

〔3-4절〕 진동 시키시는 소리로 인하여 민족들이 도망하며 주께서 일어나심으로 인하여 열방이 흩어졌나이다. 황충의 모임같이 사람이 너희 노략물을 모을 것이며 메뚜기의 뛰어오름같이 그들이 그 위로 뛰어오르리라.

하나님께서 앗수르 침략군들을 징벌하시기 위해 일어나실 때 그들은 도망하며 흩어질 것이다. '민족들'과 '열방'은 앗수르 군대를 가리켰다고 본다. 사람들은 메뚜기 떼처럼 그들을 노략할 것이다.

〔5-6절〕 여호와께서는 지존하시니 이는 높은 데 거하심이요 공평과 의로 시온에 충만케 하심이라. 너의 시대에 평안함이 있으며 구원과 지혜와 지식이 풍성할 것이니[그는 너희 시대의 안정이시며 구원들과 지혜와 지식의 보화이시니](원문, NASB, NIV) 여호와를 경외함이 너의 보배니라.

이사야 33장: 하나님의 심판과 구원

하나님께서는 이 세상에 홀로 지극히 높으신 통치자이시다. 그는 공평과 의로 특히 시온을 통치하실 것이다. 그러므로 하나님을 모신 백성은 복되다. 온 세상의 통치자이신 하나님께서는 우리의 평안과 안정이시며 구원과 지혜이시다. 여호와 하나님을 경외함이 우리의 보배이다. 여호와를 경외하는 것이 지혜이며, 그 지혜는 잠언 3:13-18의 말씀대로 참으로 복되며 가장 귀한 보배이다. "지혜를 얻은 자와 명철을 얻은 자는 복이 있나니 이는 지혜를 얻는 것이 은을 얻는 것보다 낫고 그 이익이 정금보다 나음이니라. 지혜는 진주보다 귀하니 너의 사모하는 모든 것으로 이에 비교할 수 없도다. 그 우편 손에는 장수가 있고 그 좌편 손에는 부귀가 있나니 그 길은 즐거운 길이요 그 첩경은 다 평강이니라. 지혜는 그 얻은 자에게 생명나무라. 지혜를 가진 자는 복되도다." 지혜는 정금과 진주보다 낫고 그 좌우에 장수와 부귀가 있고 그 길에 기쁨과 평강이 있으며 마침내 영생에 이른다.

〔7-9절〕 보라, 그들의 용사가 밖에서 부르짖으며 평화의 사신들이 슬피 곡하며 대로가 황폐하여 행인이 끊치며[없으며] 대적이 조약을 파하고 성읍들을 멸시하며 사람을 생각지 아니하며 땅이 슬퍼하고 쇠잔하며 레바논은 부끄러워 마르고 사론은 사막과 같고 바산과 갈멜은 목엽을 떨어치는도다.

유다 나라의 용사들과 사신들은 앗수르 군대의 침공으로 인해 큰 고통을 당할 것이며 기대했던 애굽 나라의 도움도 얻지 못할 것이다. 유다 땅은 앗수르 군대의 침략으로 황폐하게 될 것이다(왕하 18:13). 이스라엘 땅의 북부 갈멜산 남쪽의 비옥한 목초 지역인 사론은 이미 변하여 사막과 같이 황폐케 되었다. 바산과 갈멜의 나무들도 그 잎들을 떨어뜨린다. 비옥한 땅들이 황폐케 되었다.

〔10절〕 여호와께서 가라사대 내가 이제 일어나며 내가 이제 나를 높이며 내가 이제 지극히 높이우리니.

하나님께서는 '이제'라는 말(앗타 עַתָּה)을 세 번이나 반복해 사용하셨다. 그것은 그의 심판의 확고한 의지를 보인다. 그가 잠잠하실 때

이사야 33장: 하나님의 심판과 구원

는 악한 자들이 활개쳤으나, 이제 그가 일어나실 것이다. 그는 일어나 이방인들을 벌하실 것이며 지극히 높임을 받으실 것이다. 그의 심판으로 악인들이 벌을 받고 하나님의 하나님 되심이 드러날 것이다.

〔11-13절〕너희가 겨를 잉태하고 짚을 해산할 것이며 너희의 호흡은 불이 되어 너희를 삼킬 것이며 민족들은 불에 굽는 횟돌 같겠고 베어서 불에 사르는 가시나무 같으리로다. 너희 먼데 있는 자들아, 나의 행한 것을 들으라. 너희 가까이 있는 자들아, 나의 권능을 알라.

앗수르 나라의 침략 계획은 헛될 것이다. 그 나라는 유다 나라를 삼키려고 숨을 내쉬었지만, 도리어 그것이 그들을 삼키는 불이 될 것이다. 앗수르 왕의 유다 침공은 자기의 멸망을 초래하게 될 것이다. 열왕기하 18-19장과 이사야 36-37장에 기록된 대로, 앗수르 왕 산헤립은 예루살렘을 침공했다가 하룻밤에 군사 18만 5천명이 죽었고 그 자신은 고국으로 돌아가 자기 아들들의 칼에 죽임을 당하였다.

〔14절〕시온의 죄인들이 두려워하며 경건치 아니한 자들이 떨며 이르기를 우리 중에 누가 삼키는 불과 함께 거하겠으며 우리 중에 누가 영영히 타는 것과 함께 거하리요 하도다.

유다 땅에도 의인들과 악인들이 있었다. 그 날에 '시온의 죄인들'은 하나님의 불같은 심판을 목격하고 두려워 떨 것이다. 그러나 그들은 평소에 그런 두려움을 가지고 하나님을 알고 죄를 멀리했어야 했다.

〔15-16절〕오직 의롭게 행하는 자, 정직히 말하는 자, 토색한 재물을 가증히 여기는 자, 손을 흔들어 뇌물을 받지 아니하는 자, 귀를 막아 피 흘리려는 **꾀를 듣지 아니하는 자**, 눈을 감아 악을 보지 아니하는 자, 그는 높은 곳에 거하리니 견고한 바위가 그 보장(保障)이 되며 그 양식은 공급되고 그 물은 **끊치지**[끊어지지] 아니하리라 하셨느니라.

의인들은 하나님께서 계신 높은 곳에 거할 것이다. 선지자는 그들을 여러 가지로 표현한다. 그들은 의롭게 행하는 자이며 정직히 말하는 자이다. 그들은 강탈한 재물을 가증히 여기는 자이며 손을 흔들어 뇌물을 받지 않는 자이다. 그들은 귀를 막아 피 흘리려는 꾀를 듣지

이사야 33장: 하나님의 심판과 구원

않는 자이며 눈을 감아 악을 보지 않는 자이다. 그들은 하나님께서 기뻐하시는 자들이다. 하나님께서는 우리 모두가 거룩하고 의롭고 선하고 진실하기를 원하신다. 물론, 하나님을 경외하는 것은 우리가 첫째로 해야 할 일이다. 하나님께서는 이런 의인들에게 평안과 안전을 주시고 또 일용할 양식의 공급함을 주실 것이다.

본문의 교훈을 정리해보자. 첫째로, 앗수르 사람들은 온 세상의 통치자 하나님을 알지 못했다. 그래서 그들은 이웃 나라들을 파괴하고 속였다. 그러나 높은 곳에 계신 하나님께서는 다 보시고 판단하시고 일어나 악한 자들을 심판하실 것이다. 하나님께서는 불같이 그들에게 임하실 것이며 홀로 높임을 받으실 것이다. 하나님을 아는 것이 지혜요 보배이다. 이것은 성경 전체에 흐르는 기본적인 한 진리이다. 우리는 온 세상을 홀로 통치하시는 하나님을 알아야 하고 더 깊이 알아야 한다.

둘째로, 선지자 이사야는 환난의 시대에 하나님을 의지하며 그에게 기도하고 그의 은혜와 구원과 도우심을 간청했다. 하나님께서는 지극히 높으시고 존귀하시며 의로우신 통치자이시며 하나님 안에 평안과 안정이 있고 죄인들의 구원과 영생이 있다. 하나님을 알고 그를 섬기는 자는 하나님 안에 거하며 그를 의지하고 그의 은혜와 구원과 도우심을 간구해야 한다. 하나님 안에 거하는 자들은 심령의 평안과 환경적 평안을 누릴 것이며 양식과 물의 부족이 없을 것이다. 하나님께서는 그들의 안전한 거처가 되시고 견고한 바위와 보호자가 되실 것이다.

셋째로, 사람들은 결국 의인과 악인으로 나뉜다. 하나님을 무시하고 부정하며 그의 뜻을 거역하고 악을 행하며 남을 파괴하고 속이는 자들은 하나님의 벌을 받을 것이다. 하나님께서는 그들을 징벌하실 것이며 불같이 그들을 사르실 것이다. 그러나 하나님을 경외하고 믿고 섬기며 사랑하고 그의 계명대로 의롭고 선하고 진실하게 사는 자들은 복을 얻을 것이다. 우리는 하나님 앞에서 의롭고 선하게만 살아야 한다.

이사야 33장: 하나님의 심판과 구원

17-24절, 아름다우신 왕의 땅

〔17절〕 너의 눈은 그 영광 중의[그의 아름다움 중에 계신](KJV, NASB) **왕을 보며 광활한**[매우 먼](KJV) **땅을 목도하겠고**[보겠고].

그 영광 중의[그의 아름다움 중에] 계신 왕은 하나님을 가리킨다 (22절). 지혜와 능력, 공의와 선으로 통치하시는 하나님께서는 아름다우시다. 그는 불경건하고 악한 열국들을 심판하시고 자기 백성 이스라엘을 구원하신다. 또 광활한[매우 먼] 땅은 신약시대의 교회를 가리키는 말이라고 보인다. 신약교회는 온 세계 만국으로 확장되는 세계적 교회가 될 것이다. 온 세계의 각 나라, 각 민족에서 만세 전 그리스도 안에서 택함 받은 하나님의 자녀들이 구원을 얻을 것이다.

〔18절〕 너의 마음에는 두려워하던 것을 생각하여 내리라[묵상하리라]. **계산하던 자가 어디 있느냐?** 공세를 **칭량하던**[저울로 달던] **자가 어디 있느냐? 망대를 계수하던 자가 어디 있느냐?**

'두려워하던 것'이란 앗수르의 침공 같은 이방 나라들의 침공을 말할 것이다. 전에 그들은 이방 나라들의 침공으로 인해 두려워했었다. 그러나 이제 그런 두려움은 사라질 것이다. '계산하던 자'라는 말은 '쓰는 자'라는 뜻인데, 사람들에게 세금이나 벌금을 부과하고 그 내용을 종이에 쓰는 자를 가리킨다고 본다. '칭량하던 자'라는 말은 '저울에 달던 자'라는 뜻인데, 백성이 세금을 내면 그것을 저울에 달고 받는 자를 가리킨다고 본다. '망대를 계수하던 자'라는 말은 점령군이 망대 수를 세어서 그의 상관에게 보고하는 것을 가리킬 것이다. 이런 일들은 이방인들이 침공했을 때 유대인들이 경험했던 것들이었다.

〔19절〕 **네가 강포한 백성을** 다시 **보지 아니하리라. 그 백성은 방언이 어려워서 네가 알아듣지 못하며 말이 이상하여 네가 깨닫지 못하는 자니라.**

'강포한 백성' '방언이 어려워 알아듣지 못하며 말이 이상하여 깨닫지 못하는 자'는 앗수르 군대를 가리킬 것이다. 그러나 하나님의 심판

이사야 33장: 하나님의 심판과 구원

으로 그 이방 군대는 물러갈 것이다. 하나님의 공의와 심판의 영광이 땅 위에서 나타날 것이다.

〔20절〕 **우리의 절기** 지키는 **시온성을 보라. 네 눈에 안정한 처소된 예루살렘이 보이리니 그것은 옮겨지지 아니할 장막이라. 그 말뚝이 영영히 뽑히지 아니할 것이요 그 줄이 하나도 끊치지**[끊어지지] **아니할 것이며.**

본문은 메시아 시대에 회복될 평화로운 예루살렘 성을 묘사했다고 본다. '예루살렘'은 '평화의 성'이라는 뜻이다. 전에 절기 지키던 시온 성은 장차 황폐케 될 것이지만, 하나님의 때에 그 성은 '안정한 처소된 예루살렘' 즉 '평화로운 예루살렘'이 될 것이다. 예루살렘은 다시 장막을 거두듯이 없어지지 않을 것이다. 장막의 말뚝을 뽑지 않듯이, 장막을 친 줄이 하나도 끊어지지 않듯이, 새 예루살렘 성은 영원한 평화의 성이 될 것이며 다시는 멸망하지 않을 것이다.

〔21절〕 **여호와께서는 거기서 위엄 중에 우리와 함께 계시리니 그 곳은** 마치 **노질하는 배나 큰 배가 통행치 못할 넓은 하수나 강이 둘림 같을 것이라** [거기에서 엄위하신 여호와께서는 우리를 위해 넓은 강들과 시내들의 장소가 되시며 거기에는 노질하는 배나 큰 배가 통행치 못할 것이래(NASB).

'노질하는 배'와 '큰 배'는 앗수르의 전함(戰艦)들을 가리킬 것이다. 옛날의 전함들은 노질하는 큰 배이었다. 엄위하신 하나님께서는 자기 백성을 결코 버리지 않으시고 그들을 도우시고 지키실 것이다.

〔22절〕 **대저**[이는] **여호와는 우리 재판장이시요 여호와는 우리에게 율법을 세우신 자시요 여호와는 우리의 왕이시니 우리를 구원하실 것임이니라.**

하나님께서는 율법을 제정하셨고 그 율법대로 인류를 심판하시는 왕이시다. 또 그는 자기 백성을 온갖 고난의 구렁텅이에서 건져주실 것이다. 하나님께서는 심판도 하시고 구원도 하신다. 특히 그는 모든 원수들을 멸하실 것이며 자기 백성을 도우시며 구원하실 것이다.

〔23절〕 **너의 돛대 줄이 풀렸었고**[풀리고] **돛대 밑을 튼튼히 하지 못하였었고**[못하고] **돛을 달지 못하였었느니래**[못하느니라]. **때가 되면**[그때에] **많**

은 재물을 탈취하여 나누리니 저는 자도 그 재물을 취할 것이며.

여기에 '너'는 앗수르를 가리켰다고 본다. 옛 시대의 큰 군함은 돛을 단 배이었다. 그러나 앗수르는 패전할 것이며 그들의 배들은 돛대 줄이 풀리고 돛대 밑을 튼튼히 하지 못하고 돛도 달지 못할 것이다. 유다 백성은 앗수르 군대의 많은 재물을 취할 것이며 그것들을 동료들과 나눌 것이다. 심지어 발을 저는 자들도 그 재물을 취할 것이다.

[24절] 그 거민은 내가 병들었노라 하지 아니할 것이라. 거기 거하는 백성이 사죄함을 받으리라.

회복된 시대의 백성은 영육으로 복될 것이다. 그들은 육신적으로 건강하며 질병이 없을 것이다. 또 그들은 영적으로도 죄씻음을 받을 것이다. 세상의 가장 근본적 문제인 죄 문제의 해결이 있을 것이다.

본문의 교훈을 정리해보자. 첫째로, 원수들은 멸망할 것이다. 포로된 이스라엘 백성은 이방의 통치자들에게 온갖 학대를 당했으나 이제 그들이 멸망하여 없어질 것이다. 그들의 전함들의 돛대 줄은 풀리고 돛을 달지 못할 것이다. 그러므로 우리는 낙심치 말고 끝까지 참아야 한다.

둘째로, 새 예루살렘은 평온하고 안정된 성이 될 것이다. 17절, "너의 눈은 . . . 매우 먼 땅을 보겠고." 20절, "네 눈에 안정한 처소된 예루살렘이 보이리니." 이 예언은 신약시대에 영적으로 어느 정도 이루어졌지만, 장차 영광의 천국에서 완전히 이루어질 것이다. 하나님의 나라는 성령 안에서 의와 평안과 희락이 넘치는 나라가 될 것이다(롬 14:17).

셋째로, 이 모든 일을 이루시는 자는 하나님이시다. 17절, "너의 눈은 그의 아름다움 중에 계신 왕을 보며." 21절, "엄위하신 여호와께서는 우리를 위해 넓은 강들과 시내들의 장소가 되시리라." 22절, "이는 여호와께서 우리의 재판장이시요 우리에게 율법을 세우신 자시요 우리의 왕이시니 우리를 구원하실 것임이니라." 하나님께서는 주권적 통치자 왕이시다. 우리는 모든 일을 이루시는 하나님을 믿고 의지해야 한다.

34장: 열국에 대한 심판

〔1-2절〕 열국이여, 너희는 나아와 들을지어다. 민족들이여, 귀를 기울일지어다. 땅과 땅에 충만한 것, 세계와 세계에서 나는 모든 것이여, 들을지어다. 대저 여호와께서 만국을 향하여 진노하시며 그들의 만군[모든 군대들]을 향하여 분내사 그들을 진멸하시며 살륙케 하셨은즉.

선지자 이사야는 온 세계의 모든 나라들과 그들의 모든 군대들을 향하여 하나님의 진노와 심판을 선포한다. 하나님께서는 그들을 다 멸하시고 죽이실 것이다. 이것은 온 세상에 임할 하나님의 심판이다.

〔3-4절〕 그 살륙 당한 자는 내어던진 바 되며 그 사체(死體)의 악취가 솟아오르고 그 피에 산들이 녹을 것이며 하늘의 만상(萬象)[모든 별들]이 사라지고 하늘들이 두루마리같이 말리되 그 만상(萬象)[모든 별들]의 쇠잔함이 포도나무 잎이 마름 같고 무화과나무 잎이 마름 같으리라.

하나님의 대심판 때에 온 땅에 죽임을 당할 자들이 많고 죽은 자들의 시체들의 썩는 냄새가 진동할 것이다. 그 피에 산들이 녹을 것이다. 이 말은 산들이 피에 젖을 것이라는 뜻 같다. 그때 하늘의 모든 별들이 흩어지며 하늘이 두루마리같이 말리며 모든 별들이 포도나무 잎이나 무화과나무 잎의 마름같이 쇠잔할 것이다.

〔5-7절〕 여호와의 칼[나의 칼]이 하늘에서 족하게 마셨은즉 보라, 이것이 에돔 위에 내리며 멸망으로 정한 백성 위에 내려서 그를 심판할 것이라. 여호와의 칼이 피 곧 어린양과 염소의 피에 만족하고 기름 곧 수양[숫양]의 콩팥 기름에 윤택하니 이는 여호와께서 보스라(에돔의 수도)에서 희생을 내시며 에돔 땅에서 큰 살륙을 행하심이라. 들소와 송아지와 수소가 한 가지로 도살장에 내려가니 그들의 땅이 피에 취하며 흙이 기름으로 윤택하리라.

하늘에서 사탄과 악령들을 치신 여호와의 칼이 에돔에게 임할 것이다. 에돔은 하나님의 심판을 받을 불경건하고 부도덕한 세상 나라의 한 대표적인 예로 언급된 것 같다. 하나님께서는 에돔 땅에서 큰

이사야 34장: 열국에 대한 심판

살륙을 행하실 것이다. 하나님께서 심판하시는 날에 수많은 사람들이 죽임을 당할 것이다. 많은 사람들의 피흘림이 있을 것이다.

〔8절〕 이것은 여호와의 보수(報讐)할[여호와께서 원수를 갚으실] 날이요 시온의 송사를 위하여 신원(伸寃)하실[원통함을 풀어주실] 해라.

이 날은 하나님의 공의의 심판의 날이며 그 백성 이스라엘 백성의 원수를 갚으시는 날이다. 하나님께서는 성도들을 핍박하고 해롭게 했던 원수들을 갚아주시며 그들의 원통함을 풀어주실 것이다.

〔9-10절〕 에돔의 시내들은 변하여 역청이 되고 그 티끌은 유황이 되고 그 땅은 불붙는 역청이 되며 낮에나 밤에나 꺼지지 않고 그 연기가 끊임없이 떠오를 것이며 세세에 황무하여 그리로 지날 자가 영영히 없겠고.

하나님의 심판은 불의 심판이다. 역청과 유황에 불이 붙어 타듯이, 온 세상은 불바다가 될 것이다. 옛 세상은 물로 멸망을 당하였으나 마지막 날에는 불로 멸망을 당할 것이다(벧후 3:7). 그 불은 끊임없이 타오를 것이며 에돔 땅은 영원히 황폐하게 될 것이다.

〔11-15절〕 당아[사다새]와 고슴도치가 그 땅을 차지하며 부엉이와 까마귀가 거기 거할 것이라. 여호와께서 혼란의 줄과 공허의 추를 에돔에 베푸실 것인즉 그들이 국가를 이으려 하여 귀인들을 부르되 아무도 없겠고 그 모든 방백도 없게 될 것이요 그 궁궐에는 가시나무가 나며 그 견고한 성에는 엉겅퀴와 새품[억새]이 자라서 시랑[승냥이]의 굴과 타조의 처소가 될 것이니 들짐승이 이리와 만나며 수염소[숫염소]가 그 동류를 부르며 올빼미가 거기 거하여 쉬는 처소를 삼으며 부엉이가 거기 깃들이고 알을 낳아 까서 그 그늘에 모으며 솔개들도 그 짝과 함께 거기 모이리라.

하나님께서는 에돔 땅을 혼란하게, 공허하고 황폐하게 만드실 것이다. 에돔은 세상 나라를 대표한 한 예로 언급된 것이라고 보인다. 그 땅은 황폐해져서 사다새와 고슴도치가 그 땅을 차지하며 부엉이와 까마귀가 거기 거할 것이다. 그 땅은 혼란해질 것이다. 국가를 이어갈 만한 인물들이 없게 될 것이다. 그 궁궐에는 가시나무가 나며 그 견고한 성에는 엉겅퀴와 억새가 자라고 승냥이의 굴이 되고 타조의 처소가 될 것이다. 들짐승이 이리와 만나며 숫염소가 그 동류를 부르며 올빼미와 부엉이가 거기에서 처소를 만들고 알을 낳고 까서 그 그늘에 모으며 솔개들도 그 짝과 함께 거기 모일 것이다. 마지막 심판 때에는, 에돔이 황폐케 되었듯이 온 세상이 황폐케 될 것이다.

〔16-17절〕 너희는 여호와의 책을 자세히 읽어보라. 이것들[들짐승들과 새들]이 하나도 빠진 것이 없고 하나도 그 짝이 없는 것이 없으리니 이는 여호와의 입이 이를 명하셨고 그의 신[영]이 이것들을 모으셨음이라. 여호와께서 그것들을 위하여 제비를 뽑으시며 친수(親手)로 줄을 띠어 그 땅을 그것들에게 나눠주셨으니 그것들이 영영히 차지하며 대대로 거기 거하리라.

에돔의 황폐함, 즉 에돔 땅이 들짐승들과 새들의 거처가 되리라는 말씀은 하나님께서 성경에 자세히 예언하신 바이다. 하나님의 열국 심판과 땅의 황폐함은 하나님의 작정된 바이다. 그 예언은 '여호와의 책'인 성경에 기록된 대로 하나도 빠짐 없이 그대로 이루어질 것이다. 하나님의 심판은 성경에 예언된 그대로 다 이루어질 것이다.

본장의 교훈을 정리해보자. 첫째로, 우리는 이 세상에 너무 큰 애착을 두지 말아야 한다. 마지막 날에 세상은 하나님의 심판을 받을 것이다. 세상은 결국 멸망할 장망성(將亡城)이다. 그러므로 우리는 하나님의 명령대로 우리가 해야 할 의무와 책임을 다하지만, 이 세상에 너무 큰 애착을 두지 말고 이 세상과 세상에 있는 것들을 사랑치 말아야 한다.

둘째로, 우리는 하나님만 의지하고 바라고 순종해야 한다. 온 세상의 심판은 하나님께서 친히 행하시는 일이다(2, 6, 8절). 그러므로 우리는 멸망하는 세상을 바라보지 말고 온 세상의 섭리자, 통치자이신 하나님만 바라고 의지하고 순종하며 오직 하나님 중심으로만 살아야 한다.

셋째로, 우리는 성경을 사랑해야 한다. 열국에 대한 심판은 하나님의 작정하신 대로, 성경에 기록된 대로 이루어질 것이다. 성경은 하나님께서 주신, 하나님의 권위로 인쳐진 책이다. 우리는 성경을 사랑하고 자세히 읽고 묵상하고 연구하여 온전한 믿음과 인격의 사람이 되어야 한다.

35장: 새 세계

〔1-2절〕 광야와 메마른 땅이 기뻐하며 사막이 백합화같이 피어 즐거워하며 무성하게 피어 기쁜 노래로 즐거워하며 레바논의 영광과 갈멜과 사론의 아름다움을 얻을 것이라. 그것들이 여호와의 영광 곧 우리 하나님의 아름다움을 보리로다.

하나님께서 열국을 심판하실 때 온 세상이 광야와 메마른 땅같이 황폐하게 될 것이지만, 회복될 새 세계는 사막에서 백합화가 무성하게 피고 레바논의 수목이 우거짐같이 되고 비옥한 갈멜과 사론의 밭같이 될 것이다. 이러한 새 세계의 회복은 메시아의 강림으로 시작될 것이다. 죄로 인해 멸망할 세상은 메시아의 대속 사역으로 새로워질 것이다. 사도 요한은 예수 그리스도의 강림에 대해, "말씀이 육신이 되어 우리 가운데 거하시매 우리가 그 영광을 보니 아버지의 독생자의 영광이요 은혜와 진리가 충만하더라"고 증거하였다(요 1:14).

〔3-4절〕 너희는 약한 손을 강하게 하여 주며 떨리는 무릎을 굳게 하여 주며 겁내는 자에게 이르기를 너는 굳세게 하라. 두려워 말라. 보라, 너희 하나님이 오사 보수(報讐)하시며 보복하여 주실 것이라. 그가 오사 너희를 구하시리라 하라.

회복될 새 세계는 하나님의 열국 심판으로 시작될 것이다. 이스라엘 백성은 지금 이방인들에 의해 손이 약해졌고 무릎이 떨리며 겁을 내고 있으나, 심판자 하나님께서 오셔서 그 원수들을 공의로 벌하시며 자기 백성을 구원하실 것이다. 그러므로 그들은 약한 손을 강하게 하고 떨리는 무릎을 굳게 하고 겁을 내지 말고 굳센 마음을 가져야 하고 두려워하지 말아야 한다.

〔5-6절〕 그때에 소경의 눈이 밝을 것이며 귀머거리의 귀가 열릴 것이며 그때에 저는 자는 사슴같이 뛸 것이며 벙어리의 혀는 노래하리니 이는 광야에서 물이 솟겠고 사막에서 시내가 흐를 것임이라.

이사야 35장: 새 세계

본문은 새 세계에 건강의 회복이 있을 것을 보인다. 사람의 질병들은 큰 슬픔과 불행을 가져왔다. 불치의 병들의 대표적 예는 소경과 귀머거리와 절뚝발이와 벙어리 등이다. 그러나 그 날에는 소경의 눈이 밝을 것이며 귀머거리의 귀가 열릴 것이며 절뚝발이가 사슴같이 뛸 것이며 벙어리의 혀가 노래할 것이다. 하나님의 아들 예수께서는 오셔서 이런 불치의 병자들을 고쳐주셨다. 그것은 천국에서 누릴 복을 미리 조금 맛보게 하신 것이다. 그의 재림으로 이루어질 영광스런 천국에서는 병자들이 없을 것이다. 거기는 병원도, 약국도 없을 것이다. 또 광야에서 물이 솟고 사막에서 시내가 흐를 것이다.

〔7-8절〕 뜨거운 사막[바싹 마른 땅(KJV), 불탄 땅(NASB)]이 변하여 못이 될 것이며 메마른 땅이 변하여 원천이 될 것이며 시랑의 눕던 곳에 풀과 갈대와 부들[고메 אגמן][등심초, 골풀](rush, papyrus)이 날 것이며 거기 대로(大路)가 있어 그 길을 거룩한 길이라 일컫는 바 되리니 깨끗지 못한 자는 지나지 못하겠고 오직 구속(救贖)함을 입은 자들[그 길을 걷는 사람들]을 위하여 있게 된 것이라. 우매한 행인은 그 길을 범치 못할 것이며.

새 세계는 바싹 마른 땅이 변하여 못이 되고 메마른 땅이 변하여 샘이 될 것이다. 승냥이의 눕던 곳에 풀과 갈대와 골풀이 날 것이다. 황량한 광야는 더 이상 없을 것이다. 또 새 세계는 거룩한 땅 즉 거룩한 자들의 땅이 될 것이다. 그리로 가는 길은 거룩한 길이라고 불릴 것이다. 죄 가운데 더럽혀진 자들은 그리로 지나가지 못할 것이며, 땅에서 구속(救贖)함을 얻은 성도들 곧 거룩한 길을 걷는 사람들만 그 길을 걸을 것이며 어리석은 자들은 그 길을 걷지 못할 것이다.

〔9-10절〕 거기는 사자가 없고 사나운 짐승이 그리로 올라가지 아니하므로 그것을 만나지 못하겠고 오직 구속(救贖)함을 얻은 자만 그리로 행할 것이며 여호와의 속량함을 얻은 자들이 돌아오되 노래하며 시온에 이르러 그 머리 위에 영영한 희락을 띠고 기쁨과 즐거움을 얻으리니 슬픔과 탄식이 달아나리로다.

사자같이 사납고 난폭한 짐승들은 그 곳으로 올라가지 못할 것이다. 죄 없는 자들만 그리로 들어갈 것이다. 메시아의 대속 사역으로 완성될 천국은 거룩한 성이며 거기에는 거룩하고 의로운 자들만 거할 것이다. 시편 15:1-5, "여호와여, 주의 장막에 유할 자 누구오며 주의 성산에 거할 자 누구오니이까? 정직하게 행하며 공의를 일삼으며 그 마음에 진실을 말하며 그 혀로 참소치 아니하고 그 벗에게 행악지 아니하며 그 이웃을 훼방치 아니하며 그 눈은 망령된 자를 멸시하며 여호와를 두려워하는 자를 존대하며 그 마음에 서원한 것은 해로울지라도 변치 아니하며 변리로 대금치 아니하며 뇌물을 받고 무죄한 자를 해치 아니하는 자니." 악한 자들은 그 성에 있지 못할 것이다. 요한계시록 22:15, "개들과 술객들과 행음자들과 살인자들과 우상숭배자들과 및 거짓말을 좋아하며 지어내는 자마다 성밖에 있으리라." 하나님의 구원 계획의 목표인 천국은 거룩한 자들의 세계이다.

또 새 세계인 천국은 기쁨의 땅이다. 거기에 거할 백성은 여호와의 속량함을 얻은 자들인데, 그들은 노래하면서 그 성에 이를 것이며 그들의 머리 위에 영영한 희락과 기쁨과 즐거움이 있을 것이며 슬픔과 탄식은 달아날 것이다. 천국의 특징은 의와 거룩과 희락이다. 로마서 14:17, "하나님의 나라는 먹는 것과 마시는 것이 아니요 오직 성령 안에서 의와 평강과 희락이라." 요한계시록 21:1-4, "또 내가 새 하늘과 새 땅을 보니 처음 하늘과 처음 땅이 없어졌고 바다도 다시 있지 않더라. . . . 저희는 하나님의 백성이 되고 하나님은 친히 저희와 함께 계셔서 모든 눈물을 그 눈에서 씻기시매 다시 사망이 없고 애통하는 것이나 곡하는 것이나 아픈 것이 다시 있지 아니하리니 처음 것들이 다 지나갔음이러라." 천국에는 눈물과 죽음과 애통과 질병과 고통이 더 이상 없고 기쁨과 평안이 넘칠 것이다.

비옥한 땅, 건강한 몸, 거룩한 땅, 기쁨의 땅은 새 세계의 특징들이다. 그것은 자연 환경적 변화, 신체적 변화, 도덕적 변화, 심리적 변화

이사야 35장: 새 세계

이다. 또 이 모든 변화는 오직 하나님으로 말미암는다. 그것들은 하나님께서 메시아를 통해 이루실 구원사역의 결과이다. 본장에 예언된 새 세계는 예수 그리스도의 오심으로 이미 시작되었고 그의 재림으로 완성될 것이다. 예수 그리스도를 믿는 자들의 모임인 신약교회는 이미 거룩함을 얻은 자들 곧 성도들의 모임이며 또 그들은 주 안에서 항상 기뻐하고 범사에 감사하며 평안을 누리는 은혜를 이미 받았다.

본장의 교훈을 정리해보자. <u>첫째로, 예언된 새 세계는 메시아의 오심으로 이루어질 세계이다.</u> 2절, "그것들이 여호와의 영광 곧 우리 하나님의 아름다움을 보리로다." 우리는 예수 그리스도의 죽음과 부활을 믿음으로 죄사함과 의롭다 하심을 얻었다. 고린도전서 6:9-11, "불의한 자가 하나님의 나라를 유업으로 받지 못할 줄을 알지 못하느냐? . . . 너희 중에 이와 같은 자들이 있더니 주 예수 그리스도의 이름과 우리 하나님의 성령 안에서 씻음과 거룩함과 의롭다 하심을 얻었느니라."

<u>둘째로, 신약교회는 거룩한 교회이며 또 거룩한 교회이어야 한다.</u> 8절, "거기 대로가 있어 그 길을 거룩한 길이라 일컫는 바 되리니." 그곳에는 죄와 불결과 사나움이 없어야 한다. 신약교회는 거룩하고 온유하고 겸손한 자들의 모임이어야 한다. 우리는 천국에서 완전한 교회를 볼 것이지만, 이 세상에서도 교회의 구성원된 우리 자신이 그러해야 한다. 죄악되고 사납고 불결한 자들은 참 교회의 회원이 될 수 없다.

<u>셋째로, 우리는 예수 그리스도 안에서 항상 기뻐하고 때마다 일마다 주시는 평안을 누려야 한다.</u> 10절, "그 머리 위에 영영한 희락을 띠고 기쁨과 즐거움을 얻으리니." 데살로니가전서 5:16-18, "항상 기뻐하라. 쉬지 말고 기도하라. 범사에 감사하라. 이는 그리스도 예수 안에서 너희를 향하신 하나님의 뜻이니라." 데살로니가후서 3:16, "평강의 주께서 친히 때마다 일마다 너희에게 평강을 주시기를 원하노라." 우리는 예수 그리스도 안에서 이미 받은 기쁨과 평안을 감사히 누려야 한다.

이사야 36장: 산헤립의 침입

36장: 산헤립의 침입

〔1-3절〕 히스기야 왕 14년에 앗수르 왕 산헤립이 올라와서 유다 모든 견고한 성을 쳐서 취하니라. 앗수르 왕이 라기스에서부터 랍사게를 예루살렘으로 보내되 대군(大軍)을 거느리고 히스기야 왕에게로 가게 하매 그가 세탁업자의 터의 대로(大路) 윗못 수도구 곁에 서매 힐기야의 아들 궁내대신 엘리아김과 서기관 셉나와 아삽의 아들 사관 요아가 그에게 나아가니라.

히스기야 왕은 분열왕국 시대에 남방 유다 역사에서 가장 경건하고 의롭고 선한 왕이었다. 그러나 그의 29년의 통치기간 중 제14년에 크게 어려운 일 두 가지가 있었다. 첫째는 앗수르의 침략이고 둘째는 죽을병에 걸린 것이었다(사 38:1). 앗수르 왕 산헤립은 올라와서 유다의 모든 견고한 성들을 쳐서 취하였다. 앗수르 왕은 라기스에서부터 군대장군 랍사게로 대군(大軍)을 거느리고 예루살렘 성의 히스기야에게 가게 하였다. 랍사게가 세탁업자의 터의 큰 길 윗못 수도구 곁에 서자, 유다 나라에서 힐기야의 아들 궁내대신 엘리아김과 서기관 셉나와 아삽의 아들 사관(史官) 요아가 그에게로 나아갔다.

〔4-6절〕 랍사게가 그들에게 이르되 이제 히스기야에게 고하라. 대왕 앗수르 왕이 이같이 말씀하시기를 네가 의뢰하니 무엇을 의뢰하느냐? 내가 말하노니 네가 족히 싸울 모략과 용맹이 있노라 함은 입술에 붙은 말뿐이니라. 네가 이제 누구를 의뢰하고 나를 반역하느냐? 보라, 네가 애굽을 의뢰하도다. 그것은 상한 갈대지팡이와 일반이라. 사람이 그것을 의지하면 손에 찔려 들어가리니 애굽 왕 바로는 그 의뢰하는 자에게 이와 같으니라.

랍사게는 앗수르 왕의 말을 전하며 유다 왕 히스기야와 그 백성을 두렵게 하고 낙망시키려 하였다. 그는 그를 맞는 유다의 고위관리들에게 히스기야가 싸울 전략과 용맹이 없다고 말하며 그와 유다 백성을 두렵게 하고 힘을 빼며 낙망케 하려 하였다. 유다 관리들 중에는 친애굽파가 있었을 것인데, 앗수르 왕은 그들도 낙망시키려 하였다.

이사야 36장: 산헤립의 침입

그는 애굽이 상한 갈대지팡이이며 그들이 애굽을 의지하면 그 상한 갈대지팡이가 그들의 손에 찔려 들어갈 것이라고 말했다.

[7절] 혹시 네가 내게 이르기를 우리는 우리 하나님 여호와를 의뢰하노라 하리라 마는 그는 그의 산당과 제단을 히스기야가 제하여 버리고 유다와 예루살렘에 명하기를 너희는 이 제단 앞에서만 경배하라 하던 그 신이 아니냐 하셨느니라.

앗수르 왕은 한 걸음 더 나아가 히스기야가 여호와를 의지한다고 말하지만 히스기야가 그의 산당과 제단을 제하여 버리고 예루살렘의 제단에서만 하나님을 경배하라고 말했다고 비난하며 여호와 하나님께 대한 히스기야 왕과 유다 백성의 믿음을 흔들어 놓으려 했다.

[8-12절] 그러므로 이제 청하노니 내 주 앗수르 왕과 내기하라. 나는 네게 말 2천 필을 주어도 너는 그 탈 자를 능히 내지 못하리라. 그런즉 네가 어찌 내 주의 종 가운데 극히 작은 장관 한 사람인들 물리칠 수 있으랴. 어찌 애굽을 의뢰하여 병거와 기병을 얻으려 하느냐? 내가 이제 올라와서 이 땅을 멸하는 것이 여호와의 뜻이 없음이겠느냐? 여호와께서 내게 이르시기를 올라가 그 땅을 쳐서 멸하라 하셨느니라. 이에 엘리아김과 셉나와 요아가 랍사게에게 이르되 우리가 아람 방언을 아오니 청컨대 그 방언으로 당신의 종들에게 말씀하고 성 위에 있는 백성의 듣는 데서 유다 방언으로 말하지 마소서. 랍사게가 가로되 내 주께서 이 일을 네 주와 네게만 말하라고 나를 보내신 것이냐? 너희와 함께 자기의 대변을 먹으며 자기의 소변을 마실 성 위에 앉은 사람들에게도 하라고 보내신 것이 아니냐?

랍사게도 히스기야 왕의 군대의 장군들과 그 군사력을 조롱하였다. 그가 말 2천 필을 주어도 그것들을 탈 자가 없을 것이며 앗수르 왕의 극히 작은 장관 한 사람인들 물리칠 수 없을 것이라고 말하였다. 또 그는 그가 올라와 이 땅을 멸하는 것이 하나님의 뜻이며 명령이라고도 말하였다. 엘리아김과 셉나와 요아는 랍사게에게 유다 방언 말고 아람 방언으로 말해달라고 요청했으나, 랍사게는 그 요청을 거절하고 유다 백성이 듣도록 유다 방언으로 말하며 유다 백성을 모욕하였다.

이사야 36장: 산헤립의 침입

〔13-17절〕 이에 랍사게가 일어서서 유다 방언으로 크게 외쳐 가로되 너희는 대왕 앗수르 왕의 말씀을 들으라. 왕의 말씀에 너희는 히스기야에게 미혹되지 말라. 그가 능히 너희를 건지지 못할 것이니라. 히스기야가 너희로 여호와를 의뢰하게 하려는 것을 받지 말라. 그가 말하기를 여호와께서 반드시 우리를 건지시리니 이 성이 앗수르 왕의 손에 붙임이 되지 아니하리라 할지라도 히스기야를 청종치 말라. 앗수르 왕이 또 말씀하시기를 너희는 내게 항복하고 내게로 나아오라. 그리하면 너희가 각각 자기의 포도와 자기의 무화과를 먹을 것이며 각각 자기의 우물 물을 마실 것이요 내가 와서 너희를 너희 본토와 같이 곡식과 포도주와 떡과 포도원이 있는 땅에 옮기기까지 하리라.

랍사게는 유다 방언으로 크게 외치며 히스기야 왕의 말이 백성을 속이는 거짓말이라고 선전하며 유다 왕을 모독했고 유다 백성의 힘을 빼고 무력화(無力化)시키려는 심리 전술도 사용하였다.

〔18-20절〕 혹시 히스기야가 너희에게 이르기를 여호와께서 우리를 건지시리라 할지라도 꾀임을 받지 말라. 열국의 신들 중에 그 땅을 앗수르 왕의 손에서 건진 자가 있느냐? 하맛과 아르밧의 신들이 어디 있느냐? 스발와임의 신들이 어디 있느냐? 그들이 사마리아를 내 손에서 건졌느냐? 이 열방의 신들 중에 어떤 신이 그 나라를 내 손에서 건져내었기에 여호와가 능히 예루살렘을 내 손에서 건지겠느냐 하셨느니라.

앗수르 왕은 더욱이 하나님을 자기와 비교하며 그의 이름과 권위와 능력을 발로 밟고 그를 모욕하고 모독하였다. 앗수르 왕의 말은 마귀의 말과 같았다. 마귀는 때때로 고난 중에 아무 해결책이 없다고 말하며 성도를 절망시키려 한다. 그러나 하나님께서 살아계시는데 성도에게 무슨 절망이 있겠는가? 마귀는 성도들에게 두려움, 의심, 불신을 조장하며 하나님께 대한 우리의 믿음을 흔들어 놓으려 한다. 또 마귀는 교회들과 목사들을 모독하고 심지어 하나님까지 모독한다. 마귀는 항상 교회를 어지럽히고 파괴시키려 한다.

〔21-22절〕 그러나 그들이 잠잠하여 한 말도 대답지 아니하였으니 이는

이사야 36장: 산헤립의 침입

왕이 그들에게 명하여 대답지 말라 하였음이었더라. 때에 힐기야의 아들 궁내대신 엘리아김과 서기관 셉나와 아삽의 아들 사관 요아가 그 옷을 찢고 히스기야에게 나아가서 랍사게의 말을 고하니라.

유다 백성은 잠잠하여 한 말도 대답지 않았다. 왜냐하면 왕이 그들에게 명하여 대답지 말라 했기 때문이다. 우리는 마귀의 장난과 위협과 모독적 말에 대답할 필요가 없다. 그때에 힐기야의 아들 궁내대신 엘리아김과 서기관 셉나와 사관 요아가 그 옷을 찢고 히스기야 왕에게 나아가서 랍사게의 말을 고하였다.

본장의 교훈을 정리해보자. <u>첫째로, 성도는 세상에서 어려운 일을 당한다.</u> 시편 34:19, "의인은 고난이 많으나." 주께서는 "세상에서는 너희가 환난을 당하나 담대하라. 내가 세상을 이기었노라"고 말씀하셨다(요 16:33). 성도가 세상에서 어려운 일을 만나는 것은 이상한 일이 아니다.

<u>둘째로, 성도는 어려운 일을 당할 때 두려워해서는 안 된다.</u> 모든 일은 하나님의 주권적 섭리의 손 안에 있다. 전쟁의 승패도 하나님의 손 안에 있다. 하나님께서 심판과 징벌로 주시는 전쟁이 있고 그때 이스라엘은 패배할 것이다. 유다 멸망 시 바벨론 나라가 침공한 전쟁 같은 것이 그러했다. 그때, 하나님의 뜻은, 선지자 예레미야의 권면대로, 적군에게 항복하는 것이었다. 그러나, 하나님께서 명하신 전쟁이 있고 정당방위적인 정당한 전쟁이 있다. 그때 하나님께서는 이스라엘을 도우실 것이다. 그는 원수들을 물리치시고 자기 백성을 지키실 것이다.

<u>셋째로, 성도는 고난 중에 하나님만 바라며 믿음을 지키며 의를 행해야 한다.</u> 불경건과 죄는 하나님의 진노와 재앙을 가져온다. 옛날에 소돔과 고모라 성은 의인 열 명이 없어 유황불비로 멸망을 당했다(창 18:32). 후에 예루살렘 성은 의인 한 명이 없어서 결국 멸망하였다(렘 5:1). 우리는 세상에 어떤 어려운 일이 있을지라도 오직 하나님만 믿고 의지하며 모든 죄를 회개하고 하나님의 계명들을 힘써 순종하고 의와 선을 행해야 한다. 그러면 우리는 어떤 고난의 현실도 능히 이길 수 있을 것이다.

37장: 히스기야의 기도와 하나님의 응답

〔1-4절〕 히스기야 왕이 듣고 그 옷을 찢고 굵은 베를 입고 여호와의 전으로 갔고 궁내대신 엘리아김과 서기관 셉나와 제사장 중 어른들[연로한 제사장들]도 굵은 베를 입으니라. 왕이 그들을 아모스의 아들 선지자 이사야에게로 보내매 그들이 이사야에게 이르되 히스기야의 말씀에 오늘은 환난과 책벌과 능욕의 날이라. 아이를 낳으려 하나 해산할 힘이 없음 같도다. 당신의 하나님 여호와께서 랍사게의 말을 들으셨을 것이라. 그가 그 주 앗수르 왕의 보냄을 받고 사시는 하나님을 훼방하였은즉 당신의 하나님 여호와께서 혹시 그 말에 견책하실까 하노라. 그런즉 바라건대 당신은 이 남아 있는 자를 위하여 기도하라 하시더이다.

히스기야 왕은 앗수르 왕의 모욕적인 말을 듣고 그 옷을 찢고 굵은 베를 입고 여호와의 전으로 들어갔다. 우리는 어려운 일을 당할 때에 먼저 하나님께 기도 드려야 한다. 또 왕은 궁내대신 엘리아김과 서기관 셉나와 연로한 제사장들을 선지자 이사야에게로 보내어 현실을 그대로 알리며 기도를 부탁했다. 어려운 문제가 있으면 합심해 기도하는 것이 필요하고 서로에게 기도를 부탁하는 것이 좋다.

〔5-7절〕 이와 같이 히스기야 왕의 신하들이 이사야에게 나아가매 이사야가 그들에게 이르되 너희는 너희 주에게 이렇게 고하라. 여호와께서 말씀하시되 너희의 들은 바 앗수르 왕의 종들이 나를 능욕한 말을 인하여 두려워 말라. 보라, 내가 신[한 영]을 그의 속에 두리니 그가 풍성을 듣고 그 고토로 돌아갈 것이며 또 내가 그를 그 고토에서 칼에 죽게 하리라 하셨느니라.

이사야는 그들에게 "너희의 들은 바 앗수르 왕의 종들이 나를 모욕한 말을 인하여 두려워 말라. 보라, 내가 한 영을 그의 속에 두리니 그가 한 소문을 듣고 자기 땅으로 돌아갈 것이며 또 내가 그를 자기 땅에서 칼에 죽게 하리라"는 하나님의 말씀을 전해주었다.

〔8-13절〕 랍사게가 앗수르 왕이 라기스를 떠났다 함을 듣고 돌아가다가 그 왕이 립나 치는 것을 만나니라. 그때에 앗수르 왕이 구스 왕 디르하가의

이사야 37장: 히스기야의 기도와 하나님의 응답

일에 대하여 들은즉 이르기를 그가 나와서 왕과 싸우려 한다 하는지라. 이 말을 듣고 사자들을 히스기야에게 보내며 가로되 너희는 유다 왕 히스기야에게 이같이 고하여 이르기를 너는 너의 의뢰하는 하나님이 예루살렘이 앗수르 왕의 손에 넘어가지 아니하리라 하는 말에 속지 말라. 앗수르 왕들이 모든 나라에 어떤 일을 행하였으며 그것을 어떻게 멸절시켰는지 네가 들었으리니 네가 건짐을 얻겠느냐? 나의 열조가 멸하신 열방 고산과 하란과 레셉과 및 들라살에 거하는 에덴 자손을 그 나라 신들이 건졌더냐? 하맛 왕과 아르밧 왕과 스발와임 성의 왕과 헤나 왕과 이와 왕이 어디 있느냐 하라 하였더라.

랍사게는 앗수르 왕이 유다 서남부에 있는 라기스를 떠났다 함을 듣고 돌아가다가 그 왕이 립나 치는 것을 만났다. 그때 앗수르 왕은 구스 왕 디르하가가 나와서 그와 싸우려 한다는 소문을 듣고 예루살렘 공격을 중단하고 철수해야겠다고 생각했던 것 같다. 그러나 그는 사자들을 히스기야에게 보내며 "너는 너의 의뢰하는 하나님이 예루살렘이 앗수르 왕의 손에 넘어가지 아니하리라 하는 말에 속지 말라. 앗수르 왕들이 모든 나라에 어떤 일을 행했으며 그것을 어떻게 멸절시켰는지 네가 들었으리니 네가 건짐을 얻겠느냐?"고 위협했다.

〔14-20절〕 히스기야가 사자의 손에서 글을 받아 보고 여호와의 전에 올라가서 그 글을 여호와 앞에 펴놓고 여호와께 기도하여 가로되 그룹 사이에 계신 이스라엘 하나님 만군의 여호와여, 주는 천하 만국의 유일하신 하나님이시라. 주께서 천지를 조성하셨나이다. 여호와여, 귀를 기울여 들으시옵소서. 여호와여, 눈을 떠 보시옵소서. 산헤립이 사자로 사시는 하나님을 훼방한 모든 말을 들으시옵소서. 여호와여, 앗수르 왕들이 과연 열국과 그 땅을 황폐케 하였고 그들의 신들을 불에 던졌사오나 이들은 참 신이 아니라. 사람의 손으로 만든 것뿐이요 나무와 돌이라. 그러므로 멸망을 당하였나이다. 우리 하나님 여호와여, 이제 우리를 그의 손에서 구원하사 천하 만국으로 주만 여호와[여호와여, 주만 하나님](NASB, NIV)이신 줄을 알게 하옵소서.

히스기야는 여호와의 전에 올라가 앗수르 왕이 보낸 글을 하나님 앞에 펴놓고 그에게 기도했다. 그는 만군의 여호와, 이스라엘의 하나

이사야 37장: 히스기야의 기도와 하나님의 응답

님께서 천하 만국의 유일하신 하나님이시며 천지를 창조하신 자이시며 살아계신 하나님이심을 확고히 믿었고, 또 열국의 신들은 사람의 손으로 만든 나무와 돌일 뿐이며 참 신이 아님을 확신하였다. 그는 하나님께서 눈을 떠서 유다 백성이 모욕당함을 보고 계시며 귀를 기울여 듣고 계심을 확신했다. 히스기야는 하나님을 믿는 믿음이 있는 자이었다. 그는 하나님께서 자기 백성을 구원하여 주시고 여호와께서만 온 세상의 유일한 하나님이심을 증거해주시기를 간구했다.

〔21-25절〕아모스의 아들 이사야가 보내어 히스기야에게 이르되 이스라엘의 하나님 여호와께서 말씀하시되 네가 앗수르 왕 산헤립의 일로 내게 기도하였도다 하시고 여호와께서 그에 대하여 이같이 이르시되 처녀 딸 시온이 너를 멸시하며 조소하였고 딸 예루살렘이 너를 향하여 머리를 흔들었느니라. 네가 훼방하며 능욕한 것은 누구에게냐? 네가 소리를 높이며 눈을 높이 들어 향한 것은 누구에게냐? 곧 이스라엘의 거룩한 자에게니라. 네가 네 종으로 주를 훼방하여 이르기를 내가 나의 허다한 병거를 거느리고 산들의 꼭대기에 올라가며 레바논의 깊은 곳에 이르렀으니 높은 백향목과 아름다운 향나무를 베고 또 그 한계 되는 높은 곳에 들어가며 살진 땅의 수풀에 이를 것이며 내가 우물을 파서 물을 마셨으니 나의 발바닥으로 애굽의 모든 하수를 밟아 말리리라 하였도다.

하나님께서는 선지자 이사야를 통해 히스기야에게 말씀하시기를, 앗수르 왕이 이스라엘의 거룩한 자를 비방하고 모욕했으나 "처녀 딸 시온이 너를 멸시하며 조소하였고 딸 예루살렘이 너를 향하여 머리를 흔들었느니라"고 하셨다. 앗수르에 대한 징벌을 암시하신 것이다.

〔26-29절〕네가 어찌 듣지 못하였겠느냐? 이 일들은 내가 태초부터 행한 바요 상고부터 정한 바로서 이제 내가 이루어 너로 견고한 성을 헐어 돌무더기가 되게 하였노라. 그러므로 그 거민들이 힘이 약하여 놀라며 수치를 당하여 들의 풀같이, 푸른 나물같이, 지붕의 풀같이, 자라지 못한 곡초 같았었느니라. 네 거처와 네 출입과 나를 거스려 분노함을 내가 아노라. 네가 나를 거스려 분노함과 네 오만함이 내 귀에 들렸으므로 내가 갈고리로 네 코를 꿰며 자갈을 네 입에 먹여 너를 오던 길로 돌아가게 하리라 하셨나이다.

이사야 37장: 히스기야의 기도와 하나님의 응답

하나님께서는 앗수르 왕들이 열국들을 멸한 것과 그 거민들이 힘이 약하여 놀라며 들의 풀같이, 푸른 나물같이, 지붕의 풀같이 패망하고 수치를 당한 것이 그가 태초에 정한 바를 이루신 것뿐이라고 말씀하셨다. 또 그는 앗수르 왕의 교만과 오만을 징벌하실 것이며 그를 자기 땅으로 돌아가게 하실 것이라고 말씀하셨다.

〔30-32절〕 왕이여, 이것이 왕에게 징조가 되리니 금년에는 스스로 난 것을 먹을 것이요 제2년에는 또 거기서 난 것을 먹을 것이요 제3년에는 심고 거두며 포도나무를 심고 그 열매를 먹을 것이니이다. 유다 족속 중에 피하여 남는 자는 다시 아래로 뿌리를 박고 위로 열매를 맺히리니 이는 남는 자가 예루살렘에서 나오며 피하는 자가 시온에서 나올 것임이라. 만군의 여호와의 열심이 이를 이루시리이다.

하나님께서는 유다 나라를 돌보시는 한 징조로 전쟁으로 인해 두 해 동안 농사짓기 어려울 것이지만 제3년에 정상적으로 농사를 지을 수 있을 것이라고 말씀하셨다. 또 그는 유다 족속 중에 '남는 자' 혹은 '피하는 자'를 두시겠다고 말씀하셨다. 인류는 부패하여 다 멸망 받아야 마땅하지만, 하나님의 긍휼로 남는 자들이 있을 것이다. 이스라엘 백성도 마찬가지이다. 남북의 나라가 결국은 우상숭배로 다 멸망할 것이지만, 그런 상황에서도 유다 족속 중에 '남는 자들'이 있을 것이다. 그들은 하나님께서 은혜로 택하신 자들이며 장차 회복될 새 세계를 유업으로 받을 자들이다. 하나님의 열심이 그 일을 이루실 것이다.

〔33-35절〕 그러므로 여호와께서 앗수르 왕에 대하여 가라사대 그가 이 성에 이르지 못하며 한 살도 이리로 쏘지 못하며 방패를 가지고 성에 가까이 오지도 못하며 흉벽을 쌓고 치지도 못할 것이요 그가 오던 길 곧 그 길로 돌아가고 이 성에 이르지 못하리라. 나 여호와의 말이니라. 대저 내가 나를 위하며 내 종 다윗을 위하여 이 성을 보호하며 구원하리라 하셨나이다.

하나님께서는 예루살렘 성을 지켜주실 것이고 앗수르 왕이 그 성에 이르지 못하고 그가 오던 길로 돌아가리라고 말씀하셨다.

〔36-38절〕 여호와의 사자가 나가서 앗수르 진중에서 18만 5천인을 쳤

이사야 37장: 히스기야의 기도와 하나님의 응답

으므로 아침에 일찌기[일찍이] 일어나 본즉 시체뿐이라. 이에 앗수르 왕 산헤립이 떠나 돌아가서 니느웨에 거하더니 자기 신 니스록의 묘[전]에서 경배할 때에 그 아들[아들들] 아드람멜렉과 사레셀이 그를 칼로 죽이고 아라랏(아르메니아) 땅으로 도망한 고로 그 아들 에살핫돈이 이어 왕이 되니라.

유다 왕 히스기야와 선지자 이사야의 기도에 대한 하나님의 응답이 왔다. 그 밤에 여호와의 사자가 나가서 앗수르 진중에서 18만 5천 명을 쳤다. 그들이 아침에 일찍이 일어나 보니 온 진영에 시체뿐이었다. 이에 앗수르 왕 산헤립은 수도 니느웨로 돌아가 거했다. 또 그가 자기 신 니스록의 전에서 경배할 때 그 아들들 아드람멜렉과 사레셀이 그를 칼로 죽이고 아라랏(아르메니아)(KJV) 땅으로 도망했고 그래서 그 아들 에살핫돈이 그를 이어 왕이 되었다.

본장의 교훈을 정리해보자. 첫째로, 유다 왕 히스기야는 어려울 때 하나님께 기도했다. 그는 어려운 문제를 기도로 대처하였고 해결함을 얻었다. 우리는 어려운 일을 당할 때 성전이나 기도의 골방으로 나아가 기도해야 한다. 기도는 모든 문제의 해결책이다. 성도가 세상에서 어려운 문제를 대처하는 바른 방법은 기도이다(시 50:15; 빌 4:6-7; 약 5:13).

둘째로, 히스기야는 여호와께서 천하만국의 유일하신 하나님이시며 살아계신 참 하나님이심을 평소에 알고 믿고 확신했었다. 우리는 평소에 하나님에 대해 바로 알고 바로 믿어야 한다. 믿음과 기도는 정비례한다. 믿음이 있는 자는 기도할 것이다. 주께서는 기도에 대해 교훈하시며 그의 재림 때 세상에서 믿음을 보겠느냐고 말씀하셨다(눅 18:8).

셋째로, 히스기야 왕은 위기의 현실에서 두려워하지 않았고 하나님을 의지하며 기도했고 그의 인도하심와 도우심을 체험하였다. 예루살렘을 공격했던 앗수르 왕은 하룻밤에 군사 18만 5천명의 갑작스런 죽음으로 당황하여 자기 나라로 물러갔고, 그 나라에서 자기 아들들의 칼에 죽임을 당했다. 우리도 세상에서 위기의 현실을 두려워하지 말고 하나님을 의지하며 기도할 때 그의 인도하심과 도우심을 체험할 것이다.

38장: 히스기야의 생명 연장

〔1-3절〕 그 즈음에 히스기야가 병들어 죽게 되니 아모스의 아들 선지자 이사야가 나아와 그에게 이르되 여호와께서 이같이 말씀하시기를 너는 네 집에 유언하라[네 집을 정리하라](KJV, NASB, NIV). 네가 죽고 살지 못하리라 하셨나이다. 히스기야가 얼굴을 벽으로 향하고 여호와께 기도하여 가로되 여호와여, 구하오니 내가 주의 앞에서 진실과 전심으로 행하며 주의 목전에서 선하게 행한 것을 추억[기억]하옵소서 하고 심히 통곡하니.

'그 즈음' 즉 앗수르의 침공으로부터 구원을 얻은 때 즈음, 히스기야는 병들어 죽게 되었다. 히스기야는 25세에 왕위에 올랐고 앗수르의 침공은 그가 왕위에 있은 지 제14년 즉 그의 나이 39세 때에 있었고 그 즈음에 그는 죽을병에 걸렸다고 보인다. 죄가 그의 병의 원인이었던 것 같다(17절). 질병은 죄 때문에 오는 경우가 많다.

그가 병들어 죽게 되었을 때, 선지자 이사야는 "너는 네 집에 유언하라. 네가 죽고 살지 못하리라"는 하나님의 말씀을 그에게 전하였다. 히스기야는 하나님의 말씀을 듣고 얼굴을 벽으로 향하고 심히 통곡하며 "여호와여, 구하오니 내가 주의 앞에서 진실과 전심으로 행하며 주의 목전에서 선하게 행한 것을 기억하옵소서"라고 기도하였다.

히스기야는 비록 나이가 젊었지만 평소에 경건하고 선하게 살았음이 분명하다. 소년 다윗처럼, 히스기야는 하나님께 대한 믿음의 지식과 담대함을 가지고 있었다. 우리가 하나님 앞에 바르게 살 때 우리는 믿음의 담력을 얻는다(요일 3:21). 또 히스기야는 눈물의 기도를 올렸다. 눈물의 기도는 진심에서 나오는 간절한 기도이다.

〔4-6절〕 이에 여호와의 말씀이 이사야에게 임하니라. 가라사대 너는 가서 히스기야에게 이르기를 네 조상 다윗의 하나님 여호와께서 이같이 말씀하시기를 내가 네 기도를 들었고 네 눈물을 보았노라. 내가 네 수한(壽限)에 15년을 더하고 너와 이 성을 앗수르 왕의 손에서 건져내겠고 내가 또

이사야 38장: 히스기야의 생명 연장

이 성을 보호하리라.

히스기야의 눈물의 기도는 즉시 하나님의 응답을 얻었다. 여호와께서는 그 눈물의 기도를 들으셨고 그의 생명을 15년 더 연장하겠다고 말씀하셨다. 사람의 생명은 하나님께 달려 있다. 다니엘은 벨사살 왕의 호흡을 주장하시는 자가 하나님이시라고 말했다(단 5:23). 주께서는 어리석은 농부의 비유에서 하나님께서 오늘밤이라도 우리 영혼을 부르실 수 있음을 말씀하셨다(눅 12:20). 하나님께서는 히스기야의 생명 연장뿐 아니라, 또한 예루살렘 성의 보호도 약속하셨다.

〔7-8절〕 나 여호와가 말한 것을 네게 이룰 증거로 이 징조를 네게 주리라. 보라, 아하스의 일영표(日影表)[해시계]에 나아갔던 해 그림자를 뒤로 10도를 물러가게 하리라 하셨다 하라 하시더니 이에 일영표(日影表)[해시계]에 나아갔던 해의 그림자가 10도를 물러가니라.

하나님의 말씀대로 아하스의 일영표에 나아갔던 해 그림자는 10도 물러갔다. 이것은 해 그림자의 일반적 진행과 다른 신기한 사건이었다. 그것은 여호수아 때 태양이 머문 사건(수 10:12-13)과 함께 역사상 하나님께서 천체의 움직임에 직접 간섭하신 2대 사건이다.

〔9-12절〕 유다 왕 히스기야가 병들었다가 그 병이 나을 때에 기록한 글이 이러하니라. 내가 말하기를 내가 중년에 음부[무덤]의 문에 들어가고 여년을 빼앗기게 되리라 하였도다. 내가 또 말하기를 내가 다시는 여호와를 뵈옵지 못하리니 생존세계에서 다시는 여호와를 뵈옵지 못하겠고 내가 세상 거민 중에서 한 사람도 다시는 보지 못하리라 하였도다. 나의 거처(도르기기)['수명'(KJV), '거처'(BDB, NASB)]는 목자의 장막을 걷음같이 나를 떠나 옮겼고 내가 내 생명을 말기를 직공이 베를 걷어 말음같이 하였도다. 주께서 나를 틀에서 끊으시리니 나의 명(命)[생명]이 조석(朝夕)간에 마치리이다.

9-20절은, 유다 왕 히스기야가 병들었다가 그 병이 나을 때 기록한 글이다. 이것은 그의 간증이며 하나님을 찬송하는 내용이다. 그는 그의 나이 39세 때에 병중에서 죽을 때가 가깝다고 느꼈다.

〔13-14절〕 내가 아침까지 견디었사오나 주께서 사자같이 나의 모든 뼈

이사야 38장: 히스기야의 생명 연장

를 꺾으시오니 나의 명(命)[생명]이 조석간에[아침부터 밤 사이] 마치리이다. 나는 제비같이, 학같이 지저귀며 비둘기같이 슬피 울며 나의 눈이 쇠하도록 앙망하나이다. 여호와여, 내가 압제를 받사오니 나의 중보가 되옵소서.

히스기야는 하나님께서 사자같이 자신의 모든 뼈를 꺾으셨다고 말한다. 즉 자신이 당하는 고난은 그가 주신 것이라고 고백한 것이다. 또 그는 제비같이, 학같이, 비둘기같이 슬피 운다고 표현한다.

[15절] 주께서 내게 말씀하시고 또 친히 이루셨사오니 내가 무슨 말씀을 하오리이까? 내 영혼의 고통을 인하여 내가 종신토록 각근히 행하리이다.

'각근히 행한다'는 원어(엣닷데 אֶדַּדֶּה)는 '천천히 행하다, 신중히 행하다'(BDB), '겸손히 행하다'(NIV)는 뜻이다. 사람이 죽음의 문턱에 갔다오면 좀더 신중해지고 겸손해질 것이다.

[16절] 주여, 사람의 사는 것이 이에 있고 내 심령의 생명도 온전히 거기 있사오니 원컨대 나를 치료하시며 나를 살려주옵소서.

'이에'와 '거기'는 하나님의 약속의 말씀과 그의 긍휼과 능력을 가리킬 것이다. 사람의 생명은 하나님의 긍휼과 능력에 달려 있다.

[17절] 보옵소서, 내게 큰 고통을 더하신 것은 내게 평안을 주려 하심이라. 주께서 나의 영혼을 사랑하사 멸망의 구덩이에서 건지셨고 나의 모든 죄는 주의 등 뒤에 던지셨나이다.

그는 그의 질병이 자신의 죄 때문에 왔음을 시인하지만, 하나님께서 그의 죄를 사하셨고 그를 멸망의 구덩이에서 건지셨다고 증거하며, 또 그가 큰 고통의 질병으로 고생했지만, 하나님께서 결국 평안을 주셨다고 간증한다. 하나님께서는 그에게 죄씻음과 평안을 주셨다.

[18-20절] 음부[무덤]가 주께 사례하지 못하며 사망이 주를 찬양하지 못하며 구덩이에 들어간 자가 주의 신실을 바라지 못하되 오직 산 자 곧 산 자는 오늘날 내가 하는 것과 같이 주께 감사하며 주의 신실을 아비가 그 자녀에게 알게 하리이다. 여호와께서 나를 구원하시리니 우리가 종신토록 여호와의 전에서 수금으로 나의 노래를 노래하리로다.

이사야 38장: 히스기야의 생명 연장

히스기야는 이제 하나님께 찬송을 올리기를 결심한다. 죽은 자는 하나님을 찬송하지 못한다. 산 자만이 하나님을 찬송하며 그 자녀들에게 하나님의 진리를 알게 할 것이다. 하나님의 구원을 경험한 자들마다 감사하며 찬송할 것이다(엡 1장).

[21-22절] 이사야는 이르기를 한 뭉치 무화과를 취하여 종처에[그 종기 위에] 붙이면 왕이 나으리라 하였었고 히스기야도 말하기를 내가 여호와의 전에 올라갈 징조가 무엇이뇨 하였었더라.

본장의 교훈을 정리해보자. 첫째로, 히스기야는 죽을병에 걸렸을 때 하나님께 간절히 눈물로 기도하였다. 그의 질병은 그의 어떤 죄 때문에 온 것 같다. 우리는 고난 중에 기도해야 한다. 우리는 우리의 죄를 고백하고 그것을 청산하기를 결심하며 또 예수 그리스도의 의만 의지하며 담대하게 또 간절하게 기도해야 한다. 기도는 하나님의 백성의 특권이다. 하나님께서는 자기 백성의 눈물의 기도를 잘 들어주실 것이다.

둘째로, 하나님께서는 히스기야를 죽을병에서 건져주시고 그의 생명을 15년간 더 연장해주셨다. 사람의 생명과 죽음은 하나님께 달려 있다. 하나님께서는 우리의 일생을 다 작정하신 자이시며 우리의 생사화복(生死禍福)을 주장하시는 주권적 섭리자이시다. 그러므로 우리는 우리의 생명이 그의 손 안에 있음을 알고 죽음을 두려워하지 말고 모든 것을 다 하나님께 맡겨야 한다. 우리는 늘 죽음을 준비하며 하나님 앞에서 하루하루 거룩하고 정직하고 진실하고 충성되게만 살아야 한다.

셋째로, 히스기야는 죽을병에서 고침을 받는 하나님의 큰 은혜를 받은 후에 더욱 하나님 중심으로 살고 종신토록 신중하게 행하기를 결심했고(15-16절) 또 종신토록 여호와의 전에서 수금으로 하나님께 노래하겠다고 말했다(20절). 오늘날 예수 그리스도의 피로 구원 얻은 우리는 오직 하나님 중심으로만 살고 하나님 앞에서 종신토록 신중하게 행하며 항상 그에게 감사의 찬송을 올려야 한다. 죄와 마귀의 권세와 영원한 멸망에서 구원 얻은 성도들은 하나님께 마땅히 찬송해야 한다.

이사야 39장: 바벨론 사자의 방문

39장: 바벨론 사자의 방문

본장의 내용은 열왕기하 20:12-19에도 기록되어 있다.

〔1절〕 그때에 발라단의 아들 바벨론 왕 므로닥발라단이 히스기야가 병들었다가 나았다 함을 듣고 글과 예물을 보낸지라.

바벨론 왕 므로닥발라단은 유다 나라의 히스기야 왕이 병들었다가 나았다 함을 듣고 글과 예물을 보내었다. 그 당시 아직 앗수르의 한 영토였던 바벨론은 므로닥발라단 때부터 독립국가로 나타나 앗수르와 힘을 겨루려 하였던 것 같다. 그러므로 므로닥발라단은 유다 나라와 애굽 나라 등과 연대하여 앗수르 나라를 압박하려 했던 것 같다.

〔2절〕 히스기야가 사자를 인하여 기뻐하여 그에게 궁중 보물 곧 은금과 향료와 보배로운 기름과 모든 무기고와 보물고에 있는 것을 다 보였으니 궁중의 소유와 전 국내의 소유를 보이지 아니한 것이 없은지라.

히스기야 왕은 바벨론 나라의 사자의 방문을 기쁘게 맞았다. 세력을 확장하고 있던 신흥 바벨론 나라 사자의 방문은 자랑스러운 일이었을 것이다. 사람은 어떤 유력한 사람이 자기를 알아주면 자랑스럽게 생각한다. 히스기야는 바벨론 사자를 환대하며 그에게 궁중 보물 곧 은금과 향료와 보배로운 기름과 모든 무기고와 보물고에 있는 것 등 국내의 모든 보물들을 다 보여주었다. 그것은 어리석은 일이었다.

그가 앗수르 왕을 물리친 일과 죽을병에서 나은 일이나 아하스의 일영표의 해 그림자가 뒤로 10도 물러간 일 등은 다 하나님의 전적 은혜이었기 때문에, 그는 하나님의 이름과 그의 은혜를 증거했어야 했으나, 그 대신 나라의 보물들을 자랑하듯이 보여주었던 것 같다.

우리는 우리 자신의 어떤 훌륭한 점을 자랑하지 말고 오직 하나님의 은혜를 기억하고 감사하고 자랑하고 증거해야 한다. 다윗은 시편 20:6-7에서, "여호와께서 자기에게 속한 바 기름 부음 받은 자를 구원

이사야 39장: 바벨론 사자의 방문

하시는 줄 이제 내가 아노니 그 오른손에 구원하는 힘으로 그 거룩한 하늘에서 저에게 응락하시리로다. 혹은 병거, 혹은 말을 의지하나 우리는 여호와 우리 하나님의 이름을 자랑하리로다"라고 말했다. 사도 바울은 고린도전서 1:26-31에서 아무 육체라도 하나님 앞에서 자랑할 것이 없고 오직 우리의 지혜와 의로움과 거룩함과 구속(救贖)함이 되신 주 예수님만 자랑해야 한다고 말했고, 고린도전서 3:21에서는, "누구든지 사람을 자랑하지 말라"고 말했고, 또 갈라디아서 6:14에서는 "내게는 우리 주 예수 그리스도의 십자가 외에 결코 자랑할 것이 없으니 그리스도로 말미암아 세상이 나를 대하여 십자가에 못박히고 내가 또한 세상을 대하여 그러하니라"고 고백하였다.

〔3-4절〕이에 선지자 이사야가 히스기야 왕에게 나아와 묻되 그 사람들이 무슨 말을 하였으며 어디서 왕에게 왔나이까? 히스기야가 가로되 그들이 원방 곧 바벨론에서 내게 왔나이다. 이사야가 가로되 그들이 왕의 궁전에서 무엇을 보았나이까? 히스기야가 대답하되 그들이 내 궁전에 있는 것을 다 보았나이다. 내 보물은 보이지 아니한 것이 하나도 없나이다.

선지자 이사야는 히스기야 왕에게 누가 왕을 방문했고 그들이 왕의 궁전에서 무엇을 보았는지 물었다. 히스기야는 그들이 바벨론에서 왔다는 것과 궁전에 있는 그의 보물을 다 보여주었다고 대답했다. 히스기야는 확실히 잘못 행하였다. 그는 장차 유다의 원수가 될 바벨론 나라 사자에게 유다의 재정적, 군사적 상태를 다 보여준 것이다.

〔5-7절〕이사야가 히스기야에게 이르되 왕은 만군의 여호와의 말씀을 들으소서. 보라, 날이 이르리니 네 집에 있는 모든 소유와 네 열조가 오늘까지 쌓아둔 것이 모두 바벨론으로 옮긴 바 되고 남을 것이 없으리라. 여호와의 말이니라. 또 네게서 날 자손 중에서 몇이 사로잡혀 바벨론 왕궁의 환관이 되리라 하셨나이다.

유다 나라는 장차 바벨론 나라로 인해 멸망할 것이다. 히스기야는 그런 바벨론 나라의 사자에게 나라의 중심부를 자랑하듯이 다 드러

내 보여주었던 것이다. 그의 그런 행동의 원인은 무엇인가? 그것은 그의 교만 때문이었다고 본다. 역대하 32:24-25, "그때에 히스기야가 병들어 죽게 된 고로 여호와께 기도하매 여호와께서 그에게 대답하시고 또 이적으로 보이셨으나 히스기야가 마음이 교만하여 그 받은 은혜를 보답지 아니하므로 진노가 저와 유다와 예루살렘에 임하게 되었더니." 사람이 교만하면 모든 것이 하나님의 은혜임을 잊고 하나님을 자랑하고 증거하는 대신에 자신을 자랑하게 될 것이다. 그러나 더 깊이 보면, 히스기야의 실수는 하나님께서 그에게 은혜를 주시지 않았기 때문이었다. 역대하 32:31, "그러나 바벨론 방백들이 히스기야에게 사자를 보내어 그 땅에서 나타난 이적을 물을 때에 하나님께서 히스기야를 떠나시고 그 심중에 있는 것을 다 알고자 하사 시험하셨더라." 하나님께서 은혜를 주시고 우리의 심령을 지켜주시지 않으면, 우리는 인간 본성의 죄악성 때문에 교만하고 실수하게 될 것이다. 그러므로 우리는 항상 하나님의 은혜를 사모해야 한다.

〔8절〕 히스기야가 이사야에게 이르되 당신의 이른 바 여호와의 말씀이 좋소이다. 또 가로되 [이는] 나의 생전에는 평안과 견고함(에메스 אֱמֶת)[진실(truth)(KJV, NASB), 안전함(security)(NIV), 견고함(stability)(BDB)]이 있으리로다[있을 것임이로다] 하니라.

히스기야는 장차 있을 유다 나라의 비극적인 멸망에 대해 심각하게 느끼지 못한 것처럼 보이지만, 선지자 이사야를 통해 주신 하나님의 선언을 겸손하게 받았다. 그러나 그는 또한 그의 생전에 평안과 견고함(혹은 안전함)이 있을 것을 확신하였다.

본장의 교훈을 정리해보자. 첫째로, 히스기야는 바벨론의 사자에게 자신과 유다 왕국에 주신 하나님의 놀라운 은혜를 증거하기보다 자신의 왕국을 자랑했다. 우리는 우리를 우리의 죄들과 질병과 세상의 환난과 재앙들과 지옥 형벌에서 구원해주신 하나님의 은혜를 항상 기억하

이사야 39장: 바벨론 사자의 방문

고 잊지 말고 기회 있는 대로 사람들 앞에서 하나님만 자랑하고 그의 은혜만 증거해야 한다. 우리의 우리된 것은 오직 하나님의 은혜 때문이다. 그러므로 우리는 자신을 포함하여 사람을 자랑하지 말고 세상의 것을 자랑하지 말고, 오직 하나님만 자랑해야 한다. 고린도전 3:21, "그런즉 누구든지 사람을 자랑하지 말라." 고린도전서 4:7, "네게 있는 것 중에 받지 아니한 것이 무엇이뇨? 네가 받았은즉 어찌하여 받지 아니한 것 같이 자랑하느뇨?" 갈라디아서 6:14, "그러나 내게는 우리 주 예수 그리스도의 십자가 외에 결코 자랑할 것이 없으니 그리스도로 말미암아 세상이 나를 대하여 십자가에 못박히고 내가 또한 세상을 대하여 그러하니라." 우리는 이 세상 것들을 자랑하지 말고 이 세상 것들을 다 주셨고 특별히 죄사함과 영원한 구원을 주신 하나님만 자랑해야 한다.

둘째로, 하나님께서 그를 떠나실 때 히스기야는 교만에 떨어졌다. 역대하 32:31, "바벨론 방백들이 히스기야에게 사자를 보내어 그 땅에서 나타난 이적을 물을 때에 하나님께서 히스기야를 떠나시고 그 심중에 있는 것을 다 알고자 하사 시험하셨더라." 사람은 하나님의 은혜가 아니면 교만에 떨어질 수 있다. 우리도 실수할 수 있고 실패할 수 있다. 하나님의 귀한 종 다윗이나 경건했던 히스기야가 실수할 수 있었다면, 우리도 그럴 수 있다. 그러므로 우리는 항상 하나님의 은혜만 구해야 하고 하나님만 의지하고 겸손히 성령을 따라 행해야 한다(갈 5:16).

셋째로, 히스기야는 그의 생전에 평안과 안전함이 있을 것을 믿었다. 8절, "히스기야가 이사야에게 이르되 당신의 이른 바 여호와의 말씀이 좋소이다. 또 가로되 나의 생전에는 평안과 견고함(안전함)이 있으리로다 하니라." 우리와 우리 가정과 교회와 나라의 평안과 안전함은 오직 하나님의 은혜 안에 있다. 그러므로 우리는 하나님만 의지하고 사랑하며 하나님의 계명만 순종해야 한다. 이사야 48:18, "슬프다, 네가 나의 명령을 듣지 아니하였도다. 만일 들었더면 네 평강이 강과 같았겠고." 우리는 하나님 안에서 평안과 안전함을 누리기를 원한다.

이사야 40장: 이스라엘의 회복

40장: 이스라엘의 회복

1-11절, 하나님의 오심

〔1-2절〕 너희 하나님이 가라사대 너희는 위로하라. 내 백성을 위로하라. 너희는 정다이[친절히] 예루살렘에 말하며 그것에게 외쳐 고하라. 그 복역의 때(체바아흐 הָאָבְצ)['그의 전쟁'(KJV, NASB), '그의 고역'(NIV)]가 끝났고 그 죄악의 사함을 입었느니라. 그 모든 죄를 인하여 여호와의 손에서 배나 받았느니라 할지니라.

하나님께서는 선지자들에게 자기 백성의 위로를 전하라고 말씀하신다. 그것은 유다 백성이 죄로 인해 징벌을 받아 멸망당하고 오랫동안 바벨론 포로생활로 고생할 것이지만, 이제 회복의 날이 올 것을 암시한다. 그들은 유다 백성이 죄에 대한 하나님의 징벌을 충분히 받았고 징벌로 받은 포로생활의 기간, 즉 전쟁 같은 고역의 기간이 찼고 그 죄악이 사함을 받았다고 전해야 한다.

〔3-5절〕 외치는 자의 소리여, 가로되 너희는 광야에서 여호와의 길을 예비하라. 사막에서 우리 하나님의 대로를 평탄케 하라. 골짜기마다 돋우어지며 산마다, 작은 산마다 낮아지며 고르지 않은 곳이 평탄케 되며 험한 곳이 평지가 될 것이요 여호와의 영광이 나타나고 모든 육체가 그것을 함께 보리라. 대저 여호와의 입이 말씀하셨느니라.

본문은 메시아의 강림을 준비하며 선포했던 세례 요한을 암시한다. 그는 광야에서 회개를 전파하며 메시아를 위하여 백성들의 마음을 준비시켰었다. 광야는 거친 세상의 현실이나 인생의 수고로운 삶을, 골짜기는 거짓과 미움과 탐욕과 음란으로 복잡한 사람들의 죄악된 심령을, 또한 산은 사람들의 교만한 마음을 상징하는 것 같다. 그러나 하나님께서 오셔서 회복시키실 것이다. 악한 마음을 버리고 겸손히 회개하는 자들만 영광의 하나님을 영접할 수 있을 것이다.

이사야 40장: 이스라엘의 회복

이스라엘 나라의 회복은 신적 메시아의 강림으로 이루어질 것이다. "여호와의 영광이 나타나고 모든 육체가 그것을 함께 보리라"는 말씀은 신적 메시아의 강림을 계시하는 내용이다. 사람의 눈으로 볼 수 없는 영이신 하나님께서 모든 육체가 볼 수 있는 모습으로 자기 영광을 나타내실 것이다. 그것은 분명히 신적 메시아께서 사람으로 오심을 가리켰다. 사도 요한은 "말씀이 육신이 되어 우리 가운데 거하시매 우리가 그 영광을 보니 아버지의 독생자의 영광이요 은혜와 진리가 충만하더라"고 말했다(요 1:14). 이 메시아 예언은 하나님의 입이 직접 말씀하신 것이므로 반드시 이루어질 것이며 실제로 이루어졌다.

[6-8절] 말하는 자의 소리여, 가로되 외치라. 대답하되 내가 무엇이라 외치리이까? 가로되 모든 육체는 풀이요 그 모든 아름다움은 들의 꽃 같으니 풀은 마르고 꽃은 시듦은 여호와의 기운이 그 위에 붊이라. 이 백성은 실로 풀이로다. 풀은 마르고 꽃은 시드나 우리 하나님의 말씀은 영영히 서리라 하라.

본문은 사람의 생애와 세상 영광의 헛됨을 증거하며, 그것을 영원하신 하나님의 말씀과 비교한다. 모든 육체는 풀이요 그의 모든 아름다움은 들의 꽃과 같으며, 풀은 마르고 꽃은 시들고 떨어질 것이다. 인생은 허무하다. 그것은 여호와의 기운이 그것 위에 불기 때문이다. 인생의 허무함은 그들의 죄와 하나님의 징벌 때문이다. 이것은 특히 이스라엘 나라의 쇠잔함과 멸망을 두고 하신 말씀이다.

그러나 이사야는 "우리 하나님의 말씀은 영영히 서리라"고 말한다. 여기에서 말하는 하나님의 말씀은 이스라엘 나라의 회복, 즉 하나님의 영광이 나타날 것이라는 약속의 말씀을 가리킨다. 그 말씀은 헛되지 않고 영원히 서며 반드시 이루어질 것이다. 그러므로 우리는 사람의 소망이 오직 하나님과 그의 말씀에 있음을 알아야 한다.

[9절] 아름다운 소식을 시온에 전하는 자여, 너는 높은 산에 오르라. 아름다운 소식을 예루살렘에 전하는 자여, 너는 힘써 소리를 높이라[아름다운

이사야 40장: 이스라엘의 회복

소식을 전하는 자 시온이여, 너는 높은 산에 오르라. 아름다운 소식을 전하는 자 예루살렘이여, 너는 힘써 소리를 높이라(KJV, NASB).[18] **두려워 말고 소리를 높여 유다의 성읍들에 이르기를 너희 하나님을 보라 하라.**

선지자는 하나님의 영광의 나타나심에 대한 소식을 널리 전하라고 말한다. "너희 하나님을 보라"는 말씀은 장차 하나님께서 모든 사람이 볼 수 있게 오실 것을 증거한다. 태초부터 계신 하나님이신 말씀이 육신이 되어 오셨다(요 1:1, 14). 우리는 그것을 성육신(成肉身)이라고 표현한다. 우리는 사람이 되어 오신 하나님의 아들 예수 그리스도, 인류의 구주이신 그를 믿었고 이제 온 세계에 전해야 한다.

〔10-11절〕 **보라, 주 여호와**(아도나이 예호와 אֲדֹנָי יְהוִה)**께서 장차 강한 자로 임하실 것이요 친히 그 팔로 다스리실 것이라. 보라, 상급이 그에게 있고 보응이 그 앞에 있으며 그는 목자같이 양무리를 먹이시며 어린양을 그 팔로 모아 품에 안으시며 젖먹이는 암컷들을 온순히 인도하시리로다.**

본문은 오실 신적 메시아에 대해, 주 여호와께서 장차 강한 자로 임하실 것이며 친히 그 팔로 다스리실 것이라고 말한다. 그는 공의로 심판하시고 보응하실 것이다. 그는 선한 일을 행한 자들에게 상을 주실 것이며 악한 일을 행한 자들에게는 벌을 내리실 것이다. 마태복음 3:12, "손에 키를 들고 자기의 타작 마당을 정하게 하사 알곡은 모아 곳간에 들이고 쭉정이는 꺼지지 않는 불에 태우시리라." 또 그는 좋은 목자이실 것이다. 요한복음 10:11, "나는 선한 목자라. 선한 목자는 양들을 위하여 목숨을 버리거니와." 그는 양무리를 먹이시며 어린양들을 그 팔로 모아 품에 안으시고, 젖먹이는 암컷들을 온순히 인도하실 것이다. '젖먹이는 암컷들'(NASB)[19]은 말씀의 사역자들인 목사들을 가리킬 것이다. 양들을 모으시는 것은 그들을 구원하심을 가리키

---

18) 시온이 여성명사이고 '오르라'는 명령형이 2인칭 단수여성형이다.

19) '젖먹이는 암컷들'이라는 원어(알로스 עָלוֹת)는 '젖먹인다'는 동사(울 עוּל)의 분사 여성복수이다.

고, 양들을 안으시는 것은 그들을 보호하심을 가리킬 것이다.

본문의 교훈을 정리해보자. 첫째로, 사람의 삶은 헛되고 오직 하나님의 말씀만 영원하다. 모든 육체는 풀이요 그 모든 아름다움은 들의 꽃과 같고, 풀은 마르고 꽃은 시든다. 세상의 모든 삶과 그 영광은 과연 헛되다. 그것은 사람들의 죄에 대한 하나님의 징벌 때문이다. 그렇지만 하나님의 말씀은 영원하다. 하나님의 말씀은 많은 시대가 흘러도 변하지 않고 쇠하지 않고 죽지 않는다. 하나님의 약속하신 말씀은 다 이루어질 것이다. 그러므로 우리는 이 세상의 헛된 영광을 추구하거나 의지하지 말고, 오직 영원하신 하나님과 그의 말씀만 믿고 소망해야 한다.

둘째로, 하나님의 약속하신 말씀대로 신적 구주께서 오셨다. 그가 주 예수 그리스도이시다. 그는 태초부터 계셨던, 하나님이신 말씀이 육신이 되신 분이시다(요 1:1, 14). 사도 바울은, "미쁘다, 모든 사람이 받을 만한 이 말이여, 그리스도 예수께서 죄인을 구원하시려고 세상에 임하셨다 하였도다"라고 썼다(딤전 1:15). 그는 구약성경에 예언된 바로 그 분이시다. 요한복음 5:39, "너희가 성경에서 영생을 얻는 줄 생각하고 성경을 상고하거니와 이 성경이 곧 내게 대하여 증거하는 것이로다." 마태복음 1:1, "아브라함과 다윗의 자손 예수 그리스도의 세계[족보]라." 우리는 이 복음을 믿고 또 널리 전해야 한다(마 28:19; 막 16:15; 행 1:8).

셋째로, 우리는 신적 구주의 인도하심만 따라야 한다. 신적 구주께서 능력의 팔로 우리를 구원하셨고 우리를 품에 보호하시고 인도하시고 공급하시며 마지막 날에 공의로 보응하실 것이다. 주께서는, "내 양은 내 음성을 들으며 나는 저희를 알며 저희는 나를 따르느니라"고 말씀하셨다(요 10:27). 사도 요한이 환상 중에 본 14만 4천인은 여자로 더불어 더럽히지 않고 정절이 있고 어린양이 어디로 인도하든지 따라가는 자며 거짓말이 없고 흠이 없는 자들이었다(계 14:3-5). 우리는 오직 구주 예수 그리스도만 믿고 그가 어디로 인도하든지 따라가며, 그의 말씀이 성경에 있으므로 오직 신구약성경의 교훈대로만 믿고 살아야 한다.

이사야 40장: 이스라엘의 회복

12-17절, 세상을 다스리시는 하나님

〔12절〕 누가 손바닥으로 바다 물을 헤아렸으며 뼘으로 하늘을 재었으며 땅의 티끌을 되에 담아 보았으며 명칭(皿秤)으로 산들을, 간칭(杆秤)으로 작은 산들을 달아보았으랴.

본절은 하나님의 창조하신 세계가 지극히 크다는 사실을 가리킨다. 하나님께서 창조하신 광활한 땅과 바다를 바라보며 특히 넓은 하늘을 묵상할 때, 우리는 온 우주가 얼마나 크고 광대한지 알 수 있다. 우리가 사는 지구는 매우 크지만 온 우주에 한 작은 점에 불과하다.

우리가 사는 지구는 거대한 공과 같다. 그 둘레는 약 4만 킬로미터이며, 표면 면적은 약 5억 천만 평방킬로미터이다. 그 중 바다가 육지보다 약 2.4배 많다. 육지의 면적은 약 1억 5천만 평방킬로미터이다. 육지에서 가장 높은 산은 높이 8,848미터인 에베레스트 산이며, 바다에서 가장 깊은 곳은 깊이 약 11,000미터인 마리아나 해구이다. 누가 지구 표면의 거대한 바다들의 물의 부피를 달아볼 수 있겠는가? 누가 지구의 흙을 되에 담아 달아볼 수 있겠는가? 누가 저 높은 산들과 저 작은 산들의 무게를 저울에 달아볼 수 있겠는가?

그런데 이 큰 지구는 태양을 중심으로 돌고 있는 아홉 개의 행성들 중의 하나에 불과하다. 태양에서 가장 먼 행성인 명왕성은 태양에서 약 60억 킬로미터나 떨어져 있다. 그러면 '태양계'의 직경은 약 120억 킬로미터이며 빛의 속도(1초에 약 30만km)로 거의 12시간이 걸린다. 더 놀라운 사실은, 이런 별들이 약 1,000억 개가 모여 '은하계'라는 것을 형성한다는 것이다. '은하계'의 직경은 약 10만 광년이다. 1광년은 빛이 1년간 날아가는 거리로 약 9조 4,500억 킬로미터이며, 은하계의 직경은 그것의 10만 배라고 하니 그 길이를 상상하기 어렵다. 더욱 더 놀라운 사실은, 이 우주에 이런 유의 은하계가 약 1,000억 개가 있다고 한다. 그러니 이 우주의 광대함을 어떻게 다 이해할 수 있겠는

이사야 40장: 이스라엘의 회복

가? 누가 저 광대한 하늘의 크기를 재어볼 수 있으며, 저 끝없이 펼쳐진 우주의 크기를 재어볼 수 있겠는가? 단지 상상해볼 뿐이다. 하나님께서는 바로 이런 지구, 이런 우주를 창조하신 창조자이시다.

[13-14절] 누가 여호와의 신을 지도하였으며 그의 모사가 되어 그를 가르쳤으랴? 그가 누구로 더불어 의논하셨으며 누가 그를 교훈하였으며 그에게 공평의 도로 가르쳤으며 지식을 가르쳤으며 통달의 도를 보여 주었느뇨?

하나님께서는 홀로 천지만물을 창조하셨다. 이사야 44:24, "나는 만물을 지은 여호와라. 나와 함께한 자 없이 홀로 하늘을 폈으며 땅을 베풀었고." 하나님께서 창조하신 세계와 우주는 하나님의 지혜와 능력이 얼마나 크신지를 잘 나타낸다. 지혜가 있어서 창조자 하나님을 지도하고 가르친 자는 아무도 없었다. 그에게 의와 지식을 가르친 자도 없었다. 창조자 하나님께서는 존재와 지혜와 능력이 무한하신 하나님이시다. 그러므로 욥기 12:13은, "지혜와 권능이 하나님께 있고 모략과 명철도 그에게 속하였다"고 말했고, 시편 147:5는, "우리 주는 광대하시며 능력이 많으시며 그 지혜가 무궁하시도다"라고 고백했다. 한마디로, 하나님께서는 전지전능하시고 완전하신 자이시다. 또 그는 지극히 공의로우신 도덕적 하나님이시다.

[15-17절] 보라, 그에게는 열방은 통의 한 방울 물 같고 저울의 적은 티끌 같으며 섬들은 떠오르는 먼지 같으니 레바논 짐승들은 번제 소용에도 부족하겠고 그 삼림은 그 화목(火木)[땔감] 소용에도 부족할 것이라. 그 앞에는 모든 열방이 아무것도 아니라. 그는 그들을 없는 것같이, 빈 것같이 여기시느니라.

세상에는 악인들이 권세가 있어 보이고 이스라엘 나라를 핍박하고 학대하는 이방 나라들, 곧 앗수르 나라와 바벨론 나라의 세력이 대단해 보이지만, 하나님 앞에서는 이방 나라들이 통의 한 방울 물 같고 저울의 적은 티끌 같고, 하나님께서는 그것들을 없는 것같이, 빈 것같이 여기시며 이방 나라들의 권세들도 없는 것같이 여기신다. 그는 온 세상을 임의로 다스리신다. 시편 93:1-2는, "여호와께서 통치하시니 스스로 권위를 입으셨도다. 여호와께서 능력을 입으시며 띠셨으므로 세계도 견고히 서서 요동치 아니하도다. 주의 보좌는 예로부터 견고히 섰으며 주는 영원부터 계셨나이다"라고 말한다.

다니엘서도 하나님의 주권적 통치를 강조하여 말한다. 다니엘 4:17은, "이는 순찰자들의 명령대로요 거룩한 자들의 말대로니 곧 인생으로 지극히 높으신 자가 인간 나라를 다스리시며 자기의 뜻대로 그것을 누구에게든지 주시며 또 지극히 천한 자로 그 위에 세우시는 줄을 알게 하려 함이니라 하였느니라"고 말한다. 또 다니엘 4:35는, "땅의 모든 거민을 없는 것같이 여기시며 하늘의 군사에게든지 땅의 거민에게든지 그는 자기 뜻대로 행하시나니 누가 그의 손을 금하든지 혹시 이르기를 네가 무엇을 하느냐 할 자가 없도다"라고 말한다.

세상을 다스리시는 하나님의 목표는 무엇인가? 그것은 그가 땅 위에 하나님의 나라를 세우시고 그의 뜻을 이루시는 것이다. 인류 역사는 하나님의 나라의 성취 과정이다. 다니엘 2:44는, 로마 제국 시대에 하나님께서 메시아를 통해 한 나라를 세우실 것이며 그 나라는 영원히 망하지 않을 것을 보인다. 주 예수께서는 하나님의 나라를 선포하셨고 또 하나님 나라의 임함과 하나님의 뜻의 이루어짐을 기도하라고 교훈하셨다. 마태복음 6:10, "나라이 임하옵시며 뜻이 하늘에서 이룬 것같이 땅에서도 이루어지이다." 또 그는 하나님의 나라가 씨와 같이 세상에 뿌려진다고 말씀하셨다(마 13장). 그것이 신약교회이다.

하나님의 뜻은 죄인들 중에 택한 자들을 다 구원하셔서 자기 백성을 삼으시는 것이다. 그는 그 뜻을 다 이루신다. 주께서는, "내 아버지의 뜻은 아들을 보고 믿는 자마다 영생을 얻는 이것이니 마지막 날에 내가 이를 다시 살리리라"고 말씀하셨고(요 6:40), 또 그는 그의 음성을 듣는 그의 양들이 있고 그가 그들에게 영생을 줄 것이며 그들이

이사야 40장: 이스라엘의 회복

영원히 멸망치 않으며 그들을 그의 손에서 빼앗을 자가 없다고 말씀하셨다(요 10:28). 하나님 아버지께서 만세 전에 택하시고 아들 예수 그리스도께 주신 자들, 곧 하나님의 양들이라고 불리는 자들이 구주 예수 그리스도를 믿고 죄사함과 의롭다 하심을 얻고 영생을 얻는 것이 구원이며, 구원 얻은 그들은 하나님 나라의 구성원이 된다.

본문의 교훈을 정리해보자. 첫째로, 하나님께서는 위대하시고 완전하시다. 이 광활한 세상과 끝없는 우주를 다 파악할 수 없는 사람이 그것을 만드신 창조주 하나님을 어찌 다 알 수 있겠는가. 창조주 하나님의 존재와 지혜와 능력은 무한하셔서 피조물인 우리 인생은 다 파악할 수 없다. 그러므로 우리는 창조주 하나님의 지극히 크심과 완전하심을 깨닫고 하나님 앞에 두려운 마음을 가지고 그에게 굴복해야 하며 그를 인정하고 그를 높이고 그에게 참된 찬송과 경배를 올려야 한다.

둘째로, 하나님께서는 온 세상 나라들을 주관하신다. 온 세상 나라들은 다 하나님께서 다스리시는 나라들이다. 세상의 모든 열방은 통의 한 방울 물 같고, 저울의 적은 티끌 같고, 실상 하나님 앞에서는 없는 것과 같다. 크신 하나님께서는 홀로, 자신의 뜻대로 온 세상과 모든 나라들을 통치하신다. 인류 역사는 하나님의 섭리의 역사이다. 우리는 하나님께서 온 세상을 주관하심을 알고 하나님만 믿고 의지하고 섬겨야 한다.

셋째로, 하나님께서는 자기 백성을 구원하시고 하나님 나라를 세우시고 그의 뜻을 이루신다. 창조주 하나님께서는 인류 전체 중에서 일부를 구원과 영생에 이르도록 택하셨다. 하나님의 섭리의 목표는 택자들의 구원과 교회와 하나님 나라 건립이다. 하나님께서는 이 목표를 다 이루실 것이다. 우리는 전지전능하신 하나님, 영원자존하신 하나님께서 이 광대한 세상을 창조하셨고 홀로 통치하시며 창세 전에 택하신 자들을 아들 예수 그리스도의 십자가 대속 사역으로 구원하여 교회와 자기 나라를 세우심을 알고 오직 하나님만 믿고 섬기며 순종해야 한다.

이사야 40장: 이스라엘의 회복

18-31절, 참 하나님을 섬기라

〔18-20절〕 그런즉 너희가 하나님을 누구와 같다 하겠으며 무슨 형상에 비기겠느냐? 우상은 장인이 부어만들었고 장색[금장색, 금 세공인]이 금으로 입혔고 또 위하여 은사슬을 만든 것이니라. 궁핍하여 이런 것을 드리지 못하는 자는 썩지 않는 나무를 택하고 공교한 장인을 구하여 우상을 만들어서 흔들리지 않도록 세우느니라.

선지자는 살아계신 하나님과 생명 없는 우상을 비교한다. 우상은 보통 놋쇠로 부어만들고 금으로 입히고 은사슬로 장식한다. 놋쇠와 금은을 살 여유가 없는 가난한 자들은 썩지 않는 나무를 택하여 그것을 공교한 기술자로 조각하게 하여 우상을 만들었다. 사람들은 여전히 조상을 숭배하여 제사나 차례를 드리며 심지어 부적을 소지하기도 한다. 죽은 선조의 영혼이 자손에게 복과 화를 내리겠는가? 부적 종이조각이 특별한 힘을 발휘하겠는가? 또 현대인은 인간을 숭배하고 인간을 높이고 과학을 높이고 의지하고 돈과 육신의 쾌락을 최고의 가치로 여긴다. 그러나 그것들이 사람에게 참 평안과 행복을 줄 수 있는가? 하나님께서 창조하신 인간이 신이 될 수 있는가?

놋쇠, 금은, 돌, 나무 등으로 만들어지는 우상이 생명이 없고 능력이 없으며 그런 것을 섬기는 행위가 헛되다는 것은 너무 자명한 일이다. 또 인간과 돈과 쾌락을 최고의 가치로 여기는 것이 허무하다는 것도 너무 자명한 일이다. 원시적 우상들이나 현대적 우상들이나 그 어떤 우상도, 또 사람들이 최고의 가치를 두려 하는 그 어떤 것들도 헛되고 무익하고 죄악되다는 것은 너무 분명하다. 살아계신 창조자와 섭리자 하나님을 어떻게 감히 그런 것들과 비교할 수 있겠는가?

〔21-24절〕 너희가 알지 못하였느냐? 너희가 듣지 못하였느냐? 태초부터 너희에게 전하지 아니하였느냐? 땅의 기초가 창조될 때부터 너희가 깨닫지 못하였느냐? 그는 땅 위 궁창(쿠그 אוּג)[둥근 천장]에 앉으시나니 땅의 거민들은 메뚜기 같으니라. 그가 하늘을 차일(遮日)[휘장]같이 펴셨으며 거

이사야 40장: 이스라엘의 회복

할 천막같이 베푸셨고 귀인들을 폐하시며 세상의 사사들을 헛되게 하시나니 그들은 겨우 심기웠고 겨우 뿌리웠고 그 줄기가 겨우 땅에 뿌리를 박자 곧 하나님의 부심을 받고 말라 회리바람에 불려가는 초개[지푸라기] 같도다.

하나님께서는 땅 위 궁창에 앉으신 자이시다. 그는 이 세상에 속하지 않는 초월적 존재이시다. 그는 하늘에 계신 자이시다. 땅의 거민들은 그 앞에 메뚜기 같아 보인다. 그는 하늘을 휘장같이 펴셨고 거할 천막같이 베푸셨다. 그는 하늘과 땅을 만드신 창조자이시다. 창조자 하나님만 참 하나님이시다. 예레미야 10:11, "너희는 이같이 그들에게 이르기를 천지를 짓지 아니한 신들은 땅 위에서, 이 하늘 아래서 망하리라 하라." 또 그는 만물의 통치자이시다. 그는 귀인들을 폐하시고 세상의 재판관들을 헛되게 하시는 주권적 통치자이시다.

〔25-26절〕 거룩하신 자가 가라사대 그런즉 너희가 나를 누구에게 비기며 나로 그와 동등이 되게 하겠느냐 하시느니라. 너희는 눈을 높이 들어 누가 이 모든 것을 창조하였나 보라. 주께서는 **수효대로 만상을 이끌어 내시고 각각 그 이름을 부르시나니 그의 권세가 크고 그의 능력이 강하므로 하나도 빠짐이 없느니라.**

하나님께서는 거룩하시다. 그는 피조세계로부터 초월해 계신다. 그의 존재 자체가 초월적이며 그의 도덕성이 이 죄악된 세상과 구별되신다. 우리는 천지를 창조하시고 온 세상을 홀로 섭리하시는 주권적 하나님을 그 누구와 비교할 수 있겠는가? 그는 천지만물을 창조하셨고 만물을 그 수효대로 이끌어 내셨고 각각 그 이름을 부르셨다. 그의 능력이 크고 강하므로 하나도 빠짐이 없이 창조되었다. 이 세상의 어느 신(神), 어느 우상이 이런 능력을 조금이라도 가졌는가?

〔27절〕 **야곱아, 네가 어찌하여 말하며 이스라엘아, 네가 어찌하여 이르기를 내 사정은 여호와께 숨겨졌으며 원통한 것은 내 하나님에게서 수리하심을 받지 못한다 하느냐?**

이제 선지자는 이스라엘 백성의 낙심된 마음 상태를 지적하며 그들을 위로하려 한다. '내 사정'과 '내 원통한 것'은 그들이 앗수르 나라와 바벨론 나라의 포로 생활 속에서 하나님께 부르짖는 내용을 말한다. 그들은 죄 때문에 당연히 고난을 받지만, 회개하며 하나님의 긍휼의 구원을 갈망하며 그들을 학대하는 이방 나라 사람들에 대해 하나님의 공정한 보응을 호소한다. 하나님께서는 그의 깊으신 뜻 가운데 자기의 백성을 고난 중에 버려두셨고 그들을 잊으신 것처럼 보였다. 그는 때때로 그러하셨다. 시편 13:1-2에서 다윗은 말하기를, "여호와여, 어느 때까지니이까? 나를 영영히 잊으시나이까? 주의 얼굴을 나에게서 언제까지 숨기시겠나이까? 내가 나의 영혼에 경영하고 종일토록[날마다](KJV, NIV) 마음에 근심하기를 어느 때까지 하오며 내 원수가 나를 쳐서 자긍하기를 어느 때까지 하리이까?"라고 했었다.

[28-29절] 너는 알지 못하였느냐? 듣지 못하였느냐? 영원하신 하나님 여호와, 땅끝까지 창조하신 자는 피곤치 아니하시며 곤비치 아니하시며 명철이 한이 없으시며 피곤한 자에게는 능력을 주시며 무능한 자에게는 힘을 더하시나니.

이사야는 하나님께서 어떤 분이시며 그가 자기 백성에게 무엇을 주실 것인지 증거한다. 이스라엘 백성은 먼저 하나님께서 영원하신 하나님 여호와이심을 알아야 한다. '여호와'는 하나님께서 영원자존자(永遠自存者)이심을 나타내는 명칭이다. 출애굽기 3:14, "하나님이 모세에게 이르시되 나는 스스로 있는 자니라." 또 이스라엘 백성은 창조자 하나님께서 피곤치 않으시고 명철과 능력이 무한하심을 알아야 한다. 사람들은 하나님의 의지를 알지 못할 때가 많고 그의 계명을 행할 힘도 부족하지만, 하나님께서는 그의 무한하신 지혜와 명철과 능력으로 행하시며 피곤하고 무능한 사람들에게 힘을 주신다.

[30-31절] 소년이라도 피곤하며 곤비하며 장정이라도 넘어지며 자빠지되 오직 여호와를 앙망하는 자는 새 힘을 얻으리니 독수리의 날개치며 올라감 같을 것이요 달음박질하여도 곤비치 아니하겠고 걸어가도 피곤치 아니

이사야 40장: 이스라엘의 회복

하리로다.

사람은 피곤하거나 지치지 않는 소년이나 청년이라도 때때로 피곤하고 지친다. 사람은 누구나 넘어질 수 있고 피곤하고 낙망할 수 있다. 아브라함도, 모세도, 다윗도, 엘리야도 실수하거나 낙심할 때가 있었다. 사람은 누구나 다 연약하지만, 창조자 하나님, 전지전능하신 그를 앙망하는 자는 새 힘을 얻고 독수리의 날개치며 올라감 같을 것이며 걸어가도 피곤치 않고 달려가도 곤비치 않을 것이다.

본문의 교훈을 정리해보자. 첫째로, 놋쇠나 나무로 만들고 금을 입힌 우상들은 아무 생명이 없다. 우리는 제사와 차례도 헛되고 죄악된 우상숭배임을 알아야 한다. 또 돈 사랑과 인간 숭배와 쾌락 사랑도 헛되다. 우리는 우상숭배가 죄악됨을 알고 모든 종류의 우상숭배를 버려야 한다. 우리는 돈 사랑, 인간 숭배, 쾌락 사랑을 버려야 한다. 그것들은 우리에게 죄사함과 참 평안과 행복을 주지 못하고 영생도 주지 못한다.

둘째로, 우리는 태초부터 계셔서 이 세상을 창조하시고 홀로 다스리시는 참 하나님만 믿고 섬겨야 한다. 그는 지혜와 능력이 무한하시며, 피곤치 않으시는 자이시다. 그 하나님께서는 역사 속에서 자신을 증거하셨다. 그는 자기 독생자를 이 세상에 보내겠다고 약속하셨고 그 약속대로 하나님의 독생자 예수 그리스도께서는 세상에 오셔서 많은 기적들과 십자가의 고통과 수치와 저주의 죽음과 3일 만에 자기의 무덤을 비우신 그의 초자연적 부활로 자신을 증거하셨다. 우리는 하나님과 그의 아들 예수 그리스도만 믿고 의지하며 소망하고 순종해야 한다.

셋째로, 우리는 날마다 섭리자 하나님을 앙망하며 새 힘을 얻어야 한다. 이스라엘 백성은 고난으로 피곤해졌고 낙심했으나 다시 하나님으로 인해 새 힘을 얻을 것이다. 우리가 참으로 회개하고 하나님께 돌아온다면, 그는 우리를 용서하실 것이다. 그러므로 우리는 창조주와 섭리자이신 하나님을 앙망하며 새 힘을 얻고 하나님 안에서 살아야 한다.

이사야 41장: 내가 너를 도와주리라

41장: 내가 너를 도와주리라

1-16절, 내가 너를 도와주리라

〔1-4절〕 섬들아, 내 앞에 잠잠하라. 민족들아, 힘을 새롭게 하라. 가까이 나아오라. 그리하고 말하라. 우리가 가까이 하여 서로 변론하자[심판대 앞에 함께 나아가자](NIV; KJV, NASB도 비슷한 뜻임). **누가 동방에서** 사람을 **일으키며 의(義)로 불러서 자기 발 앞에** 이르게 하였느뇨? **열국으로 그 앞에 굴복케 하며 그로 왕들을 치리하게 하되 그들로 그의 칼에 티끌 같게, 그의 활에 불리는 초개 같게 하매 그가 그들을 쫓아서 그 발로 가 보지 못한 길을 안전히 지났나니 이 일을 누가 행하였으냐? 누가 이루었느냐? 누가 태초부터 만대**[모든 시대]**를 명정하였느냐**[불렀느냐]**? 나 여호와라. 태초에도 나요 나중 있을 자에게도 내가 곧 그니라.**

하나님께서는 바벨론 나라를 멸망시키기 위하여 동쪽의 파사에서 고레스 왕을 일으키셔서 공의로운 심판의 도구가 되게 하실 것이다. 이사야 44:28, "고레스에 대하여는 이르기를 그는 나의 목자라. 나의 모든 기쁨을 성취하리라 하며 예루살렘에 대하여는 이르기를 중건되리라 하며 성전에 대하여는 이르기를 네 기초가 세움이 되리라 하는 자니라." 45:1, "나 여호와는 나의 기름 받은 고레스의 오른손을 잡고 열국으로 그 앞에 항복하게 하며 열왕의 허리를 풀며 성문을 그 앞에 열어서 닫지 못하게 하리라." 46:11, "내가 동방에서 독수리를 부르며 먼 나라에서 나의 모략을 이룰 사람을 부를 것이라. 내가 말하였은즉 정녕 이룰 것이요 경영하였은즉 정녕 행하리라." 파사 나라의 왕 고레스는 주위의 넓은 영토를 점령하고 열국을 굴복시킬 것이다. 그는 열방을 멸하는 하나님의 공의의 심판의 도구로 사용될 것이다. 이처럼 선지자 이사야는 150년 내지 200년 후에 나타날 인물과 일에 대하여 하나님의 감동 가운데 예언하였던 것이다. 창세 때부터 세상의 마

이사야 41장: 내가 너를 도와주리라

지막 날까지 모든 시대를 작정하시고 창조하시고 섭리하신 이는 하나님뿐이시다. 이사야 46:10, "내가 종말을 처음부터 고하며 아직 이루지 아니한 일을 옛적부터 보이고 이르기를 나의 모략이 설 것이니 내가 나의 모든 기뻐하는 것을 이루리라 하였노라."

[5-7절] 섬들이 보고 두려워하며 땅끝이 무서워 떨며 함께 모여 와서 각기 이웃을 도우며 그 형제에게 이르기를 너는 담대하라 하고 목공은 금장색을 장려하며 마치[망치]로 고르게 하는 자는 메질군을 장려하며 가로되 땜이 잘 된다 하며 못을 단단히 박아 우상으로 흔들리지 않게 하는도다.

메질꾼은 모루(달군 쇠를 올려놓고 두드릴 때 받침으로 쓰는 쇳덩이) 위에 놓인 쇠를 치는 자를 가리킨다. 열국들은 하나님의 하시는 일들을 보고 두려워하며 땅끝에 있는 자들이 무서워 떨며 함께 모여 올 것이다. 그러나 그들은 우상숭배를 뉘우치고 참 하나님께로 돌아오지 않고 더욱더 우상숭배에 빠지고 서로 격려하며 우상 만드는 일을 힘쓸 것이다. 그러나 우상숭배는 헛되며 결국 다 멸망할 일이다.

[8-10절] 그러나 나의 종 너 이스라엘아, 나의 택한 야곱아, 나의 벗 아브라함의 자손아, 내가 땅끝에서부터 너를 붙들며 땅 모퉁이에서부터 너를 부르고 네게 이르기를 너는 나의 종이라. 내가 너를 택하고 싫어버리지 아니하였다 하였노라. 두려워 말라. 내가 너와 함께함이니라. 놀라지 말라. 나는 네 하나님이 됨이니라. 내가 너를 굳세게 하리라. 참으로 너를 도와주리라. 참으로 나의 의로운 오른손으로 너를 붙들리라.

하나님께서는 이스라엘 백성을 '나의 종 너 이스라엘' '나의 택한 야곱' '나의 벗 아브라함의 자손'이라고 부르신다. 이스라엘 백성은 하나님의 종이며 하나님의 선택받은 민족이다. 하나님께서는 아브라함을 친구라고 부르시며 이스라엘 백성이 아브라함의 자손이기 때문에 우대하신다. 그는 "나를 사랑하고 내 계명을 지키는 자에게는 천대까지 은혜를 베푸느라"고 말씀하셨었다(출 20:6). 하나님께서는 이스라엘 백성을 그 징벌과 고난 중에도 버리지 않으시고 함께하시

이사야 41장: 내가 너를 도와주리라

고 도우시고 붙드실 것이다. 즉 그는 그들을 마침내 구원하시고 회복시키실 것이다. 그러므로 그들은 두려워 말고 놀라지 말아야 한다. "두려워 말라. 내가 너와 함께함이니라. 놀라지 말라. 나는 네 하나님이 됨이니라. 내가 너를 굳세게 하리라. 참으로 너를 도와주리라. 참으로 나의 의로운 오른손으로 너를 붙들리라."

〔11-14절〕 보라, 네게 노하던 자들이 수치와 욕을 당할 것이요 너와 다투는 자들이 아무것도 아닌 것같이 될 것이며 멸망할 것이라. 네가 찾아도 너와 싸우던 자들을 만나지 못할 것이요 너를 치는 자들은 아무것도 아닌 것같이, 허무한 것같이 되리니 이는 나 여호와 너의 하나님이 네 오른손을 붙들고 네게 이르기를 두려워 말라. 내가 너를 도우리라 할 것임이니라. 지렁이(톨라아스 תּוֹלַעַת)[벌레](worm)(BDB, KJV, NASB) 같은 너 야곱아, 너희 이스라엘 사람들아, 두려워 말라. 나 여호와가 말하노니 내가 너를 도울 것이라. 네 구속자(救贖者)는 이스라엘의 거룩한 자니라.

이스라엘 백성은 이전에 열국들에게 많은 고난을 당했었다. 그러나 이스라엘을 향해 노하며 학대하던 열방은 수치와 욕을 당할 것이며 아무것도 아닌 것같이 되며 멸망할 것이다. 이방 나라들의 멸망은 이스라엘 백성의 구원이 될 것이다. 열방의 멸망은 하나님께서 그렇게 뜻을 세우셨기 때문이다. 영원하신 하나님께서는 벌레 같은 야곱, 고난받는 이스라엘 백성의 오른손을 붙드시고 그들을 도우실 것이다.

〔15-16절〕 보라, 내가 너로 이가 날카로운 새 타작기계를 삼으리니 네가 산들을 쳐서 부스러기를 만들 것이며 작은 산들로 겨 같게 할 것이라. 네가 그들을 까부른즉 바람이 그것을 날리겠고 회리바람이 그것을 흩어버릴 것으로되 너는 여호와로 인하여 즐거워하겠고 이스라엘의 거룩한 자로 인하여 자랑하리라.

하나님께서는 이스라엘 백성을 이가 날카로운 새 타작기계를 삼으셔서 이방의 크고 작은 나라들을 다 멸하실 것이다. 그것은 메시아로 말미암은 구원 사역을 가리켰다고 본다. 다니엘도 바벨론 왕 느부갓네살의 금신상 꿈을 해석하면서, "왕이 보신즉 사람의 손으로 하지

이사야 41장: 내가 너를 도와주리라

아니하고 뜨인 돌이 신상의 철과 진흙의 발을 쳐서 부서뜨리매 때에 철과 진흙과 놋과 은과 금이 다 부서져 여름 타작마당의 겨같이 되어 바람에 불려 간 곳이 없었고 우상을 친 돌은 태산을 이루어 온 세계에 가득하였었나이다"라고 말했다(단 2:34-35). 그 꿈은 로마 시대에 메시아께서 오셔서 하나님의 나라를 세우실 것이고 그 나라가 모든 세상 나라들을 쳐서 멸하고 영원히 설 것을 예언한 것이었다고 본다. 본문의 예언도 같은 내용으로서 신약시대의 복음 전파와 교회 건립의 일을 가리킨다고 본다. 이 예언된 내용은 이미 시작되었으나 장차 세상을 심판하실 주 예수 그리스도의 재림으로 완성될 것이다.

본문의 교훈을 정리해보자. 첫째로, 하나님께서는 주권적 작정자, 창조자, 섭리자이시다. 4절, "이 일을 누가 행하였느냐? 누가 이루었느냐? 누가 태초부터 만대를 명정하였느냐? 나 여호와라. 태초에도 나요 나중 있을 자에게도 내가 곧 그니라." 우리는 이 주권적 작정자, 창조자, 섭리자이신 여호와 하나님을 알고 믿고 사랑하며 섬기며 순종해야 한다.

둘째로, 하나님께서는 고난 중에 있는 벌레와 같은 이스라엘 백성을 구원하실 것이다. 하나님께서는 그가 택하신 아브라함과 야곱의 자손 이스라엘을 결코 버리지 않으실 것이다. 그는, 죄 많고 연약하여 하나님의 징벌을 받았던 이스라엘 백성을 이제 붙드시고 도우시고 구원하실 것이다. 주권자 하나님께서는 계획하시고 시작하신 일을 다 이루실 것이다. 오늘날에도 우리의 우리된 것은 하나님의 은혜이다. 하나님께서는 택자들을 하나도 잃어버리지 않고 다 구원하실 것이다(요 6:39-40).

셋째로, 하나님께서는 이스라엘 백성으로 열국을 칠 이가 날카로운 새 타작기계를 삼으실 것이다. 15절, "보라, 내가 너를 이가 날카로운 새 타작기계를 삼으리니." 그것은 메시아의 오심으로 시작될 세계복음화의 일이라고 본다. 예수 그리스도께서는 오셔서 그 일을 그의 제자들에게 명하셨고 시작하셨고 지금도 이루고 계신다. 그것이 신약교회이다.

17-29절, 내가 자산(赭山)에 강을 열리라

〔17-20절〕가련하고 빈핍한 자가 물을 구하되 물이 없어서 갈증으로 그들의 혀가 마를 때에 나 여호와가 그들에게 응답하겠고 나 이스라엘의 하나님이 그들을 버리지 아니할 것이라. 내가 자산(赭山)[벌거숭이 산]에 강을 열며 골짜기 가운데 샘이 나게 하며 광야로 못이 되게 하며 마른 땅으로 샘 근원이 되게 할 것이며 내가 광야에는 백향목과 싯딤[아카시애]나무와 화석류(myrtle)[도금양]와 들감람나무를 심고 사막에는 잣나무와 소나무와 황양목[회양목]을 함께 두리니 무리가 그것을 보고 여호와의 손이 지은 바요 이스라엘의 거룩한 자가 창조한 바인 줄 알며 헤아리며 깨달으리라.

물을 구하는 가난하고 불쌍한 자, 물이 없어 갈증으로 혀가 마르는 자는 하나님을 경외하며 회개하는 이스라엘 백성을 가리켰다고 본다. 하나님께서는 가난하고 목말라 하는 이스라엘 백성을 버리지 않으시고 그들의 부르짖음에 응답하실 것이다. 하늘의 비를 주관하시고 샘의 근원을 주관하시는 자는 하나님이시다. 하나님께서 비를 충분히 내려주시며 골짜기나 광야와 마른 땅에 샘을 터뜨리시면, 벌거숭이산에 강이 생기며 골짜기나 광야와 마른 땅에 샘이 나고 못이 생기게 될 것이다. 또 하나님께서는 광야에나 사막에도 백향목과 아카시아 나무와 도금양과 들감람나무, 또 잣나무와 소나무와 회양목 등 건물이나 가구의 자재가 되는 나무들, 꽃과 향기를 주는 나무들, 기름을 주는 나무들, 또 그늘과 쉼을 주는 나무들을 자라게 하실 것이다.

그러나 이 말씀은 영적으로 이미 성취되고 있다고 보인다. 성경은 하나님의 은혜를 생수에 비유했다. 이사야 55:1, "너희 목마른 자들아, 물로 나아오라. 돈 없는 자도 오라. 너희는 와서 사 먹되 돈 없이, 값 없이 와서 포도주와 젖을 사라." 요한복음 7:37-38, "명절 끝날 곧 큰 날에 예수께서 서서 외쳐 가라사대 누구든지 목마르거든 내게로 와서 마시라. 나를 믿는 자는 성경에 이름과 같이 그 배에서 생수의 강이 흘러나리라 하시니." 요한계시록 22:17, "성령과 신부가 말씀하시

이사야 41장: 내가 너를 도와주리라

기를 오라 하시는도다. 듣는 자도 오라 할 것이요 목마른 자도 올 것이요 또 원하는 자는 값없이 생명수를 받으라 하시더라."

죄로 인해 황폐해지고 메말라진 심령들이 구주 예수 그리스도로 말미암은 하나님의 구원으로 마음 속에서 샘솟아 흐르는 생수를 마시게 되었다. 그것은 성령님을 가리켰다. 또 죄로 인해 병들었던 무익한 사람들이 하나님의 선한 일을 위하여(딛 2:14) 쓰실 만한 자들이 되었다. 에베소서 2:10, "우리는 그의 만드신 바라. 그리스도 예수 안에서 선한 일을 위하여 지으심을 받은 자니 이 일은 하나님이 전에 예비하사 우리로 그 가운데서 행하게 하려 하심이니라." 성도는 하나님께서 만드신 나무들이다. 그의 은혜를 받은 모든 사람들은 하나님의 구원사역을 보고 알고 헤아리고 깨달을 것이다. 지금 이루어진 것들은 장차 천국에서 충만하고 영광스럽게 이루어질 것이다.

[21-24절] 나 여호와가 말하노니 너희 우상들은 소송을 일으키라. 야곱의 왕이 말하노니 너희는 확실한 증거를 보이라. 장차 당할 일을 우리에게 진술하라. 또 이전 일의 어떠한 것도 고하라. 우리가 연구하여 그 결국을 알리라. 혹 장래사[장차 될 일]를 보이며 후래사(後來事)[후에 있을 일]를 진술하라. 너희의 신(神) 됨을 우리가 알리라. 또 복을 내리든지 화를 내리라. 우리가 함께 보고 놀라리라. 과연 너희는 아무것도 아니며 너희 일은 허망하며 너희를 택한 자는 가증하니라.

하나님께서는 자신을 '야곱의 왕'으로 표현하신다. 야곱은 이스라엘의 연약함을 보이는 명칭이다. 이스라엘은 야곱이 하나님과 씨름하여 이긴 기념으로 주신 복된 이름이지만, 야곱이라는 이름은, 아버지를 속이고 형의 축복을 가로챘으나 그 일 때문에 하란에서 20년이라는 혹독한 시련의 세월을 보내야 했던 자의 이름이다. 그러나 하나님께서는 야곱의 자손들을 버리지 않으시고 그들의 왕이 되셔서 그들을 다스리시며 훈련시키시고 그들에게 복을 주기를 원하신다.

하나님께서는 이스라엘 백성이 과거에, 아니 현재까지도 물들어

이사야 41장: 내가 너를 도와주리라

있는 우상숭배에 대해 그것이 허무함을 증거하신다. 하나님께서는 우상들에게 그들이 신(神)인 확실한 증거를 보이라고 말씀하신다. 그는 두 가지 점을 그들에게 말씀하신다. 하나는, 만일 우상들이 신이라면 장래 일들에 대해 예언하라고 말씀하신다. 또 하나는, 만일 그들이 신이라면 사람들에게 복과 화를 내리라고 말씀하신다. 그들이 정말 신이라면, 그들은 장차 당할 일들을 진술하고 이후에 될 일을 보여야 할 것이다. 이전의 일들에 대해 말하는 것은 역사적 지식만 있으면 가능할 것이지만, 미래의 일들은 피조물로서는 알기 어려운 일이다. 우상은 신이 아니므로 미래의 일들을 결코 예언할 수 없다. 또 그들이 정말 신이라면, 사람들에게 복을 내리든지 화를 내릴 수 있을 것이지만, 우상은 신이 아니므로 복도 화도 내릴 수 없다. 과연 우상은 아무것도 아니며 바람이며 그 모든 행사는 공허하다.

[25-26절] 내가 한 사람을 일으켜 북방에서 오게 하며 내 이름을 부르는 자를 해 돋는 곳에서 오게 하였나니 그가 이르러 방백들을 회삼물(灰三物, 석회, 잔모래, 황토를 섞은 것)(mortar)[회반죽]같이, 토기장이의 진흙을 밟음같이 밟을 것이니 누가 처음부터 이 일을 우리에게 고하여 알게 하였느뇨? 누가 이전부터 우리에게 고하여 이가 옳다고 말하게 하였느뇨? 능히(아프 אף)[참으로](NASB) 고하는 자도 없고 [참으로](아프 אף) 보이는 자도 없고 [참으로](아프 אף) 너희 말을 듣는 자도 없도다.

하나님께서 예언하신 자는 파사 왕 고레스이다. 그는 메데와 파사의 연합군을 통해 바벨론을 멸망시키고 이스라엘 백성을 고향으로 돌아가게 할 것이다. 그는 하나님의 이름을 부르는 자, 하나님을 경외하는 자이었다. 에스라 1:2-3, "바사 왕 고레스는 말하노니 하늘의 신 여호와께서 세상 만국으로 내게 주셨고 나를 명하사 유다 예루살렘에 전을 건축하라 하셨나니 이스라엘의 하나님은 참 신이시라. 너희 중에 무릇 그 백성된 자는 다 유다 예루살렘으로 올라가서 거기 있는 여호와의 전을 건축하라. 너희 하나님이 함께하시기를 원하노라."

이사야 41장: 내가 너를 도와주리라

〔27-29절〕 내가 비로소(리숀 רִאשׁוֹן)[처음으로](BDB, KJV, NIV) **시온에** 이르기를 너희는 보라. 그들을 보라 하였노라. 내가 기쁜 소식 전할 자를 예루살렘에 주리라. 내가 본즉 한 사람도 없으며 내가 물어도 그들 가운데 한 말도 능히 대답할 모사가 없도다. 과연 그들의 모든 행사는 공허하며 허무하며 그들의 부어만든 우상은 바람이요 허탄한 것뿐이니라.

이스라엘 나라를 회복시키는 이 기적 같은 일에 대해 우상들 중에 누구도 말한 적이 없다. 그들은 다 신이 아니기 때문이다. 우상들은 허무하며 그들의 모든 행사가 허무하며, 사람들이 부어만든 우상들은 바람이요 허탄한 것일 뿐이다. 우상들 중에 미래를 예언하거나 복과 화를 내릴 자는 아무도 없다. 그것들은 신이 아니기 때문이다.

본문의 교훈을 정리해보자. 첫째로, 우상들은 미래의 일들을 예언하지 못하고 사람들에게 복과 화를 주지 못한다. 우상들은 생명이 없고 능력이 없고 헛되다. 그러므로 우리나라 사람들은 제사나 차례를 하지 말아야 한다. 죽은 조상들은 우리가 섬길 대상이 아니다. 우리는 이방 종교들도, 우상들도, 마리아도, 돈도 헛됨도 알아야 한다. 그것들은 우리에게 환난에서의 구원과 영생을 주지 못한다. 우상은 참으로 헛되다.

둘째로, 여호와께서는 세상을 창조하시고 섭리하시는 유일하신 참 하나님이시다. 그는 참 하나님이시다. 우리는 오직 여호와 참 하나님을 바로 알고 하나님께 소망을 두고 그의 아들 예수 그리스도를 바로 알고 그의 재림을 소망하고 또 하나님의 말씀을 귀히 여겨야 한다. 이것이 참 경건이며 경건한 사람에게는 이생과 내생에 약속이 있다(딤전 4:8).

셋째로, 하나님께서는 벌거숭이산들에 강을, 골짜기들에 샘을, 메마른 광야에 못을 주실 것이며, 사막에 각종 나무들을 자라게 하실 것이다. 그는 만유를 회복시키실 것이다(행 3:21). 요한계시록 21:5, "보좌에 앉으신 이가 가라사대 보라, 내가 만물을 새롭게 하노라 하시고 또 가라사대 이 말은 신실하고 참되니 기록하라." 하나님께서는 이 세상을 회복시키실 것이며 우리는 그가 회복시키실 새 세계를 소망해야 한다.

42장: 주의 종

1-13절, 여호와의 종

〔1-4절〕내가 붙드는 나의 종, 내 마음에 기뻐하는 나의 택한 사람을 보라. 내가 나의 신[영]을 그에게 주었은즉[그 위에 두었은즉] 그가 이방에 공의를 베풀리라. 그는 외치지 아니하며 목소리를 높이지 아니하며 그 소리로 거리에 들리게 아니하며 상한 갈대를 꺾지 아니하며 꺼져 가는 등불을 끄지 아니하고 진리로 공의를 베풀 것이며 그는 쇠하지 아니하며 낙담하지 아니하고 세상에 공의를 세우기에 이르리니 섬들이 그 교훈[법]을 앙망하리라.

본문은 마태복음 12:17-21에서 예수 그리스도의 사역에 인용되었다. 본문의 '여호와의 종'은 분명히 메시아를 가리켰다. 그는 특히 종으로 오실 것이다. 예수께서는 과연 종으로 오셨고 자기 목숨을 많은 사람의 대속물로 주셨고(마 20:28) 십자가에 죽기까지 아버지께 복종하셨다(빌 2:7-8). 하나님께서는 자기 영을 그 위에 두셨다. 예수께서는 하나님의 영의 충만함을 받으셨다. 요한복음 3:34, "하나님의 보내신 이는 하나님의 말씀을 하나니 이는 하나님께서 성령을 한량없이 주심이니라." 사도 바울은 골로새서 2:9에서, "그[예수 그리스도] 안에는 신성(神性)의 모든 충만이 육체로 거하셨다"고 증거하였다.

본문은 메시아의 사역의 성격에 대해서도 말한다. 우선, 그는 공의를 베풀며 공의를 세울 것이다. 메시아의 사역은 공의의 사역이다. 그는 하나님의 의를 이루실 것이다. 과연 예수 그리스도께서는 우리를 위해 하나님의 의를 이루셨다. 로마서 10:4, "그리스도는 모든 믿는 자에게 의를 이루기 위하여 율법의 마침이 되시니라."

또 메시아께서는 조용하게 사역하실 것이다. 그는 떠들썩한 방법으로 일하지 않고 조용하게 일하실 것이다. 기독교는 시끄럽고 떠들썩한 방법으로 일하지 않고, 하나님의 말씀의 깨달음과 회개와 믿음

이사야 42장: 주의 종

으로 구원 얻고 하나님과 그의 말씀에 순종하는 종교이다. 기독교는 조용하지만 사람들의 인격과 삶의 거룩하고 선한 변화를 가져온다.

메시아께서는 또 사랑과 긍휼로 일하실 것이다. 그는 상한 갈대를 꺾지 아니하며 꺼져 가는 등불을 끄지 않으실 것이다. 사람은 세상의 죄악된 풍조에 잘 흔들리고 고난에 꺾기고 상하고 그의 기쁨과 행복은 때때로 꺼져간다. 그러나 메시아께서는 그런 자들을 긍휼히 여기시고 오래 참으시고 구원하시고 회복시키시고 힘과 평안을 주신다. 사람이 자신의 죄악됨과 부족을 깨닫고 하나님 앞에 죄를 자복하며 구원의 은혜를 간구할 때 메시아께서는 그를 외면치 않으실 것이다.

또 메시아의 사역은 세계적일 것이다. 섬들, 곧 나라들은 그 교훈, 그 법을 앙망할 것이다. 메시아 시대에는 하나님의 진리, 곧 우리의 신앙과 행위의 법이 되는 성경 진리가 온 세계, 모든 나라들에 전파될 것이다. 그것은 예수 그리스도로 말미암아 이루어지는 세계복음화를 암시한다. 주께서는 "너희는 온 천하에 다니며 만민에게 복음을 전파하라"고 명하셨고(막 16:15), 이 복음은 온 세계에 전파되었다.

〔5-7절〕 **하늘을 창조하여 펴시고 땅과 그 소산을 베푸시며 땅 위의 백성에게 호흡을 주시며 땅에 행하는 자에게 신[영]을 주시는 하나님 여호와께서 이같이 말씀하시되 나 여호와가 의(義)로 너를 불렀은즉 내가 네 손을 잡아 너를 보호하며 너를 세워 백성의 언약과 이방의 빛이 되게 하리니 네가 소경의 눈을 밝히며 갇힌 자를 옥에서 이끌어 내며 흑암에 처한 자를 간(間)[감옥]에서 나오게 하리라.**

하늘을 창조하여 펴시고 땅과 그 소산을 베푸시며 땅 위의 백성들에게 호흡을 주시며 땅에 행하는 자에게 영을 주시는 하나님께서는 메시아를 의(義)로 부르셨고 그의 손을 잡아 그를 보호하시며 그를 세워 백성의 언약과 이방인들의 빛이 되게 하실 것이다. 메시아께서는 의를 이루시고 의를 주실 것이다. 다니엘 9:24, "허물이 마치며 죄가 끝나며 죄악이 영속(永贖)되며 영원한 의가 드러나며." 로마서

3:21-22, "이제는 율법 외에 하나님의 한 의가 나타났으니 율법과 선지자들에게 증거를 받은 것이라. 곧 예수 그리스도를 믿음으로 말미암아 모든 믿는 자에게 미치는 하나님의 의니 차별이 없느니라." 이것은 새 언약의 내용이다. 누가복음 22:20, "저녁 먹은 후에 잔도 이와 같이 하여 가라사대 이 잔은 내 피로 세우는 새 언약이니 곧 너희를 위하여 붓는 것이라." 고린도전서 11:25, "식후에 또한 이와 같이 잔을 가지시고 가라사대 이 잔은 내 피로 세운 새 언약이니 이것을 행하여 마실 때마다 나를 기념하라 하셨으니." 죄와 불행 가운데 살던 이방인들은 구주 예수 그리스도의 복음을 깨닫고 그 의를 받아 구원과 영생의 복을 누릴 것이다. 메시아께서는 소경의 눈을 밝히시며 갇힌 자를 옥에서 이끌어내시며 흑암에 처한 자들을 감옥에서 나오게 하실 것이다. 그것은 영적인 소경들의 눈을 뜨게 하시고 죄의 종된 영혼들을 흑암의 권세에서 구원하실 것을 가리킨 예언이다.

[8-9절] 나는 여호와니 이는 내 이름이라. 나는 내 영광을 다른 자에게, 내 찬송을 우상에게 주지 아니하리라. 보라, 전에 예언한 일이 이미 이루었느니라. 이제 내가 새 일을 고하노라. 그 일이 시작되기 전이라도 너희에게 이르노라.

'여호와'께서는 영원자존하시다. 여호와께서만 참 하나님이시다. 그는 홀로 천지만물을 창조하셨고 모든 일을 섭리하신다. 이 세상에는 그 외에 다른 신이 없다. 모든 이방신들과 우상들은 다 거짓되다. 그러므로 모든 사람은 여호와께 합당한 영광과 찬송을 돌려야 한다. 또 하나님께서는 '새 일'을 선포하신다. 그것은 메시아의 구원사역, 곧 신약시대의 복음운동과 세계복음화의 일을 가리킨다고 본다.

[10-13절] 항해하는 자와 바다 가운데 만물과 섬들과 그 거민들아, 여호와께 새 노래로 노래하며 땅끝에서부터 찬송하라. 광야와 거기 있는 성읍들과 게달 사람의 거하는 촌락들은 소리를 높이라. 셀라의 거민들은 노래하며 산꼭대기에서 즐거이 부르라. 여호와께 영광을 돌리며 섬들 중에서 그의

이사야 42장: 주의 종

찬송을 선전할지어다. 여호와께서 용사같이 나가시며 전사같이 분발하여 외쳐 크게 부르시며 그 대적을 크게 치시리로다.

"항해하는 자와 바다 가운데 만물과 섬들과 그 거민들"은 온 세상의 이방인들을 가리킨다. '게달 사람'은 광야 유목민인 이스마엘 자손들을 가리키며 셀라의 거민들은 산 위, 바위 위에 거주하는 에서의 자손들을 가리킨다. 온 세상에 메시아의 복음이 전파되고 이방인들이 구원 얻고 그들이 힘을 다해 하나님께 찬송하고 노래하며 영광을 돌릴 것이다. 하나님께서는 용사같이, 전사같이 온 세상에 나가셔서 악한 세력들을 치시고 그가 친히 택하신 자들을 다 찾으실 것이다. 세계복음화는 하나님의 뜻이며, 하나님께서 친히 이루실 일이다.

본문의 교훈을 정리해보자. 첫째로, 본문에 예언된 '여호와의 종'은 예수 그리스도이시다. 죄인들은 예수 그리스도를 영접함으로 구원 얻어야 한다. 디모데전서 1:15, "미쁘다, 모든 사람이 받을 만한 이 말이여, 그리스도 예수께서 죄인을 구원하시려고 세상에 임하셨다 하였도다."

둘째로, 하나님께서는 메시아를 의로 부르셨다. 그는 우리의 의가 되셨다. 죄인들은 예수 그리스도를 믿음으로 죄사함과 의롭다 하심을 얻는다. 로마서 3:21-24, "이제는 율법 외에 하나님의 한 의가 나타났으니 . . . 곧 예수 그리스도를 믿음으로 말미암아 모든 믿는 자에게 미치는 하나님의 의니 차별이 없느니라. 모든 사람이 죄를 범하였으매 하나님의 영광에 이르지 못하더니 그리스도 예수 안에 있는 구속(救贖)으로 말미암아 하나님의 은혜로 값없이 의롭다 하심을 얻은 자 되었느니라."

셋째로, 온 세계에서 구원 얻은 모든 사람들은 삼위일체 되신 하나님만 찬송하고 그에게 영광을 돌려야 한다. 에베소서 5:19, "시와 찬미와 신령한 노래들로 서로 화답하며 너희의 마음으로 주께 노래하며 찬송하며." 히브리서 13:15, "이러므로 우리가 예수로 말미암아 항상 찬미의 제사를 하나님께 드리자. 이는 그 이름을 증거하는 입술의 열매니라."

이사야 42장: 주의 종

14-25절, 귀머거리들아, 소경들아

[14절] 내가 오래 동안 고요히 하며 잠잠하여 참았으나 이제는 내가 해산하는 여인같이 부르짖으리니 숨이 차서 심히 헐떡일 것이라.

하나님께서 오랫동안 고요하게, 잠잠하게 참으셨다는 것은 작게는 이스라엘 백성의 바벨론에서의 70년 포로생활을 가리키겠지만, 크게는 아담의 창조 이후 구약시대 4,000년의 긴 세월을 가리킨다고 본다. 평소에 조용하였던 여인도 해산할 때는 고통 중에 부르짖듯이, 하나님께서는 해산하는 여인같이 부르짖으시며 숨이 차서 심히 헐떡이실 것이라고 표현하신다. 그것은 그가 이스라엘 백성의 원수들을 파하시고 메시아 왕국을 선포하실 때가 왔기 때문이다. 온 인류에게 구원의 복음을 선포하는 것은 기쁘고 감격적인 일이며 시간이다.

[15절] 내가 큰산과 작은 산을 황무케 하며 그 초목을 마르게 하며 강들로 섬이 되게 하며 못들을 마르게 할 것이며.

'큰산과 작은 산'은 이스라엘 백성을 괴롭히던 교만한 세력들, 즉 크고 작은 이방 민족들을 가리킬 것이다. 하나님께서 그 초목을 마르게 하시며 강들로 섬이 되게 하시며 못들을 마르게 하신다는 말씀은 그가 이방 나라들의 거민들을 멸하시고 그들이 섬기는 우상들과 그 종교들을 멸하실 것을 말씀하신 것 같다.

[16-17절] 내가 소경을 그들의 알지 못하는 길로 이끌며 그들의 알지 못하는 첩경으로 인도하며 흑암으로 그 앞에 광명이 되게 하며 굽은 데를 곧게 할 것이라. 내가 이 일을 행하여 그들을 버리지 아니하리니 조각한 우상을 의뢰하며 부어만든 우상을 향하여 너희는 우리의 신이라 하는 자는 물리침을 받아 크게 수치를 당하리라.

'소경'은 하나님의 택한 백성을 가리키는 것 같다. 그들은 소경과 같아서 하나님도 구원도 알지 못하였다. 그들은 미래를 보지 못하고 이스라엘 백성의 회복을 기대하거나 상상하지도 못하였다. 그러나

이사야 42장: 주의 종

하나님께서는 그들이 알지 못하는 길로 이끄시며 그들을 흑암에서 광명으로, 굽은 데서 곧은 데로 이끄실 것이다. 하나님께서 이 일을 행하시고 그들을 버리지 않으실 것이다. 이것이 하나님께서 베푸시는 구원이다. 이스라엘 백성은, 그리고 신약성도인 우리들도, 전에는 조각한 우상이나 부어만든 우상을 의지했었다. 그 헛된 것을 신이라고 섬겼었다. 그러나 우상숭배의 결과는 불행과 수치와 허무이었다.

그러므로 모든 사람은 우상의 헛됨을 알아야 하고, 모든 우상숭배에서 돌이켜 살아계시고 참되신 하나님께로 돌아와야 한다. 그것이 구원이다. 데살로니가전서 1:8-10, "주의 말씀이 너희에게로부터 마게도냐와 아가야에만 들릴 뿐 아니라 하나님을 향하는 너희 믿음의 소문이 각처에 퍼진 고로 우리는 아무 말도 할 것이 없노라. 저희가 우리에 대하여 스스로 고하기를 우리가 어떻게 너희 가운데 들어간 것과 너희가 어떻게 우상을 버리고 하나님께로 돌아와서 사시고 참되신 하나님을 섬기며 또 죽은 자들 가운데서 다시 살리신 그의 아들이 하늘로부터 강림하심을 기다린다고 말하니 이는 장래 노하심에서 우리를 건지시는 예수시니라." 이것은 놀라운 구원의 간증이다.

[18-20절] 너희 귀머거리들아, 들으라. 너희 소경들아, 밝히 보라. 소경이 누구냐? 내 종이 아니냐? 누가 나의 보내는 나의 사자같이 귀머거리겠느냐? 누가 나와 친한 자(메슐람 מְשֻׁלָּם)[화목한 자, 화평의 언약을 맺은 재같이 소경이겠느냐? 누가 여호와의 종같이 소경이겠느냐? 네가 많은 것을 볼지라도 유의치 아니하며 귀는 밝을지라도 듣지 아니하는도다.

하나님의 택한 이스라엘 백성은 영적으로 어두워져서 소경 같았고 귀머거리 같았다. 하나님께서는 그들을 '내 종' '나의 사자' '나의 화목한 자'라고 부르신다. 그들은 하나님의 특별한 사랑을 입은 자들이다. 그러나 지금 그들은 범죄함으로 영적으로 어두운 가운데 있다. 그들은 '많은 것'을 보았다. 그들은 그들의 역사에서 모세와 선지자들을 통하여 선포된 하나님의 많은 말씀들을 받았고 하나님의 하신 많은

이사야 42장: 주의 종

기적들을 체험하였다. 그러나 그들은 하나님을 저버렸고 하나님의 율법을 저버렸고 하나님의 많은 말씀들과 기적들을 저버렸고 지금 영적 소경과 영적 귀머거리가 되어 있는 것이다.

〔21-22절〕여호와께서 자기의 의로우심을 인하여 기쁨으로〔(그 백성을) 기뻐하셨고〕그 교훈을 크게 하며 존귀케 하려 하셨으나 이 백성이 도적 맞으며 탈취를 당하며 다 굴속에 잡히며 옥에 갇히도다. 노략을 당하되 구할 자가 없고 탈취를 당하되 도로 주라 할 자가 없도다.

하나님께서 이스라엘 백성을 사랑하시고 오래 참으시고 쉽게 멸망시키시지 않은 것은 그들의 의 때문이 아니고 하나님의 의, 곧 하나님께서 그들에게 긍휼로 주신 의 때문이었다. 하나님께서는 그 백성이 그 교훈과 율법을 거룩하게 지킴으로써 인간다운 생활을 하기를 원하셨다. 그러나 그들은 그렇게 하지 않았다. 그 결과, 그들은 비천해졌다. 그들은 도적을 맞았고 탈취를 당했고 다 굴속에 잡혔고 옥에 갇혔고, 노략을 당하되 구할 자가 없고 탈취를 당하되 도로 주라 할 자가 없었다. 이 말씀은 그들이 장차 앗수르 나라와 바벨론 나라를 통하여 당할 포로생활과 학대와 고통을 예언한 것이라고 본다.

〔23-25절〕너희 중에 누가 이 일에 귀를 기울이겠느냐? 누가 장래사를 삼가 듣겠느냐? 야곱으로 탈취를 당케 하신 자가 누구냐? 이스라엘을 도적에게 붙이신 자가 누구냐? 여호와가 아니시냐? 우리가 그에게 범죄하였도다. 백성들이 그 길로 행치 아니하며 그 율법을 순종치 아니하였도다. 그러므로 여호와께서 맹렬한 진노와 전쟁의 위력으로 이스라엘에게 베푸시매 그 사방으로 불붙듯하나 깨닫지 못하며 몸이 타나 마음에 두지 아니하는도다.

이제 이스라엘 백성은 하나님의 말씀을 들어야 한다. 그들은 그들의 비참한 현실이 왜 왔는지, 누가 이것을 주었는지, 그들의 미래는 어떠할지에 대해 듣고 깨달아야 한다. 이스라엘의 비참함은 그들이 하나님께 범죄하며 하나님의 명하신 길로 행하지 않고 그의 율법을 지키지 않았기 때문에 온 것이다. 그것은 하나님께서 주신 징벌이었

이사야 42장: 주의 종

다. 그들이 범죄하였기 때문에 하나님께서는 맹렬한 진노와 전쟁의 위력으로 그들을 치셨다. 그러나 그들은 영적 소경과 영적 귀머거리가 되어 이것을 깨닫지 못하고 있다. 그러나 문제의 해결이 보인다. 그들을 치신 하나님께서 그들을 구원하실 것이다. 그들은 하나님의 말씀을 듣고 순종하는 데로 돌아올 것이다. 그들을 회복시킬 능력이 하나님께 있다. 이스라엘 백성의 구원은 하나님께로 말미암는다.

본문의 교훈을 정리해보자. 첫째로, 하나님께서는 선지자 이사야를 통해 메시아의 강림과 이스라엘 나라의 회복과 인류의 구원을 예언하셨다. 하나님께서는 구원 사역을 선포하셨다(6절). 하나님의 구원 소식은 온 세상에 선포되었다. 하나님의 구원은 세상에서 이제 시작될 것이다. 그 구원은 예수 그리스도의 오심으로 선포되었고 시작되었다.

둘째로, 이스라엘 백성은 귀머거리들이며 소경들이었고 또 이스라엘 나라의 역사는 실패의 역사이었다. 이것은 사람의 죄악됨, 전적 부패와 무능력을 증거한다. 사람은 심히 무지하고 무감각하다. 사람은 스스로 하나님을 알 수 없고 예수님 믿고 구원을 얻을 수 없고, 오직 하나님의 은혜로만 가능하다. 하늘에 계신 하나님 아버지께서는 사도 베드로에게 "주는 그리스도시요 살아계신 하나님의 아들이시니이다"라는 복된 신앙고백을 하게 하셨다(마 16:17). 주님께서는 루디아의 마음을 열어 바울의 전도의 말을 듣게 하셨다(행 16:14). 하나님께서는 우리의 어두운 마음에 예수 그리스도를 아는 빛을 비추어 주셨다(고후 4:6).

셋째로, 우리는 오직 하나님을 알고 하나님의 법에 순종해야 한다. 사람의 실패는 하나님의 길로 행치 않은 데 있다. 그러나 우리는 하나님의 은혜로 예수 그리스도를 믿어 구원을 얻었으므로 이제는 하나님의 법에 순종해야 한다. 로마서 6:22, "이제는 너희가 죄에게서 해방되고 하나님께 종이 되어 거룩함에 이르는 열매를 얻었으니 이 마지막은 영생이라." 우리는 이제 죄를 멀리하고 거룩과 의를 실천해야 한다.

이사야 43장: 하나님의 백성

43장: 하나님의 백성

1-7절, 두려워 말라

[1절] 야곱아, 너를 창조하신 여호와께서 이제 말씀하시느니라. 이스라엘아, 너를 조성하신 자가 이제 말씀하시느니라. 너는 두려워 말라. [이는] 내가 너를 구속(救贖)하였고 내가 너를 지명하여 불렀나니 너는 내 것이라.

온 세상을 창조하신 하나님께서는 자기 백성 이스라엘을 창조하신 하나님이시다. 그가 바로 이스라엘 백성을 구원하시고 복 주실 자이시다. 그는 자기 백성 이스라엘에게 "너는 두려워 말라"고 말씀하신다. 그것은 이스라엘 백성이 현재의 고난 즉 바벨론 나라에서의 포로 생활의 고난과, 미래의 회복의 불확실함 때문에 두려워하지 말라는 뜻이다. 하나님께서는 "내가 너를 구속(救贖)하였다"고 말씀하셨다. '구속(救贖)'은 값을 주고 사셨다는 뜻이다. 그는 우리도 주 예수 그리스도의 보배로운 핏값으로 사셨다. 사도행전 20:28, "너희는 자기를 위하여 또는 온 양떼를 위하여 삼가라. 성령이 저들 가운데 너희로 감독자를 삼고 하나님이 자기 피로 사신 교회를 치게 하셨느니라." 요한계시록 5:9, "일찍 죽임을 당하사 각 족속과 방언과 백성과 나라 가운데서 사람들을 피로 사서 하나님께 드리시고."

또 하나님께서는 이스라엘 백성에게 "너는 내 것이라"고 말씀하셨다. 그는 그의 소유로 부르셨다. 로마서 1:6-7, "너희도 그들 중에 있어 예수 그리스도의 것으로 부르심을 입은 자니라. 로마에 있어 하나님의 사랑하심을 입고 성도로 부르심을 입은 모든 자에게 하나님 우리 아버지와 주 예수 그리스도로 좇아 은혜와 평강이 있기를 원하노라." 만물이 다 하나님의 것이지만, 특히 주 예수께서 대속(代贖)의 피로 사신 백성은 주의 소유이다. 그러므로 우리는 구속(救贖)함을 얻었고 부르심을 받았고 주의 소유가 되었기 때문에 고난의 현실과

이사야 43장: 하나님의 백성

불확실한 미래를 인해 두려워하지 말아야 한다.

〔2절〕 네가 물 가운데로 지날 때에 내가 함께할 것이라. 강을 건널 때에 물이 너를 침몰치 못할 것이며 네가 불 가운데로 행할 때에 타지도 아니할 것이요 불꽃이 너를 사르지도 못하리니.

비록 우리가 물이나 불 가운데로 지날지라도, 하나님께서 우리와 함께하시고 지켜주실 것이기 때문에 우리는 두려워하지 말아야 한다. 이것은 놀라운 약속이다. 누가 물 가운데서 빠지지 않고 행할 수 있으며, 누가 불 가운데서 타지 않고 지나갈 수 있겠는가? 그러나 만일 하나님께서 보호하신다면, 우리는 이스라엘 백성이 홍해를 통과하고 요단강을 건넜듯이, 다니엘의 세 친구들이 풀무불에서 타지 않았듯이, 안전할 것이다. 하나님께서 우리와 함께하시고 지켜주실 것이기 때문에 우리는 소망과 안정과 평안을 가질 수 있을 것이다.

〔3-4절〕 대저 나는 여호와 네 하나님이요 이스라엘의 거룩한 자요 네 구원자임이라. 내가 애굽을 너의 속량물로, 구스와 스바를 너의 대신으로 주었노라. 내가 너를 보배롭고 존귀하게 여기고 너를 사랑하였은즉 내가 사람들을 주어 너를 바꾸며 백성들로 네 생명을 대신하리니.

본문은 하나님께서 파사 왕 고레스가 애굽과 구스와 스바 등의 나라들을 점령하고 그 대신 이스라엘을 해방시켜 고국으로 돌아가게 하실 것을 예언하신 것이라고 본다. 그가 많은 나라들 중 이스라엘 백성을 구속(救贖)하신 까닭은 그들을 보배롭고 존귀하게 여기셨고 사랑하셨기 때문이다(신 7:7-8). 신약 성도된 우리의 구원도 하나님의 무한하신 긍휼과 은혜와 사랑 때문이었다(롬 5:8; 딤후 1:9).

하나님께서 우리를 사랑하시고 우리를 보배롭고 존귀하게 여기신다는 사실은 대제사장 아론의 에봇 견대에 단 호마노 보석 두 개에 이스라엘 열두 아들들의 이름을 새기게 하신 것과 판결 흉패에 물린 열두 보석들에 이스라엘 열두 아들들의 이름을 새기게 하신 것에서 예표되었다(출 28:6-12, 15-21). 또 그것은, 마태복음 13장에 기록된

이사야 43장: 하나님의 백성

주께서 하신 천국 비유들 중에서, 씨 뿌리는 자의 비유, 보화 비유, 진주 비유, 그물 비유 등에서 밝히 증거되었다. 주께서는 주의 택한 백성을 좋은 씨, 밭에 감추인 보화, 극히 값진 진주, 좋은 물고기 등으로 비유하셨다. 신약 성도들은 하나님 앞에서 존귀한 자들이다.

[5-6절] 두려워 말라. 내가 너와 함께 하여 네 자손을 동방에서부터 오게 하며 서방에서부터 너를 모을 것이며 내가 북방에게 이르기를 놓으라. 남방에게 이르기를 구류하지 말라. 내 아들들을 원방에서 이끌며 내 딸들을 땅끝에서 오게 하라.

이스라엘 백성은 현재의 고난 때문이나 미래의 불확실성 때문에 절망하지 말고 두려워하지 말아야 한다. 하나님께서는 흩어진 이스라엘 백성을 동서사방에서 불러모으실 것이다. 동방에서도, 서방에서도, 또 북방에서도, 남방에서도, 아니 원방, 땅끝에서도 택한 백성들이 모여올 것이다. 이스라엘과 유다의 멸망으로 온 땅에 뿔뿔이 흩어졌던 육신적 이스라엘 백성들은 하나님의 부르심을 받아 돌아올 것이다. 또 이 예언은 육신적 이스라엘 백성의 돌아옴뿐 아니라, 세상에 있는 하나님의 택한 이방 백성들의 구원을 암시하는 것 같다.

[7절] 무릇 내 이름으로 일컫는 자 곧 내가 내 영광을 위하여 창조한 자를 오게 하라. 그들을 내가 지었고 만들었느니라.

하나님께서는 온 세상을 창조하신 분이시며 또 섭리하시는 분이시다. 창조자 하나님께서는 사람 창조의 목적을 분명하게 말씀하셨다. 하나님께서는 사람을 하나님의 영광을 위해 창조하셨다. 하나님의 영광을 위한다는 말씀의 뜻은 하나님을 찬송하며 감사하고 하나님의 계명들을 지키며 행하는 것을 가리킨다. 21절, "이 백성은 내가 나를 위하여 지었나니 나의 찬송을 부르게 하려 함이니라."

우리가 범죄하며 악하게 살 때 우리는 하나님의 영광을 가리고 그에게 욕을 돌리는 자가 된다. 그러나 반대로 우리가 하나님 앞에서 거룩하고 의롭고 흠과 점이 없이 살 때 우리는 그의 영광을 드러낼 것이다. 이것은 하나님의 구원의 목적이기도 하다.

하나님의 구원의 목표는 구원 얻은 자들을 흠과 점이 없는 거룩하고 영광스런 교회가 되게 하는 것이다. 에베소서 5:26-27, "이는 곧 물로 씻어 말씀으로 깨끗하게 하사 거룩하게 하시고 자기 앞에 영광스러운 교회로 세우사 티나 주름잡힌 것이나 이런 것들이 없이 거룩하고 흠이 없게 하려 하심이니라." 로마서 8:28-30, "우리가 알거니와 하나님을 사랑하는 자 곧 그 뜻대로 부르심을 입은 자들에게는 모든 것이 합력하여 선을 이루느니라. 하나님이 미리 아신 자들로 또한 그 아들의 형상을 본받게 하기 위하여 미리 정하셨으니 이는 그로 많은 형제 중에서 맏아들이 되게 하려 하심이니라. 또 미리 정하신 그들을 또한 부르시고 부르신 그들을 또한 의롭다 하시고 의롭다 하신 그들을 또한 영화롭게 하셨느니라." 하나님께서 온 인류를 향해 가지신 이 영광의 구원의 뜻과 목표는 실패하지 않고 다 이루어질 것이다.

본문의 교훈을 정리해보자. 첫째로, 우리는 고난의 현실을 두려워하지 말아야 한다. 고난의 현실이 물과 불을 통과하는 것과 같고 마귀와 악령들의 시험이 클지라도, 하나님께서 우리를 구속(救贖)하셨고 그의 소유로 삼으셨고 함께하실 것이기 때문에, 우리는 두려워 말아야 한다.

둘째로, 하나님께서는 우리를 보배롭게 여기셨고 사랑하셨다. 대제사장의 어깨에 두 호마노 보석과 흉패의 열두 보석처럼 하나님께서는 우리를 보배로 여기셨고 사랑하셔서 독생자를 십자가에 내어주셨다. 우리는 그 사랑을 깨닫고 그를 믿고 사랑하며 감사하며 순종해야 한다.

셋째로, 하나님께서는 우리를 하나님의 영광을 위해 창조하셨다. 그것이 인생의 존재의 목적, 삶의 목적이다. 우리는 창조자와 섭리자이신 영원하신 하나님을 항상 찬송하고 감사하며 그가 우리에게 삶의 규칙으로 주신 계명들을 성령의 도우심으로 힘써 지켜 흠과 점이 없는 거룩한 삶을 살며 우리의 몸을 하나님의 선한 일에 온전히 드려야 한다.

이사야 43장: 하나님의 백성

8-13절, 여호와만 참 하나님이심

[8-9절] 눈이 있어도 소경이요 귀가 있어도 귀머거리인 백성을 이끌어 내라. 열방은 모였으며 민족들이 회집하였은들 그들 중에 누가 능히 이 일을 고하며 이전 일을 우리에게 보이겠느냐? 그들로 증인을 세워서 자기의 옳음을 나타내어 듣는 자들로 옳다[그것이 진리라고](원문, KJV) 말하게 하라.

본문은 이방 나라들의 무지함을 증거한다고 보인다. '눈이 있어도 소경이요 귀가 있어도 귀머거리인 백성'은 이방 나라들의 백성들을 가리켰다고 본다. 이방 나라들이 모이고 그 민족들이 회집해도 그들 중에 '이 일' 곧 앞에서 증거한 대로 장차 동방에서 한 사람을 일으켜(사 41:25) 이스라엘 백성을 바벨론 포로생활에서 건져낼 일을 고할 수 있는 자가 아무도 없고 또 이전 일들 즉 하나님께서 예언하시고 이루신 일들을 보일 자가 아무도 없다. 그들은 증인을 세워 우상들을 섬기는 자신들의 사상과 생활의 옳음을 증거해야 할 것이다. 그러나 그렇게 할 자가 없고 할 수도 없을 것이다. 이와 같이, 이방 나라들은 다 무지하고 그들의 우상숭배적 사상과 삶은 다 헛되다.

[10-13절] 나 여호와가 말하노라. 너희는 나의 증인, 나의 종으로 택함을 입었나니 이는 너희로 나를 알고 믿으며 내가 그인 줄 깨닫게 하려 함이라. 나의 전에 지음을 받은 신이 없었느니라. 나의 후에도 없으리라. 나 곧 나는 여호와라. 나 외에 구원자가 없느니라. 내가 고하였으며 구원하였으며 보였고 너희 중에 다른 신이 없었나니 그러므로 너희는 나의 증인이요 나는 하나님이니라. 여호와의 말이니라. 과연 태초로부터 나는 그니 내 손에서 능히 건질 자가 없도다. 내가 행하리니 누가 막으리요[되돌리리요](NASB, NIV).

하나님께서는 선지자를 통해 이스라엘 백성이 하나님을 증거할 자라고 말씀하신다. 이방 나라들은 무지하고 그들의 우상숭배는 헛되지만, 이스라엘 백성은 하나님을 알고 믿고 그가 유일하신 하나님이심을 깨닫고 체험함으로써 하나님의 증인들이 될 것이다. 하나님께서 이스라엘 백성에게 말씀하셨고 그들을 구원하셨고 그들에게 자신

이사야 43장: 하나님의 백성

을 나타내셨으므로, 그들은 하나님을 체험하고 알며 하나님을 증거하게 될 것이다. 그들은 하나님의 증인들과 종들이 될 것이다.

그러면 이스라엘 백성이 체험하고 증거할 하나님께서는 어떤 분이신가? **첫째로,** 그는 **여호와**이시다. 11절, "나 곧 나는 여호와라"(아노키 아노키 예호와 אָנֹכִי אָנֹכִי יְהוָה). '나'(아노키 אָנֹכִי)라는 말이 두 번 반복됨으로 강조되었다. 이사야를 통하여 말씀하시는 하나님, 이스라엘 백성을 택하시고 구원하실 하나님께서는 여호와이시다. '여호와'는 '스스로 계신 자' 즉 영원자존자라는 뜻을 가진 말이다. 출애굽기 3:14, "하나님이 모세에게 이르시되 나는 스스로 있는 자니라. 또 이르시되 너는 이스라엘 자손에게 이같이 이르기를 스스로 있는 자가 나를 너희에게 보내셨다 하라." 태초에 천지를 창조하신 하나님께서는 물질 세계와 영들의 세계를 포함한 존재의 세계를 초월하신 자, 시간의 시작 이전부터 존재하시는 자, 영원히 스스로 계신 자, 곧 영원자이셔야 하며, 과연 그러하시다. 그는 전지전능하신 하나님이심이 분명하다. 물질 세계는 비이성적 물질로부터 나올 수 없다. 오묘막측한 우주는 전지전능하신 하나님으로부터 나오는 것이 합리적이다. 온 세상은 전지전능하신 하나님께서 창조하셨다.

둘째로, 여호와께서는 **유일하신 하나님**이시다. 10절, "나의 전에 지음을 받은 신이 없었느니라. 나의 후에도 없으리라." 태초에 천지만물을 창조하신 하나님께서는 유일하시다. 그는 천지만물을 창조하시기 전부터 홀로 존재하신 하나님이시다. 그는 유일하신 하나님이시다. 그는 이스라엘 백성의 하나님이시며 이스라엘 백성의 하나님께서는 온 우주에 유일하신 하나님이시다. 그 외에 다른 신은 없다. 출애굽기 20:3, "너는 나 외에는 다른 신들을 네게 있게 말지니라."

셋째로, 여호와께서는 **유일하신 구주**이시다. 11절, "나 곧 나는 여호와라. 나 외에 구원자가 없느니라." 이스라엘 백성을 바벨론 나라

이사야 43장: 하나님의 백성

의 포로 상태에서 구원하실 수 있는 자, 곧 이 불가능하게 보이는 일을 가능하게 하시는 자는 여호와 하나님뿐이시며 그 외에는 아무도 없다. 호세아 13:4, "내[여호와 하나님] 외에는 구원자가 없느니라."

넷째로, 여호와께서는 **주권적으로** 일하시는 자이시다. 그의 천지 창조의 일에나, 그가 창조하신 천지만물을 보존하시고 통치하시는 일에 있어서, 그는 주권적으로 일하시는 자이시다. 13절, "과연 태초로부터 나는 그니 내 손에서 능히 건질 자가 없도다. 내가 행하리니 누가 막으리요[되돌리리요]." 하나님의 일을 막을 자는 아무도 없다.

본문의 교훈을 정리해보자. 첫째로, 우리는 여호와 하나님께서 유일하신 참 하나님이심을 알아야 한다. 그는 영원히 스스로 계신 하나님, 유일하신 참 하나님, 주권적 작정자, 창조자, 섭리자이시며 우리의 구주이시다. 그는 그의 기쁘신 뜻을 따라 만세 전에 우리를 택하셨고 자기 독생자 예수 그리스도의 십자가 대속 사역으로 우리의 모든 죄를 씻으셨고 성령의 역사로 우리를 죄와 사망과 마귀 권세로부터 구원하셨다.

신명기 6:4-5, "이스라엘아, 들으라. 우리 하나님 여호와는 오직 하나인 여호와시니 너는 마음을 다하고 성품을 다하고 힘을 다하여 네 하나님 여호와를 사랑하라." 열왕기상 8:22-23, "솔로몬이 여호와의 단 앞에서 이스라엘의 온 회중을 마주서서 하늘을 향하여 손을 펴고 가로되 이스라엘 하나님 여호와여, 상천하지에 주와 같은 신이 없나이다. 주께서는 온 마음으로 주의 앞에서 행하는 종들에게 언약을 지키시고 은혜를 베푸시나이다." 시편 96:5, "만방의 모든 신은 헛것이요 여호와께서는 하늘을 지으셨음이로다." 이사야 37:15-16, 20, "[히스기야가] 여호와께 기도하여 가로되 그룹 사이에 계신 이스라엘 하나님 만군의 여호와여, 주는 천하만국의 유일하신 하나님이시라. 주께서 천지를 조성하셨나이다." "우리 하나님 여호와여, 이제 우리를 그의 손에서 구원하사 천하만국으로 주만 여호와이신 줄을 알게 하옵소서." 예레미야 10:10-11, "오

이사야 43장: 하나님의 백성

직 여호와는 참 하나님이시요 사시는 하나님이시요 영원한 왕이시라. 그 진노하심에 땅이 진동하며 그 분노하심을 열방이 능히 당치 못하느니라. 너희는 이같이 그들에게 이르기를 천지를 짓지 아니한 신들은 땅 위에서, 이 하늘 아래서 망하리라 하라." 디모데전서 2:5, "하나님은 한 분이시요 또 하나님과 사람 사이에 중보도 한 분이시니 곧 사람이신 그리스도 예수라." 우리는 이 유일하신 참 하나님과 그가 세상의 구주로 보내주신 주 예수 그리스도를 바로 알고 바로 믿고 바로 섬기며 따라야 한다. 이것이 구원이요 이것이 영생의 길이며 평안의 길이다.

둘째로, 우리는 여호와 하나님의 증인들이 되어야 한다. 이방 나라들은 그를 모르고 헛된 우상숭배에 빠져 있지만, 이스라엘 백성은 하나님을 체험하고 그를 증거할 자들이다. 그들은 유일하신 참 하나님 여호와를 체험하고 그를 알고 믿고 섬기며 만방에 그를 증거하는 증인이 되어야 한다. 오늘날 주 예수 그리스도를 구주로 믿고 구원 얻은 신약교회도 그러해야 한다. 우리도 하나님을 알고 그를 믿고 섬기며 그를 만방에 증거해야 한다. 마태복음 28:19, "그러므로 너희는 가서 모든 족속으로 제자를 삼아 아버지와 아들과 성령의 이름으로 세례를 주라." 마가복음 16:15, "너희는 온 천하에 다니며 만민에게 복음을 전파하라." 누가복음 24:47-48, "또 그의 이름으로 죄사함을 얻게 하는 회개가 예루살렘으로부터 시작하여 모든 족속에게 전파될 것이 기록되었으니 너희는 이 모든 일의 증인이라." 요한복음 20:21, "아버지께서 나를 보내신 것같이 나도 너희를 보내노라." 사도행전 1:8, "오직 성령이 너희에게 임하시면 너희가 권능을 받고 예루살렘과 온 유대와 사마리아와 땅끝까지 이르러 내 증인이 되리라 하시니라." 베드로전서 2:9, "오직 너희는 택하신 족속이요 왕 같은 제사장들이요 거룩한 나라요 그의 소유된 백성이니 이는 너희를 어두운 데서 불러내어 그의 기이한 빛에 들어가게 하신 자의 아름다운 덕을 선전하게 하려 하심이라." 주 예수 그리스도를 믿고 구원 얻은 우리는 하나님과 주 예수 그리스도의 증인들이 되어야 한다.

이사야 43장: 하나님의 백성

14-21절, 내가 새 일을 행하리라

〔14절〕 너희의 구속자(救贖者)요 이스라엘의 거룩한 자 여호와가 말하노라. 너희를 위하여 내가 바벨론에 보내어[보내었으니](KJV) **모든 갈대아 사람으로 자기들의 연락(宴樂)하던 배를 타고 도망하여 내려가게 하리라.**

하나님께서는 자신을 "너희의 구속자(救贖者)요 이스라엘의 거룩한 자 여호와"라고 부르신다. 하나님께서는 '여호와' 즉 영원히 스스로 계신 자이시다. 그 분만 참 하나님이시다. 그는 이스라엘을 구속(救贖)하신 구주이시며, 이스라엘의 거룩하신 자, 곧 피조 세계를 초월해 계신 엄위하신 하나님이시며 죄와 악이 없으신 거룩하신 하나님이시다. 또 하나님의 섭리는 그의 백성을 위한 구원 섭리이다. 하나님께서 자기의 백성을 위해 누구를 바벨론에 보내셨다는 것인가? 메대 파사의 군대를 보내셨다는 뜻이다. 모든 갈대아 사람들 즉 바벨론 사람들이 이전에 배들 속에서 술을 마시고 춤추며 즐겼으나, 그들이 멸망할 때 그들은 도망자들처럼 배들을 타고 도망할 것이다.

〔15절〕 나는 여호와 너희의 거룩한 자요 이스라엘의 창조자요 너희 왕이니라.

하나님께서는 다시 자신이 '여호와'이시며 '그들의 거룩한 자'이심을 강조하신다. 하나님께서는 과연 여호와 곧 영원자존자이시다. 또 그는 모든 피조 세계를 초월해 계신 엄위하신 하나님이시며 죄와 악이 없으신 거룩하신 하나님이시다. 하나님께서는 또 자신을 '이스라엘의 창조자요 너희 왕'이라고 부르신다. 온 세상을 창조하신 하나님께서는 또 아브라함을 부르시고 야곱을 택하심으로 이스라엘 민족을 만드신 자이기도 하시다. 또 그는 이스라엘 백성의 왕으로서 그들을 친히 다스리시고 그들의 원수들을 멸하시고 자기 백성을 지키시고 구원하셨다. 이스라엘 나라의 원수는 바벨론 나라이었다. 오늘날 우리 믿는 성도들의 원수는 사탄과 악령들이다. 오늘날 우리는 사탄과

이사야 43장: 하나님의 백성

악령들과 싸운다. 사탄과 악령들은 성도들을 범죄케 하고 낙심케 하며 참된 교회들을 부패시키고 쇠약케 하고 흩어지게도 한다.

 〔16-18절〕 바다 가운데 길을, 큰 물 가운데 첩경을 내고 병거와 말과 군대의 용사를 이끌어 내어서 그들로 일시에 엎드러져 일지[일어나지] 못하고 소멸하기를 꺼져가는 등불(피쉬타 הָפְשָׁה)[심지(BDB, NASB, NIV), 아마포 심지(KB)] 같게 한 나 여호와가 말하노라. 너희는 이전 일을 기억하지 말며 옛적 일을 생각하지 말라.

 본문은 이스라엘 백성이 애굽에서 나왔을 때, 하나님께서 홍해에서 애굽 왕 바로의 병거들을 멸하신 사건을 가리켰다고 본다. 출애굽기 14:28은 그때의 상황에 대해 증거하기를, "물이 다시 흘러 병거들과 기병들을 덮되 그들의[이스라엘의] 뒤를 쫓아 바다에 들어간 바로의 군대를 다 덮고 하나도 남기지 아니하였더라"고 했다. 하나님께서는 또 "너희는 이전 일을 기억하지 말며 옛적 일을 생각하지 말라"고 말씀하신다. 그것은 이스라엘 백성이 경험할 새 일이 너무 크기 때문에 이스라엘의 선조들이 애굽에서 나왔을 때에 하나님께서 그들에게 베푸셨던 크신 구원의 일 조차도 잊어버리라는 뜻이라고 보인다.

 〔19-20절〕 보라, 내가 새 일을 행하리니 이제 나타낼 것이라. 너희가 그것을 알지 못하겠느냐? 정녕히 내가 광야에 길과 사막에 강을 내리니 장차 들짐승 곧 시랑[승냥이]과 및 타조도 나를 존경할 것은 내가 광야에 물들을, 사막에 강들을 내어 내 백성, 나의 택한 자로 마시게 할 것임이라.

 하나님께서 행하실 새 일이란 14절에서 말씀한 대로 첫째, 바벨론 나라를 멸망시키는 일이요, 둘째, 이스라엘 나라를 회복시키는 일이다. 광야에 길을 내는 것은 이스라엘 백성을 바벨론 포로생활로부터 돌아오게 하는 것, 곧 그들의 포로귀환을 암시한다. 또 광야에 물들이 흐르게 하고 사막에 강들을 내는 것은 그들의 심령의 회복을 암시하는 것 같다. 이스라엘 백성이 죄와 징벌로 인해 심령이 메말라지고 목말라져 있을 것이나, 하나님께서는 광야에 물들과 사막에 강들을 내어 마시게 하듯이 그들에게 기쁨과 위로와 소망을 주시고 진리의 지식과 깨달음, 영육의 구원과 회복을 주실 것이다. 또 그는 들짐승들도 하나님을 공경하게 하실 것이다. 들짐승들은 아마 무지한 이방인들을 가리킬지도 모르며, 그렇다면 이 구절은 이방인의 구원을 암시한다. 예수 그리스도의 오심으로 말미암아 이방 세계에 구원이 선포되었고 구원 얻은 이방인들이 교회 안으로 충만히 들어왔다.

[21절] 이 백성은 내가 나를 위하여 지었나니 나의 찬송을 부르게 하려 함이니라.

하나님께서는 이스라엘을 창조하신 목적을 다시 말씀하신다. 이것은 하나님께서 새 일을 행하시는 목적이기도 하다. 하나님께서 우리를 창조하신 목적과 우리를 구원하신 목적은 동일한데, 그것은 하나님을 위해서, 그의 영광을 위해서(7절), 그를 찬송케 하기 위해서이다. 에베소서 1:6, 12, 14도 하나님께서 우리를 구원하신 목적이 하나님을 찬송케 하기 위함이라고 말한다. "[우리를 창세 전에 그리스도 안에서 택하심에 대해] 이는 그의 사랑하시는 자 안에서 우리에게 거저 주시는 바 그의 은혜의 영광을 찬미하게 하려는 것이라," "[그리스도의 피로 우리를 구속(救贖)하심에 대해] 이는 그리스도 안에서 전부터 바라던 우리로 그의 영광의 찬송이 되게 하려 하심이라," "[중생 곧 성령의 인치심에 대해] 이는 우리의 기업에 보증이 되사 그 얻으신 것을 구속(救贖)하시고 그의 영광을 찬미하게 하려 하심이라."

본문의 교훈을 정리해보자. 첫째로, 하나님께서는 이스라엘의 구속자(救贖者)시며 거룩한 자이시며 왕이신 여호와이시다. '여호와'라는 그의 이름은 '영원자존자'라는 뜻이라고 본다. 그는 영원 전부터 영원 후까지 스스로 계신 자이시다. 그는 태초에 온 우주와 세상, 그리고 그 안에 있는 모든 것들을 다 창조하신 후에 사람을 창조하셨다. 그는 모든 피조 세계로부터 초월해 계신 엄위하시고 거룩하신 하나님이시다. 그

이사야 43장: 하나님의 백성

는 온 세상을 보존하시고 통치하신다. 그는 창조자와 섭리자이시다. 그는 우리의 구주이시며 왕이시다. 그는 살아계신 유일하신 하나님이시다. 예수님의 말씀대로, 유일하신 참 하나님을 아는 것이 구원이며 영생이며(요 17:3) 인생의 행복이다. 우리는 그 하나님을 더욱 알아야 한다.

둘째로, 하나님께서는 새 일을 행하실 것이다. 하나님께서 말씀하신 '새 일'은 바벨론 나라를 멸망시키시고 이스라엘 백성을 바벨론의 포로생활로부터 구원하시는 일이었다. 그것은 불가능하게 보이는 일이었다. 그러나 하나님께는 불가능한 일이 없으시다. 그는 불가능한 일을 가능케 하시는 하나님이시다. 그것은 광야에 길을 내고 사막에 강을 내는 것과 같다. 그것은 영육의 구원을 암시한다. 또 들짐승도 하나님을 공경할 것이라는 말씀은 이방인의 구원을 암시하는 것 같다. 하나님께서는 오늘날 우리에게 새 일을 행하셨다. 그는 그의 아들 예수 그리스도를 통해 죄와 죽음과 사탄의 권세에서 우리를 구원하셨다. 그의 구원사역은 지금도 진행 중에 있다. 하나님께서 창세 전에 택하신 모든 사람은 하나도 남김 없이 하나님께로 돌아올 것이다. 우리는 하나님의 새 일, 즉 그가 행하시는 세계적 구원의 일을 알고 그 일을 감사해야 한다.

셋째로, 하나님께서는 그의 영광을 위하고 그를 찬송하게 하기 위해 우리를 창조하셨고 구원하셨다. 그가 인류, 특히 그의 백성을 창조하신 목적이 그러하였고 그들을 구원하신 목적이 그러했다. 우리는 하나님께서 온 우주만물의 창조자와 섭리자이심을 알고 인정하고 오직 그를 경외하고 찬송하고 섬기며 그의 교훈들대로 거룩하고 의롭고 선하고 진실한 삶을 살아야 하며 하나님과 그의 예비하신 천국에만 소망을 두고 살아야 한다. 우리가 하나님과 천국에만 소망을 두고 경건하고 도덕적인 삶을 살면 하나님께 영광이 되지만, 그렇지 못하고 세상의 허무한 것들에 가치를 두고 죄만 짓고 살면 하나님의 영광을 가리우게 된다. 그러므로 우리는 불경건과 불의를 멀리하고 여호와 하나님을 찬송하고 믿고 소망하며 성경 교훈대로 의롭고 선하고 진실하게 살아야 한다.

이사야 43장: 하나님의 백성

22-28절, 이스라엘의 죄를 씻으심

〔22-23a절〕 그러나 야곱아, 너는 나를 부르지 아니하였고 이스라엘아, 너는 나를 괴로와[괴로워]하였으며 네 번제의 양을 내게로 가져오지 아니하였고 네 제물로 나를 공경하지 아니하였느니라.

'그러나'라는 말은 이스라엘 백성이 하나님께서 앞절에 증거하신 사람을 창조하신 목적과 멀어졌고 하나님께서 과거에 베푸셨던 많은 은혜와 구원을 저버렸음을 가리킨다. 그들은 하나님을 부르지 않았다. '하나님을 부른다'는 말은 하나님께 예배드리고 찬송 부르고 기도 드리는 행위를 가리킨다(창 4:26). 그들은 하나님께 형식적 예배를 드렸는지는 몰라도 진심의 예배를 드리지 않았다. 그들은 하나님을 괴로워했고, 하나님께 예배드리는 일을 부담으로 여겼다. 그들은 진심으로 죄를 회개하거나 하나님을 믿지 않았다. 참 신앙은 하나님을 섬기는 즐거움을 동반한다. 시편 19:10, "[성경말씀은] 금 곧 많은 정금보다 더 사모할 것이며 꿀과 송이꿀보다 더 달도다." 시편 119:24, "주의 증거는 나의 즐거움이요." 시편 119:103, "주의 말씀의 맛이 내게 어찌 그리 단지요. 내 입에 꿀보다 더하니이다." 찬송가 82장, "나의 기쁨, 나의 소망 되시며 나의 생명이 되신 주." 찬송가 482장, "내 기도하는 그 시간 그때가 가장 즐겁다."

〔23b-24절〕 나는 예물로 인하여 너를 수고롭게 아니하였고 유향으로 인하여 너를 괴롭게 아니하였거늘 너는 나를 위하여 돈으로 향품을 사지 아니하며 희생의 기름으로 나를 흡족케 아니하고 네 죄 짐으로 나를 수고롭게 하며 네 죄악으로 나를 괴롭게 하였느니라.

하나님께서는 그들에게 예물을 강요하지 않으셨다. 헌금은 믿음과 자원함으로 드려야 강요해서 드리는 것은 하나님께서 기뻐 받으시는 것이 되지 못할 것이다. 그러나 그들은 자기들의 돈으로 하나님을 섬기려 하지 않았고, 오히려 범죄함으로 하나님을 괴롭게 했다. 그들

이사야 43장: 하나님의 백성

의 불경건과 부도덕은 하나님께서 사람을 창조하신 목적과는 너무 거리가 멀었고 하나님의 기대와도 너무 거리가 멀었다. 그것은 하나님의 크신 은혜에 심히 배반하는 일이었고 배은망덕한 일이었다.

[25절] 나 곧 나는 나를 위하여 네 허물을 도말하는(마카 מָחָה)[씻는] **자니 네 죄를 기억지 아니하리라.**

본절은 이스라엘 백성의 회복의 근거를 증거한다. 하나님께서는 하나님 자신의 영광을 위해 그들의 허물과 죄를 씻으신다. 이스라엘 백성의 죄를 깨끗이 씻으시는 것은 그들의 행위에 근거한 것이 아니고 하나님의 긍휼에 근거한 것이다. 이스라엘 백성의 회복의 근거가 여기에 있다. 이스라엘 백성은 많은 죄를 지었음에도 불구하고 하나님께서 긍휼로 죄사함을 주심으로 회복될 것이다.

이와 같이, 우리의 구원도 우리의 행위에 근거하거나 우리의 행위로 말미암지 않고, 오직 하나님의 긍휼과 은혜와 주 예수 그리스도의 십자가 대속(代贖) 사역에 근거한다. 디모데후서 1:9, "하나님께서 우리를 구원하사 거룩하신 부르심으로 부르심은 우리의 행위대로 하심이 아니요 오직 자기 뜻과 영원한 때 전부터 그리스도 예수 안에서 우리에게 주신 은혜대로 하심이라."

이것은 구약성경의 메시아 예언들에 이미 예언된 바이었다. 다니엘 9:24, "네 백성과 네 거룩한 성을 위하여 칠십 이레(7일)로 기한을 정하였나니 허물이 마치며 죄가 끝나며 죄악이 영속(永贖)되며 영원한 의(義)가 드러나며 이상(異像)과 예언이 응하며 또 지극히 거룩한 자가 기름부음을 받으리라." 스가랴 3:9, "만군의 여호와가 말하노라. 내가 너 여호수아 앞에 세운 돌을 보라. 한 돌에 일곱 눈이 있느니라. 내가 새길 것을 새기며 이 땅의 죄악을 하루에 제하리라." 이 예언은 구주 예수 그리스도의 십자가 대속 사역으로 이루어졌다. 히브리서 10:10, 12, 14, "이 뜻을 좇아 예수 그리스도의 몸을 단번에 드리심으로 말미암아 우리가 거룩함을 얻었노라," "오직 그리스도는 죄를 위

이사야 43장: 하나님의 백성

하여 한 영원한 제사를 드리시고 하나님 우편에 앉으사," "저가 한 제물로 거룩하게 된 자들을 영원히 온전케 하셨느니라."

또 하나님께서 죄를 씻으심은 다시 기억함이 없을 정도의 완전한 씻으심이다. 죄는 죄인 자신의 기억 속에 남아 있을 수 있고 그에게 피해를 입은 사람의 기억 속에 남아 있을 수 있으나, 하나님께서는 "나는 네 죄를 기억지 아니하리라"고 말씀하셨다! 이 얼마나 은혜로운 일이신지! 미가 7:19, "다시 우리를 긍휼히 여기셔서 우리의 죄악을 발로 밟으시고 우리의 모든 죄를 깊은 바다에 던지시리이다."

〔26-28절〕 **너는 나로 기억이 나게 하고 서로 변론하자. 너는** 네 일을 말하여 **의를 나타내라. 네 시조가 범죄하였고 너의 교사들이 나를 배역(背逆)하였나니 그러므로 내가 성소의 어른들로 욕을 보게 하며 야곱으로 저주를 입게 하며 이스라엘로 비방거리가 되게 하리라**[하였노라](원문, KJV).

실상, 이스라엘 백성은 자신들의 의를 나타낼 것이 없었다. 그들의 시조는 범죄하였다. '네 시조'는 아담이나 아브라함이나 야곱을 가리킬 것이다. 그들은 다 죄인들이었다. 아담의 자손들, 아브라함의 자손들, 야곱의 자손들은 이스라엘 민족의 열두 지파를 형성했다. '너의 교사들'은 이스라엘의 지도자들, 곧 제사장들과 선지자들을 가리킬 것이다. 그들은 하나님께 배반하고 범죄했고 백성은 그들을 따랐다. 나라의 지도자들의 사상과 인격과 삶은 일반 백성에게 큰 영향을 준다. 그러므로 하나님께서는 이스라엘 백성을 징벌하셨다. 그는 성소의 어른들로 욕을 당케 하셨고 야곱으로 저주를 입게 하셨고 이스라엘 백성으로 비방거리가 되게 하셨다.

본문의 교훈을 정리해보자. 첫째로, 하나님께서는 이스라엘 백성에게 "나 곧 나는 나를 위하여 네 허물을 도말하는 자니 네 죄를 기억지 아니하리라"고 말씀하셨다(25절). 하나님께서는 우리의 죄를 씻으시는 구주이시다. 그는 주 예수 그리스도의 대속(代贖)으로 우리의 모든 죄를 씻으셨다. 우리는 우리의 행위로 인해 의롭다 하심을 얻지 못하였으나, 하나님의 아들 예수 그리스도의 대속의 의로, 즉 그가 십자가의 죽음으로 이루신 그 의 때문에 그를 믿음으로 죄사함과 의롭다 하심을 얻었다. 우리의 의는 이것뿐 예수님의 피밖에 없다! 로마서 3:23-24, "모든 사람이 죄를 범하였으매 하나님의 영광에 이르지 못하더니 그리스도 예수 안에 있는 구속(救贖)으로 말미암아 하나님의 은혜로 값없이 의롭다 하심을 얻은 자 되었느니라." 로마서 10:4, "그리스도는 모든 믿는 자에게 의를 이루기 위하여 율법의 마침이 되시니라." 로마서 8:1, "그러므로 이제 그리스도 예수 안에 있는 자 [곧 육신을 좇지 않고 성령을 좇아 행하는 자들](전통사본)에게는 결코 정죄함이 없나니." 우리는 주 예수 그리스도의 대속(代贖)의 은혜와 그 의를 믿는 믿음 안에 거해야 한다.

<u>둘째로, 이스라엘 백성은 진심으로, 정성껏 하나님을 섬기지 않았고 하나님께 범죄하였고 하나님 섬기는 것을 괴로워했고 그 결과로 그들은 저주를 받았고 재앙을 당했다.</u> 우리는 하나님을 형식적으로 섬기지 말고 진심으로 섬겨야 한다. 우리는 모든 죄를 미워하고 회개하고 버리고 떠나야 하며 예수 그리스도를 진실히 믿고 의지해야 한다. 하나님께 예배드리고 찬송하고 기도하는 것은 우리의 삶에서 가장 중요한 일이다. 하나님의 사람 모세는 "이스라엘아, 들으라. 우리 하나님 여호와는 오직 하나인 여호와시니 너는 마음을 다하고 성품을 다하고 힘을 다하여 네 하나님 여호와를 사랑하라"고 말했고(신 6:4-5), 주 예수께서는 이것이 율법 중에 가장 큰 계명이라고 말씀하셨다(마 22:37-38). 우리는 마음과 성품과 힘을 다하여 하나님을 사랑하고 섬겨야 한다. 또 주께서는 "아무든지 나를 따라 오려거든 자기를 부인하고 자기 십자가를 지고 나를 좇을 것이니라. 누구든지 제 목숨을 구원코자 하면 잃을 것이요 누구든지 나를 위하여 제 목숨을 잃으면 찾으리라"고 말씀하셨다(마 16:24-25). 사도 바울은 "부지런하여 게으르지 말고 열심을 품고 주를 섬기라"고 교훈하였다(롬 12:11). 우리는 하나님을 진심으로 섬겨야 한다.

44장: 유일하신 참 하나님

1-8절, 유일하신 참 하나님

〔1-2절〕 [그러나(웨 ㄱ) 나의 종 야곱, 나의 택한 이스라엘아, 이제 들으라. 너를 지으며 너를 모태에서 조성하고 너를 도와줄 여호와가 말하노라. 나의 종 야곱, 나의 택한 여수룬[정직한 자]아, 두려워 말라.

전장에서 하나님께서는 이스라엘 백성의 범죄와 그에 대한 하나님의 징벌에 대해 말씀하셨었다. 그러나 본장에서 하나님께서는 이스라엘 백성의 회복에 대해 말씀하신다. 하나님께서는 이스라엘 백성을 '나의 종' '나의 택한 자' '여수룬' 즉 정직한 자라고 부르시고, 또 자신을 "너를 지었고 너를 모태에서 만들었고 너를 도와줄 여호와"라고 말씀하신다. 하나님과 이스라엘 백성은 이렇게 밀접한 관계이었다. 하나님께서는 그들을 만드셨고 택하셨고 이제 도와주실 것이다. 그는 그들에게 "두려워 말라"고 말씀하신다. 그것은 이스라엘 백성이 포로생활을 하고 있는 바벨론 나라를 두려워하지 말라는 뜻이다.

〔3-5절〕 대저 내가 갈한 자에게 물을 주며 마른 땅에 시내가 흐르게 하며 나의 신을 네 자손에게, 나의 복을 네 후손에게 내리리니 그들이 풀 가운데서 솟아나기를 시냇가의 버들[버드나무]같이 할 것이라. 혹은 이르기를 나는 여호와께 속하였다 할 것이며 혹은 야곱의 이름으로 자칭할 것이며 혹은 자기가 여호와께 속하였음을 손으로 기록하고 이스라엘의 이름으로 칭호하리라.

본절은 하나님께서 앞절에서 "두려워 말라"고 말씀하신 이유를 보인다. 하나님께서는 죄와 징벌로 인해 영육으로 황폐해진 이스라엘 백성에게 하나님의 생명의 풍성한 회복을 내려주실 것을 약속하신다. 또 하나님께서는 그의 영을 주시고 그의 복을 주실 것을 약속하신다. 성령께서는 죄인들을 중생시키시고 하나님의 은혜 안에 거하게 하시는 하나님의 영이시다. 하나님의 은혜와 성령을 받은 이스라엘 백성

이사야 44장: 유일하신 참 하나님

은 시냇가의 버드나무들이 솟아나듯이 심령과 인격의 변화를 얻게 될 것이다. 또 '혹은'(3번)이라는 말은 이스라엘 백성을 향한 하나님의 은혜가 넘쳐서 심지어 이방인들까지도 하나님께로 돌아와 그를 영접하고 섬김으로 그에게 속하는 자가 될 것을 암시하는 것 같다. 시편 87:4, "내가 라합과 바벨론을 나를 아는 자 중에 있다 말하리라. 보라, 블레셋과 두로와 구스여, 이도 거기서 났다 하리로다."

〔6-7절〕 이스라엘의 왕인 여호와, 이스라엘의 구속자(救贖者)인 만군의 여호와가 말하노라. 나는 처음이요 나는 마지막이라. 나 외에 다른 신이 없느니라. 내가 옛날 백성을 세운 이후로 나처럼 외치며 고하며 진술할 자가 누구뇨? 있거든 될 일과 장차 올 일을 고할지어다.

하나님께서는 자신을 '이스라엘의 왕,' '이스라엘의 구속자,' '만군의 여호와'라고 표현하셨다. 그는 이스라엘의 왕이시며 구속자(救贖者)이시다. 그는 이스라엘을 지으셨고 택하셨을 뿐 아니라, 그들을 지키시고 다스리시고 구원하시는 자이시다. '만군의 여호와'라는 말은 그가 하늘의 수많은 천사들을 거느리신 영원자존자이심을 가리킨다.

하나님께서는 또 "나는 처음이요 나는 마지막이라. 나 외에 다른 신이 없느니라"고 말씀하셨다. 그는 처음이신 하나님이시다. 태초에 천지만물을 창조하신 하나님께서는 태초 이전부터 즉 영원 전부터 계셨던 하나님이시다. 인류의 종말도 그의 손 안에 있다. 창조와 심판이 그의 손 안에 있다. 이사야 41:4, "누가 태초부터 만대를 명정하였느냐? 나 여호와라. 태초에도 나요 나중 있을 자에게도 내가 곧 그니라." 요한계시록 1:8, "주 하나님이 가라사대 나는 알파와 오메가라." 요한계시록 21:6, "내게 말씀하시되 이루었도다. 나는 알파와 오메가요 처음과 나중이라." 요한계시록 22:12, 13, "보라, 내가 속히 오리니 내가 줄 상이 내게 있어 각 사람에게 그의 일한 대로 갚아 주리라. 나는 알파와 오메가요 처음과 나중이요 시작과 끝이라." 영원자존자이신 여호와 이스라엘의 하나님께서는 온 세상에 유일하신 하나님이

이사야 44장: 유일하신 참 하나님

시다. 이 세상에 다른 신은 없다.

하나님께서 세우신 '옛날 백성'(암 올람 עַם־עוֹלָם)이란 이스라엘 백성을 가리키는 말씀이다. 하나님께서는 이스라엘 백성을 택하시고 세우신 후 모세와 선지자들을 통하여 많은 말씀들을 전하셨다. 그는 때때로 미래의 일들까지도 예언케 하셨다. 그것은 참 하나님만 하실 수 있는 일이다. 하나님께서는 이제 이방신들에게 그들이 신(神)이라면 그 증거를 제시해보라고 말씀하신다. 그러나 하나님처럼 미래의 일을 예언할 수 있는 이방신은 아무도 없을 것이다.

[8절] 너희는 두려워 말며 겁내지 말라. 내가 예로부터 너희에게 들리지 아니하였느냐? 고하지 아니하였느냐? 너희는 나의 증인이라. 나 외에 신이 있겠느냐? 과연 반석이 없나니 다른 신이 있음을 알지 못하노라.

하나님께서는 이스라엘에게 두려워 말며 겁내지 말라고 말씀하신다. 그것은 바벨론 나라를 두려워 말고 겁내지 말라는 뜻이다. 바벨론 나라는 오늘날 사탄과 악령의 권세를 상징한다.

하나님께서는 자신이 옛날부터 이스라엘 백성에게 들려졌고 그들이 바로 그의 증인이라고 말씀하신다. 그들은 특히 모세 시대로부터 하나님에 대해 많이 들었다. 여호와 하나님께서는 친히 불 가운데서 음성으로 말씀하셨고 기적들로 그들을 애굽에서 인도해내심으로 그가 이 세상에서 유일한 하나님이심을 나타내셨다. 신명기 4:32-35, "네가 있기 전 하나님이 사람을 세상에 창조하신 날부터 지금까지 지나간 날을 상고하여 보라. 하늘 이 끝에서 저 끝까지 이런 큰 일이 있었느냐? 이런 일을 들은 적이 있었느냐? 어떤 국민이 불 가운데서 말씀하시는 하나님의 음성을 너처럼 듣고 생존하였었느냐? 어떤 신이 와서 시험과 이적과 기사와 전쟁과 강한 손과 편 팔과 크게 두려운 일로 한 민족을 다른 민족에게서 인도하여 낸 일이 있느냐? 이는 다 너희 하나님 여호와께서 애굽에서 너희를 위하여 너희의 목전에서 행하신 일이라. 이것을 네게 나타내심은 여호와는 하나님이시요

이사야 44장: 유일하신 참 하나님

그 외에는 다른 신이 없음을 네게 알게 하려 하심이니라." 이스라엘 백성은 하나님의 특별계시를 많이 받았고 경험했던 민족이며, 그들은 하나님의 증인, 즉 하나님을 만방에 전파할 수 있는 증인들이었다.

하나님께서는 또한, "나 외에 신이 있겠느냐? 과연 반석이 없나니 다른 신이 있음을 알지 못하노라"고 말씀하신다. 여호와 하나님 외에 다른 신이 없고 다른 구주가 없다. 출애굽기 20:3, "너는 나 외에는 다른 신들을 네게 있게 말지니라." 신명기 6:4, "이스라엘아, 들으라. 우리 하나님 여호와는 오직 하나인 여호와시니." 시편 96:5, "만방의 모든 신은 헛것이요 여호와께서는 하늘을 지으셨음이로다." 하나님께서는 다른 신이 있음을 알지 못하노라고 말씀하셨다. 하나님께서 모르신다면 다른 신이 없는 것이 확실하다. 사람의 지식은 매우 제한적이나 하나님의 지식은 완전하시다. 그가 다른 신이 없다고 말씀하시면 다른 신은 없는 것이 확실할 것이다. 그는 결코 거짓말하지 않으시는 하나님이시다. 세상에 여호와 하나님 외에 다른 신은 없다.

본문의 교훈을 정리해보자. 첫째로, 여호와 하나님께서는 온 세상에 유일하신 참 하나님이시다. 6절, "나는 처음이요 나는 마지막이라. 나 외에 다른 신이 없느니라." 온 세상에 하나님께서는 한 분뿐이시다. 그가 영원 전부터 스스로 계시며 온 세상을 창조하신 여호와이시다. 출애굽기 20:3, "너는 나 외에는 다른 신들을 네게 있게 말지니라."

둘째로, 여호와께서는 우리의 생명과 행복이시다. 3절, "대저 내가 갈한 자에게 물을 주며 마른 땅에 시내가 흐르게 하며 나의 신을 네 자손에게, 나의 복을 네 후손에게 내리리니." 그는 우리의 영생과 행복이시다. 주 예수께서는 우리의 영생과 행복을 위해 하나님께서 보내신 구주이시다. 요한복음 17:3, "영생은 곧 유일하신 참 하나님과 그의 보내신 자 예수 그리스도를 아는 것이니이다." 요한복음 6:68, "시몬 베드로가 대답하되 주여, 영생의 말씀이 계시매 우리가 뉘게로 가오리이까?"

이사야 44장: 유일하신 참 하나님

9-20절, 우상숭배는 헛됨

〔9-11절〕 **우상을 만드는 자는 다 허망하도다. 그들의 기뻐하는 우상은 무익한 것이어늘 그것의[그 자신들의] 증인들은 보지도 못하며 알지도 못하니 그러므로 수치를 당하리라. 신상을 만들며 무익한 우상을 부어만든 자가 누구뇨? 보라, 그 동류가 다 수치를 당할 것이라. 그 장색들은 사람이라. 그들이 다 모여 서서 두려워하며 함께 수치를 당할 것이니라.**

이사야는 우상을 만드는 자와 그 우상을 섬기는 자가 헛됨을 증거한다. 우상을 만드는 자와 우상숭배자들은 우상을 기뻐하지만 그것은 무익한 것이다. '그 자신들의 증인들'은 우상숭배자들이나 우상들 자체를 가리킬 것이다. 우상들 자체는 보지도 못하고 알지도 못한다. 그것들은 장차 수치를 당할 것이다. 우상은 '무익한 우상'이다. 신상을 만들며 우상을 부어만든 장색은 사람에 불과하다. 사람이 우상들을 만들었다. 그러나 그들은 다 수치를 당할 것이다. 그들은 다 모여 서서 두려워하며 함께 수치를 당할 것이다. 본문은 '수치를 당한다'는 말을 세 번이나 반복하며 강조하였다.

〔12-14절〕 **철공은 철을 숯불에 불리고[달구어] 메로 치고 강한 팔로 괄리므로[불을 세게 하므로] 심지어 주려서 기력이 진하며 물을 마시지 아니하여 곤비하며 목공은 줄을 늘여 재고 붓으로 긋고 대패로 밀고 정규**(제도용)**컴퍼스로 그어 사람의 아름다움을 따라 인형을 새겨 집에 두게 하며 그는 혹 백향목을 베이며 혹 디르사나무와 상수리나무를 취하며 혹 삼림 중에 자기를 위하여 한 나무를 택하며 혹 나무를 심고 비에 자라게도 하나니.**

철공은 철을 숯불에 달구어 메로 치고 강한 팔로 괄린다. '괄린다'는 말은 '불(火力)을 세게 한다'는 뜻이다. 그는 허기가 지고 기력이 다하도록 온갖 힘을 다하여 철을 가공한다. 목공은 나무를 줄을 늘여 재고 붓으로 긋고 대패로 밀고 컴퍼스로 그어 아름답게 다듬고 조각하여 사람 모양의 상을 만든다. 그 재료는 백향목이나 디르사나무[삼나무나 너도밤나무]나 상수리나무(oak tree)[오크나무, 참나무, 떡갈

이사야 44장: 유일하신 참 하나님

나무] 등이었다. 우상을 만드는 자들은 이런 나무를 선택하기도 하고 또는 나무를 심고 잘 자라게도 한다.

〔15-17절〕 무릇 이 나무는 사람이 화목(火木)[땔감]을 삼는 것이어늘 그가 그것을 가지고 자기 몸을 덥게도 하고 그것으로 불을 피워서 떡을 굽기도 하고 그것으로 신상(神像)을 만들어 숭배하며 우상을 만들고 그 앞에 부복하기도 하는구나. 그 중에 얼마는 불사르고 얼마는 고기를 삶아 먹기도 하며 고기를 구워 배불리기도 하며 또 몸을 덥게 하여 이르기를 아하 따뜻하다 내가 불을 보았구나 하면서 그 나머지로 신상(神像) 곧 자기의 우상을 만들고 그 앞에 부복하여 경배하며 그것에게 기도하여 이르기를 너는 나의 신이니 나를 구원하라 하는도다.

우상숭배의 허망함은 우상의 재료를 볼 때 확인된다. 우상을 만드는 데 쓰는 나무는 땔감으로 쓰는 나무와 동일하다. 사람들은 그런 나무를 가지고 우상을 만든다. 한편에서는 음식을 만드는 데 쓰이고 다른 한편에서는 따뜻한 화롯불을 위해 쓰인다. 우상을 만드는 자는 그 나무를 가지고 우상을 만들고 그것 앞에 엎드려 경배하며 기도하며 구원을 요청하는 것이다. 그러니 그것이 얼마나 어리석은 일인가!

〔18-20절〕 그들이 알지도 못하고 깨닫지도 못함은 그 눈이 가리워져서 보지 못하며 그 마음이 어두워져서 깨닫지 못함이라. 마음에 생각도 없고 지식도 없고 총명도 없으므로 내가 그 나무의 얼마로 불을 사르고 그 숯불 위에 떡도 굽고 고기도 구워 먹었거늘 내가 어찌 그 나머지로 가증한 물건을 만들겠으며 내가 어찌 그 나무토막 앞에 굴복하리요 말하지 아니하니 그는 재를 먹고 미혹한 마음에 미혹되어서 스스로 그 영혼을 구원하지 못하며 나의 오른손에 거짓 것이 있지 아니하냐 하지도 못하느니라.

우상은 '나무토막' 또는 '거짓 것'이며 또 '가증한 물건'이다. 그러나 우상숭배자들은 눈이 가리워졌고 마음이 어두워져서 깨닫지 못하며 생각도 없고 지식도 없고 총명도 없어서 우상의 헛됨을 알지 못하고 있다. 그들이 깨달음이 있었다면, 한 부분으로 땔감을 삼고 떡과 고기도 구워 먹은 나무로 우상을 만드는 것이 어리석다고 말했을 것이다.

이사야 44장: 유일하신 참 하나님

그러나 그들은 헛된 것을 먹고 마음의 미혹을 받아 그 영혼을 구하지 못하며 자기 오른손에 거짓 것이 있음을 고백하지 못한다.

본문의 교훈을 정리해보자. 첫째로, 우리는 우상의 헛됨을 알아야 한다. 우상은 헛되다. 그것은 헛것이며(9절) 무익한 것이다(9, 10절). 그것은 가증한 물건이며(19절) 거짓된 것, 곧 가짜 신이다(20절). 오늘날의 우상들과 우상숭배도 마찬가지이다. 현대인의 우상은 지식, 과학, 돈과 물질, 육신의 쾌락 등이다. 특히 돈은 현대인의 대표적 우상이다. 그러나 그것들이 사람에게 참된 행복을 줄 수 없고 또 참된 평안과 영원한 생명을 줄 수 없다는 것은 자명하다. 그러므로 성도는 믿음을 가지고 정직하게, 깨끗하게, 양심적이게, 부지런하게 일하며 돈을 벌어야 한다. 성경은 의롭게 번 적은 소득이 불의하게 번 많은 소득보다 더 복되다고 가르친다. 우리는 모든 우상들이 헛됨을 참으로 깨달아야 한다.

둘째로, 우상숭배자는 수치를 당할 것이다. 본문 9절과 11절은 우상을 만든 자와 우상을 섬긴 자들은 다 수치를 당할 것이라고 세 번이나 강조하여 말한다. 우리는 사회에서 드러난 죄를 지은 자가 사람들 앞에서 수치를 당하는 것을 종종 본다. 그러나 우상숭배자들은 장차 하나님께서 심판하실 때 그보다 더 큰 수치를 당할 것이다. 왜냐하면 영원한 멸망의 형벌, 곧 지옥 불못의 형벌을 받을 것이기 때문이다(계 21:8).

셋째로, 우리는 여호와 하나님만 섬겨야 한다. 세상의 우상들은 다 헛되며 여호와 하나님만 참 하나님이시다. 우리는 살아계시고 참되신 유일하신 참 하나님만 믿고 의지하며 섬겨야 한다. 제1계명은 "너는 나 외에는 다른 신들을 네게 있게 말지니라"고 말하였다(출 20:3). 이사야 43:10-11은, "나의 전에 지음을 받은 신이 없었느니라. 나의 후에도 없으리라. 나 곧 나는 여호와라. 나 외에 구원자가 없느니라"고 말했고, 이사야 44:6은, "나는 처음이요 나는 마지막이라. 나 외에 다른 신이 없느니라"고 말했다. 우리는 여호와 하나님만 섬기며 하나님의 가치, 하나님의 진리의 가치, 성경공부의 가치, 참된 교회의 가치를 알아야 한다.

이사야 44장: 유일하신 참 하나님

21-28절, 사죄와 회복

〔21절〕 야곱아, 이스라엘아, 이 일을 기억하라. 너는 내 종이니라. 내가 너를 지었으니 너는 내 종이니라. 이스라엘아, 너는 나의 잊음이 되지 아니하리라.

'이 일'은 우상숭배의 헛됨(9절)을 가리키는 것 같다. 하나님께서는 이스라엘 백성이 그가 지으신 그의 종임을 강조하신다. 모든 사람이 하나님의 지으심을 받았으며 넓은 의미에서 하나님의 종이지만, 여기에서는 특별한 의미로 말씀하시는 것 같다. 하나님의 지으심을 받은 모든 사람들이 다 하나님을 섬기며 그에게 복종하는 것이 아니다. 그러나 하나님께서는 이스라엘 백성이 하나님과 사람들의 바른 관계를 지키는 자들이 되기를 원하신다. 하나님께서는 자신이 그들의 창조자시요 그들이 그에게 순종하기를 원하시는 것이다. 또 그는 그들이 결코 그의 잊어버림이 되지 않을 것이라고 말씀하신다.

〔22절〕 내가 네 허물을 빽빽한 구름의 사라짐같이, 네 죄를 안개의 사라짐같이 **도말**(塗抹; 발라서 가림)**하였으니**(마키티)[מָחִיתִי][제하였으니] **너는 내게로 돌아오라. 내가 너를 구속**(救贖)**하였음이니라.**

하나님께서는 죄와 허물을 빽빽한 구름과 안개에 비교하셨다. 죄와 허물은 영적으로 그렇다. 그것은 심령을 어두움, 불안, 슬픔, 고통으로 가득하게 만든다. 그러나 죄사함은 구름과 안개가 사라짐같이 심령의 맑음과 밝음, 또 기쁨과 평안을 줄 것이다.

하나님께서는 그들의 많은 죄와 허물을 제하셨고 그들을 구속(救贖)하셨다고 말씀하신다. '구속'(救贖)은 값을 주고 사는 것을 뜻한다. 죄에서 구속함을 얻은 자는 죄로부터의 자유함을 얻는다. 하나님의 구속(救贖)과 죄사함은 역사적, 객관적인 일로 증거되었다. 예수 그리스도의 십자가 대속 사역은 역사적으로, 객관적으로 이루어졌다. 예수 그리스도께서는 2천년 전에 그가 십자가 위에 달려 죽으셨을 때

이사야 44장: 유일하신 참 하나님

그 일을 다 이루셨다. 요한복음 19:30, "예수께서 신 포도주를 받으신 후 가라사대 다 이루었다 하시고 머리를 숙이시고 영혼이 돌아가시니라." 그는 자기의 피로 영원한 속죄를 이루시고 단번에 하늘 성소에 들어가셨다(히 9:12). 그러므로 오늘날에도 기독교는 2천년 전에 십자가에 못박혀 죽으신 예수 그리스도를 전한다(고전 1:23).

또 하나님께서는 "너는 내게로 돌아오라"고 말씀하신다. 그것은 죄의 구속(救贖) 곧 죄의 완전한 제거에 근거한 것이다. 하나님께서는 그리스도께서 택자들의 죄를 대속(代贖)케 하시고 그들을 구원으로 초청하신다. 이것이 기독교의 구원 원리이다. 죄사함은 우리가 회개할 때 비로소 시작되는 것이 아니고, 이미 이루어졌기 때문에 우리가 하나님께로 돌아갈 수 있는 것이다. 예수 그리스도께서는 세상의 죄를 지고 가는 하나님의 어린양이 되셨다(요 1:29). 우리의 죗값은 다 지불되었다(행 20:28). 예수 그리스도께서는 우리를 위하여 율법의 저주를 받은 바 되셨고 율법의 저주에서 우리를 속량하셨다(갈 3:13).

이 역사적, 객관적 구속 사역에 근거하여 죄인들의 개인의 구원이 이루어진다. 이 소식을 듣고 자신의 죄를 깨닫고 구주 예수 그리스도께로 나아오는 자마다 죄를 회개하고 하나님과 구주 예수 그리스도를 믿음으로 죄사함과 의롭다 하심의 구원을 얻는다. 죄는 순간적으로는 달콤한 유혹물이며, 돈이나 육신적 쾌락도 인생의 행복의 전부인 것처럼 보인다. 그러나 사실은 그렇지 않다. 죄는 하나님과 끊어지고 멀어지게 하고 우리의 모든 행복을 빼앗아 간다. 그러므로 우리는 죄를 회개하고 청산하고 하나님께로 돌아와 예수 그리스도를 영접하고 하나님을 섬기고 그의 뜻을 따라 그의 계명을 행하는 자가 되어야 한다. 그것이 참된 행복의 길이며 그것이 구원과 영생의 길이다.

〔23절〕 여호와께서 이 일을 행하셨으니 하늘아, 노래할지어다. 땅의 깊은 곳들아, 높이 부를지어다. 산들아, 삼림과 그 가운데 모든 나무들아, 소리내어 노래할지어다. 여호와께서 야곱을 구속(救贖)하셨으니 이스라엘로

이사야 44장: 유일하신 참 하나님

자기를 영화롭게 하실 것임이로다.

온 세상과 하나님의 하신 놀라운 구원의 일을 아는 모든 사람들은 하나님을 찬송하며 노래할 것이다. 그것이 신약교회 교인들의 찬송의 이유이다. 우리는 하나님의 구원의 은혜를 찬송해야 한다.

[24절] 네 구속자(救贖者)요 모태에서 너를 조성한 나 여호와가 말하노라. 나는 만물을 지은 여호와라. 나와 함께한 자 없이 홀로 하늘을 폈으며 땅을 베풀었고.

이스라엘 백성을 만드시고 그들을 구속(救贖)하신 하나님께서는 만물을 지으신 창조주이시다. 그는 홀로 하늘과 땅을 만드신 자이시다. 이 유일하신 창조주 하나님 외에 다른 신은 없다. 창조주 하나님 외에 다른 신들은 다 가짜이며 다 헛되고 거짓된 것들이다.

[25절] 거짓말하는 자의 징조를 폐하며 점치는 자를 미치게 하며 지혜로운 자들을 물리쳐 그 지식을 어리석게 하며.

이방 종교들은 다 거짓말하는 것들이다. 왜냐하면 진리가 아닌 것을 진리인 양 말하기 때문이다. 점치는 자들도 다 거짓말하는 자들이다. 거짓된 신비주의도 다 거짓말하는 것이다. 그것은 사람들을 속이는 것이다. 하나님께서는 마지막 날 이런 거짓된 종교인들을 다 폐하시며 그들을 다 미치게 하시고 다 어리석게 하실 것이다.

[26-28절] 내 종의 말을 응하게 하며 내 사자의 모략을 성취하게 하며 예루살렘에 대하여는 이르기를 거기 사람이 살리라 하며 유다 성읍들에 대하여는 이르기를 중건(重建)[재건]될 것이라. 내가 그 황폐한 곳들을 복구시키리라 하며 깊음에 대하여는 이르기를 마르라. 내가 네 강물들을 마르게 하리라 하며 고레스에 대하여는 이르기를 그는 나의 목자라. 나의 모든 기쁨을 성취하리라 하며 예루살렘에 대하여는 이르기를 중건(重建)[재건]되리라 하며 성전에 대하여는 이르기를 네 기초가 세움이 되리라 하는 자니라.

하나님께서는 이스라엘 나라의 회복에 대해 예언하신다. 황폐된 예루살렘에 사람들이 거주하게 될 것이며 유다 성읍들이 다시 복구

이사야 44장: 유일하신 참 하나님

될 것이다. 예루살렘 성전도 다시 기초가 세워질 것이다. 하나님께서는 이 모든 일을 친히 이루실 것이다. 그는 "내가 그 황폐한 곳들을 복구시키리라"고 말씀하신다(26절).

하나님께서는 특히 고레스라는 인물에 대해 구체적으로 언급하신다. 그는 고레스를 '나의 목자'라고 부르며 그가 하나님의 모든 기뻐하는 바를 성취할 것이라고 말씀하신다(28절). 이것은 파사 왕 고레스 때에 유다 백성이 바벨론 나라로부터 고국으로 돌아오게 될 것을 보이는 놀라운 예언의 말씀이다. 이 예언은 에스라서가 증거하는 대로 역사적으로 이루어졌다. 그러나 이스라엘 나라의 회복의 예언은 신약교회와 미래의 천국을 예표하는 뜻도 담고 있다고 보인다.

본문의 교훈을 정리해보자. 첫째로, 하나님께서는 천지만물을 창조하셨고 이스라엘도 지으셨다. 24절, "나는 만물을 지은 여호와라. 나와 함께한 자 없이 홀로 하늘을 폈으며 땅을 베풀었고." 21절, "너는 내 종이니라. 내가 너를 지었으니 너는 내 종이니라." 24절, "모태에서 너를 조성한 나 여호와가 말하노라." 하나님께서는 신약 성도들도 지으셨다.

둘째로, 하나님께서는 이스라엘 백성을 구속(救贖)하셨다. 22절, "내가 네 허물을 빽빽한 구름의 사라짐같이, 네 죄를 안개의 사라짐같이 도말하였으니 너는 내게로 돌아오라. 내가 너를 구속(救贖)하였음이니라." 23절, "여호와께서 야곱을 구속(救贖)하셨으니 이스라엘로 자기를 영화롭게 하실 것임이로다." 하나님께서는 고레스를 통해 이스라엘을 회복시키실 것이다(26-28절). 예루살렘 성과 성전도 재건될 것이다.

셋째로, 하나님께서는 택하시고 구속(救贖)하신 모든 자들을 부르신다. 22절, "너는 내게로 돌아오라. 내가 너를 구속(救贖)하였음이니라." 그들은 모든 죄를 회개하고 하나님께로 돌아와 구주 예수 그리스도를 믿고 하나님의 계명을 지켜야 한다. 우리가 하나님의 구속하심을 얻은 자들이라면, 우리는 정말 그를 믿고 사랑하며 바르게 살아야 한다.

45장: 유일하신 구원자

1-13절, 고레스를 사용하심

〔1a절〕 나 여호와는 나의 기름 받은 고레스의 오른손을 잡고 열국으로 그 앞에 항복하게 하며 열왕의 허리를 풀며[열왕의 무장을 해제시키며] 성문을 그 앞에 열어서 닫지 못하게 하리라.

하나님께서는 장차 파사 왕이 될 고레스를 '나의 기름 받은 고레스'라고 부르신다. '기름 받다, 기름 부음을 받다'는 표현은 '택하다, 구별하다, 성령으로 함께하다'는 뜻이다. 성경에서 기름은 성령을 상징한다. 하나님께서는 장차 파사 왕이 될 고레스를 택하시고 구별하시고 성령으로 함께하시고 그를 감동하셔서 열국을 정복케 하시고 하나님의 뜻을 이루시겠다고 약 200년 전에 예언하신 것이다.

〔1b-3절〕 . . . 내가 고레스에게 이르기를 내가 네 앞서 가서 험한 곳을 평탄케 하며 놋문을 쳐서 부수며 쇠빗장을 꺾고 네게 흑암 중의 보화와 은밀한 곳에 숨은 재물을 주어서 너로 너를 지명하여 부른 자가 나 여호와[부른 나 여호와개(KJV) 이스라엘의 하나님인 줄 알게 하리라.

하나님께서는 열국을 고레스 앞에 항복하게 하시며 열국의 숨기운 보화와 재물을 그에게 주실 것이라고 말씀하셨고, 또 그를 도와 그로 강력한 군주가 되게 하시고 그로 하여금 이스라엘의 하나님 여호와께서 그를 지명하여 부르신 줄을 알게 하겠다고 말씀하셨다.

〔4절〕 내가 나의 종 야곱, 나의 택한 이스라엘을 위하여 너를 지명하여 불렀나니 너는 나를 알지 못하였을지라도 나는 네게 칭호를 주었노라〈카나 הנכה〉[영예의 칭호를 주었노라](BDB).

하나님께서 고레스를 지명하여 부르시고 그를 들어 쓰시려는 것은 하나님의 택한 백성 이스라엘을 위한 것이었다. 하나님께서는 이스라엘 백성의 구원과 회복을 위해 그를 들어 쓰시기 원하셨던 것이다.

이사야 45장: 유일하신 구원자

하나님의 주된 관심은 항상 자기의 택한 백성에게 있다(롬 8:28).

〔5-7절〕 나는 여호와라. 나 외에 다른 이가 없나니 나밖에 신이 없느니라. 너는 나를 알지 못하였을지라도 나는 네 띠를 동일 것이요[너를 무장시킬 것이요] 해 뜨는 곳에서든지 지는 곳에서든지 나밖에 다른 이가 없는 줄을 무리로 알게 하리라. 나는 여호와라. 다른 이가 없느니라. 나는 빛도 짓고 어두움도 창조하며 나는 평안도 짓고 환난도 창조하나니 나는 여호와라. 이 모든 일을 행하는 자니라 하였노라.

하나님께서는 자신이 여호와 곧 영원자존하신 하나님이시며 자기 외에 다른 신이 없음을 증거하신다. 본문의 '너'는 고레스를 가리킨다. 고레스는 여호와 하나님을 알지 못하였지만, 하나님께서 그를 무장시키시고 사용하실 것이다. 이스라엘 백성을 바벨론에서 구원하시는 하나님의 놀라운 계획과 예언은 하나님 외에는 아무도 할 수 없는 일이다. 하나님께서는 이 일을 계획하시고 이루실 것이다. 하나님께서는 자신이 참 하나님이시며 자기 외에는 신(神)이 없다는 것을 증거하신다. 그는 "나 외에 다른 이가 없느니라"고 말씀하신다. 이 말씀은 이사야 44장, 45장, 46장에서 여러 번 반복된다. 그는 또 동방에서나 서방에서나 나밖에 다른 이가 없다고 말씀하신다. 여호와 하나님께서는 동양인이든지 서양인이든지 다 섬겨야 할 하나님이시며 영원 전부터 스스로 계신 여호와이시며 온 세상에 유일하신 하나님이시다.

하나님께서는 또 빛과 어두움, 평안과 환난을 만드셨고 이 모든 일을 행하는 자라고 말씀하신다. 이것은 하나님께서 주권적 섭리자이심을 말하는 것이다. 하나님께서는 세상의 모든 일들, 좋은 일들이나 나쁜 일들이나 다 주관하시고 처리하시고 행하신다. 장차 고레스를 통한 이스라엘의 구원과 회복을 예언하고 이루실 이는 주권자 하나님 외에 없다. 그러므로 우리가 알아야 할 중요한 것은 하나님께서 우리의 모든 문제의 해결자시라는 것이다. 개인이나 가정이나 교회나 국가나 온 세계의 모든 크고 작은 문제들의 해답과 해결책은 오직

이사야 45장: 유일하신 구원자

영원하시고 유일하신 참 하나님, 온 세상을 홀로 만드셨고 홀로 주관하시고 다스리시는 그에게 달려 있다.

〔8절〕 너 하늘이여, 위에서부터 의로움을 비같이 듣게[떨어지게] 할지어다. 궁창이여, 의를 부어 내릴지어다. 땅이여, 열려서 구원을 내고 의(義)도 함께 움돋게 할지어다. 나 여호와가 이 일을 창조하였느니라.

하나님께서는 하늘과 궁창이 의를 비같이 내리고 땅이 구원과 의를 움돋게 하라고 표현하신다. 이 말씀은 그가 이스라엘을 회복시키시는 사역이 의의 사역일 것을 보인다. 과연, 예수 그리스도의 구원 사역은 택자들을 대신하여 하나님의 공의를 만족시키신 대속 사역이요 하나님의 의를 이루신 사역이었다. 예수께서는 자신이 온 것은 "자기 목숨을 많은 사람의 대속물로 주려 함이니라"고 말씀하셨고 (마 20:28), 로마서 10:4는 "그리스도는 모든 믿는 자에게 의를 이루기 위하여 율법의 마침이 되셨다"고 말했고, 고린도전서 1:30은 "예수는 하나님께로서 나와서 우리에게 지혜와 의로움과 거룩함과 구속함이 되셨다"고 말했다. 그 의에 근거하여 예수 그리스도를 믿는 자들은 하나님의 은혜로 의롭다 하심을 얻는다(롬 3:24). 이것이 구원이다.

〔9-10절〕 질그릇 조각 중 한 조각 같은 자가 자기를 지으신 자로 더불어 다툴진대 화 있을진저. 진흙이 토기장이를 대하여 너는 무엇을 만드느뇨 할 수 있겠으며 너의 만든 것이 너를 가리켜 그는 손이 없다 할 수 있겠느뇨? 아비에게 묻기를 네가 무엇을 났느냐? 어미에게 묻기를 네가 무엇을 낳으려고 구로(劬勞)하느냐 하는 자에게 화 있을진저.

'질그릇 조각 같은 자'는 이스라엘 사람이나 이방인이나 모두에게 적용된다. 사람은 자기를 지으신 창조주 하나님과 다투려 해서는 안 된다. 피조물이 그를 창조하신 하나님을 부정하는 것은 얼마나 잘못된 일인가. 그것은 마치 자식이 자기를 낳으신 부모님을 부정하는 것과 같다. 하나님께서는 그런 자들에게 '화가 있다'고 말씀하신다.

〔11-13절〕 이스라엘의 거룩하신 자 곧 이스라엘을 지으신 여호와께서

이사야 45장: 유일하신 구원자

가라사대 [내 아들들에 대하여](KJV, NASB, NIV) **장래 일을 내게 물으라. 또 (내 아들들의 일과) 내 손으로 한 일에 대하여 내게 부탁하라. 내가 땅을 만들고 그 위에 사람을 창조하였으며 내가 친수(親手)로 하늘을 펴고 그 만상(萬象)**[만물]**을 명하였노라. 내가 의(義)로 그를 일으킨지라. 그의 모든 길을 곧게 하리니 그가 나의 성읍을 건축할 것이며 나의 사로잡힌 자들을 값이나 갚음 없이 놓으리라. 만군의 여호와의 말이니라 하셨느니라.**

하나님께서는 자신이 땅을 만들고 그 위에 사람을 만들고 자기의 손으로 하늘을 펴고 만물을 명한 자이시며 '이스라엘을 지으신 여호와'라고 말씀하신다. 그는 앞에서도 자신이 이스라엘을 지은 자임을 증거하셨다(사 43:7, 21; 44:21). 그는 또, '장래 일' 즉 그의 아들들인 이스라엘 백성의 일과 그의 손으로 하는 일에 대해 그에게 묻고 부탁하라고 말씀하신다. 또 하나님께서 그를 의로 일으키신다는 말씀은 그를 공의로운 방법으로 일으키신다는 뜻이라고 본다. 그것은 그가 바벨론 나라의 죄악에 대한 징벌을 위해 고레스를 일으키신다는 뜻일 것이다. 또 하나님께서는 그로 하여금 예루살렘 성을 재건케 하실 것이며 사로잡힌 하나님의 백성을 값없이 자유케 하실 것이다.

본문의 교훈을 정리해보자. **첫째로, 하나님께서는 유일하신 하나님이시며 유일하신 섭리자이시다**(5-7절). 이 근원적인 지식은 하나님께서 우리 개인이나 가정이나 교회의 모든 문제의 해결자이심을 보인다. 우리는 모든 일을 하나님께 맡기며 하나님 중심으로만 살아야 한다.

둘째로, 하나님께서는 그의 택한 이스라엘을 위해 파사 왕 고레스를 불러 사용하실 것이다(4절). 이와 같이 하나님의 섭리는 자기 백성을 위하신다. 로마서 8:28, "우리가 알거니와 하나님을 사랑하는 자 곧 그 뜻대로 부르심을 입은 자들에게는 모든 것이 합력하여 선을 이루느니라."

셋째로, 하나님께서는 그의 일을 의(義)로 이루신다(8절). 구주 예수께서는 우리를 위해 의를 이루셨다. 우리는 그 의 안에서 구원을 얻었다. 우리는 그 은혜를 감사해야 하며 이제는 의롭게만 살아야 한다.

이사야 45장: 유일하신 구원자

14-25절, 하나님께서는 유일한 구주이심

〔14절〕여호와께서 말씀하시되 애굽의 수고한 것(예기아 יְגִיעַ)[생산물들](BDB, NASB, NIV)과 구스의 무역한 것과 스바의 장대한 족속들이 다 네게로 돌아와서 네게 속할 것이요 그들이 너를 따를 것이라. 사슬에 매여 건너와서 네게 굴복하고 간구하기를 하나님이[하나님께서] 과연 네게 계시고 그 외에는 다른 하나님이 없다 하리라 하시니라.

애굽의 생산물들과 구스의 무역한 것과 스바의 장대한 족속들이 다 이스라엘 백성에게 속할 것이다. 사슬에 매인다는 말은 종이 된다는 뜻이라고 본다. 그들은 이스라엘 백성에게 굴복하고 그들의 하나님을 인정할 것이다. 이것은 세계복음화를 암시하는 것 같다.

〔15절〕구원자 이스라엘의 하나님이여, 진실로 주는 스스로 숨어 계시는 하나님이시니이다.

하나님께서는 평소에는 나타나지 않으시고 비상한 때에만 자신을 나타내신다. 그는 영이시며, 우상으로 형상화되지 않는 하나님, 그러나 살아계시고 참되시며 자기 백성을 구원하시는 하나님이시다.

〔16-17절〕우상을 만드는 자는 부끄러움을 당하며 욕을 받아 다 함께 수욕 중에 들어갈 것이로되 이스라엘은 여호와께[여호와로 말미암아] 구원을 입어 영원한 구원을 얻으리니 영세에 부끄러움을 당하거나 욕을 받지 아니하리로다.

헛된 우상을 만드는 자들은 부끄러움을 당하며 욕을 당할 것이다. 그러나 이스라엘 백성은 여호와로 말미암아 영원한 구원을 얻을 것이다. 왜냐하면 여호와께서는 참 하나님이시요, 모든 우상들은 헛것이기 때문이다. '영원한 구원을 얻으리라'는 말은 다시는 잃어버리지 않고 다시는 열방에 포로 되지 않고 다시는 죄와 죽음의 노예가 되지 않는 구원을 얻으리라는 뜻이다. 예수 그리스도의 속죄는 영원한 속죄이다. 다니엘 9:24, "네 백성과 네 거룩한 성을 위하여 70 이레로 기한을 정하였나니 허물이 마치며 죄가 끝나며 죄악이 영속(永贖)되며 영원한 의(義)가 드러나며 이상(異像)과 예언이 응하며 또 지극히 거룩한 자가 기름부음을 받으리라." 히브리서 9:12, "[그리스도께서는] 염소와 송아지의 피로 아니하고 오직 자기 피로 영원한 속죄를 이루사 단번에 성소에 들어가셨느니라." 히브리서 10:14, "저가 한 제물로 거룩하게 된 자들을 영원히 온전케 하셨느니라."

[18-19절] 여호와는 하늘을 창조하신 하나님이시며 땅도 조성하시고 견고케 하시되 헛되이 창조치 아니하시고 사람으로 거하게 지으신 자시니라. 그 말씀에 나는 여호와라. 나 외에 다른 이가 없느니라. 나는 흑암한 곳에서 은밀히 말하지 아니하였으며 야곱 자손에게 너희가 나를 헛되이 찾으라 이르지 아니하였노라. 나 여호와는 의를 말하고 정직을 고하느니라.

영원하시고 유일하신 여호와 창조자 하나님께서는 어두운 곳에서 은밀히 말씀하시지 않았다. 그는 시내산에서 모든 이스라엘 회중이 듣는 데서 음성으로 말씀하셨다. 출애굽기 19:17-19, "모세가 하나님을 맞으려고 백성을 거느리고 진에서 나오매 그들이 산기슭에 섰더니 시내산에 연기가 자욱하니 여호와께서 불 가운데서 거기 강림하심이라. 그 연기가 옹기점 연기같이 떠오르고 온 산이 크게 진동하며 나팔소리가 점점 커질 때에 모세가 말한즉 하나님이 음성으로 대답하시더라." 또 하나님께서 주신 계명들은 다 의로운 법들이며 정직한 내용들이다. 하나님을 찾는 것은 결코 헛되지 않다. 그것은 헛된 우상숭배와 다르다. 하나님께서는 살아계셔서 자기를 경외하며 전심으로 찾는 자들에게 좋은 것들을 주신다. 시편 34:8, "너희는 여호와의 선하심을 맛보아 알지어다. 그에게 피하는 자는 복이 있도다."

[20-21절] 열방 중에서 피난한 자들아, 너희는 모여 오라. 한 가지로 가까이 나아오라. 나무 우상을 가지고 다니며 능히 구원치 못하는 신에게 기도하는 자들은 무지한 자니라. 너희는 고하며 진술하고 또 피차 상의하여 보라. 이 일을 이전부터 보인 자가 누구냐? 예로부터 고한 자가 누구냐? 나 여호와가 아니냐? 나 외에 다른 신이 없나니 나는 공의를 행하며 구원을 베푸는 하나님이라. 나 외에 다른 이가 없느니라.

이사야 45장: 유일하신 구원자

　나무로 깎은 우상을 가지고 다니는 자들, 사람을 구원할 능력이 없는 신에게 기도하는 자들은 무지한 자들이다. 그 우상들은 눈이 있어도 보지 못하고 귀가 있어도 듣지 못하며 입이 있어도 말하지 못하고 발이 있어도 걷지 못하고 행동하지 못하기 때문이다. 우리는 영원하신 여호와 참 하나님을 섬겨야 한다. 그는 이전부터 이스라엘 백성의 구원과 회복의 일을 선지자들을 통해 보이셨다. 미래의 일을 예언할 수 있는 자는 살아계신 참되신 여호와 하나님 외에 없다. 이 세상에는 그 하나님 외에 참 신이 없고 그 하나님 외에 참 구원자가 없다.

　[22-25절] 땅끝의 모든 백성아, 나를 앙망하라. 그리하면 구원을 얻으리라. 나는 하나님이라. 다른 이가 없음이니라. 내가 나를 두고 맹세하기를 나의 입에서 의로운 말이 나갔은즉 돌아오지 아니하나니 내게 모든 무릎이 꿇겠고 모든 혀가 맹약하리라 하였노라. 어떤 자의 내게 대한 말에 의와 힘은 여호와께만 있나니 사람들은 그에게로 나아갈 것이라. 무릇 그를 노하는 자는 부끄러움을 당하리라마는 이스라엘 자손은 다 여호와로 의롭다 함을 얻고 자랑하리라 하느니라 하셨느니라.

　하나님께서는 땅끝의 모든 백성, 그를 앙망하며 의지하는 온 세상 사람들에게 구원을 주실 것이다. 이것은 온 세계의 복음화를 암시한다. 모든 무릎이 하나님께 꿇을 것이며 모든 혀가 하나님 앞에 맹세할 것이라는 표현도 그러하다. 이것은 오늘날 예수 그리스도로 말미암아 신약교회에서 성취되었다. 빌립보서 2:9-11, "이러므로 하나님이 그를 지극히 높여 모든 이름 위에 뛰어난 이름을 주사 하늘에 있는 자들과 땅에 있는 자들과 땅 아래 있는 자들로 모든 무릎을 예수의 이름에 꿇게 하시고 모든 입으로 예수 그리스도를 주라 시인하여 하나님 아버지께 영광을 돌리게 하셨느니라." 또 의와 힘은 여호와께만 있다. 사람에게는 의가 없다. 우리는 다 부정한 자 같고 우리의 의는 더러운 옷 같다(사 64:6). 우리에게는 율법을 행할 능력도 없다(롬 7:18, 24). 그러나 하나님과 주 예수 그리스도께서는 우리의 의가 되

이사야 45장: 유일하신 구원자

시고 성령께서는 우리의 거룩함을 이루는 힘이 되신다. 우리는 예수 그리스도로 말미암아 의롭다 하심을 얻었다. 로마서 3:24, "그리스도 예수 안에 있는 구속으로 말미암아 하나님의 은혜로 값없이 의롭다 하심을 얻은 자 되었느니라." 갈라디아서 5:16, "내가 이르노니 너희는 성령을 좇아 행하라. 그리하면 육체의 욕심을 이루지 아니하리라."

본문의 교훈을 정리해보자. <u>첫째로, 여호와 하나님 외에 다른 하나님이 없고 다른 구주가 없다.</u> 18절, "나는 여호와라. 나 외에 다른 이가 없느니라." 21절, "나 외에 다른 신이 없나니 . . . 나 외에 다른 이가 없느니라." 22절, "나는 하나님이라. 다른 이가 없음이니라." 우상숭배는 헛되다. 나무로 만든 우상을 가지고 다니며 구원할 능력이 없는 신에게 기도하는 자는 무지한 자이다(20절). 하나님을 노하게 하는 자는 부끄러움을 당할 것이다(24절). 우리는 참 하나님만 알고 그를 섬겨야 한다.

<u>둘째로, 우리는 여호와로 말미암아 영원한 구원을 얻었고 의롭다 하심을 얻었다.</u> 17절, "이스라엘은 여호와로 말미암아 영원한 구원을 얻으리라." 25절, "이스라엘 자손은 다 여호와로 의롭다 하심을 얻고 자랑하리라." 이것은 우리가 받은 구원의 은혜이다. 예수 그리스도께서는 영원한 구속(救贖)을 이루셨다. 우리는 하나님의 은혜로 예수 그리스도를 믿음으로 의롭다 하심을 얻었다. 우리는 이 구원을 감사해야 한다.

<u>셋째로, 우리는 오직 하나님만 앙망하며 하나님 안에 거해야 한다.</u> 22절, "땅끝의 모든 백성아, 나를 앙망하라. 그리하면 구원을 얻으리라. 나는 하나님이라. 다른 이가 없음이니라." 모든 열방이 하나님께 굴복하며 그에게 나아올 것이다. 모든 택함 받은 자들은 여호와로 말미암아, 그 은혜로 구원을 얻을 것이다. 우리의 의와 힘은 오직 하나님께만 있다. 그러므로 우리는 하나님만 앙망하고, 하나님의 은혜와 예수 그리스도의 은혜 안에만 거해야 한다. 예수 그리스도께서는 우리의 의가 되시고 우리의 힘과 기쁨과 위로가 되시고 우리의 영원한 생명이 되신다.

이사야 46장: 주권적 작정자와 섭리자이심

46장: 주권적 작정자와 섭리자이심

〔1-2절〕 벨은 엎드러졌고 느보는 구부러졌도다. 그들의 우상들은 짐승과 가축에게 실리웠으니 너희가 떠메고 다니던 그것은 피곤한 짐승의 무거운 짐이 되었도다. 그들은 구부러졌고 그들은 일제히 엎드러졌으므로 그 짐을 구하여 내지 못하고 자기도 잡혀갔느니라.

'벨'(בֵּל)은 바벨론의 으뜸신 곧 수호신으로 '므로닥' 혹은 '말둑'이라고도 한다(BDB, NBD). '느보'(נְבוֹ)는 벨의 아들이며 학문의 신이라는 신이다(NBD). 바벨론의 신들은 엎드러졌고 구부러졌으며 그 우상들은 짐승과 가축에 실려 운반되는 무거운 짐이 되었다. 이와 같이 바벨론 나라가 멸망할 것이며 바벨론 종교도 멸망할 것이다.

〔3-4절〕 야곱 집이여, 이스라엘 집의 남은 모든 자여, 나를 들을지어다. 배에서 남으로부터 내게 안겼고 태에서 남으로부터 내게 품기운 너희여, 너희가 노년에 이르기까지 내가 그리하겠고 백발이 되기까지 내가 너희를 품을 것이라. 내가 지었은즉 안을 것이요 품을 것이요 구하여 내리라.

하나님께서는 야곱의 집 곧 이스라엘 자손들에 대한 무서운 징벌 중에서도 그들을 완전히 포기하시지 않고 그 남은 모든 사람에 대해 관심과 사랑을 가지고 계심을 증거하신다. 하나님께서는 그들을 태에서 날 때부터 품으셨고 그들이 노년과 백발이 되기까지 그들을 안으시고 품으시고 고난의 현실로부터 건져내겠다고 말씀하신다. 시편 71:9는, "나를 늙은 때에 버리지 마시며 내 힘이 쇠약한 때에 떠나지 마소서"라고 기도하였다. 주 예수께서는 "볼지어다, 내가 세상 끝날까지 너희와 항상 함께 있으리라"고 말씀하셨고(마 28:20) 또 "내가 저희에게 영생을 주노니 영원히 멸망치 아니할 터이요 또 저희를 내 손에서 빼앗을 자가 없느니라"고 말씀하셨다(요 10:28).

〔5-7절〕 너희가 나를 누구에 비기며 누구와 짝하며 누구와 비교하여 서로 같다 하겠느냐? 사람들이 주머니에서 금을 쏟아 내며 은을 저울에 달아

이사야 46장: 주권적 작정자와 섭리자이심

장색에게 주고 그것으로 신(神)을 만들게 하고 그것에게 엎드려 경배하고 그것을 들어 어깨에 메어다가 그의 처소에 두면 그것이 서서 있고 거기서 능히 움직이지 못하며 그에게 부르짖어도 능히 응답지 못하며 고난에서 구하여 내지도 못하느니라.

하나님께서는 자신과 우상들을 어떻게 감히 비교할 수 있느냐고 말씀하신다. 우상은 사람들이 준 금이나 은을 가지고 기술자가 만드는 것이다. 사람들은 그것을 신이라고 생각하고 그 앞에 엎드려 경배한다. 그러나 실상, 그것은 사람이 어깨에 메어 운반하여 세워 둘 곳에 세워야 되고 그것은 세워 둔 대로 그대로 세워 있고 스스로 움직이지도 못하고 사람들이 그것에게 부르짖어도 응답할 수 없고 그들을 고난에서 구원할 수도 없다. 우상은 생명 없는 것, 곧 죽은 것이다. 그러나 여호와 하나님께서는 살아계신 전능자 하나님이시다.

〔8-9절〕 너희 패역한 자들[범죄한 자들]아, 이 일을 기억하고 장부가 되라(힛오솨슈 הִתְאֹשָׁשׁוּ)[마음을 굳게 하라]. 이 일을 다시 생각하라. 너희는 옛적 일을 기억하라. 나는 하나님이라. 나 외에 다른 이가 없느니라. 나는 하나님이라. 나 같은 이가 없느니라.

옛적 일은 모세 시대와 그 후 역사를 가리킬 것이다. 하나님께서는 모세 시대와 이스라엘의 역사에서 하나님의 참 하나님 되심과 유일하심을 풍성하게 증거하셨다. 신명기 4:32-35, "네가 있기 전 하나님이 사람을 세상에 창조하신 날부터 지금까지 지나간 날을 상고하여 보라. 하늘 이 끝에서 저 끝까지 이런 큰 일이 있었느냐? 이런 일을 들은 적이 있었느냐? 어떤 국민이 불 가운데서 말씀하시는 하나님의 음성을 너처럼 듣고 생존하였었느냐? 어떤 신이 와서 시험과 이적과 기사와 전쟁과 강한 손과 편 팔과 크게 두려운 일로 한 민족을 다른 민족에게서 인도하여 낸 일이 있느냐? 이는 다 너희 하나님 여호와께서 애굽에서 너희를 위하여 너희의 목전에서 행하신 일이라. 이것을 네게 나타내심은 여호와는 하나님이시요 그 외에는 다른 신이 없음을 네게 알게 하려 하심이니라." 또 엘리야 시대에 엘리야는 바알을 섬기는 선지자들과의 대결에서 여호와 하나님께서 살아계신 하나님, 불로 응답하시는 참 하나님이심을 증거하였다(왕상 18장).

〔10-11절〕 내가 종말을 처음부터 고하며 아직 이루지 아니한 일을 옛적부터 보이고 이르기를 나의 모략[계획]이 설 것이니 내가 나의 모든 기뻐하는 것을 이루리라 하였노라. 내가 동방에서 독수리(아이트 עַיִט)[맹금]를 부르며 먼 나라에서 나의 모략[계획]을 이룰 사람을 부를 것이라. 내가 말하였은즉 정녕 이룰 것이요 경영하였은즉 정녕 행하리라.

하나님께서는 만세 전에 모든 일을 작정하신 자이시다. 이스라엘 나라의 회복도 그의 작정된 일들 중의 하나이다. 하나님께서는 그 일에 대해 이사야를 통해 예언하셨고 더욱이 그가 말씀하셨기 때문에 그 일을 반드시 이루실 것이다. 그가 동방에서 부를 독수리는 메데-파사 연합군을 가리킨다. 하나님께서는 참으로 살아계시고 유일하신 하나님이시며 온 세상에 주권적 작정자와 섭리자이시다.

〔12-13절〕 마음이 완악하여(압비르 אַבִּירֵי)[완고하여] 의에서 멀리 떠난 너희여, 나를 들으라. 내가 나의 의를 가깝게 할 것인즉 상거가 멀지 아니하니 나의 구원이 지체치 아니할 것이라. 내가 나의 영광인 이스라엘을 위하여 구원을 시온에 베풀리라.

13절 후반은, "내가 시온에 구원을, 이스라엘에게 나의 영광을 주리라"(NASB, NIV)고 고쳐 번역해야 할 것이다.[20] 하나님께서는 마음이 완고하여 계명을 순종치 않고 의에서 멀리 떠난 이스라엘 백성을 향해 구원의 은총을 베풀기를 원하신다. 그는 그들에게 하나님의 의, 하나님의 구원, 심지어 하나님의 영광을 주기를 원하신다. 이와 같이, 사람들의 구원은 자신들의 선한 행위에 근거하지 않고 오직 하나님의 긍휼과 은총에 근거한다.

---

20) 마소라 본문의 액센트는 이 번역을 지지하는 것 같다. '이스라엘' 밑에 찍힌 분리액센트는 그 말과 '나의 영광'을 동의어로 보기 어렵게 만든다.

이사야 46장: 주권적 작정자와 섭리자이심

본장의 교훈을 정리해보자. 첫째로, 이방신들은 다 헛되다(1절). 그것들은 생명 없는 것이다. 그것들은 활동하지 못하고 사람이 어려울 때 그에게 구원이나 도움을 주지 못한다. 하나님께서는 이방 나라들과 그 신들을 마지막 날에 다 멸하실 것이다. 요한계시록 18장은, 귀신의 처소와 각종 더러운 영의 모이는 곳인 큰 성 바벨론이 마침내 무너질 것을 예언한다. 그러므로 주 예수 그리스도를 믿고 구원 얻은 우리는 세상의 헛된 것들을 의지하지 말고 소망하지 말고, 온 세상이 다 지나가는 것이며 불사르기 위해 간수되어 있음을 알아야 한다(요일 2:17; 벧후 3:7).

둘째로, 여호와께서만 참 하나님이시며 주권적 작정자와 섭리자이시다. 여호와 하나님 외에 다른 신이 없다(9절). 그는 천지만물을 창조하신 하나님이시요 살아계신 참 하나님이시다. 모세는 신명기 6:4-5에서 "이스라엘아, 들으라. 우리 하나님 여호와는 오직 하나인 여호와시니 너는 마음을 다하고 성품을 다하고 힘을 다하여 네 하나님 여호와를 사랑하라"고 말했다. 예레미야 10:10, "여호와는 참 하나님이시요 사시는 하나님이시라." 여호와 하나님께서만 참 하나님이시며 주권적 작정자와 섭리자이시다. 우리는 오직 그를 의지하고 사랑하고 섬겨야 한다.

셋째로, 하나님께서는 자기 백성을 마침내 구원하실 것이다. 그는 이스라엘 백성을 어릴 때부터 늙을 때까지 품으시며 지키시고 구원하실 것이다(3-4절). 그는 그들에게 하나님의 의와 구원과 영광을 주실 것이다(13절). 신약성도가 장차 받을 복도 영광이다. 주께서는 "나를 보내신 이의 뜻은 내게 주신 자 중에 내가 하나도 잃어버리지 아니하고 마지막 날에 다시 살리는 이것이니라"고 말씀하셨다(요 6:39). 또 사도 바울은 "미리 정하신 그들을 또한 부르시고 부르신 그들을 또한 의롭다 하시고 의롭다 하신 그들을 또한 영화롭게 하셨느니라"고 말하였다(롬 8:30). 장차 우리가 들어갈 새 세계는 지극히 영광스러운 곳이다(계 21:10-11). 그러므로 우리는 창세 전에 우리를 택하시고 그리스도를 통해 구원하신 하나님의 은혜를 깨닫고 항상 감사하며 찬송해야 한다(엡 1:6).

이사야 47장: 바벨론의 멸망

47장: 바벨론의 멸망

[1-3절] 처녀 딸 바벨론이여, 내려 티끌에 앉으라. 딸 갈대아여, 보좌가 없어졌으니 땅에 앉으라. 네가 다시는 곱고 아리땁다(락카 와아눅가 רַכָּה וַעֲנֻגָּה)[부드럽고 우아하다](BDB, KJV, NASB) 칭함을 받지 못할 것임이니라. 맷돌을 취하여 가루를 갈라. 면박[머리 수건]을 벗으며 치마를 걷어 다리를 드러내고 강을 건너라. 네 살이 드러나고 네 부끄러운 것이 보일 것이라. 내가 보수(報讐)하되 사람을 아끼지 아니하리라.

바벨론은 대제국의 보좌에서 땅바닥에 내려앉는 것같이 될 것이다. 그 나라는 마치 부드럽고 우아한 귀부인이 더 이상 그렇게 칭함 받지 못하는 것같이 될 것이다. 바벨론 나라는 맷돌을 취해 가루를 가는 천한 여종들같이 될 것이다. 단정한 여성이 머리 수건을 벗고 치마를 걷어 다리를 드러내고 부끄러운 것을 보이며 강을 건너듯이, 바벨론 백성들은 타국의 포로로 잡혀갈 것이다. 사람은 존귀한 존재이지만, 범죄한 사람은 하나님께서 귀히 여기지 않으시고 심판하시고 천한 자리에 던지신다. 시편 119:119, "주께서 세상의 모든 악인을 찌끼같이 버리시니 그러므로 내가 주의 증거를 사랑하나이다."

[4절] (우리의 구속자(救贖者)는 그 이름이 만군의 여호와 이스라엘의 거룩한 자시니라).

바벨론 나라의 멸망은 이스라엘 백성의 구원이 될 것이다. 바벨론 나라의 멸망에 대한 두려운 예언은 이스라엘 백성들의 회복에 대한 기쁜 소식이 될 것이다. 이스라엘 백성을 구원하시는 하나님께서는 "만군의 여호와 이스라엘의 거룩한 자"이시다. '만군의 여호와'는 하늘의 천군 천사들을 자유로이 사용하시는 능력의 하나님을 가리키며, '이스라엘의 거룩한 자'는 죄악들로부터 거룩히 구별되시며 또 이스라엘 백성을 죄악들로부터 거룩히 구별하시는 하나님이시라는 뜻이라고 본다. 이스라엘 백성을 구원하시고 회복시키실 하나님께서는

이사야 47장: 바벨론의 멸망

영원하신 여호와, 전능하신 하나님, 거룩하신 하나님이시다.

〔5-7절〕 딸 갈대아여, 잠잠히 앉으라. 흑암으로 들어가라. 네가 다시는 열국의 주모(主母)(게비라 גְּבִירָה)[여주인, 여왕]**라 칭함을 받지 못하리라. 전에 내가 내 백성을 노함으로 내 기업을 욕되게 하여 그들을 네 손에 붙였거늘 네가 그들을 긍휼히 여기지 아니하고 늙은이에게 네 멍에를 심히 무겁게 메우며 말하기를 내가 영영히 주모**[여주인, 여왕]**가 되리라 하고 이 일을 네 마음에 두지도 아니하며 그 종말도 생각지 아니하였도다.**

바벨론 백성들은 재판정 앞에 말없이 앉은 죄인처럼 잠잠히 앉아 있어야 하며 흑암 안으로, 즉 슬픔과 고통 안으로 들어가야 한다. 그 나라는 다시 '열국의 여왕'이라고 불리지 않을 것이다. 바벨론 나라는 더 이상 세계의 최대 강국이 되지 못할 것이다. 바벨론 나라가 멸망하는 원인은 무엇인가? **첫째로**, 그들은 남을 긍휼히 여기는 마음이 없었다. 그들은 하나님의 섭리 가운데 유다 나라를 멸망시켰으나 그들을 긍휼히 여기지 않았고 노인들에게 너무 무거운 멍에를 지웠다.

〔8-11절〕 그러므로 사치하고(아딘 עָדִין)[관능적 쾌락에 빠져 있고](BDB, KB, NASB) **평안히 지내며 마음에 이르기를 나뿐이라. 나 외에 다른 이가 없도다. 나는 과부로 지내지도 아니하며 자녀를 잃어버리는 일도 모르리라 하는 자여, 너는 이제 들을지어다. 한 날에 홀연히 자녀를 잃으며 과부가 되는 이 두 일이 네게 임할 것이라 네가 무수한 사술(邪術)과 많은 진언(嗔言)**[주문]**을 베풀지라도 이 일이 온전히 네게 임하리라. 네가 네 악을 의지하고 스스로 이르기를 나를 보는 자가 없다 하나니 네 지혜와 네 지식이 너를 유혹하였음이니라**[곁길로 가게 하였음이니라]**. 네 마음에 이르기를 나뿐이라. 나 외에 다른 이가 없다 하였으므로 재앙이 네게 임하리라. 그러나 네가 그 근본을 알지 못할 것이며 손해**[재난]**가 네게 이르리라. 그러나 이를 물리칠 능이 없을 것이며 파멸이 홀연히 네게 임하리라. 그러나 네가 헤아리지 못할 것이니라.**

바벨론 나라 멸망의 **두 번째** 원인은 그들이 관능적 쾌락에 빠져 있었던 것이다. 바벨론 사람들은 관능적 쾌락에 빠져 있고 하나님에 대한 두려움이나 죄에 대한 뉘우침 없이 안이하게 지내고 있었다.

이사야 47장: 바벨론의 멸망

바벨론 나라 멸망의 **세 번째** 원인은 그들의 자고(自高)하고 자만함이었다. 그들은 마음에 이르기를 "나뿐이라. 나 외에 다른 이가 없도다"라고 했다(8, 10절). 그들은 자신들의 종말에 대해서 생각하지 않았다. 그러나 하나님께서는 그들을 징벌하셔서 한 날에 홀연히 자녀를 잃고 과부가 되는 두 가지 일이 동시에 그들에게 임할 것이다. 그러나 그들은 그 재앙의 원인을 알지 못할 것이며 그것을 물리칠 힘도 없을 것이고 그 실상도 파악하지 못한 채 멸망을 당할 것이다.

〔12-13절〕 이제 너는 젊어서부터 힘쓰던 진언(嗔言)[주문]과 많은 사술(邪術)을 가지고 서서 시험하여 보라. 혹시 유익을 얻을 수 있을는지, 혹시 원수를 이길 수 있을는지. 네가 많은 모략[의논들]을 인하여 피곤케 되었도다. 하늘을 살피는 자와 별을 보는 자와 월삭에 예고(豫告)하는 자들로 일어나 네게 임할 그 일에서 너를 구원케 하여 보라.

바벨론 나라 멸망의 **네 번째** 원인은 거짓된 신비주의와 우상숭배이었다. 이것이 실상 근본적 원인이다. 그들은 예전부터 많은 주문들과 사술(邪術)들을 사용하였다. 그러나 하나님께서 내리시는 재앙은 그 어떤 방법으로도 막아낼 수 없다. 그들의 우상숭배는 헛될 것이다. 그 우상들은 그 날에 사람들에게 아무런 구원을 주지 못할 것이다.

〔14-15절〕 보라, 그들은 초개[지푸라기] 같아서 불에 타리니 그 불꽃의 세력에서 스스로 구원치 못할 것이라. 이 불은 더웁게 할 숯불이 아니요 그 앞에 앉을 만한 불도 아니니라. 너의 근로(勤勞)하던[수고하던] 것들이 네게 이같이 되리니 너 어려서부터 너와 함께 무역하던 자들이 각기 소향(所向)대로[각기 자기 길로] 유리하고[떠돌며] 너를 구원할 자 없으리라.

우상숭배자들은 하나님의 심판의 날에 지푸라기같이 불탈 것이다. 그 불꽃의 세력에서 아무도 자신들을 구원하지 못할 것이다. 그 불은 사람들을 따뜻하게 하는 불이 아니다. 그들이 수고한 것들이 그들 앞에서 다 불타버리고 헛되게 될 것이다. 또한 그들은 다 각기 떠돌며 방황할 것이다. 바벨론 나라를 구원할 자는 사람들 가운데도, 우상들

이사야 47장: 바벨론의 멸망

가운데도, 아무도 없을 것이다.

바벨론 나라의 멸망의 네 가지 원인들은 우리에게 교훈이 된다.

첫째로, 바벨론 사람들은 남을 긍휼히 여기지 않았다. 그들은 인정이 없었고 노인들에 대해 자비를 베풀 줄 몰랐다. 로마서 1:31은 무정한 것과 무자비한 것을 죄악의 목록에 포함하였다. 디모데후서 3:3은 말세에 고통하는 때의 특징들 중에 무정함을 포함하였다. 우리는 무정한 자가 되지 말고 모든 사람들에 대해 긍휼과 자비를 베풀어야 한다. 에베소서 4:32는, "서로 인자하게 하며 불쌍히 여기며 서로 용서하기를 하나님께서 그리스도 안에서 너희를 용서하심과 같이 하라"고 교훈하였다.

둘째로, 바벨론 사람들은 육체적, 관능적 쾌락에 빠져 있었다. 그것은 사람들을 향하신 조물주 하나님의 뜻을 벗어난 죄악된 일이었다. 하나님께서는 결혼제도를 주셨고 부부관계의 거룩함을 명하셨다. 출애굽기 20:14, "간음하지 말지니라." 성적 문란은 이 명령을 어기는 죄악이다. 우리는 육체적 쾌락에 빠지지 말고 부부관계를 잘 지켜야 한다. 데살로니가전서 4:3-4, "하나님의 뜻은 이것이니 너희의 거룩함이라. 곧 음란을 버리고 각각 거룩함과 존귀함으로 자기의 아내 취할 줄을 알고."

셋째로, 바벨론 사람들은 자만하며 자고하였다. 그들은 자기가 최고이며 전부인 줄 알았다. 교만은 사람의 죄악들 중 매우 큰 죄악이다. 그것은 마귀의 죄악이다(딤전 3:6). 우리는 교만하지 말아야 한다. 성경에 계시된 중요한 생활 교훈의 하나는 겸손하라는 것이다(잠 16:18). 겸손은 주 예수님을 본받는 중요한 덕목이다. 주께서는 "나는 마음이 온유하고 겸손하니 나의 멍에를 메고 내게 배우라"고 말씀하셨다(마 11:29).

넷째로, 바벨론 사람들은 헛된 우상을 섬기며 의지하였다. 그것이 그들의 부도덕의 원인이다. 하나님을 떠난 자들은 죄에 빠진다. 하나님을 경외하는 것은 악을 멀리하는 것이며(잠 8:13), 사람은 하나님을 경외함으로 악을 떠난다(잠 16:6). 우리는 하나님 대신 우상을 섬겨서는 안 된다. 우리는 현대적 우상인 돈과 육체적 쾌락도 사랑치 말아야 한다.

48장: 하나님의 영광을 위하여

1-11절, 내가 나를 위하여

〔1-2절〕 야곱 집이여, 이스라엘의 이름으로 일컬음을 받으며 유다의 근원에서 나왔으며 거룩한 성 백성이라 칭하며 그 이름이 만군의 여호와이신 이스라엘의 하나님을 의지하면서 성실치[진실치] 아니하고 의로움이 없이 여호와의 이름으로 맹세하며 이스라엘의 하나님을 부르는 너희는 이를 들을지어다.

이스라엘 민족은 하나님께로부터 특별한 은혜를 받았었다. 그들은 거룩한 성의 백성이라고 칭함을 받았다. 그들은 만군의 여호와이신 이스라엘의 하나님을 의지했다. 그러나 그들은 진실함 없이 또 의로움 없이 여호와의 이름으로 맹세하며 이스라엘의 하나님을 불렀다. 그들의 신앙고백은 거짓되었고 그들의 신앙생활은 형식적이며 외식적이었다. 하나님께서는 그들에게 진실한 예배와 진실한 신앙고백과 진실한 기도를 원하셨지만, 그들은 그렇지 못하였다.

〔3-5절〕 여호와께서 가라사대 내가 옛적에 장래사를 고하였고 내 입에서 내어 보였고 내가 홀연히 그 일을 행하여 이루었느니라. 내가 알거니와 너는 완악[완고]하며 네 목의 힘줄은 무쇠요 네 이마는 놋이라. 그러므로 내가 이 일을 옛적부터 네게 고하였고 성사(成事)하기 전에 그것을 네게 보였느니라. 그렇지 않았더면 네 말이 내 신의 행한 바요 내 새긴 신상과 부어만든 신상의 명한 바라 하였으리라.

하나님께서는 때때로 장래일을 미리 고하신 후에 홀연히 그 일을 행하시고 이루셨다. 하나님의 구원하시는 일들도 그러하였다. 그러나 이스라엘 백성은 완악하고 완고하며, 자기의 주관과 고집이 세었다. 물론 그들의 고집은 성경적 확신과는 다른 것이다. 그들은 목의 힘줄이 무쇠와 같이 단단하였다. 그들에게는 겸손함이 없었고 순종심도

이사야 48장: 하나님의 영광을 위하여

없었다. 또 그들의 이마는 놋이었다. 그들에게는 부끄러움을 모르는 뻔뻔함까지 있었다. 만일 하나님께서 장래 일을 미리 보이지 않으셨다면, 그들은 자기들의 신(神)의 행한 바라고 말했을 것이다.

〔6-8절〕네가 이미 들었으니 이것을 다 보라. 너희가 선전치 아니하겠느뇨? 이제부터 내가 새 일 곧 네가 알지 못하던 은비(隱秘)한[은밀한] 일을 네게 보이노니 이 일들은 이제 창조된 것이요 옛적 것이 아니라. 오늘 이전에는 네가 듣지 못하였느니라. 그렇지 않았더면 네가 말하기를 내가 이미 알았노라 하였으리라. 네가 과연 듣지도 못하였고 알지도 못하였으며 네 귀가 옛적부터 열리지 못하였었나니 이는 네가 궤휼하고 궤휼하여(바고드 티브고드 בָּגוֹד תִּבְגּוֹד)[심히 배신적이게 행하여] 모태에서부터 패역한 자(포쉐아 פֹשֵׁעַ)[범죄자, 반역자]라 칭함을 입은 줄을 내가 알았음이라.

'새 일'은 파사 왕 고레스를 통한 이스라엘 나라의 회복의 일이었다. '모태에서부터 범죄자'라는 말은 사람의 원죄를 증거한다. 사람은 모태에서부터, 즉 나기 전부터, 죄성을 가진 죄인이며 하나님께 범죄하고 반역한 자이다. 거짓, 외식, 완고, 고집, 교만, 뻔뻔스러움, 배신, 반역--이것이 모든 사람의 모습이다. 이스라엘 백성의 모습은 우리 모든 사람의 죄악된 모습이다. 하나님의 구원 사역은 하나님의 단독적 사역이다. 그것은 하나님께서 만세 전에 미리 계획하셨고 오래 전에 미리 예고하셨고 또 그가 주권적으로 행하시고 이루시는 일이다. 파사 왕 고레스를 통한 이스라엘 백성의 바벨론 포로 생활로부터의 구원도 그러하고, 하나님의 아들 예수 그리스도를 통해 모든 택자들이 그들의 모든 죄와 지옥 형벌로부터 구원 얻는 것도 그러하다.

〔9-11절〕내 이름을 위하여 내가 노하기를 더디할 것이며 내 영예를 위하여 내가 참고 너를 멸절하지 아니하리라. 보라, 내가 너를 연단하였으나 은처럼 하지 아니하고 너를 고난의 풀무에서 택하였노라. 내가 나를 위하며 내가 나를 위하여 이를 이룰 것이라. 어찌 내 이름을 욕되게 하리요? 내 영광을 다른 자에게 주지 아니하리라.

이스라엘 백성은 심히 죄악됨으로 하나님의 영광을 가리웠었다.

이사야 48장: 하나님의 영광을 위하여

하나님께서는 그들의 죄 때문에 근심하시고 노하셨었다. 그러나 그는 자신의 이름을 위하여, 자신의 영예를 위하여 노하기를 더디하실 것이며 그들을 오래 참고 멸절치 않고 마침내 구원하실 것이다. 이것이 온 세상 모든 족속에게서 하나님께서 만세 전에 그리스도 안에서 택하신 자들에게 주시는 하나님의 궁휼과 은혜이며 그 궁휼과 은혜에 근거한 그의 구원이다. 하나님께서는 자신을 위하여 이 일을 이루실 것이다. "내가 나를 위하며 내가 나를 위하여 이를 이룰 것이라." 하나님께서는 자기 이름을 욕되게 하지 않으실 것이며 자기 영광을 다른 자들, 즉 우상들이나 피조물들에게 주지 않으실 것이다.

본문의 교훈을 정리해보자. 첫째로, 우리는 인간 본성의 죄성을 알아야 한다. 이스라엘 백성은 진실함과 의로움이 없는 외식적 예배와 신앙고백과 기도를 잘하는 자들이었다. 그들은 마음이 완악하고 목의 힘줄이 무쇠이며 이마가 놋같이 뻔뻔스런 자들이었고 배신적이었다. 이것은 인간 본성의 죄성이다. 사람은 하나님의 은혜가 아니고서는 하나님을 알 수도, 믿을 수도 없는 심히 부패되고 무능력한 존재이다. 우리는 이 사실을 알고 항상 하나님 앞에 겸손히 엎드리어 은혜를 구해야 한다.

둘째로, 우리는 하나님께서 자신의 영광을 위해 우리를 구원하셨음을 깨닫고 하나님의 영광을 위해 살아야 한다. 하나님께서는 심히 악하고 부패한 이스라엘 백성을 오래 참으시고 자신의 영광을 위해 구원하시는 자이시다. 하나님께서 우리를 창조하신 목적도 하나님의 영광을 위하여이셨고(사 43:7) 그가 우리를 구원하신 목적도 하나님의 영광을 위하여이시다(엡 1:4-14). 그러므로 우리는 오직 하나님의 영광을 위해 살아야 한다. 하나님의 영광을 위해 사는 것은 어떻게 사는 것인가? 그것은, 우리가 범사에 하나님을 인정하고 항상 하나님을 찬송하고 하나님만 섬기며 그의 계명대로 경건하고 정직하고 선하고 진실하게 살며 하나님의 선한 일들을 위해 우리의 몸과 마음을 바치는 것을 말한다.

이사야 48장: 하나님의 영광을 위하여

12-22절, 하나님의 구원 계획

〔12-13절〕 야곱아, 나의 부른 이스라엘아, 나를 들으라. 나는 그니 나는 처음이요 또 마지막이라. 과연 내 손이 땅의 기초를 정하였고 내 오른손이 하늘에[하늘을] 폈나니 내가 부르면 천지가 일제히 서느니라.

"나는 그니 나는 처음이요 또 마지막이라"는 말씀은 그가 하나님 곧 영원하신 하나님이시고 창조주이시며 심판자이시라는 뜻이라고 본다. 하나님께서는 그의 능력의 손으로 땅의 기초를 정하셨고 그 손으로 하늘을 펴셨고 천지와 만물을 창조하셨다. "내가 부르면"이라는 말씀은 그가 말씀으로 천지만물을 창조하셨음을 증거한다. 창세기 1장에 기록된 대로, 하나님께서는 말씀으로 천지만물을 창조하셨다. 한글개역성경 창세기 1장에는 '가라사대'라는 말이 10번 나오고 '이르시되'라는 말이 1번 나온다. 예를 들어, 1:3, "하나님께서 가라사대 빛이 있으라 하시매 빛이 있었고." 1:9, "하나님께서 가라사대 천하의 물이 한 곳으로 모이고 뭍이 드러나라 하시매 그대로 되니라."

〔14-16절〕 너희는 다 모여 들으라. 나 여호와의 사랑하는 자가 나의 뜻을 바벨론에 행하리니 그의 팔이 갈대아인에게 임할 것이라. 그들 중에 누가 이 일을 예언하였느뇨? 나 곧 내가 말하였고 또 내가 그를 부르며 그를 인도하였나니 그 길이 형통하리라. 너희는 내게 가까이 나아와 이 말을 들으라. 내가 처음부터 그것을 비밀히 말하지 아니하였나니 그 말이 있을 때부터 내가 거기 있었노라 하셨느니라. 이제는 주 여호와께서 나와 그 신을 보내셨느니라[주 하나님[여호와]과 그의 영께서 나를 보내셨느니라](KJV).[21]

하나님께서는 그의 사랑하는 자를 세우실 것이며 그가 하나님의 뜻을 바벨론에 행할 것이다. '하나님의 사랑하는 자'는 파사 왕 고레스를 가리키며 그가 하나님의 뜻을 바벨론 나라에 행할 것이다. 이사야 41:25, "내가 한 사람을 일으켜 북방에서 오게 하며 내 이름을 부

---

[21] 원문 וְרוּחוֹ שְׁלָחַנִי 에서 ח에 붙은 티프카(֖)는 중요한 분리 액센트이며 그러므로 KJV의 번역이 나은 듯하다.

이사야 48장: 하나님의 영광을 위하여

르는 자를 해 돋는 곳에서 오게 하였나니 그가 이르러 방백들을 회삼물같이, 토기장이의 진흙을 밟음같이 밟을 것이니라." 이사야 44:26-28, "내 종의 말을 응하게 하며 내 사자의 모략을 성취하게 하며 예루살렘에 대하여는 이르기를 거기 사람이 살리라 하며 유다 성읍들에 대하여는 이르기를 중건될 것이라. 내가 그 황폐한 곳들을 복구시키리라 하며 깊음에 대하여는 이르기를 마르라. 내가 네 강물들을 마르게 하리라 하며 고레스에 대하여는 이르기를 그는 나의 목자라. 나의 모든 기쁨을 성취하리라 하며 . . . 성전에 대하여는 이르기를 네 기초가 세움이 되리라 하는 자니라." 이사야 45:1, "나 여호와는 나의 기름 받은 고레스의 오른손을 잡고 열국으로 그 앞에 항복하게 하며 열왕의 허리를 풀며 성문을 그 앞에 열어서 닫지 못하게 하리라."

하나님께서는 이전에도 앞으로 행하실 일을 미리 예언하셨었다. 그는 그것을 미리 알리시고 선포하셨었다. 그것은 하나님의 하나님 되심과 다른 이가 없음을 증거하신 것이다. 하나님의 말씀에는 힘이 있으시다. 그가 말씀하신 일들은 그대로 이루어질 것이다. 그는 예언하신 대로 고레스를 부르시며 확실히 인도하실 것이다. 그것이 하나님의 섭리이며 그것은 그의 주권적 행위이시다. 또 그가 계획하시고 진행하시는 일은 형통할 것이다. 하나님의 일을 방해하거나 저항할 자는 이 세상에 아무도 없다. 그는 성령으로 선지자들을 감동하셔서 자기의 뜻을 선포하며 예언하게 하셨다. 이사야도 그 중 하나이었다. 이사야 46:10-11은, "내가 종말을 처음부터 고하며 아직 이루지 아니한 일을 옛적부터 보이고 이르기를 나의 모략이 설 것이니 내가 나의 모든 기뻐하는 것을 이루리라 하였노라. 내가 동방에서 독수리를 부르며 먼 나라에서 나의 모략을 이룰 사람을 부를 것이라. 내가 말하였은즉 정녕 이룰 것이요 경영하였은즉 정녕 행하리라"고 말했다.

〔17-19절〕 너희의 구속자(救贖者)시요 이스라엘의 거룩하신 자이신 여호와께서 가라사대 나는 네게 유익하도록 가르치고 너를 마땅히 행할 길로

이사야 48장: 하나님의 영광을 위하여

인도하는 너희 하나님 여호와라. 슬프다, 네가 나의 명령을 듣지 아니하였도다. 만일 들었더면 네 평강이 강과 같았겠고 네 의가 바다 물결 같았을 것이며 네 자손이 모래 같았겠고 네 몸의 소생이 모래 알갱이 같아서 그 이름이 내 앞에서 끊어지지 아니하였겠고 없어지지 아니하였으리라 하셨느니라.

율법은 하나님의 백성이 마땅히 행할 바이며 그들의 유익을 위한 것이다. 신명기 10:12-13, "이스라엘아, 네 하나님 여호와께서 네게 요구하시는 것이 무엇이냐? 곧 네 하나님 여호와를 경외하여 그 모든 도를 행하고 그를 사랑하며 마음을 다하고 성품을 다하여 네 하나님 여호와를 섬기고 내가 오늘날 네 행복을 위하여 네게 명하는 여호와의 명령과 규례를 지킬 것이 아니냐?" 그러나 이스라엘 백성은 하나님의 명령을 듣지 않았다. 만일 그들이 하나님의 율법을 순종하였더라면 평안이 강물같이 넘쳤을 것이며 그의 의가 그의 앞에서 빛났을 것이며 그의 자손들도 번창하며 복되었을 것이지만, 이스라엘 백성은 범죄함으로 그런 복을 누리지 못하고 멸망하였다.

[20-21절] 너희는 바벨론에서 나와서 갈대아인을 피하고 즐거운 소리로 이를 선파하여 들리며 땅끝까지 반포하여 이르기를 여호와께서 그 종 야곱을 구속(救贖)하셨다 하라. 여호와께서 그들을 사막으로 통과하게 하시던 때에 그들로 목마르지 않게 하시되 그들을 위하여 바위에서 물이 흘러나게 하시며 바위를 쪼개사 물로 솟아나게 하셨느니라.

그러나 그들은 하나님의 뜻 가운데 바벨론의 갈대아 사람들에게서 해방될 것이며 그 구속(救贖)받는 일을 즐거운 소리로 외치며 땅끝까지 반포할 것이다. 옛날에 그들이 애굽에서 나와 메마른 광야를 40년간 통과하였을 때, 하나님께서는 그들에게 반석에서 흘러나온 생수를 마시게 하셨었다. 신명기 8:15, "너를 인도하여 그 광대하고 위험한 광야 곧 불뱀과 전갈이 있고 물이 없는 간조한[건조한] 땅을 지나게 하셨으며 또 너를 위하여 물을 굳은 반석에서 내셨으며." 이와 같이, 그들이 바벨론으로부터 구원을 얻을 때에도 그러할 것이다. 그들은 바벨론으로부터의 그 구원을 즐거이 땅끝까지 전파할 것이다.

[22절] 여호와께서 말씀하시되 악인에게는 평강이 없다 하셨느니라.

악인들에게는 평안이 없다. 로마서 3:16-17, "파멸과 고생이 그 길에 있어 평강의 길을 알지 못하였고." 악인들에게는 수고로움만 있다. 죄인들은 수고하고 무거운 짐 진 자들이다(마 11:28). 그들은 심리적으로 우울하고 슬프고 불안하며, 양심적으로 죄책에 눌려 고통을 받으며, 육신적으로도 질병과 늙음과 죽음을 경험하며, 경제적으로도 고통을 당한다. 악인들에게는 마음의 안정과 평안, 몸의 건강, 환경적 평안이 없다. 그러나 구주 예수께서는 우리에게 참 평안을 주셨다.

본문의 교훈을 정리해보자. 첫째로, 하나님께서는 "나는 그니 나는 처음이요 또 마지막이라"고 말씀하셨다(12절). 그는 영원하신 하나님이시고 창조자이시며 심판자이시다. 그 하나님 안에 사람의 모든 문제의 해답이 있다. 하나님 안에 사람의 구원과 의와 평안이 있고 또 영생이 있다. 우리는 창조자이시며 심판자이신 하나님을 알아야 한다.

둘째로, 하나님의 율법은 사람의 마땅한 길이며 사람의 유익을 위한 길이다. 17절, "나는 네게 유익하도록 가르치고 너를 마땅히 행할 길로 인도하는 너희 하나님 여호와라." 율법의 내용은 하나님을 경외하고 또 사람을 사랑하라는 것이다. 율법을 순종하면 생명과 평안과 행복을 누릴 것이나 그것을 어기면 슬픔과 고난, 불행과 죽음을 경험할 것이다. 구원 얻은 우리에게도 하나님의 말씀을 순종하는 것은 사람의 마땅한 길이며 평안과 형통과 영생의 길이다. 악인에게는 평안이 없다.

셋째로, 이스라엘 백성이 심히 죄악되었지만, 하나님께서는 그들을 구속(救贖)하셨다(17-18, 20절). 하나님께서는 그의 구원 계획을 다 이루셨다. 구원은 오직 하나님의 은혜이다. 오늘 우리도 심히 부족한 죄인들이었지만 하나님의 은혜로 구원을 얻었다. 이제 우리는 이 구원을 감사하며 하나님의 계명에 순종하며 이 구원을 널리 전파해야 한다.

49장: 이스라엘의 회복

1-7절, 여호와의 종

〔1-3절〕 섬들아, 나를 들으라. 원방 백성들아, 귀를 기울이라. 여호와께서 내가 태에서 나옴으로부터 나를 부르셨고 내가 어미 복중에서 나옴으로부터 내 이름을 말씀하셨으며 내 입을 날카로운 칼같이 만드시고 나를 그 손 그늘에 숨기시며 나로 마광한 살을 만드사 그 전통에 감추시고 내게 이르시되 너는 나의 종이요 내 영광을 나타낼 이스라엘이라 하셨느니라.

'섬들'과 '원방 백성들'은 이방인들을 가리킨다. 본문은 유다 백성뿐 아니라, 이방 백성들을 향해 말한다. 본문의 '나'는 '야곱을 하나님께로 돌아오게 하며 이스라엘을 하나님께로 모이게 하는 자'이고(5절), '이방의 빛'이 되는 자요(6절), '백성의 언약이 되는 자'이다(8절). 그는 메시아 곧 예수 그리스도를 가리킨다. 앞장들에서 나온 고레스를 통한 이스라엘의 회복의 예언은 이렇게 메시아 예언으로 이어진다.

여호와께서는 메시아께서 태에서 나옴으로부터 그를 부르셨고 그가 어미 복중에서 나옴으로부터 그의 이름을 말씀하셨다. 마태복음 1:20-21, "이 일을 생각할 때에 주의 사자가 현몽하여 가로되 다윗의 자손 요셉아, 네 아내 마리아 데려오기를 무서워 말라. 저에게 잉태된 자는 성령으로 된 것이라. [그가] 아들을 낳으리니 이름을 예수라 하라. 이는 그가 자기 백성을 저희 죄에서 구원할 자이심이라 하니라."

또 여호와께서는 메시아의 입을 날카로운 칼같이 만드시고 그를 그의 손 그늘에 숨기시며 그로 잘 갈아진 화살을 만드셔서 그의 화살통에 감추셨다. 메시아의 말씀 사역은 좌우에 날선 예리한 칼 같아서 영혼들을 구원하는 능력이 있다. 요한계시록 1:16, "그 오른손에 일곱 별이 있고 그 입에서 좌우에 날선 검이 나오고 그 얼굴은 해가 힘있게 비취는 것 같더라." 또 여호와께서는 메시아를 '나의 종,' '내 영광

이사야 49장: 이스라엘의 회복

을 나타낼 이스라엘'이라고 말씀하신다. 메시아께서는 하나님의 종으로 오셔서 하나님의 뜻을 충성되이 이루실 것이다(마 20:28).

〔4절〕 그러나 나는 말하기를 내가 헛되이 수고하였으며 무익히 공연히 내 힘을 다하였다 하였도다. 정녕히 나의 신원(伸寃)(미쉬파트 מִשְׁפָּט)[판단, 판결, 송사]이 여호와께 있고 나의 보응이 나의 하나님께 있느니라.

이것도 메시아의 말씀을 전한 것이다. 메시아의 사역은 헛된 수고처럼 보일 것이다. 이 예언은 예수 그리스도께 그대로 이루어졌다. 그의 3년 간 전도와 제자 훈련은 헛된 수고처럼 보였다. 3년 동안 가르쳤던 제자 중 하나는 배신했고, 수제자 베드로는 예수께서 잡히시던 밤에 그를 모른다고 세 번이나 부인했고, 대부분의 제자들은 도망쳤고, 무리들은 유대 지도자들에게 충동되어 예수님을 십자가에 죽이라고 외쳤다. 그러나 메시아의 사역은 결코 헛되지 않을 것이다. 하나님의 공의의 판결이 있을 것이며 그는 그의 억울함을 풀어주실 것이다. 하나님께서는 그를 죽은 지 삼일 만에 부활시키셨고 그를 높여서 온 세상과 열왕들이 그 앞에 무릎을 꿇고 그에게 경배하게 하셨다.

〔5절〕 나는 여호와의 보시기에 존귀한 자라. 나의 하나님이 나의 힘이 되셨도다. 다시 야곱을 자기에게로 돌아오게 하시며 이스라엘을 자기에게로 모이게 하시려고 나를 태에서 나옴으로부터 자기 종을 삼으신 여호와께서 말씀하시니라.[22]

메시아께서는 사람들 보기에는 보잘것없으셔서 멸시와 핍박을 당하시지만 여호와 보시기에는 존귀한 자이시다. 그는 하나님의 영광스런 아들이시며 '영광의 주'(고전 2:8)이시다. 또 하나님께서는 그의 힘이 되셨다. 사람들이 그를 모르고 핍박할 때 하나님께서는 그의 힘

---

[22] 전통적 히브리어 본문은, "비록 이스라엘은 모이지 못하였을지라도"라고 되어 있다(KJV). 그러나 9개의 히브리어 사본들과 사해사본의 본문은, 아퀼라, 탈굼, 한글개역, NASB, NIV의 번역대로, "이스라엘을 자기에게로 모이게 하시려고"라고 되어 있다. 그것이 더 자연스러워 보인다.

이사야 49장: 이스라엘의 회복

과 위로가 되셨다. 이 메시아께서는 야곱 자손들을 하나님께로 돌아오게 하며 이스라엘 백성을 그에게로 모이게 하기 위해 태에서 나옴으로부터 하나님의 종으로 택함을 받으셨다.

〔6절〕그가[하나님께서] **가라사대 네가 나의 종이 되어 야곱의 지파들을 일으키며 이스라엘 중에 보전된 자를 돌아오게 할 것은 오히려 경(輕)한**[가벼운, 작은(NASB, NIV)] **일이라. 내가 또 너로 이방의 빛을 삼아 나의 구원을 베풀어서 땅끝까지 이르게 하리라.**

본문은 메시아의 구원 대상이 이스라엘 백성에 국한되지 않고 온 세상 땅끝까지의 이방인들을 포함할 것을 보이는 놀라운 예언이다. '빛'은 지식과 의, 생명과 행복을 상징한다. 이것은 예수 그리스도의 의로 말미암은 영생과 영원한 행복을 가리킨다. 이것은 예수 그리스도의 오심으로 신약시대에 이미 성취되었다. 하나님의 구원의 빛이 온 세상에 비추었다. 하나님의 구원의 복이 온 세상에 충만히 전달되었다. 사도 바울은, 골로새서 1:23에서, 사도시대에 이미 "이 복음은 천하 만민에게 전파된 바요 나 바울은 이 복음의 일군이 되었노라"고 말하였다. 온 세계에 하나님의 택한 백성이 다 구원을 얻을 것이다.

〔7절〕이스라엘의 구속자, 이스라엘의 거룩한 자이신 여호와께서 사람에게 멸시를 당하는 자, 백성에게 미움을 받는 자, 관원들에게 종이 된 자에게 이같이 이르시되 너를 보고 열왕이 일어서며 방백들이 경배하리니 이는 너를 택한 바 신실한 나 여호와 이스라엘의 거룩한 자를 인함이니라.

하나님께서는 자신을 '이스라엘의 구속자(救贖者)'요 '이스라엘의 거룩한 자'('이스라엘을 거룩케 하시는 자'라는 뜻이라고 봄)라고 부르시며, 메시아께서 사람들에게 멸시를 당하며 백성에게 미움을 받고 관원들에게 종이 될 것이지만, 하나님께서 친히 역사하셔서 열왕들이 메시아를 보고 일어서게 하시며 방백들이 그에게 경배케 하실 것이라고 말씀하신다. 사람들은 고난 받은 메시아를 믿을 것이다. 구원은 전적으로 하나님의 하시는 일이다. 주 예수 그리스도를 알고 그 앞에

이사야 49장: 이스라엘의 회복

굴복하는 것은 기적이며 하나님의 전적인 은혜이다.

본문의 교훈을 정리해보자. 첫째로, 하나님께서는 메시아를 어머니 태에서 날 때부터 부르셨다(1절). 메시아께서는 구약성경에 예언된 자이시다(마 1:1). 주 예수 그리스도께서는 구약성경이 자신에 대해 증거한다고 말씀하셨고(요 5:39) 부활하신 후 엠마오로 가는 두 제자에게 길에서 모세와 및 모든 선지자의 글로 시작하여 모든 성경에 쓴 바 자기에 관한 것을 자세히 설명하셨고(눅 24:27) 또 예루살렘에 모인 제자들에게 나타나셔서 "[내가] 너희에게 말한 바 곧 모세의 율법과 선지자의 글과 시편에 나를 가리켜 기록된 모든 것이 이루어져야 하리라 한 말이 이것이라"고 말씀하셨다(눅 24:44). 우리는 하나님께서 구약성경에 예언하신 구주 예수 그리스도를 보내주셨음을 감사하며 믿고 따라야 한다.

둘째로, 메시아께서는 사람들에게 멸시를 당하시고 백성에게 미움을 받으실 것이다(7절). 예수 그리스도께서는 사람들에게 멸시과 학대를 받으셨고 마침내 십자가에 달려 수치와 극심한 고통을 당하셨다. 그러나 그 고난 후 그는 부활하셨고 승천하셔서 영광의 하나님 우편에 앉으셨다. 주께서는, "아무든지 나를 따라 오려거든 자기를 부인하고 자기 십자가를 지고 나를 좇을 것이니라"고 말씀하셨다(마 16:24). 그의 제자 된 우리는 주 예수께서 가신 그 고난의 발자취를 따라가야 한다.

셋째로, 메시아께서는 이스라엘을 회복시키실 뿐 아니라, 이방의 빛이 되어 땅끝까지 구원을 베푸실 것이다(6절). 예수 그리스도의 사명은 하나님의 구원의 빛을 땅끝까지 비추는 것, 즉 세계복음화이다. 그는 그 사명을 신약교회에 주셨다. 마태복음 28:19, "그러므로 너희는 가서 모든 족속으로 제자를 삼아 아버지와 아들과 성령의 이름으로 세례를 주라." 사도행전 1:8, "오직 성령이 너희에게 임하시면 너희가 권능을 받고 예루살렘과 온 유대와 사마리아와 땅끝까지 이르러 내 증인이 되리라 하시니라." 세계복음화는 신약교회의 사명이다. 교회는 예수 그리스도의 사명을 계승하여 땅끝까지 복음을 전하는 일에 충성해야 한다.

이사야 49장: 이스라엘의 회복

8-13절, 은혜의 때

〔8절〕 여호와께서 또 가라사대 은혜의 때에 내가 네게 응답하였고 구원의 날에 내가 너를 도왔도다. 내가 장차 너를 보호하여 너로 백성의 언약을 삼으며 나라를 일으켜['그 땅을 세워'(KJV) 혹은 '그 땅을 회복시켜'(NASB, NIV)] 그들로 그 황무하였던 땅을 기업으로 상속케 하리라.

'은혜의 때'와 '구원의 날'은 메시아 시대를 가리킨다고 본다. 그것은 예수 그리스도께서 오신 신약시대이다. 사도 바울은 고린도후서 6:2에서 이 구절을 인용하며 "내가 은혜 베풀 때에 너를 듣고 구원의 날에 너를 도왔다 하셨으니 보라 지금은 은혜 받을 만한 때요 보라 지금은 구원의 날이로다"라고 말하였다. 하나님께서는 은혜의 때에 메시아에게 응답하셨고 그를 도우셨다. 그는 메시아를 지키셔서 그의 사명을 완수하게 하실 것이다. 예수 그리스도께서는 아버지께서 그에게 주신 사명을 완수하셨다. 그는 택자들을 위해 십자가에 죽으셨고 그들의 죄책과 죄의 형벌을 친히 담당하셨다(마 20:28; 갈 3:13).

또 하나님께서는 메시아를 백성의 언약으로 삼으실 것이다. 선지자 예레미야도 메시아 시대에 하나님께서 이스라엘 집과 새 언약을 세우실 것이라고 예언하였다(렘 31:31-34). 과연 예수 그리스도께서는 새 언약의 중보가 되셨다. 그는 유월절 식사 자리에서 포도즙을 주시면서 "이것은 죄사함을 얻게 하려고 많은 사람을 위하여 흘리는 바 나의 피 곧 새언약의 피니라"고 말씀하셨다(마 26:26-28 전통사본). 히브리서 9:15는, "이를 인하여 그는 새 언약의 중보니 이는 첫 언약 때에 범한 죄를 속하려고 죽으사 부르심을 입은 자로 하여금 영원한 기업의 약속을 얻게 하려 하심이니라"고 말했다. 하나님께서는 황무했던 세상을 회복시켜 자기 백성에게 기업으로 주실 것이다.

〔9-10절〕 내가 잡혀 있는 자에게 이르기를 나오라 하며 흑암에 있는 자에게 나타나라 하리라. 그들이 길에서 먹겠고 모든 자산(赭山)[벌거숭이 산]에도 그들의 풀밭이 있을 것인즉 그들이 주리거나 목마르지 아니할 것이며

이사야 49장: 이스라엘의 회복

더위와 볕이 그들을 상하지 아니하리니 이는 그들을 긍휼히 여기는 자가 그들을 이끌되 샘물 근원으로 인도할 것임이니라.

'잡혀 있는 자'와 '흑암에 있는 자'는 일차적으로 바벨론 포로생활을 하는 유다 백성을 가리키겠지만, 그것은 또한 죄와 사망과 마귀의 권세에 사로잡혀 있고, 무지와 죄와 불행에 빠져 있는 죄인들을 가리킬 것이다. 주 예수께서는 다메섹 길에서 핍박자 사울을 부르시며 그를 일꾼과 증인으로 삼아 사람들의 눈을 뜨게 하여 어두움에서 빛으로, 사단의 권세에서 하나님께로 돌아가게 하리라고 말씀하셨다(행 26:14-18). 사도 바울은 골로새서 1:13-14에서 "그가 우리를 흑암의 권세에서 건져내사 그의 사랑의 아들의 나라로 옮기셨으니 그 아들 안에서 우리가 구속(救贖) 곧 죄사함을 얻었도다"라고 말했다.

하나님께서는 죄와 사망과 마귀의 권세에 사로잡혀 있는 자들에게 '나오라' '나타나라'고 말씀하실 것이다. 이스라엘 백성은 바벨론 포로 생활로부터 돌아올 것이며 온 세계에 있는 하나님의 택한 모든 백성들은 죄와 사망과 파멸로부터 구원을 얻을 것이다.

또 그들은 길에서 먹을 것이다. 하나님께서는 유다 백성이 고국으로 돌아오는 길에서도 먹을 것이 부족하지 않게 하실 것이지만, 또한 하나님의 택한 모든 백성이 구원 얻어 천국을 향해 가며 이 세상에 사는 동안에 영육의 양식에 부족함이 없게 하실 것이다. 모든 '자산 (赭山)' 곧 벌거숭이 산, 황폐한 산에도 그들을 위한 풀밭이 있을 것이며 그들이 주리거나 목마르지 않을 것이며 더위와 볕이 그들을 상하지 않을 것이다. 그들을 긍휼히 여기시는 하나님께서 그들을 이끌되 샘물 근원으로 인도하실 것이기 때문이다. '더위와 볕'은 환난과 시험을 가리키며 '샘물 근원'은 성령을 가리킬 것이다. 이 세상의 어려운 현실 속에서도 하나님께서는 자기 백성에게 영육으로 먹을 양식을 주실 것이며 환난과 시험을 이기게 하실 것이다.

다윗은 시편 23편에서 "여호와는 나의 목자시니 내가 부족함이 없

이사야 49장: 이스라엘의 회복

으리로다. 그가 나를 푸른 초장에 누이시며 쉴 만한 물 가으로 인도하시는도다. 내 영혼을 소생시키시고 자기 이름을 위하여 의의 길로 인도하시는도다. 내가 사망의 음침한 골짜기로 다닐지라도 해를 두려워하지 않을 것은 주께서 나와 함께하심이라. 주의 지팡이와 막대기가 나를 안위하시나이다"라고 말했다(시 23:1-4). 주 예수께서는 하나님께서 먼저 하나님의 나라와 그의 의를 구하는 자들에게 먹을 것과 입을 것을 공급해주신다고 말씀하셨고(마 6:33), 또 "내가 주는 물을 먹는 자는 영원히 목마르지 아니하리니 나의 주는 물은 그 속에서 영생하도록 솟아나는 샘물이 되리라"(요 4:14), "누구든지 목마르거든 내게로 와서 마시라. 나를 믿는 자는 성경에 이름과 같이 그 배에서 생수의 강이 흘러나리라"(요 7:37-38)고 말씀하셨고 그것은 그를 믿는 자들이 받을 성령을 가리켜 말씀하신 것이었다(요 7:39).

[11-12절] 내가 나의 모든 산을 길로 삼고 나의 대로(大路)를 돋우리니 혹자는 원방에서, 혹자는 북방과 서방에서, 혹자는 시님 땅에서 오리라.

'산'은 인생의 어려운 문제들을 상징할 것이다. 우리는 하나님 나라에 들어가려면 많은 환난을 겪어야 한다(행 14:22). 그러나 하나님께서는 모든 어려움을 극복하게 하시고 천국으로 가는 길을 만드실 것이다. 오늘날 높은 산들을 가로질러 터널과 고속도로를 내듯이, 하나님께서는 자기 백성을 위해 대로(大路)를 내실 것이다. 우리는 환난 중에도 즐거워할 수 있고 환난을 통해 신앙 인격이 단련될 수 있다.

어떤 이들은 원방에서, 어떤 이들은 북방과 서방에서, 어떤 이들은 시님 땅에서 올 것이다. '시님'이라는 말(시님 סִינִים)은 중국(China)을 가리키거나(게세니우스, 델리취) 이집트 남부 국경의 스에네(아스완) 사람들을 가리킬 것이라고 한다(사해사본, NIV). 하나님께서 택하신 백성은 온 세계에서 올 것이다. 본문은 세계복음화에 대해 예언한다고 본다. 요한계시록 7:9, "이 일 후에 내가 보니, 각 나라와 족속과 백성과 방언에서 아무라도 능히 셀 수 없는 큰 무리가 흰옷을 입고 손에 종려가지를 들고 보좌 앞과 어린양 앞에 서서."

〔13절〕하늘이여, 노래하라. 땅이여, 기뻐하라. 산들이여, 즐거이 노래하라. 여호와가 그 백성을 위로하였은즉 그 고난 당한 자를 긍휼히 여길 것임이니라.

하나님의 백성은 하나님의 구원과 회복을 인해 하나님께 노래하며 기뻐해야 할 것이다. 왜냐하면 하나님께서는 자기 백성을 위로하셨고 그 고난 당한 자들을 긍휼히 여기실 것이기 때문이다. 빌립보서 4:4, "주 안에서 항상 기뻐하라." 에베소서 5:19, "시와 찬미와 신령한 노래들로 서로 화답하며 너희의 마음으로 주께 노래하며 찬송하라." 히브리서 13:15, "우리가 예수로 말미암아 항상 찬미의 제사를 하나님께 드리자. 이는 그 이름을 증거하는 입술의 열매니라."

본문의 교훈을 정리해보자. **첫째로, 하나님께서는 은혜의 시대를 주실 것이다.** 예수 그리스도로 말미암아 은혜의 시대가 왔다. 예수 그리스도께서 오셔서 하나님의 택하신 자들을 위하여 십자가에 죽으심으로 대속 사역을 이루셨고 그들을 위하여 의(義)를 이루셨다. 우리는 하나님의 은혜로 그를 믿음으로 죄사함과 의롭다 하심의 구원을 얻었다.

둘째로, 하나님께서는 자기 백성을 돌아보실 것이다. 흑암에 있던 자들이 고국으로 돌아올 것이며 그들은 주리거나 목마르지 않을 것이다. 택한 백성들은 죄와 죽음과 마귀의 권세로부터 나와 새 삶을 살 것이며 천국에 이르기까지 영육의 필요를 공급받을 것이다. 여호와 하나님을 목자로 삼은 자들은 결코 영육의 부족함이 없을 것이다. 성령을 받은 자들은 결코 영적으로 목마름이 없을 것이다. 먼저 하나님의 나라와 그의 의를 구하는 자들은 육신의 양식에도 부족함이 없을 것이다.

셋째로, 하나님의 백성들은 구원의 은혜를 기뻐하고 찬송해야 한다. 13절, "하늘이여, 노래하라. 땅이여, 기뻐하라." 우리는 하나님의 구원의 은혜를 항상 기뻐하고 찬송하며 감사하며 또 항상 그러해야 한다.

이사야 49장: 이스라엘의 회복

14-26절, 속히 돌아오리라

〔14-16절〕 오직 시온이 이르기를 여호와께서 나를 버리시며 주께서 나를 잊으셨다 하였거니와 여인이 어찌 그 젖 먹는 자식을 잊겠으며 자기 태에서 난 아들을 긍휼히 여기지 않겠느냐? 그들은 혹시 잊을지라도 나는 너를 잊지 아니할 것이라. 내가 너를 내 손바닥에 새겼고 너의 성벽이 항상 내 앞에 있나니.

여인은 자기가 낳은 젖 먹이는 아기를 잊지 않고 자기의 태에서 난 아들을 긍휼히 여길 것이다. 그러나 비록 그들이 혹 잊는다 할지라도, 하나님께서는 자기 백성을 결코 잊지 않으실 것이다. 그는 그들을 그의 손바닥에 새기셨고 그의 성벽을 항상 그 앞에 두셨다. 손바닥에 새겨진 것을 항상 기억하듯이, 그는 그들을 항상 기억하실 것이다.

〔17-18절〕 네 자녀들은 속히 돌아오고 너를 헐며 너를 황폐케 하던 자들은 너를 떠나가리라. 네 눈을 들어 사방을 보라. 그들이 다 모여 네게로 오느니라. 나 여호와가 이르노라. 내가 나의 삶으로 맹세하노니 네가 반드시 그 모든 무리로 장식을 삼아 몸에 차며 띠기를 신부처럼 할 것이라.

이스라엘 백성은 속히 돌아올 것이다. 하나님께서는 그들을 확실히 회복시키실 것이다. 그들을 멸망시켰던 자들은 그들을 떠나갈 것이다. 온 세계에 흩어졌던 자들은 다 돌아와 교회를 아름답게 할 것이다. 하나님께서는 맹세하심으로 그의 말씀의 확실함을 강조하셨다. 그의 모든 말씀은 진리이지만, 그가 맹세하시며 선언하신 말씀은 더 확실한 진리이다. 이스라엘 나라의 회복은 그의 확실한 약속이다.

〔19-21절〕 대저 네 황폐하고 적막한 곳들과 네 파멸을 당하였던 땅이 이제는 거민이 많으므로 좁게 될 것이며 너를 삼켰던 자들이 멀리 떠날 것이니라. 고난 중에 낳은 자녀(베네 쉬쿨라이크 בְּנֵי שִׁכֻּלָיִךְ)[네가 잃어버렸던 자녀들(NASB), 네가 무자(無子)할 때 낳은 자녀들(NIV)]가 후일에 네 귀에 말하기를 이 곳이 우리에게 좁으니 넓혀서 우리로 거처하게 하라 하리니 그때에 네 심중에 이르기를 누가 나를 위하여 이 무리를 낳았는고? 나는 자녀를 잃고 외로와[외로워]졌으며 사로잡혔으며 유리하였거늘 이 무리를 누가 양

육하였는고? 나는 홀로 되었거늘 이 무리는 어디서 생겼는고 하리라.

 회복된 이스라엘 자손들의 수는 많을 것이다. 많은 사람들이 구원을 얻을 것이므로 그들의 거처는 좁게 될 것이다. '네가 잃어버렸던 자녀들'(20절)은 이스라엘 백성이 멸망한 후 바벨론에서 포로 생활을 하는 동안 낳은 자녀들을 가리키는 것 같다. 이스라엘 백성에게 이렇게 많은 자녀들이 생긴다는 것은 상상할 수 없는 놀라운 일이다.

 〔22-23절〕 나 주 여호와가 이르노라. 내가 열방을 향하여 나의 손을 들고 민족들을 향하여 나의 기호를 세울 것이라. 그들이 네 아들들을 품에 안고 네 딸들을 어깨에 메고 올 것이며 열왕은 네 양부(養父)가 되며 왕비들은 네 유모가 될 것이며 그들이 얼굴을 땅에 대고 네게 절하고 네 발의 티끌을 핥을 것이니 네가 나를 여호와인 줄 알리라. 나를 바라는 자는 수치를 당하지 아니하리라.

 이방 나라들에 시온의 자녀들이 있을 것이며 그들은 그 하나님의 자녀들을 품에 안고 올 것이다. 이것은 이방 세계의 구원을 암시한다. 이방 나라의 통치자들은 양부모와 같을 것이다. 그들은 하나님 앞에, 하나님의 교회 앞에 굴복할 것이다. 그들은 하나님을 경외하고 예수 그리스도를 믿고 하나님의 교회를 존중할 것이다. 이것은 하나님께서 섭리하시고 역사하신 결과이다. 하나님께서는 주권적 구원자이시다. 하나님을 바라는 자들은 결코 수치를 당치 않을 것이다.

 〔24-26절〕 용사의 빼앗은 것을 어떻게 도로 빼앗으며 승리자에게 사로잡힌 자를 어떻게 건져낼 수 있으랴마는 나 여호와가 이같이 말하노라. 용사의 포로도 빼앗을 것이요 강포자의 빼앗은 것도 건져낼 것이니 이는 내가 너를 대적하는 자를 대적하고 네 자녀를 구원할 것임이라. 내가 너를 학대하는 자로 자기의 고기를 먹게 하며 새 술에 취함같이 자기의 피에 취하게 하리니 모든 육체가 나 여호와는 네 구원자요 네 구속자(救贖者)요 야곱의 전능자(아비르 אֲבִיר)[권능재](mighty one)(KJV, NASB, NIV)인 줄 알리라.

 이스라엘 나라의 회복은 오직 하나님의 능력으로 가능할 것이다. 하나님께서는 불가능한 일을 가능케 하시는 자이시다. 그는 이스라엘 백성을 강대한 바벨론 나라에서 건져내실 것이다. 이스라엘 백성을 학대하는 자들은 자기의 고기를 먹고 자기의 피를 마시는 것같이 스스로 망할 것이다. 하나님께서는 친히 이스라엘 백성의 원수들을 징벌하실 것이다. 모든 사람들은 여호와 하나님께서 이스라엘 백성의 구원자이시며 야곱 자손들의 권능자이심을 알게 될 것이다.

본문의 교훈을 정리해보자. 첫째로, 구원은 하나님의 긍휼로 말미암는다. 하나님께서는 죄 많은 자기 백성을 잊지 않으시고 긍휼히 여기시며 그들을 손바닥에 새기시고 항상 기억하실 것이다. 로마서 9:18, "그런즉 하나님께서 하고자 하시는 자를 긍휼히 여기시고 하고자 하시는 자를 강퍅케 하시느니라." 이스라엘 나라의 회복이나 온 세상의 구원은 불가능한 일이지만, 하나님께서는 그의 긍휼로 그 불가능한 일을 가능케 하시고 이루실 것이며 그가 택하신 영혼들을 다 구원하실 것이다.

둘째로, 하나님의 구원은 충만한 수의 영혼들이 얻는 구원이다. 회복될 이스라엘 백성의 수효는 그 거처가 좁을 정도로 많을 것이다. 에베소서 1:23, "교회는 그의 몸이니 만물 안에서 만물을 충만케 하시는 자의 충만이니라." 세상에서 충만한 수의 영혼들이 구원 얻을 것이다. 요한계시록 7:9-10, "이 일 후에 내가 보니 각 나라와 족속과 백성과 방언에서 아무라도 능히 셀 수 없는 큰 무리가 흰옷을 입고 손에 종려 가지를 들고 보좌 앞과 어린양 앞에 서서 큰 소리로 외쳐 가로되." 구원 얻을 자들의 수는 많을 것이다. 천국은 결코 쓸쓸한 곳이 아닐 것이다.

셋째로, 하나님의 뜻은 세계복음화이다. 하나님의 택한 백성들은 온 세상에서 돌아올 것이다. 마태복음 28:19, "그러므로 너희는 가서 모든 족속으로 제자를 삼아 아버지와 아들과 성령의 이름으로 세례를 주고." 마가복음 16:15, "또 가라사대 너희는 온 천하에 다니며 만민에게 복음을 전파하라." 신약시대에 온 세계의 각 나라와 족속과 백성과 방언에서 능히 셀 수 없는 큰 무리가 구원을 얻을 것이다(계 7:9-10).

이사야 50장: 메시야의 사역

50장: 메시아의 사역

〔1절〕 나 여호와가 이같이 이르노라. 내가 너희 어미를 내어보낸 이혼서가 어디 있느냐? 내가 어느 채주에게 너희를 팔았느냐? 오직 너희는 너희의 죄악을 인하여 팔렸고 너희 어미는 너희의 허물을 인하여 내어보냄을 입었느니라.

이스라엘 백성이 바벨론 나라에 포로로 잡혀간 것은 그들 자신의 범죄함 때문에 된 것이었다. 사람은 자신의 불행을 스스로 초래한다. 오늘날 우리에게 어떤 불행과 고난이 있다면 그것은 대체로 우리가 우리의 자유의지를 잘못 사용해 죄를 지었기 때문에 생기는 것이다.

〔2-3절〕 내가 왔어도 사람이 없었으며 내가 불러도 대답하는 자가 없었음은 어찜이뇨? 내 손이 어찌 짧아 구속(救贖)하지 못하겠느냐? 내게 어찌 건질 능력이 없겠느냐? 보라, 내가 꾸짖은즉 바다가 마르며 하수[강들]가 광야가 될 것이며 거기 물이 없어졌으므로 어족(魚族)이 갈하여 죽어 악취를 발하게 되느니라. 내가 흑암으로 하늘을 입히며 굵은 베로 덮느니라.

하나님께서 이스라엘 백성을 부르셨지만, 그들은 그를 찾지 않았다. 그가 그들에게 여러 번 기회를 주셨지만, 그들은 하나님을 멀리하고 죄와 불행과 멸망의 길을 택하였다. 물론 하나님께 구원의 능력이 있으시다. 하나님께서는 바다를 마르게 하실 수 있고 강들이 광야가 되게 하실 수 있다. 그러므로 이스라엘 백성은 자신들이 멸망한 것이 자신들의 죄악이 컸고 많았기 때문임을 알아야 했다.

〔4-5절〕 주 여호와께서 학자(림무딤 לִמּוּדִים[제자들](BDB, KJV, NASB)의 혀를 내게 주사 나로 곤핍한 자를 말로 어떻게 도와줄 줄을 알게 하시고 아침마다 깨우치시되 나의 귀를 깨우치사 학자[제자들]같이 알아듣게 하시도다. 주 여호와께서 나의 귀를 여셨으므로 내가 거역지도 아니하며 뒤로 물러가지도 아니하며.

본문은 일차적으로 메시아에게 적용된다고 본다. 메시아의 사역은 말씀의 사역이다. 하나님께서는 메시야께 제자의 혀를 주실 것이다. '곤핍한 자'는 죄로 인해 곤핍한 자들, 즉 '수고하고 무거운 짐 진 자들'(마 11:28)을 가리킨다. 예수께서는 많은 무리에게 하나님의 말씀을 가르치셨다. 마태복음 4:23, "예수께서 온 갈릴리에 두루 다니사 저희 회당에서 가르치시며 천국 복음을 전파하시며."

하나님께서는 메시야께 아침마다 하나님의 말씀을 깨닫게 하실 것이다. 요한복음 12:49-50, "내가 내 자의(自意)로 말한 것이 아니요 나를 보내신 아버지께서 나의 말할 것과 이를 것을 친히 명령하여 주셨으니 나는 그의 명령이 영생인 줄 아노라. 그러므로 나의 이르는 것은 내 아버지께서 내게 말씀하신 그대로 이르노라." 성경을 가르치는 사람들은 자신이 먼저 그 말씀을 잘 배워야 잘 가르칠 수 있다. 또 메시아께서는 하나님의 말씀을 거역하거나 멀리하지 않고 친히 실행하실 것이다. 성경을 가르치는 자들은 메시아를 본받아 먼저 자신이 그 말씀을 실행해야 다른 이들에게 잘 가르칠 수 있다.

[6-7절] 나를 때리는 자들에게 내 등을 맡기며 나의 수염을 뽑는 자들에게 나의 뺨을 맡기며 수욕과 침 뱉음을 피하려고 **내 얼굴을 가리우지 아니하였느니라. 주 여호와께서 나를 도우시므로 내가 부끄러워 아니하고 내 얼굴을 부싯돌같이 굳게 하였은즉 내가 수치를 당치 아니할 줄 아노라.**

메시아께서는 매 맞고 수염을 뽑히고 뺨을 맞고 수욕과 침 뱉음을 당하실 것이지만, 부끄러워하거나 낙심치 않고 그 얼굴을 부싯돌같이 굳게 하실 것이다. 과연 예수께서는 얼굴에 침 뱉음을 받으시고 주먹과 손바닥으로 때림을 받으셨으나(마 26:67) 참으셨다. 주의 제자들도 고난을 받았으나 낙심하지 않았다. 사도 바울은 고린도후서 4:8-9에서 "우리가 사방으로 우겨쌈을 당하여도 싸이지 아니하며 답답한 일을 당하여도 낙심하지 아니하며 핍박을 받아도 버린 바 되지 아니하며 거꾸러뜨림을 당하여도 망하지 아니한다"고 간증하였다.

[8-9절] 나를 의롭다 하시는 이가 가까이 계시니 나와 다툴 자가 누구

뇨? 나와 함께 설지어다. 나의 대적이 누구뇨? 내게 가까이 나아올지어다. 주 여호와께서 나를 도우시리니 나를 정죄할 자 누구뇨? 그들은 다 옷과 같이 해어지며 좀에게 먹히리라.

메시아께서 고난 중에 부끄러워하거나 낙심하지 않으시는 까닭은 하나님의 도우심과 변호하심을 확신하시기 때문이다. 하나님께서는 메시아의 옳음을 변호하실 것이다. 그는 그를 도우실 것이다. 그러므로 그와 다투거나 그를 대적하고 정죄할 자가 없다. 그와 다투거나 대적하는 자들은 다 멸망할 것이다. 이런 확신은 오늘 예수 그리스도를 통해 구원 얻은 신자들에게도 적용된다. 로마서 8:31-34, "그런즉 이 일에 대하여 우리가 무슨 말 하리요? 만일 하나님이 우리를 위하시면 누가 우리를 대적하리요? 자기 아들을 아끼지 아니하시고 우리 모든 사람을 위하여 내어주신 이가 어찌 그 아들과 함께 모든 것을 우리에게 은사로 주지 아니하시겠느뇨? 누가 능히 하나님의 택하신 자들을 송사하리요? 의롭다 하신 이는 하나님이시니 누가 정죄하리요? 죽으실 뿐 아니라 다시 살아나신 이는 그리스도 예수시니 그는 하나님 우편에 계신 자요 우리를 위하여 간구하시는 자시니라."

[10-11절] 너희 중에 여호와를 경외하며 그 종의 목소리를 청종하는 자가 누구뇨? 흑암 중에 행하여 빛이 없는 자라도 여호와의 이름을 의뢰하며 자기 하나님께 의지할지어다. 불을 피우고 횃불을 둘러 띤 자여, 너희가 다 너희의 불꽃 가운데로 들어가며 너희의 피운 횃불 가운데로 들어갈지어다. 너희가 내 손에서 얻을 것이 이것이라. 너희가 슬픔 중에 누우리라.

본문에서 '흑암'은 슬픔과 불행과 고난을 가리키고, '빛'은 기쁨과 행복과 평안을 가리킨다. 지금 고난 가운데 사는 자라 하더라도 하나님을 경외하고 그의 종 메시아의 음성을 듣는 자는 하나님을 의지하고 그의 이름을 의뢰해야 한다. 고난 중에도 하나님을 믿고 의지하는 것이 참 신자의 모습이요 그가 사는 방법이다. 하나님께서는 살아계셔서 그의 걸음을 선하고 유익한 길로 인도하실 것이다. 그러나 하나

이사야 50장: 메시야의 사역

님을 모르고 자기의 행복만 추구하는 불신자들이 있다. 자기가 피운 불 혹은 횃불은 자기가 만든 기쁨과 즐거움과 행복을 가리킬 것이다. 그러나 그것은 오래가지 못한다. 그들은 슬픔 중에 누울 것이며 그들의 등불은 꺼지고 말 것이다. 그들은 슬픔 중에 멸망할 것이다.

본장의 교훈을 정리해보자. 첫째로, 죄는 인생의 가장 근본적 문제이다. 이스라엘 백성의 멸망과 바벨론 포로생활은 자신들의 죄악 때문에 얻은 불행이었다. 그러므로 평안과 행복과 영생을 원하는 자마다 죄를 회개하고 죄를 멀리해야 한다. 사람은 선한 행위로 구원 얻지 못하지만, 결코 선한 행위 없이 구원 얻는 것도 아니다. 누구든지 구원을 얻으려면 죄를 회개해야 한다. 참된 회개가 없이는 참된 구원도 없다.

둘째로, 메시아의 구원 사역은 말씀 사역이다. 예수께서는 하나님의 말씀인 구약성경에 정통하셨고 무리들에게 그 말씀을 잘 가르치셨다. 오늘날도 하나님을 섬기는 일에 있어서 성경을 읽고 연구하고 묵상하고 전하고 가르치고 그것을 알고 믿고 실천하는 것보다 더 중요한 일은 없다. 우리는 개인적으로 성경을 읽고 연구하고 믿고 실천해야 한다.

셋째로, 메시아의 사역은 고난의 사역이다. 우리가 믿고 따르는 예수 그리스도께서는 세상에 계실 때 많은 고난을 당하시고 십자가에 못박혀 죽으셨던 주님이시다. 또 그는 "아무든지 나를 따라 오려거든 자기를 부인하고 자기 십자가를 지고 나를 좇을 것이니라"고 말씀하셨다(마 16:24). 그를 따르는 길은 고난의 길이다. 사도들과 초대교회 성도들은 그 길을 갔다. 오늘날 우리도 고난을 각오하고 그를 따라가야 한다.

넷째로, 참 성도는 흑암 중에 행하여 빛이 없을지라도 하나님만 의지하고 그의 이름만 의뢰하며 따라가야 한다. 고난 중에도 하나님만 의지하는 것, 그것이 참 믿음의 길이며 참 신자의 가는 길이다. 하나님께서는 살아계셔서 결코 자기 백성을 버리지 않으신다. 믿고 의지하며 순종하며 참는 자는 하나님의 선한 도우심과 인도하심을 경험할 것이다.

이사야 51장: 하나님의 의와 구원

51장: 하나님의 의와 구원

1-11절, 나의 의, 나의 구원

〔1-2절〕 의를 좇으며 여호와를 찾아 구하는 너희는 나를 들을지어다. 너희를 떠낸 반석과 너희를 파낸 우묵한 구덩이를 생각하여 보라. 너희 조상 아브라함과 너희를 생산한 사라를 생각하여 보라. 아브라함이 혈혈단신으로[홀로] 있을 때에 내가 부르고 그에게 복을 주어 창성케 하였느니라.

하나님께서는 장차 회복시킬 이스라엘 백성을, '의를 좇으며 여호와를 찾아 구하는' 자들이라고 표현하신다. 죄로 인해 멸망했던 그들이 장차 회복될 때 그들은 하나님을 찾아 구하며 의를 좇는 자가 될 것이다. 하나님의 구원은 경건과 의의 회복이다. 이스라엘 백성은 그들의 조상 아브라함과 사라가 하나님의 은혜로 부르심을 받고 경건하고 의로운 삶을 살았고 복을 얻었고 창성했음을 기억해야 했다.

〔3절〕 대저(키 기)[참으로](BDB, NASB, NIV) 나 여호와가 시온을 위로하되 그 모든 황폐한 곳을 위로하여 그 광야로 에덴 같고 그 사막으로 여호와의 동산 같게 하였나니[하리니](KJV, NASB, NIV) 그 가운데 기뻐함과 즐거워함과 감사함과 창화하는[노래하는] 소리가 있으리라.

아브라함을 택하시고 복 주셨던 그 주권자 하나님께서 이제 이스라엘 나라를 회복시키실 것이다. '시온'은 성전이 있었던 예루살렘 성을 가리킨다. 그 성이 지금은 황폐해졌다. 그러나 참으로 하나님께서 이제 시온을 위로하되 그 모든 황폐한 곳을 위로하여 그 광야로 에덴 동산 같고 그 사막으로 여호와의 동산 같게 하실 것이다. 장차 에덴 동산같이 회복될 새 예루살렘 성은 복된 성이 될 것이다. 그 성 가운데는 기뻐함과 즐거워함, 감사함과 노래하는 소리가 있을 것이다.

〔4-5절〕 내 백성이여, 내게 주의하라. 내 나라여, 내게 귀를 기울이라. 이는 율법이 내게서부터 발할 것임이라. 내가 내 공의를 만민의 빛으로 세

이사야 51장: 하나님의 의와 구원

우리라. 내 의가 가깝고 내 구원이 나갔은즉 내 팔이 만민을 심판하리니 섬들이 나를 앙망하여 내 팔에 의지하리라.

하나님께서는 이스라엘 백성을 '내 백성' '내 나라'라고 친근하게 부르시며 "내게 주의하라, 내게 귀를 기울이라"고 말씀하신다. 그들은 과거에 하나님의 음성에 주의하지 않았고 귀를 기울이지 않았으나 이제 하나님께서 주시는 말씀에 주의하고 귀를 기울여야 한다.

하나님의 법은 그의 의이다. 신약성경의 복음은 예수 그리스도의 대속(代贖)의 의이다. 그 의는 만민의 빛이 될 것이다. '빛'은 지식과 의, 기쁨과 행복을 상징한다. 자기 백성에게 구원이 되는 하나님의 의가 이방인들에게는 심판이 되기도 하지만, 많은 섬들, 곧 이방 나라들이 하나님을 앙망하며 그의 능력의 팔을 의지할 것이다. 복음은 하나님의 의의 소식이다. 예수 그리스도께서는 십자가의 죽음과 삼일 만의 부활로 하나님의 의를 이루셨다. 로마서 10:2-4, "내가 증거하노니 저희가 하나님께 열심이 있으나 지식을 좇은 것이 아니라. 하나님의 의를 모르고 자기 의를 세우려고 힘써 하나님의 의를 복종치 아니하였느니라. 그리스도는 모든 믿는 자에게 의를 이루기 위하여 율법의 마침이 되시니라." 로마서 3:21-22, "이제는 율법 외에 하나님의 한 의가 나타났으니 율법과 선지자들에게 증거를 받은 것이라. 곧 예수 그리스도를 믿음으로 말미암아 모든 믿는 자에게 미치는 하나님의 의니 차별이 없느니라." 이방 나라들에서 하나님의 은혜를 받은 우리는 예수 그리스도를 믿음으로 죄사함과 의롭다 하심을 얻었다.

[6-8절] 너희는 하늘로 눈을 들며 그 아래의 땅을 살피라. 하늘이 연기같이 사라지고 땅이 옷같이 해어지며 거기 거한 자들이 하루살이같이[이와 같이](KJV, NASB) 죽으려니와 나의 구원은 영원히 있고 나의 의는 폐하여지지 아니하리라. 의를 아는 자들아, 마음에 내 율법이 있는 백성들아, 너희는 나를 듣고 사람의 훼방[비난]을 두려워 말라. 사람의 비방에 놀라지 말라. 그들은 옷같이 좀에게 먹힐 것이며 그들은 양털같이 벌레에게 먹힐 것이로

이사야 51장: 하나님의 의와 구원

되 나의 의는 영원히 있겠고 나의 구원은 세세에 미치리라.

사람의 죄로 인해 저주받은 현재의 하늘과 현재의 땅은 다 쇠해질 것이다. 죄는 인류의 죽음과 세상의 멸망을 가져왔다. 그러나 하나님의 의는 영원한 구원이 될 것이다. 그것은 결코 폐하여지지 않을 것이다. 사도 베드로도 증거하기를, 마지막 심판의 날에 하늘이 큰 소리로 떠나가고 땅의 원소들이 뜨거운 불에 풀어질 것이나, 우리는 하나님의 약속대로 의의 거하는 바 새 하늘과 새 땅을 볼 것이라고 말하였다. 베드로후서 3:10, 13, "그러나 주의 날이 도적같이 오리니 그 날에는 하늘이 큰 소리로 떠나가고 원소들이 뜨거운 불에 풀어지고 땅과 그 중에 있는 모든 것이 불타버리리라(전통사본)," "우리는 그의 약속대로 의의 거하는 바 새 하늘과 새 땅을 바라보도다."

하나님께서는 본문 7절에서 자기 백성을 '의를 아는 자들,' '마음에 내 율법이 있는 백성들'이라고 부르신다. 회복된 이스라엘 백성은 이제 하나님의 율법을 마음에 두고 순종하는 의로운 자들이 될 것이다. 그들은 비록 세상에서 사람들의 비난을 받을 것이지만, 그것을 두려워 말고 놀라지 말아야 한다. 하나님의 의와 구원은 결코 실패하지 않고 영원할 것이다. 하나님의 구원은 완전한 구원이다.

[9-11절] 여호와의 팔이여, 깨소서. 깨소서. 능력을 베푸소서. 옛날 옛 시대에 깨신 것같이 하소서. 라합[바다 괴물]을 저미시고[자르시고] 용을 찌르신 이가 어찌 주가 아니시며 바다를, 넓고 깊은 물을 말리시고 바다 깊은 곳에 길을 내어 구속(救贖) 얻은 자들로 건너게 하신 이가 어찌 주가 아니시니이까? 여호와께 구속(救贖)된 자들이 돌아와서 노래하며 시온으로 들어와서 그 머리 위에 영영한 기쁨을 쓰고 즐거움과 기쁨을 얻으리니 슬픔과 탄식이 달아나리이다.

하나님의 능력의 팔은 옛날에 모세 시대에 바다 괴물이나 용 같은 애굽과 애굽 왕 바로를 심판하시고 멸망시키셨다. 또 하나님께서는 그 능력으로 바다 깊은 곳, 넓고 깊은 물, 곧 홍해를 말리시고 그들을

이사야 51장: 하나님의 의와 구원

구원하셨다. 이사야는 그 큰 능력의 하나님을 깨우며 이제 하나님께서 그 능력을 이스라엘의 회복을 위해 다시 나타내시기를 간구한다.

하나님의 구원은 기쁨과 즐거움이 넘치는 구원이다(11절). 신약성경은 그 사실을 밝히 증거한다. 바울은 그의 서신들에서 기쁨은 천국의 한 요소이며 구원 얻은 성도들의 복된 삶의 한 요소임을 증거하였다. 로마서 5:2-3, "또한 그로 말미암아 우리가 믿음으로 서 있는 이 은혜에 들어감을 얻었으며 하나님의 영광을 바라고 즐거워하느니라. 다만 이뿐 아니라 우리가 환난 중에도 즐거워하나니." 로마서 14:17, "하나님의 나라는 먹는 것과 마시는 것이 아니요 오직 성령 안에서 의와 평강[평안]과 희락[기쁨]이라." 갈라디아서 5:22, "성령의 열매는 사랑과 희락과 화평과 오래 참음과 자비와 양선과 충성과." 빌립보서 4:4, "주 안에서 항상 기뻐하라. 내가 다시 말하노니 기뻐하라."

본문의 교훈을 정리해보자. <u>첫째로, 하나님께서는 그의 의와 능력으로 이스라엘 백성을 회복시키실 것이다.</u> 오늘날 우리의 구원도 하나님의 의와 능력으로 말미암는다. 예수 그리스도께서는 대속 사역을 이루심으로 우리의 의가 되셨다(롬 10:4; 고전 1:30). 그러므로 우리는 오직 구주 하나님만 의지하고 주 예수 그리스도의 의만 의지해야 한다.

<u>둘째로, 이스라엘 백성은 죄를 멀리하고 율법에 순종하고 경건하고 거룩하고 의롭게 살아야 한다.</u> 그것이 구원이다. 예수 그리스도를 믿음으로 구원 얻은 성도도 죄를 멀리하고 율법에 순종하고 경건하고 거룩하고 의롭게 살아야 한다. 로마서 6:13, "너희 지체를 의의 병기[도구]로 하나님께 드리라." 구원 얻은 성도들은 거룩하고 의롭게 살아야 한다.

<u>셋째로, 하나님께서 주신 구원은 기쁨의 구원이다.</u> 성도들은 기쁘게 살아야 한다. 우리는 죄사함과 의롭다 하심의 구원과 천국 때문에, 하나님의 함께하심과 성령의 도우심 때문에 항상 기뻐해야 한다. 항상 기뻐하는 삶은 그리스도 예수 안에서의 하나님의 뜻이다(살전 5:16-18).

이사야 51장: 하나님의 의와 구원

12-23절, 하나님께서 분노를 거두실 것

〔12-13절〕 가라사대 **너희를 위로하는 자는 나여늘 나여늘 너는 어떠한 자이기에 죽을 사람을 두려워하며 풀같이 될 인자(人子)를 두려워하느냐? 하늘을 펴고 땅의 기초를 정하고 너를 지은 자 여호와를 어찌하여 잊어버렸느냐? 너를 멸하려고 예비하는 저 학대자의 분노를 어찌하여 항상 종일 두려워하느냐? 학대자의 분노가 어디 있느냐?**

죄의 징벌로 바벨론 나라에서 포로 생활을 하면서 슬픔과 곤고함이 가득하였던 이스라엘 백성을 구원하고 회복시키고 위로할 자는 하나님뿐이시다. 그는 하늘을 펴시고 땅의 기초를 정하신 천지만물의 창조자시요 인생을 지으신 자이시며 여호와 곧 영원자존자이시다. 그러나 이스라엘 백성은 하나님을 잊어버리고 죽을 사람을 두려워하며 풀같이 될 인생을 두려워하고 있었다. 그들은 자기들을 멸하려고 준비하는 저 학대자, 즉 바벨론 왕들의 분노를 항상 종일 두려워하고 있었다. 그러나 모든 사람은 죽을 존재이며 풀같이 시들어버릴 존재이다. 이스라엘 백성을 학대하는 자들은 하나님께서 치시면 죽고 말 것이다. 그러나 하나님께서는 죽지 않으시고 쇠잔하지 않으신다. 그는 영원하신 하나님, 곧 영생하시는 하나님이시다.

〔14-16절〕 **결박된 포로가 속히 놓일 것이니 죽지도 아니할 것이요 구덩이로 내려가지도 아니할 것이며**〔구덩이에서 죽지도 아니할 것이요〕(KJV, NASB) **그 양식이 핍절하지도 아니하리라. 나는 네 하나님 여호와라. 바다를 저어서 그 물결로 흉용케 하는 자니 내 이름은 만군의 여호와니라. 내가 내 말을 네 입에 두고 내 손 그늘로 너를 덮었나니 이는 내가 하늘을 펴며 땅의 기초를 정하며 시온에게 이르기를 너는 내 백성이라 하려 하였음이니라.**

이스라엘 백성이 그들을 학대하는 이방 나라를 두려워할 필요가 없는 까닭은, 결박된 포로가 속히 놓일 것이며 구덩이에서 죽지 않을 것이며 양식도 부족하지 않을 것이기 때문이다. 그것은 권능의 하나님께서 그들을 구원하시고 회복시키실 것이기 때문이다. '여호와' 곧

이사야 51장: 하나님의 의와 구원

영원자존자 하나님께서는 '만군의 여호와' 곧 하늘의 천군 천사들을 거느리시는 하나님이시다. 그가 이스라엘 백성을 구원하시고 회복시키실 것이다. 하나님께서 말씀하시는 "내 말"은 문맥적으로 이스라엘 나라의 회복의 말씀을 가리킨다고 본다. "하늘을 펴고 땅의 기초를 정한다"는 말씀은 하나님께서 새 하늘과 새 땅을 만드실 것을 가리킨 것 같다(Amplified Bible). 이스라엘 나라의 회복은 주권자이신 하나님께서 주도하시고 또 새 하늘과 새 땅을 만드시는 것으로 끝날 것이다. 이사야 65:17, "보라, 내가 새 하늘과 새 땅을 창조하나니 이전 것은 기억되거나 마음에 생각나지 아니할 것이라." 66:22, "나의 지을 새 하늘과 새 땅이 내 앞에 항상 있을 것같이 너희 자손과 너희 이름이 항상 있으리라." 요한계시록 21:1, 5, "또 내가 새 하늘과 새 땅을 보니 처음 하늘과 처음 땅이 없어졌고 바다도 다시 있지 않더라," "보좌에 앉으신 이가 가라사대 보라, 내가 만물을 새롭게 하노라 하시고 또 가라사대 이 말은 신실하고 참되니 기록하라 하시고."

〔17-20절〕여호와의 손에서 그 분노의 잔을 마신 예루살렘이여, 깰지어다, 깰지어다, 일어설지어다. 네가 이미 비틀걸음 치게 하는 큰 잔을 마셔 다하였도다. 네가 낳은 모든 아들 중에 너를 인도할 자가 없고 너의 양육한 모든 아들 중에 그 손으로 너를 이끌 자도 없도다. 이 두 가지 일이 네게 당하였으니 누가 너를 위하여 슬퍼하랴. 곧 황폐와 멸망이요 기근과 칼이라. 내가 어떻게 너를 위로하랴. 네 아들들이 곤비하여 그물에 걸린 영양(羚羊)같이 온 거리 모퉁이에 누웠으니 그들에게 여호와의 분노와 네 하나님의 견책이 가득하였도다.

예루살렘 성은 여호와의 손에서 그 분노의 잔을 마셨다. 그것은 그들을 비틀걸음 치게 만든 큰 잔이었다. 그들은 그 잔을 다 마셨다. 그것은 그들의 많은 죄 때문에 내리신 하나님의 징벌이었다. 이스라엘 백성은 심히 쇠잔해져서 그때에 그들의 자녀들 가운데서 나서서 이스라엘 나라를 인도할 자가 아무도 없었다. 이사야는 이스라엘 백성

이사야 51장: 하나님의 의와 구원

에게 닥친 재앙을 두 마디로 요약한다. 하나는 황폐와 멸망이며, 다른 하나는 기근과 칼이다. 이스라엘 나라의 모든 도시들은 파괴되었고 황폐하여졌다. 또 거기에 살던 거민들은 전쟁과 굶주림에 죽어갔다. 그들의 남은 아들들은 피곤에 지쳐 그물에 걸린 영양(羚羊)같이 모든 거리 모퉁이에 누워 있다. 그들에게 여호와의 분노와 하나님의 견책이 가득하였다. 그러나 이런 예루살렘 성을 향해 이사야는 "깰지어다, 깰지어다, 일어설지어다"라고 외친다. 그는 예루살렘 성과 그 거민들의 회복을 말한다. 그는 하나님의 구원과 회복케 하심을 증거한다.

[21-23절] 그러므로 너 곤고하며 포도주가 아니라도 취한 자여, 이 말을 들으라. 네 주 여호와, 그 백성을 신원(伸寃)하시는(야리브 יָרִיב)[위해 싸우시는, 변호하시는] 네 하나님이 이같이 말씀하시되 보라, 내가 비틀걸음 치게 하는 잔 곧 나의 분노의 큰 잔을 네 손에서 거두어서 너로 다시는 마시지 않게 하고 그 잔을 너를 곤고케 하던 자들의 손에 두리라. 그들은 **일찌기**[일찍이] 네게 이르기를 엎드리라. 우리가 넘어가리라 하던 자들이라. 너를 넘어가려는 그들의 앞에 네가 네 허리를 펴서 땅 같게, 거리 같게 하였느니라 하시니라.

이사야는 하나님께서 그의 분노의 큰 잔을 거두시고 그 잔을, 그들을 곤고케 하던 자들, 그들을 엎드리게 하고 밟고 지나갔던 자들에게 줄 것이라고 말한다. 이스라엘 백성을 짓밟았던 원수들은 하나님의 징벌을 받을 것이다. 하나님의 징벌에 이스라엘 나라의 회복의 열쇠가 있고 거기에 온 세상의 문제의 해결의 열쇠가 있다. 하나님께서는 온 세상의 심판자이시며 구원자이시다. 하나님께서 세상에서 악인들을 다 제거하실 때 의와 평화의 새 세계가 이루어질 것이다.

본문의 교훈을 정리해보자. 첫째로, 이스라엘 백성의 고난은 하나님의 분노의 잔, 곧 그들의 죄로 인한 하나님의 징벌이었다(17, 20, 22절). 이스라엘 백성은 이방인들에게 학대를 당했고(13절), 결박을 당했으며 양식의 궁핍을 경험했다(14절). 그들에게는 인도자가 없었고(18절) 성들

이사야 51장: 하나님의 의와 구원

이 황폐했고 거민들이 기근과 칼로 죽어갔다(19절). 그들은 지금 곤비해 있다(20절). 이것은 다 그들의 죄악 때문이었다. 예레미야 애가서가 증거한 대로, 예루살렘의 멸망과 황폐는 그 성의 거민들의 죄가 많았기 때문이었다(애 1:5, 8, 20; 4:6, 13; 5:16). 그러므로 모든 사람은, 그리고 특히 하나님의 백성된 자들은 하나님의 공의의 징벌을 두려워하고 죄를 멀리해야 한다. 우리는 사람의 죄가 자신의 불행을 가져옴을 알아야 한다.

<u>둘째로, 우리는 학대자를 두려워하지 말아야 한다</u>. 왜냐하면 그는 죽을 인생이며 풀같이 시들 인생이기 때문이다. 12-13절, "너는 어떠한 자이기에 죽을 사람을 두려워하며 풀같이 될 인자를 두려워하느냐?" "너를 멸하려고 예비하는 저 학대자의 분노를 어찌하여 항상 종일 두려워하느냐?" 우리는 지금 성도를 핍박하는 자를 두려워하지 말고 또 우리에게 닥친 어려운 현실도 겁내지 말고 섭리자 하나님만 바라야 한다. 하나님께서는 성도를 학대하는 자에게 공의의 징벌을 내리실 것이다.

<u>셋째로, 우리는 구원이 오직 하나님께 있음을 알고 하나님만 바라고 의지하고 순종해야 한다</u>. 이스라엘을 위로하실 자는 하나님뿐이시다(12절). 그는 영원자존하신 여호와 하나님이시며(13, 15, 22절) 천지를 창조하셨고 사람을 창조하신 자이시며(13절) 결박된 포로를 해방시키는 자이시다(14절). 그는 바다를 흉용케 하시는 자이시며(15절) 새 하늘과 새 땅을 만드시는 자이시며(16절; 사 65:17) 이스라엘을 자기 백성으로 택하신 자이시며(16절) 이스라엘에게서 분노의 잔을 거두실 자이시며(22절) 또 그 잔을 그들의 원수에게 주실 자이시다(23절). 구원은 오직 하나님께 있다. 그가 이스라엘을 구원하실 것이며 그가 하나님의 택하시고 구속(救贖)하신 모든 자들을 세상에서 다 구원해내실 것이다. 이사야 45:22에서 하나님께서는, "땅 끝의 모든 백성아, 나를 앙망하라. 그리하면 구원을 얻으리라. 나는 하나님이라. 다른 이가 없음이니라"고 말씀하셨다. 우리는 천지만물을 창조하시고 홀로 섭리하시는 여호와 하나님을 경외하고 그 하나님만 바라고 의지하고 오직 그의 모든 계명들에 순종해야 한다.

이사야 52장: 구원의 좋은 소식

52장: 구원의 좋은 소식

1-12절, 구원의 좋은 소식

〔1-2절〕시온이여, 깰지어다, 깰지어다, 네 힘을 입을지어다. 거룩한 성 예루살렘이여, 네 아름다운 옷을 입을지어다. 이제부터 할례 받지 않은 자와 부정(不淨)한 자가 다시는 네게로 들어옴이 없을 것임이니라. 너는 티끌을 떨어버릴지어다. 예루살렘이여, 일어나 보좌에 앉을지어다. 사로잡힌 딸 시온이여, 네 목의 줄을 스스로 풀지어다.

잠드는 것은 징벌의 고통 속에 낙심하고 절망한 상태를 가리키고, 깨는 것은 거기에서 벗어나는 것을 가리킨다고 본다. 시온 성은 이제 그 낙심과 절망에서 벗어나야 한다. 이사야는 또 그 성이 힘을 얻으라고 말한다. 또 지금은 비천해지고 누추해진 그 성이지만, 이사야는 예루살렘 성이 거룩함과 아름다움으로 회복될 것을 바라보며 말한다. 새 예루살렘 성에 다시는 할례 받지 않은 자와 부정한 자가 들어옴이 없을 것이다. 불경건하고 부도덕한 이방인들이 그 성을 짓밟지 못할 것이다. 예루살렘 성은 이제 티끌을 떨어버리고 일어나 보좌에 앉을 것이다. 포로 생활을 하던 시온 백성의 목에서 속박의 줄이 풀어질 것이다. 그들은 오랫동안의 바벨론 포로 생활에서 놓여날 것이다.

〔3-6절〕여호와께서 이같이 말씀하시되 너희가 값없이 팔렸으니 돈 없이 속량되리라. 주 여호와께서 이같이 말씀하시되 내 백성이 이왕에 애굽에 내려가서 거기 우거하였었고 앗수르인은 공연히 (베에페스 בְּאֶפֶס)[까닭 없이](BDB, KJV, NASB) 그들을 압박하였도다. 여호와께서 말씀하시되 내 백성이 까닭 없이 (킨남 חִנָּם) 잡혀갔으니 내가 여기서 어떻게 할꼬? 여호와께서 말씀하시되 그들을 관할하는 자들이 떠들며 내 이름을 항상 종일 더럽히도다. 그러므로 내 백성은 내 이름을 알리라. 그러므로 그 날에는 그들이 이 말을 하는 자가 나인 줄 알리라. 곧 내니라.

이스라엘 백성은 하나님 앞에서 죄를 지었음으로 징벌을 받지만,

이사야 52장: 구원의 좋은 소식

애굽 사람들 앞에서나 더욱이 앗수르 사람들 앞에서 학대당할 이유가 있는 것은 아니었다. 그들이 이방인들에게 무슨 잘못을 한 것은 없었다. 이방인들은 까닭 없이 그들을 압박하였고 학대하였다. 그들은 떠들며 하나님의 이름을 항상 종일 더럽혔다. 그러므로 하나님께서는 자기 백성을 그들에게서 구원하실 것이다. 그는 그들이 값없이 팔렸으니 돈 없이 속량되리라고 말씀하신다. 또 그는 그 날에 그들이 이 말 하는 자가 하나님인 줄 알리라고 말씀하신다. 하나님께서는 친히 그들을 구원하실 것이며 자신을 알리실 것이다.

〔7절〕 좋은 소식을 가져오며 평화를 공포하며 복된 좋은 소식을 가져오며 구원을 공포하며 시온을 향하여 이르기를 네 하나님이 통치하신다 하는 자의 산을 넘는 발이 어찌 그리 아름다운고.

구원의 복된 좋은 소식을 전하는 자의 발은 아름답다. 그들이 전하는 소식은 평안의 소식이며 하나님의 통치하심이 나타나며 이루어지는 일에 관한 것이다. 오늘날도 전도자들의 발은 아름답다. 왜냐하면 그들의 전하는 말로 인해 구원 얻는 일이 일어나기 때문이다.

〔8-9절〕 들을지어다, 너의 파숫군[파수꾼]들의 소리로다. 그들이 소리를 높여 일제히 노래하니 이는 여호와께서 시온으로 돌아오실 때에 그들의 눈이 마주 봄이로다. 너 예루살렘의 황폐한 곳들아, 기쁜 소리를 발하여 함께 노래할지어다. 이는 여호와께서 그 백성을 위로하셨고 예루살렘을 구속(救贖)하셨음이라.

황폐했던 예루살렘 거민들은 소리 높여 기쁨의 노래를 부를 것이다. 왜냐하면 그들이 구주 하나님을 볼 것이며, 하나님의 구원과 위로를 받을 것이기 때문이다. 오늘날 구주 예수 그리스도의 구원의 은혜를 받은 자마다 하나님의 은혜를 감사하며 기뻐 찬송할 것이다.

〔10절〕 여호와께서 열방의 목전에서 그 거룩한 팔을 나타내셨으므로 모든 땅끝까지도 우리 하나님의 구원을 보았도다[보리로다](KJV, NASB, NIV).

이스라엘 백성의 구원과 회복은 하나님께서 이방 사람들의 눈앞에

이사야 52장: 구원의 좋은 소식

서 친히 그의 거룩한 능력의 팔로 이루시는 일이며 모든 세상 사람들이 다 볼 수 있는 일일 것이다. 이 일이 성취되었다. 예수 그리스도로 말미암는 하나님의 구원은 온 세상에 전파되었다. 우리를 포함하여 수많은 이방인들이 예수 그리스도를 믿고 구원을 얻었다. 또 아직도 구원 얻지 못한 택자들은 하나님께서 정하신 때에 정하신 방법으로 구주 예수 그리스도의 복음을 듣고 믿어 구원을 얻을 것이다.

〔11-12절〕 너희는 떠날지어다, 떠날지어다. 거기서 나오고 부정(不淨)한 것을 만지지 말지어다. 그 가운데서 나올지어다. 여호와의 기구를 메는 자여, 스스로 정결케 할지어다. 여호와께서 너희 앞에 행하시며 이스라엘의 하나님이 너희 뒤에 호위하시리니 너희가 황급히 나오지 아니하며 도망하여 행하지 아니하리라.

이스라엘 백성은 바벨론 나라에서의 그 포로 생활에서 벗어날 것이다. 그들은 그 우상숭배적이고 부도덕한 이방 세계의 환경을 떠날 것이다. 그 곳은 영적으로 심히 어두운 곳이며 죄와 마귀와 사망의 권세 아래 있는 곳이다. 이제 그들은 자신을 깨끗케 해야 한다. 그들은 그 깨끗지 못한 환경을 떠나야 하고 더러운 것들을 만지지 말아야 한다. 특히 제사장들과 레위인들은 솔선해서 그렇게 해야 한다.

12절은 특히 "여호와께서 너희 앞에 행하시며 이스라엘의 하나님이 너희 뒤에 호위하시리라"고 말한다. 이스라엘 백성의 바벨론 나라로부터의 포로 귀환은 하나님께서 친히 행하시는 일이며 하나님께서는 그 일을 안전하게 이루실 것이다. 하나님께서는 바벨론 나라에서 돌아오는 이스라엘 백성 앞에 행하실 것이며 또 그들 뒤에서 그들을 지키시고 호위하실 것이다. 이제 그들을 해치고 흐트러뜨릴 자들은 이 세상에 아무도 없을 것이다. 하나님께서는 구원 얻는 자기 백성을 지키시고 보호하시고 고국으로 인도하실 것이다.

본문의 교훈을 정리해보자. 첫째로, 이스라엘 백성들은 하나님께서

이사야 52장: 구원의 좋은 소식

그들의 회복에 대한 말씀을 하시고 그 말씀을 이루시는 줄을 알 것이다 (6절). 구원은 인류에 대한 하나님의 통치하심의 결과이다(7절). 하나님께서는 자기 백성을 위로하셨고 구속(救贖)하셨다(9절). 여호와께서는 열방의 목전에서 그 거룩한 팔을 나타내셨다(10절). 우리의 구원은 하나님께서 주권적으로 행하신 것이다. 구원은 사람의 누더기 옷 같은 선행에서 나온 것이 아니고 오직 전적으로 하나님의 은혜이다. 디모데후서 1:9는, "하나님께서 우리를 구원하사 거룩하신 부르심으로 부르심은 우리의 행위대로 하심이 아니요 오직 자기의 뜻과 영원한 때 전부터 그리스도 예수 안에서 우리에게 주신 은혜대로 하심이라"고 말하였다.

둘째로, 하나님의 구원의 복된 소식은 이스라엘 나라에 국한되지 않고 온 세계에 전파되도록 의도되었다. 7절, "좋은 소식을 가져오며 평화를 공포하며 복된 좋은 소식을 가져오며 구원을 공포하며 시온을 향하여 이르기를 네 하나님이 통치하신다 하는 자의 산을 넘는 발이 어찌 그리 아름다운고." 10절, "여호와께서 열방의 목전에서 그 거룩한 팔을 나타내셨으므로 모든 땅끝까지도 우리 하나님의 구원을 보리로다." 그러므로 주 예수께서는 "너희는 가서 모든 족속으로 제자를 삼아 아버지와 아들과 성령의 이름으로 세례를 주라"(마 28:19-20), "너희는 온 천하에 다니며 만민에게 복음을 전파하라"(막 16:15)고 명하셨다. 세계복음화는 교회의 사명이다. 우리는 하나님의 구원을 만방에 전파해야 한다.

셋째로, 예루살렘 거민들은 하나님의 구원을 기뻐하며 노래해야 한다. 9절, "너 예루살렘의 황폐한 곳들아, 기쁜 소리를 발하여 함께 노래할지어다. 이는 여호와께서 그 백성을 위로하셨고 예루살렘을 구속(救贖)하셨음이라." 우리는 구주 예수 그리스도로 말미암은 구원을 항상 기뻐하며 찬송해야 한다. 사도 바울은 "너희의 마음으로 주께 노래하며 찬송하라"(엡 5:19), "주 안에서 항상 기뻐하라. 내가 다시 말하노니 기뻐하라"(빌 4:4)고 교훈하였고, 또 히브리서 13:15는, "우리가 예수로 말미암아 항상 찬미의 제사를 하나님께 드리자"라고 교훈하였다.

이사야 52장: 구원의 좋은 소식

52:13-53:4, 메시아의 고난

이사야 52:13부터 이사야 53장까지는 메시아의 고난에 대해 놀라운 예언을 한다. 특히 53장은 고난 당하실 한 인물에 대해 '그는'(2절), '그는' '그를'(3절), '그는' '그는'(4절), '그가'(4번)(5절), '그에게'(6절) 등으로 말한다. 그는 많은 사람의 죄를 대속(代贖)하실 메시아이심이 분명하다. 그것은 구주 예수 그리스도에게서 놀랍게 성취되었다.

〔13절〕여호와께서 가라사대 **보라, 내 종이 형통하리니**[지혜롭게 행하리니, 형통하리니]23) **받들어 높이 들려서 지극히 존귀하게 되리라.**

하나님께서는 그의 종 메시아의 지혜롭게 행하심 혹은 형통하심과 존귀케 되심을 선포하신다. 여호와의 종이신 메시아께서는 하나님의 뜻을 지혜롭게 또 형통하게 다 이루시고 존귀하게 되실 것이다.

〔14-15절〕이왕에는 그 얼굴이 타인보다 **상하였고 그 모양이 인생보다** 상하였으므로 **무리가 그를 보고 놀랐거니와** 후에는 **그가 열방을 놀랠**[열방에 뿌릴] 것이며 **열왕은 그를 인하여 입을 봉하리니 이는 그들이 아직 전파되지 않은 것을 볼 것이요 아직 듣지 못한 것을 깨달을 것임이라 하시니라.**

메시아께서는 그 얼굴이 다른 사람보다 상하시고 그 모양이 다른 사람보다 상하실 것이다. 하나님께서는 메시아의 고난을 말씀하신다. 메시아께서 세상에 오셔서 이루실 일은 고난을 통해 이루실 일이다. 메시아의 지혜롭게 행하심과 형통하심은 그 고난의 일을 완성하시는 것을 말한다. 모든 사람은 메시아의 고난을 보고 놀랄 것이다.

그러나 후에는 메시아께서 그의 피, 곧 속죄의 피와 속죄의 복음을 열방에 뿌릴 것이다. '열방을 놀랜다'는 원어(얏제 고임 גוים יַזֶּה)는 '열방에 뿌린다'는 뜻이다(KJV, NASB, NIV). 무엇을 뿌린다는 뜻인

---

23) '형통하다'는 원어(사칼 שָׂכַל)는 '지혜롭게 행하다'라는 뜻도 있고 그렇게 번역되기도 하였으나(KJV, NIV), '형통하다'라는 뜻도 있고 그런 뜻으로 쓰인 성경의 많은 예들이 있고(신 29:8; 수 1:7, 8; 왕상 2:3 등) 본문도 그렇게 번역하는 것(NASB)이 문맥상 더 낫지 않은가 생각된다.

가? 그것은 다음 장(이사야 53장)에 나오는 내용에 비추어보면, 그의 피, 곧 속죄의 피를 뿌리는 것이며, 그것은 또한 속죄의 복음을 만방에 뿌리는 것 즉 그 복음을 만방에 전파하는 것이기도 하다고 본다. 열왕들은 그를 인해 입을 닫을 것이다. 그것은 그들이 아직 전파되지 않은 것을 볼 것이며 아직 듣지 못한 것을 깨달을 것이기 때문이다.

53장: 메시아의 고난과 대속 사역

〔1절〕 우리의 전한 것을 누가 믿었느뇨? 여호와의 팔이 뉘게 나타났느뇨?

메시아의 속죄의 죽음과 그 속죄사역은 모든 성도와 전도자들이 전하는 내용이며 전해야 하는 내용이다. 메시아의 속죄사역은 복음의 중심내용이다. 사도 바울은, "유대인은 표적을 구하고 헬라인은 지혜를 찾으나 우리는 십자가에 못박힌 그리스도를 전하니 유대인에게는 거리끼는 것이요 이방인에게는 미련한 것이로되 오직 부르심을 입은 자들에게는 유대인이나 헬라인이나 그리스도는 하나님의 능력이요 하나님의 지혜니라"고 말했고(고전 1:22-24), 또 "내가 받은 것을 먼저 너희에게 전하였노니 이는 성경대로 그리스도께서 우리 죄를 위하여 죽으셨도다"라고 말했다(고전 15:3).

〔2절〕 그는 주 앞에서 자라나기를 연한 순 같고 마른 땅에서 나온 줄기 같아서 고운 모양도 없고 풍채도 없은즉 우리의 보기에 흠모할 만한 아름다운 것이 없도다.

이사야는 메시아의 외모를 예언하며 우리로 예수 그리스도의 외모를 조금 상상케 만든다. 메시아의 모습은 연한 순 같고 마른 땅에서 나온 줄기 같으시며 고운 모양도 풍채도 없으시고 외모로 사람들의 보기에 흠모할 만한 아름다운 것이 없으시다고 묘사되었다.

이사야 53장: 메시야의 고난과 대속사역

〔3절〕 그는 멸시를 받아서 사람에게 싫어 버린 바 되었으며 간고(艱苦)를 많이 겪었으며 질고(疾苦)를 아는 자라. 마치 사람들에게 얼굴을 가리우고 보지 않음을 받는 자 같아서 멸시를 당하였고 우리도 그를 귀히 여기지 아니하였도다.

메시아께서는 사람들에게 멸시를 당하시고 버림을 받으시며 많은 고난과 고통을 당하실 것이다. '간고를 많이 겪었다'는 원어(이쉬 마크오보스 אִישׁ מַכְאֹבוֹת)는 '고난의 사람'(a man of sorrows)(KJV, NASB, NIV)이라는 뜻이다. 또 '질고'라는 원어(콜리 חֳלִי)는 '병' 혹은 '병으로 인한 고통'이라는 뜻이다. 사람들은 그를 귀히 여기지 않았다.

〔4절〕 그는 실로 우리의 질고[병과 고통]를 지고 우리의 슬픔[간고, 고난]을 당하였거늘 우리는 생각하기를 그는 징벌을 받아서 하나님에게 맞으며 고난을 당한다 하였노라.

이사야 선지자는 메시아의 고난이 우리를 위한 고난, 곧 대속(代贖)의 고난임을 증거한다. 메시아께서는 자신의 잘못 때문에 고난을 당하시는 것이 아니었다.

본문의 교훈을 정리해보자. 첫째로, 메시아께서는 사람들의 보기에 아름답지 않으셨다고 보인다. 2절, "그는 주 앞에서 자라나기를 연한 순 같고 마른 땅에서 나온 줄기 같아서 고운 모양도 없고 풍채도 없은즉 우리의 보기에 흠모할 만한 아름다운 것이 없도다." 피부가 곱고 이목구비가 조화로운 자는 아름답다. 그러나 그가 마음이 곱고 사리분별력과 판단력이 있지 않다면 그 외적 아름다움의 가치는 그렇게 크지 않다. 우리는 사람의 외적인 조건, 즉 그의 외모, 학력, 재산, 사회적 신분 등으로 그의 가치를 판단치 말고 그의 경건성과 그의 도덕성과 인격성이 더 가치 있는 요소임을 알고 그것으로 그를 평가해야 한다.

둘째로, 메시아께서는 고난의 종이셨다. 구약시대에 짐승의 피 흘리는 제사는 메시아의 고난과 죽음을 예표했다. 그의 모친 마리아는 마구간에서 그를 낳았고 그를 포대기에 싸서 구유에 뉘웠다(눅 2:6-7). 헤롯

이사야 53장: 메시야의 고난과 대속사역

은 그 아기를 찾아 죽이려 하였고 그래서 요셉은 아기와 그의 모친을 데리고 애굽으로 피신했다(마 2:13-15). 예수께서는 어릴 때부터 고난을 당하셨다. 또 그는 삼십 세가 되어 전도사역을 시작하셨을 때, 제자들에게 "여우도 굴이 있고 공중의 새도 거처가 있으되 오직 인자는 머리 둘 곳이 없다고 말씀하셨고(마 8:20), 또 제자들에게 자신이 예루살렘에 올라가 장로들과 대제사장들과 서기관들에게 많은 고난을 받으시고 십자가에 못박혀 죽으실 것을 예언하셨다(마 20:18-19). 복음서들이 증거하는 대로, 열두 제자 중 하나인 가룟 유다는 주님을 배신했고 그가 잡히시던 밤 다른 제자들은 다 도망쳤다. 그는 유대의 종교지도자들이 파송한 자들에게 잡히셔서 공회 앞에서 침뱉음과 주먹과 손바닥으로 침을 받으셨고 모욕과 희롱을 당하셨고 로마 총독 빌라도의 법정에서 불의한 재판을 받으시고 정죄를 당하셨고 가시면류관을 쓰셨고 또 채찍질을 당하셨고 십자가 사형장에서 겉옷과 속옷의 벗김을 당하셨고 마침내 십자가에 못박히셨다. 우리는 십자가에 못박힌 그리스도(고전 1:23), 죽임을 당하신 어린양(계 5:12) 예수님을 믿고 구원을 얻었다.

셋째로, 우리는 메시아의 고난의 길을 본받아야 한다. 주께서는 친히 우리를 위해 고난을 당하셨고 또 "아무든지 나를 따라오려거든 자기를 부인하고 날마다 제 십자가를 지고 나를 좇을 것이니라"고 교훈하셨다(눅 9:23). 사도 바울은 "우리가 하나님 나라에 들어가려면 많은 환난을 겪어야 할 것이라"고 말했고(행 14:22), 또 "그리스도를 위하여 너희에게 은혜를 주신 것은 다만 그를 믿을 뿐 아니라 또한 그를 위하여 고난도 받게 하심이라"고 하였다(빌 1:29). 히브리서 13:13은, 우리가 그 능욕을 지고 영문 밖으로 그에게 나아가자고 말했고, 베드로전서 4:12-13은, 우리에게 닥치는 불시험을 이상한 일 당하는 것같이 이상히 여기지 말고 그리스도의 고난에 참여하는 것으로 즐거워하라고 교훈하였다. 우리는 신앙의 길에 있는 여러 가지 시험과 고난, 심지어 비방과 학대를 두려워 말고 십자가에 죽으신 우리 주 예수 그리스도의 길을 따라가자.

이사야 53장: 메시야의 고난과 대속사역

5-9절, 메시아의 고난의 이유

[5-6절] 그가 찔림은 우리의 허물을 인함이요 그가 상함은 우리의 죄악을 인함이라. 그가 징계를 받음으로 우리가 평화를 누리고 그가 채찍에 맞음으로 우리가 나음을 입었도다. 우리는 다 양 같아서 그릇 행하여 각기 제 길로 갔거늘 여호와께서는 우리 무리의 죄악을 그에게 담당시키셨도다.

메시아께서는 우리의 허물과 죄악 때문에 찔림을 당하시고 상함을 받으실 것이다. 그는 우리의 죄의 형벌을 담당하실 것이다. 그의 속죄의 고난 때문에 우리는 죄사함과 평안을 얻을 것이다. 우리는 다 길 잃은 양같이 우리 자신의 뜻대로 그릇된 길로 갔었으나 하나님께서는 우리 모두의 죄악을 그에게 담당시키실 것이다. 이와 같이, 본문은 메시아의 중요한 사역이 속죄사역일 것을 증거했다. 예수 그리스도께서 이 세상에 오셔서 하신 가장 중요한 일은 바로 이 일이셨다.

[7절] 그가 곤욕을 당하여 괴로울 때에도[괴롭힘을 받고 고난을 당하였으나](KJV, NASB, NIV) 그 입을 열지 아니하였음이여, 마치 도수장(屠獸場) [도살장]으로 끌려가는 어린양과 털 깎는 자 앞에 잠잠한 양(라켈 רָחֵל)[암양]같이 그 입을 열지 아니하였도다.

메시아께서는 괴롭힘과 고난을 당하실 것이나 마치 도살장에 끌려가는 어린양과 털 깎는 자 앞에 잠잠한 암양같이 그 입을 열지 않으실 것이다. 이 예언은 예수 그리스도에게서 잘 이루어졌다. 예수 그리스도께서는 대제사장들과 서기관들과 장로들의 모임인 공회 앞에서 거짓 증인들의 거짓 증거들을 들으셨으나 잠잠하셨다. 그가 잠잠하시자 대제사장은 일어서서 "내가 너로 살아계신 하나님께 맹세하게 하노니 네가 하나님의 아들 그리스도인지 우리에게 말하라"고 말하였고(마 26:63) 그는 "네가 말하였느니라"고 분명하게 대답하셨다.

[8절] 그가 곤욕[고통]과 심문을 당하고 끌려갔으니[처단되셨으니](NASB) 그 세대 중에 누가 생각하기를 그가 산 자의 땅에서 끊어짐은 마땅히 형벌 받을 내 백성의 허물을 인함이라 하였으리요?

이사야 53장: 메시야의 고난과 대속사역

"그가 처단되셨다"는 말은 그가 죽임을 당하셨다는 뜻이다. 메시아께서는 고통과 심문을 받아 죽임을 당하시고 산 자의 땅에서 끊어지실 것이다. 그는 많은 고통을 당하시고 공적으로 정죄받으시고 죽으실 것이다. 이사야는 메시아의 죽음을 속죄의 죽음이라고 말한다. 그는 말하기를, "그 세대 중에 누가 생각하기를 그가 산 자의 땅에서 끊어짐은 마땅히 형벌 받을 내 백성의 허물을 인함이라 하였으리요"라고 한다. 메시아께서는 이스라엘 백성의 죄 때문에 또 온 세상에 흩어져 있는 하나님의 택한 백성들의 죄 때문에 대신 벌을 받으실 것이며 그들의 죄를 담당한 속죄제물로 죽으실 것이다. 메시아의 죽음은 하나님의 택한 백성들을 위한 대속(代贖)의 죽음일 것이다.

[9절] 그는 강포를 행치 아니하였고 그 입에 궤사가 없었으나 그 무덤이 악인과 함께 되었으며 그 묘실이 부자와 함께 되었도다.

메시아께서는 강포를 행치 않으시고 그의 입에는 거짓이 없으실 것이다. 그러나 그의 무덤은 악인과 함께 되고 그의 묘실은 부자와 함께 될 것이다. 이 예언도 예수 그리스도에게서 신기하게 이루어졌다. 예수 그리스도께서는 악인들과 같이 무덤에 묻히시되 부자 아리마대 요셉의 무덤에 묻히셨다. 마태복음 27:57, 59-60, "저물었을 때에 아리마대 부자 요셉이라 하는 사람이 왔으니 그도 예수의 제자라," "요셉이 시체를 가져다가 정한[깨끗한] 세마포로 싸서 바위 속에 판 자기 새 무덤에 넣어 두고 큰돌을 굴려 무덤 문에 놓고 가니."

본문의 교훈을 정리해보자. 첫째로, 우리는 메시아의 고난의 속죄적 의미를 알아야 한다. 5-6절, "그가 찔림은 우리의 허물을 인함이요 그가 상함은 우리의 죄악을 인함이라," "우리는 다 양 같아서 그릇 행하여 각기 제 길로 갔거늘 여호와께서는 우리 무리의 죄악을 그에게 담당시키셨도다." 8절, "그 세대 중에 누가 생각하기를 그가 산 자의 땅에서 끊어짐은 마땅히 형벌 받을 내 백성의 허물을 인함이라 하였으리요?" 신약

이사야 53장: 메시야의 고난과 대속사역

성경은 예수 그리스도의 고난과 죽음의 속죄적 의미를 밝히 증거한다. 세례 요한은 예수 그리스도에 대해 "보라, 세상 죄를 지고 가는 하나님의 어린양이로다"라고 말하였다(요 1:29). 예수께서는 "인자가 온 것은 섬김을 받으려 함이 아니라 도리어 섬기려 하고 자기 목숨을 많은 사람의 대속물로 주려 함이니라"고 말씀하셨다(마 20:28). 사도 베드로는 "[저는] 친히 나무에 달려 그 몸으로 우리 죄를 담당하셨다"라고 말했다(벧전 2:24-25). 사도 바울은 "그리스도께서 우리를 위하여 저주를 받은 바 되사 율법의 저주에서 우리를 속량하셨다"고 말했고(갈 3:13), 또 "그는 우리를 위하여 자신을 버리사 향기로운 제물과 생축으로 하나님께 드리셨다"고 했다(엡 5:2). 히브리서는 예수 그리스도께서 대제사장이시며 그의 죽음이 속죄의 죽음이었음을 밝히 증거하였다(히 9:11-12).

둘째로, 우리는 메시아의 속죄사역을 감사해야 한다. 메시아께서는 우리의 추하고 더러운 죄들 때문에 십자가에서 못박혀 죽으셨다. 그는 우리의 죄를 담당하셨다. 그의 고난과 죽음 때문에 우리는 죄사함과 의롭다 하심을 얻었다. 우리의 의는 예수 그리스도밖에 없고 그의 대속의 피밖에 없다. 죄인은 오직 그를 믿음으로 죄사함과 의롭다 하심을 얻는다. 그러므로 우리는 예수 그리스도의 속죄사역을 항상 감사해야 한다.

셋째로, 우리는 메시아의 속죄사역에 보답해야 한다. 우리는 우리를 위해 속죄의 죽음을 죽으시고 다시 사신 예수 그리스도의 은혜에 억만분지 일이라도 보답하는 마음으로 하나님을 사랑하고 그의 모든 명령에 순종하며 헌신하며 충성해야 한다. 고린도후서 5:14-15, "그리스도의 사랑이 우리를 강권하시는도다. 우리가 생각건대 한 사람이 모든 사람을 대신하여 죽었은즉 모든 사람이 죽은 것이라. 저가 모든 사람을 대신하여 죽으심은 산 자들로 하여금 다시는 저희 자신을 위하여 살지 않고 오직 저희를 대신하여 죽었다가 다시 사신 자를 위하여 살게 하려 함이니라." 로마서 14:8, "우리가 살아도 주를 위하여 살고 죽어도 주를 위하여 죽나니 그러므로 사나 죽으나 우리가 주의 것이로라."

이사야 53장: 메시야의 고난과 대속사역

10-12절, 메시아의 고난의 결과

〔10절〕 여호와께서 그로 상함을 받게 하시기를 원하사 질고를 당케 하셨은즉 [그가]24) 그 영혼을 속건제물로 드리기에 이르면 그가 그 씨를 보게 되며 그 날은 길 것이요 또 그의 손으로 여호와의 뜻을 성취하리로다.

메시아의 고난은 하나님의 기뻐하시는 바이었다. 어린양께서는 자기 영혼을 속건제물로 드리실 것이다. 속건제(아솸 אָשָׁם)는 속죄제(캇타스 חַטָּאת)와 비슷하나 죗값의 보상이라는 뜻이 강조된다고 보인다. 그가 자기 영혼을 속건제물로 드리기에 이르면 그가 그 씨를 보게 되며 그 날이 길 것이다. '그 씨를 본다'는 말은 구원 얻은 자녀들을 본다는 뜻이며, 그 날이 길 것이라는 말은 메시아 왕국이 오랫동안 지속될 것이라는 뜻이다. 그 나라는 영원할 것이다. 또 메시아께서는 여호와의 뜻을 성취하실 것이다. 하나님의 기쁘신 뜻은 하나님께서 만세 전에 택하신 자들을 구원하시는 일이다(요 6:39-40).

〔11절〕 가라사대 그가 자기 영혼의 수고한 것을 보고 만족히 여길 것이라. 나의 의로운 종이 자기 지식으로 많은 사람을 의롭게 하며 또 그들의 죄악을 친히 담당하리라.

메시아께서는 하나님의 의로운 종 곧 죄가 없으신 신적 구주이시기 때문에 많은 사람을 위한 대속제물이 될 수 있으셨다. 의로우신 메시아께서는 자기의 지식으로 많은 사람을 의롭게 하실 것이다. '자기의 지식으로'라는 원어(베다토 בְּדַעְתּוֹ)는 '[하나님의 뜻에 대한] 그의 지식으로'라는 뜻이든지, '[택자들의] 그에 대한 지식으로'라는 뜻일 것이다. '의롭게 한다'는 원어(야츠디이크 יַצְדִּיק)는 '의롭다고 여긴다'는 뜻이다. 메시아의 죽음은 많은 사람의 죄를 짊어지는 대속(代贖)의 죽음이다. 예수 그리스도의 죽음이 그러하였다.

---

24) 원문에 '그가 드릴 것이다'라는 동사(타심 תָּשִׂים)는 3인칭 여성이며 7절의 '잠잠한 양'[암양](라켈 רָחֵל)이 주어라고 본다.

이사야 53장: 메시야의 고난과 대속사역

예수 그리스도께서는 세상 죄, 정확히 말하면 세상에서 하나님의 택함을 입은 자들의 죄를 지고 가는 하나님의 어린양이셨다(요 1:29). 그가 세상에 오신 것은 섬김을 받으려 하심이 아니고 섬기려 하시고 자기 목숨을 많은 사람의 대속물로 주려 하심이었다(마 20:28). 주께서 마지막 유월절 식탁에서 나누신 포도즙 잔은 죄사함을 얻게 하려고 많은 사람을 위하여 흘리는 바 그의 피 곧 새 언약의 피를 상징했다(마 26:27-28). 사도 바울은 교회를 주 하나님께서 자기 피로 사신 교회라고 표현하였다(행 20:28). 사도 요한은 24장로들이 부르는 새 노래를 환상 중에 들었는데, 그 가사 중에 그리스도에 대해 "일찍 죽임을 당하사 각 족속과 방언과 백성과 나라 가운데서 사람들을 피로 사서 하나님께 드리셨다"는 내용이 나온다(계 5:9).

〔12절〕 이러므로 내가 그로 존귀한 자와 함께 분깃을 얻게 하며 강한 자와 함께 탈취한 것을 나누게 하리니 이는 그가 자기 영혼을 버려 사망에 이르게 하며 범죄자 중 하나로 헤아림을 입었음이라. 그러나 실상은 그가 많은 사람의 죄를 지며 범죄자를 위하여 기도하였느니라[기도하느니라, 중재하느니라]25) 하시니라.

메시아께서는 자기의 영혼을 버리시고 범죄자 중 하나처럼 죽으시고 많은 사람의 죄를 짊어지심으로써 많은 사람을 구원하실 것이며 그들 중에는 세상에서 존귀한 자들과 강한 자들도 있을 것이다. 또 메시아께서는 구원하신 자들을 위하여 중보사역을 하시며 그의 중보사역은 지금도 계속되신다. 로마서 8:34, "그는 하나님 우편에 계신 자요 우리를 위하여 간구하시는 자시니라." 히브리서의 두 구절은 이 진리를 밝히 증거한다. 히브리서 7:25, "이는 그가 항상 살아서 저희를 위하여 간구하심이니라." 히브리서 9:24, "그리스도께서는 참 것의 그림자인 손으로 만든 성소에 들어가지 아니하시고 오직 참 하늘에

---

25) '그가 기도하였느니라'는 원어(야프기아 יַפְגִּיעַ)(미완료형)는 '그가 간구하느니라, 중재하느니라'는 뜻이다(BDB).

이사야 53장: 메시야의 고난과 대속사역

들어가사 이제 우리를 위하여 하나님 앞에 나타나시고."

본문의 교훈을 정리해보자. 첫째로, 메시아의 죽음은 하나님의 기쁘신 뜻이었다. 갈라디아서 1:4, "그리스도께서 하나님 곧 우리 아버지의 뜻을 따라 이 악한 세대에서 우리를 건지시려고 우리 죄를 위하여 자기 몸을 드리셨으니." 메시아께서는 죽기 위하여 이 세상에 오셨다.

둘째로, 메시아의 죽음은 속건제물이었다. 10절, "그 영혼을 속건제물로 드리기에 이르면 그가 그 씨를 보게 되며." 메시아께서는 하나님의 택자들의 죄를 짊어지셨다. 11절, "그들의 죄악을 담당하리라." 12절, "그가 많은 사람의 죄를 지며." 5-6절, "여호와께서 우리 무리의 죄악을 그에게 담당시키셨도다." 요한복음 1:29, "세상 죄를 지고 가는 하나님의 어린양이로다." 히브리서 9:12, "자기 피로 영원한 속죄를 이루사." 10:12, "그리스도는 죄를 위하여 한 영원한 제사를 드리시고."

셋째로, 메시아께서는 많은 사람들을 의롭게 하실 것이다. 11절, "나의 의로운 종이 자기 지식으로 많은 사람을 의롭게 하며." 로마서 10:4, "그리스도는 모든 믿는 자에게 의를 이루기 위하여 율법의 마침이 되시니라." 고린도전서 1:30, "[예수님은 우리에게] 의로움이 되셨으니." 로마서 3:22, "예수 그리스도를 믿음으로 말미암아 모든 믿는 자에게 미치는 하나님의 의니." 3:24, "그리스도 예수 안에 있는 구속(救贖)으로 말미암아 하나님의 은혜로 값없이 의롭다 하심을 얻은 자 되었느니라."

넷째로, 메시아께서는 지금도 중재하신다. 12절, "실상은 그가 많은 사람의 죄를 지며 범죄자를 위하여 기도하느니라[중재하느니라]." 로마서 8:34, "그는 하나님 우편에 계신 자요 우리를 위하여 간구하시는 자시니라." 히브리서 7:25, "이는 그가 항상 살아서 저희를 위하여 간구하심이니라." 그는 지금도 우리를 위해 중보사역을 계속하고 계신다.

예수 그리스도께서는 우리를 위해 십자가에 죽으셨고 속죄사역을 이루셨고 지금도 중보사역을 하신다. 우리는 그의 대속의 은혜를 감사하며 그를 위해 살고 의와 선을 행하고 그에게 죽도록 충성해야 한다.

54장: 이스라엘의 영광스런 미래

〔1절〕 잉태치 못하며 생산치 못한 너는 노래할지어다. 구로(劬勞)치[산고(産苦)하지] 못한 너는 외쳐 노래할지어다. [이는] 홀로 된(쇼메마 שׁוֹמֵמָה) [황폐한, 쓸쓸한(desolate)(KJV, NASB, NIV] 여인의 자식이 남편 있는 자의 자식보다 많음이니라. 여호와의 말이니라.

본장에는 '하나님의 말,' '여호와의 말'이라는 말이 다섯 번 나온다 (1, 6, 8, 10, 17절). 모든 성경은 하나님의 감동으로 된(딤후 3:16) 하나님의 말씀이다. 하나님께서는 이스라엘 백성의 현재 모습을 말씀하신다. 이스라엘 백성은 잉태치 못하며 생산치 못한 여인, 산고(産苦)하지 못한 여인, 홀로 된 여인, 쓸쓸한 여인과 같다. 그러나 하나님께서는 황폐해진 이스라엘 나라가 장차 많은 자녀들을 가질 것이므로 외쳐 노래하라고 말씀하신다. 이스라엘의 영광스런 미래의 모습은 수적으로도 번창하는 것이다. 구원 얻을 자들의 수가 많을 것이다.

〔2-3절〕 네 장막터를 넓히며 네 처소의 휘장을 아끼지 말고 널리 펴되 너의 줄을 길게 하며 너의 말뚝을 견고히 할지어다. 이는 네가 좌우로 퍼지며 네 자손은 열방을 얻으며 황폐한 성읍들로 사람 살 곳이 되게 할 것임이니라.

하나님께서는 이스라엘 백성이 수적으로 번창할 것이므로 그들의 장막터를 넓히고 처소의 휘장을 아끼지 말고 널리 펴고 줄을 길게 하고 말뚝을 견고케 하라고 말씀하신다. 그는 이스라엘 나라가 좌우로 퍼지며 그 자손들이 열방을 얻으며 황폐한 성읍들로 하여금 사람들의 거주하는 곳이 되게 하겠다고 말씀하신다.

〔4절〕 두려워 말라. 네가 수치를 당치 아니하리라. 놀라지 말라. 네가 부끄러움을 보지 아니하리라. 네가 네 청년 때의 수치를 잊겠고 과부 때의 치욕을 다시 기억함이 없으리니.

하나님께서는 이스라엘 백성의 과거의 형편을 '청년 때의 수치'와 '과부 때의 치욕'이라는 말로 표현하시며 이제 그들에게 그것을 잊어

이사야 54장: 이스라엘의 영광스런 미래

버리게 될 것이므로 두려워 말고 놀라지 말라고 말씀하신다.

〔5-6절〕 이는 너를 지으신 자는 네 남편이시라[남편이심이라]. 그 이름은 만군의 여호와시며 네 구속자(救贖者)는 이스라엘의 거룩한 자시라. 온 세상의 하나님이라 칭함을 받으실 것이며 여호와께서 너를 부르시되 마치 버림을 입어 마음에 근심하는 아내 곧 소시(少時)에 아내 되었다가 버림을 입은 자에게 함같이 하실 것임이니라. 네 하나님의 말씀이니라.

이스라엘 나라의 미래의 영광스런 회복은 하나님으로 말미암을 것이다. 하나님께서는 그들을 지으셨고 그들의 남편이시기 때문이다. 그의 이름은 만군의 여호와이시다. 그는 하늘의 천군 천사들을 거느리신 능력의 하나님이시며 영원자존하신 여호와 하나님이시다. 이스라엘 백성을 구속(救贖)하신 자는 '이스라엘의 거룩한 자' 혹은 '이스라엘을 거룩케 하시는 자'이시다. 또 그는 온 세상의 하나님이시다. 그는 모든 열방과 열왕들을 다 주관하시는 하나님이시다. 이스라엘 백성은 젊을 때 아내 되었다가 버림을 입어 마음에 근심하는 아내와 같았다. 그러나 하나님께서는 그들을 다시 부르실 것이다.

〔7-8절〕 내가 잠시 너를 버렸으나 큰 긍휼로 너를 모을 것이요 내가 넘치는 진노로 내 얼굴을 네게서 잠시 가리웠으나 영원한 자비로 너를 긍휼히 여기리라. 네 구속자(救贖者) 여호와의 말이니라.

이스라엘 백성의 현재의 비천한 처지는 하나님께서 그들의 죄를 진노하심으로 인한 것이었으나, 하나님께서는 크신 긍휼로, 영원하신 자비로 그들을 다시 모으실 것이며 영광스럽게 회복시키실 것이다. 우리의 구원은 하나님의 크신 긍휼과 영원하신 자비로 인한 것이다.

〔9-10절〕 이는 노아의 홍수에 비하리로다. 내가 다시는 노아의 홍수로 땅 위에 범람치 않게 하리라 맹세한 것같이 내가 다시는 너를 노하지 아니하며 다시는 너를 책망하지 아니하기로 맹세하였노니 산들은 떠나며 작은 산들은 옮길지라도 나의 인자(仁慈)는 네게서 떠나지 아니하며 화평케 하는 나의 언약(베리스 쉘로미 בְּרִית שְׁלוֹמִי)[나의 평안의 언약]은 옮기지 아니하리라. 너를 긍휼히 여기는 여호와의 말이니라.

이사야 54장: 이스라엘의 영광스런 미래

하나님께서는 노아 때 홍수 심판 후 다시는 홍수로 땅 위에 범람치 않게 하리라고 맹세하신 것같이 다시 이스라엘 백성을 노하지 않고 책망치 않겠다고 맹세하시고, "나의 인자는 네게서 떠나지 않고 나의 평안의 언약은 옮기지 아니하리라"고 말씀하신다. 하나님의 인자와 긍휼은 하나님의 평안의 언약의 기초이다. 그것은 영원할 것이다.

[11-12절] 너 곤고하며 광풍에 요동하여 안위[위로]를 받지 못한 자여, 보라 내가 화려한 채색으로 네 돌 사이에 더하며[화려한 채색으로 돌들을 놓으며] 청옥으로 네 기초를 쌓으며 홍보석으로 네 성첩을 지으며 석류석으로 네 성문을 만들며 네 지경을 다 보석으로 꾸밀 것이며

이스라엘 나라의 현재의 모습은 곤고하며 광풍에 요동하여 위로를 받지 못한 사람과 같다. 그러나 하나님께서는 장차 화려한 채색돌을 놓으시며 청옥으로 기초를 쌓으시며 홍보석으로 성첩(성 위에 낮게 쌓은 담, 성벽)을 지으시며 석류석으로 그 성문을 만드시고 그 지경을 다 보석으로 꾸미실 것이다. 하나님께서는 그 성을 아름답고 영광스럽게 하실 것이다. 그것은 요한계시록 21장에 묘사된 새 예루살렘성의 모습과 비슷하다. 그것은 영광의 천국의 모습이다.

[13-15절] 네 모든 자녀는 여호와의 교훈을 받을 것이니 네 자녀는 크게 평강할 것이며 너는 의(義)로 설 것이며 학대가 네게서 멀어질 것인즉 네가 두려워 아니할 것이며 공포 그것도 너를 가까이 못할 것이라. 그들이 모일지라도[심히 다툴지라도](BDB, NASB) 나로 말미암아 아니한 것이니 누구든지 모여[다투며] 너를 치는 자는 너를 인하여 패망하리라.

회복된 이스라엘 백성은 여호와의 교훈을 받을 것이다. 이전에는 하나님의 말씀을 무시하고 거역했으나, 이제는 하나님의 교훈을 즐거이 받을 것이다(13절). 경건과 순종의 회복이다. 또 그 자녀들은 평안할 것이며 의 안에 설 것이다. 그 의는 하나님에게서 얻은 의이다(17절). 죄는 죽음과 모든 불행, 수고, 수치를 가져왔으나, 의는 생명과 영광과 평안을 가져올 것이다. 회복된 이스라엘에게는 학대나 공포

이사야 54장: 이스라엘의 영광스런 미래

도 없을 것이다. 그와 다투며 그를 치려 하는 자는 멸망할 것이다.

[16-17절] 숯불을 불어서 자기가 쓸 만한 기계를 제조하는 장인도 내가 창조하였고 파괴하며 진멸하는 자도 내가 창조하였은즉 무릇 너를 치려고 제조된 기계가 날카롭지(찰라크 צָלַח)(KJV, NASB)[형통치] 못할 것이라. 무릇 일어나 너를 대적하여 송사하는 혀는 네게 정죄를 당하리니 이는 여호와의 종들의 기업이요 이는 그들이 내게서 얻은 의니라. 여호와의 말이니라.

하나님께서는 이스라엘 백성을 치려고 만든 기계가 형통치 못하게 하실 것이며 그를 대적하여 송사하는 자들이 정죄를 당케 하실 것이다. 그는 자기 백성을 의롭다고 여기시고 기업을 삼으실 것이다.

본장의 교훈을 정리해보자. 첫째로, 하나님께서는 크신 긍휼과 영원하신 자비로 이스라엘 백성을 회복시키실 것이다. 7-8절, "[내가] 큰 긍휼로 너를 모을 것이요 . . . 영원한 자비로 너를 긍휼히 여기리라." 우리는 허물로 죽은 우리를 그의 크신 긍휼과 영원하신 자비로 예수 그리스도와 함께 살리신(엡 2:4-5) 하나님의 크신 긍휼을 기억해야 한다.

둘째로, 이스라엘 백성은 의(義)로 서며 의를 얻을 것이다. 14절, "너는 의로 설 것이며." 17절, "이는 그들이 내게서 얻은 의니라." 예수 그리스도께서는 모든 믿는 자들에게 의를 이루기 위해 율법의 마침이 되셨고(롬 10:4) 우리는 그를 믿음으로 은혜로 값없이 의롭다 하심을 얻었다(롬 3:24). 우리는 예수 그리스도의 그 의 안에 굳게 서야 한다.

셋째로, 회복된 이스라엘 백성은 평안의 언약 안에서 큰 평안을 누릴 것이다. 10절, "나의 평안의 언약." 13절, "네 자녀는 크게 평안할 것이며." 예수 그리스도를 믿고 구원 얻은 우리는 예수 그리스도께서 주시는 평안, 이 세상이 주는 것과 같지 않은 참 평안을 누린다(요 14:27).

넷째로, 회복된 이스라엘은 아름답고 영광스러울 것이다(11-12절). 이 복은 예수 그리스도 안에서 시작되었고 장차 천국에서 완성될 것이다. 천국은 아름답고 영광스러운 새 세계이다(계 21:11-21). 예수님 믿고 구원 얻은 우리는 장차 누릴 천국의 영광을 소망하며 살아야 한다.

55장: 하나님을 청종하라

[1절] 너희 목마른 자들아, 물로 나아오라. 돈 없는 자도 오라. 너희는 와서 사 먹되 돈 없이, 값없이 와서 포도주와 젖을 사라.

물과 포도주와 우유는 문맥적으로 볼 때 하나님의 말씀을 상징하였다. 그러면 목마른 자들은 하나님의 말씀이 없어서 영적으로 하나님의 생명에서 끊어져 있고 하나님의 의와 기쁨과 평안이 없는 자들을 가리켰다고 본다. 하나님의 말씀은 하나님의 은혜로 주시는 것이며 사람을 살리고 영육의 기쁨과 평안을 주는 말씀이다. 그러나 그것은 돈을 주고 사는 것이 아니고 돈 없이 값없이 얻을 수 있는 것이다.

[2절] 너희가 어찌하여 양식 아닌 것을 위하여 은을 달아 주며 배부르게 못할 것을 위하여 수고하느냐? 나를 청종하라. 그리하면 너희가 좋은 것을 먹을 것이며 너희 마음이 기름진 것으로 즐거움을 얻으리라.

참 양식과 대조하여, '양식 아닌 것' '배부르게 못할 것'은 헛된 이방 종교들의 우상들이나 이 세상의 보기 좋고 안락한 물건들이나 육신의 쾌락들을 가리킨다. 그것들은 다 헛된 것들이다(전 1:2). 사람에게 영원한 생명을 줄 수 있는 참된 양식은 하나님의 말씀뿐이다. 사람이 하나님의 말씀을 듣고 순종하면, '좋은 것' '기름진 것' 곧 영육의 평안과 기쁨, 그리고 영원한 생명을 얻을 것이다.

[3-5절] 너희는 귀를 기울이고 내게 나아와 들으라. 그리하면 너희 영혼이 살리라. 내가 너희에게 영원한 언약을 세우리니 곧 다윗에게 허락한 확실한 은혜(케세드 חֶסֶד)[자비]니라. 내가 그를 만민에게 증거로 세웠고 만민의 인도자와 명령자를 삼았었나니 네가 알지 못하는 나라를 부를 것이며 너를 알지 못하는[못했던] 나라[나라들]26)가 네게 달려올 것은 나 여호와 네 하나님 곧 이스라엘의 거룩한 자를 인함이니라. 내가 너를 영화롭게 하였느니라.

---

26) 두 번째의 '나라'라는 원어(고이 גּוֹי)는 '알다'나 '달려오다'는 동사가 복수 3인칭이므로 첫 번째의 말과 달리 '나라들'이라고 번역해야 한다(KJV).

이사야 55장: 하나님을 청종하라

'너희 영혼이 산다'는 말씀은 죄로 인해 죽은 영혼이 다시 살아나서 기쁨과 힘을 얻는다는 뜻이다. 하나님께서 이스라엘 백성과 맺으실 영원한 언약, 곧 다윗에게 허락하신 확실한 자비는 다윗의 자손으로 오실 메시아를 통해 주실 구원의 은혜를 가리켰다(렘 23:5-6; 겔 34:23-24). 메시아께서는 만민에게 증거가 되실 것이며 만민의 인도자와 명령자가 되실 것이다. 그를 통하여 많은 나라들의 사람들이 구원을 얻어 교회로 들어올 것이다. 이것은 세계복음화를 가리켰다.

[6-9절] 너희는 여호와를 만날 만한 때에 찾으라. 가까이 계실 때에 그를 부르라. 악인은 그 길을, 불의한 자는 그 생각을 버리고 여호와께로 돌아오라. 그리하면 그가 긍휼히 여기시리라. 우리 하나님께로 나아오라. 그가 널리 용서하시리라. 여호와의 말씀에 내 생각은 너희 생각과 다르며 내 길은 너희 길과 달라서 하늘이 땅보다 높음같이 내 길은 너희 길보다 높으며 내 생각은 너희 생각보다 높으니라.

하나님을 만날 만한 때나 하나님께서 가까이 계실 때는 하나님께서 사람에게 은혜를 주시는 때이다. 신약시대는 그 은혜의 시대이다(고후 6:2). 선지자가 전하는 바는 하나님께로 돌아오라는 것 곧 회개하라는 것이다. 하나님 없이 살던 자들은 그 길과 그 생각, 즉 그들의 불경건한 생활방식과 죄악된 사고방식을 다 버리고 하나님께로 돌아와야 한다. 그러면 하나님께서는 그들을 긍휼히 여기시고 모든 죄를 너그러이 용서하실 것이다. 하나님의 생각과 하나님의 길은 사람들의 생각과 사람들의 길과 다르다. 하늘이 땅보다 높음같이 하나님의 생각은 사람의 생각보다 높고 하나님의 길은 사람의 길보다 높다.

[10-13절] 비와 눈이 하늘에서 내려서는 다시 그리로 가지 않고 토지를 적시어서 싹이 나게 하며 열매가 맺게 하여 파종하는 자에게 종자를 주며 먹는 자에게 양식을 줌과 같이 내 입에서 나가는 말도 헛되이 내게로 돌아오지 아니하고 나의 뜻을 이루며 나의 명하여 보낸 일에 형통하리라. 너희는 기쁨으로 나아가며 평안히 인도함을 받을 것이요 산들과 작은 산들이 너희 앞에서 노래를 발하고 들의 모든 나무가 손바닥을 칠 것이며 잣나무는 가시

이사야 55장: 하나님을 청종하라

나무를 대신하여 나며 화석류는 질례[찔레]를 대신하여 날 것이라. 이것이 여호와의 명예가 되며 영영한 표징이 되어 끊어지지 아니하리라 하시니라.

하나님의 말씀은 헛되지 않고 그의 뜻을 다 이룰 것이다. 마치 비와 눈이 하늘에서 내려서 다시 하늘로 돌아가지 않고 토지를 적시어 식물로 싹이 나고 열매를 맺게 하여 심는 자들에게 종자를 주고 먹을 양식을 줌과 같이, 하나님의 입에서 나오는 말씀은 헛되이 그에게로 돌아가지 않고 그의 뜻을 다 이룰 것이다. 이스라엘 백성에게는 기쁨과 평안을 줄 것이며 산들은 노래하고 나무들은 꽃들을 피고 열매들을 맺을 것이다. 이 모든 일들은 하나님께 영광이 될 것이다.

본장의 교훈을 정리해보자. 첫째로, 하나님의 말씀은 사람에게 영생을 주는 참된 양식이며 참된 음료수이다. 그러므로 우리는 성경말씀의 가치, 예수 그리스도의 복음 진리의 가치를 알아야 하며, 그를 믿는 자들에게 주시는 죄사함과 의롭다 하심의 가치, 죄와 죽음과 지옥 형벌로부터의 구원과 영생의 가치, 영광스런 천국의 가치를 알아야 한다.

둘째로, 목마른 자들은 물로 나와야 하고 하나님의 음성을 듣고 순종해야 하고, 그들은 하나님을 만날 만한 때에 찾아야 하고 가까이 계실 때에 불러야 한다. 죄인들은 자기들의 죄를 회개하고 하나님께로 돌아와야 한다. 그들은 그들의 과거의 모든 죄악된 생활방식을 버리고 하나님께로 돌아와야 하고, 오직 하나님의 긍휼과 은혜를 구하고 그가 보내신 메시아만 믿고 의지해야 한다. 그것이 구원 얻는 길이기 때문이다.

셋째로, 하나님의 구원은 기쁨과 평안이다. 12절, "너희는 기쁨으로 나아가며 평안히 인도함을 받을 것이요." 세상은 사람들의 죄로 인해 기쁨과 평안을 잃었으나 예수 그리스도의 십자가 대속으로 그를 믿는 자마다 죄씻음과 의롭다 하심을 받고 기쁨과 평안을 얻는다. 구원 얻은 성도는 세상이 주는 것과 다른 참 평안을 구주 예수님으로부터 받는다(요 14:27). 또 그는 성령께서 주시는 참 기쁨을 맛보며 산다(갈 5:22).

이사야 56장: 이방인들도 받으심

56장: 이방인들도 받으심

〔1절〕 여호와께서 이같이 말씀하시되 너희는 공평(미쉬파트 מִשְׁפָּט)[공의]을 지키며 의를 행하라. [이는] 나의 구원이 가까이 왔고 나의 의가 쉬 나타날 것임이라 하셨은즉.

공의는 하나님의 계명에 일치하는 것을 말한다. 하나님의 계명은 사람의 행위의 기준이다. 양심은 그 계명의 반영이다. 하나님을 경외하며 우상숭배하지 않고 부모를 공경하고 살인하지 않고 간음하지 않고 도적질하지 않고 거짓 증거하지 않고 탐내지 않는 것이 의이다. 하나님께서 의를 행하라고 말씀하시는 까닭은 그의 구원이 가깝고 그의 의가 곧 나타날 것이기 때문이다. 그것은 메시아의 대속 사역을 통한 이스라엘 나라의 회복을 가리킨다. 하나님의 구원은 단지 이론이 아니고 죄에서의 구원이며 회개와 순종을 동반하는 구원이며 의를 주고 의를 행하게 하고 의의 열매를 맺게 하는 구원이다.

〔2절〕 안식일을 지켜 더럽히지 아니하며 그 손을 금하여 모든 악을 행치 아니하여야 하나니 이같이 행하는 사람, 이같이 굳이 잡는 인생은 복이 있느니라.

구약시대에 안식일은 하나님의 언약의 표이었다. 죄로 인해 수고로운 삶을 살고 있는 사람은 하나님의 언약으로 죄사함을 받고 안식을 얻는다. 그것은 구주 예수 그리스도의 속죄사역을 통한 참된 안식을 예표하였다. 구약시대에 안식일은 또한 성회(聖會)로 모이는 날 곧 하나님께 예배하는 날이었다(레 23:3). 그러므로 안식일을 지키는 것은 경건의 표시가 되었다. 그것은 신약시대에도 비슷하다. 주일을 거룩히 구별해 교회에 모이기를 힘쓰는 자는 분명히 하나님을 경외하며 섬기는 자이다. 그러나 하나님께 예배드리기를 소홀히 하는 자를 어떻게 하나님을 섬기는 자라고 말할 수 있겠는가? 참된 경건과

이사야 56장: 이방인들도 받으심

의는 하나님께 예배드리는 삶과 모든 악을 버리는 삶으로 나타난다.

[3절] 여호와께 연합한 이방인은 여호와께서 나를 그 백성 중에서 반드시 갈라내시리라 말하지 말며 고자(鼓子)도 나는 마른 나무라 말하지 말라.

이스라엘 나라의 회복 시대에는 이방인들의 구원이 있을 것이다. 여호와께 연합한 이방인들은 하나님의 백성 중에서 분리되지 않을 것이다. 그들은 하나님의 교회의 교인이 될 것이다. 또 마른 나무라고 표현된 고자(鼓子)들, 즉 육신적으로 자녀 생산 능력이 없는 그들도 영적으로는 다를 것이다. 그들은 사람들을 구원하는 자가 될 수 있다. 하나님께서는 이사야 54:1에 "잉태치 못하며 생산치 못한 너는 노래할지어다. 구로(劬勞)치[산고(産苦)를 경험치] 못한 너는 외쳐 노래할지어다. 홀로 된 여인의 자식이 남편 있는 자의 자식보다 많음이니라"고 말씀하셨다. 그것은 이스라엘 백성들이 육신의 자녀들은 낳지 못할지라도 영적 자녀들은 많이 낳을 것이라는 것을 뜻한다. 그것은 이방인들의 구원과 그들을 통한 많은 영혼들의 구원을 가리켰다.

[4-5절] 여호와께서 이같이 말씀하시기를 나의 안식일을 지키며 나를 기뻐하는[기쁘게 하는](KJV, NASB, NIV) 일을 선택하며 나의 언약을 굳게 잡는 고자(鼓子)들에게는 내가 내 집에서, 내 성안에서 자녀보다 나은 기념물과 이름을 주며 영영한 이름을 주어 끊치지[끊어지지] 않게 할 것이며.

하나님께서는 안식일을 '나의 안식일'이라고 부르시며 중시하셨다. 그는 또 하나님을 섬기는 의로운 삶을 하나님을 기쁘시게 하는 일을 선택하며 그의 언약을 굳게 잡는 것으로 표현하셨다. 하나님을 기쁘시게 하는 삶은 그의 계명들을 지키는 것이다. 또 하나님께서는 그의 안식일을 지키며 그를 기쁘게 하는 일을 선택하며 그의 언약을 굳게 잡는 고자(鼓子)들에게 그의 집 곧 그의 성전에서, 또 그의 성 곧 예루살렘 성안에서 자녀들보다 나은 기념물(야드 יָד)[표, 분깃(BDB); 지위(KJV)]과 이름을 주시며 영영한 이름을 주셔서 끊어지지 않게 하실 것이다. 고자(鼓子)들은 구약시대에 이스라엘 백성의 총회에서는 제외되었으나(신 23:1), 신약교회에서는 포함될 것이다. 그들은 결코 구원을 잃어버리지 않을 하나님의 자녀이며 천국 백성이다.

〔6-8절〕 또 나 여호와에게 연합하여 섬기며 나 여호와의 이름을 사랑하며 나의 종이 되며 안식일을 지켜 더럽히지 아니하며 나의 언약을 굳게 지키는 이방인마다 내가 그를[그들을] 나의 성산(聖山)으로 인도하여 기도하는 내 집에서 그들을 기쁘게 할 것이며 그들의 번제와 희생은 나의 단에서 기꺼이 받게 되리니 이는 내 집은 만민의 기도하는 집이라 일컬음이 될 것임이라. 이스라엘의 쫓겨난 자를 모으는 주 여호와가 말하노니 내가 이미 모은 본 백성 외에 또 모아 그에게 속하게 하리라 하셨느니라.

이방인들 중에 하나님과 연합한 자들 곧 하나님을 믿고 순종하는 자들과, 하나님을 섬기며 그의 이름을 사랑하며 그의 종이 된 자들, 또 안식일을 지켜 더럽히지 않는 자들 곧 하나님께 예배드릴 줄 알며 그의 언약을 굳게 지키는 자들은 그의 성산(聖山)에 올라올 수 있고 그의 집에 들어올 수 있다. 그들은 구원 얻은 이방인들 곧 신약교회에 들어온 이방인 신자들이다. 하나님께서는 그들을 교회로 인도하시고 기도하는 그의 집에서 그들을 기쁘게 하실 것이며 또 그들이 그에게 바치는 예물들을 기쁘게 받으실 것이다. 그는 또 "이스라엘의 쫓겨난 자를 모으는 주 여호와가 말하노니 내가 이미 모은 본 백성 외에 또 모아 그에게 속하게 하리라"고 말씀하셨다. 이것은 이방인들의 구원을 말한다고 본다. 예수께서는 "이 우리에 들지 아니한 다른 양들이 내게 있어 내가 인도하여야 할 터이니 저희도 내 음성을 듣고 한 무리가 되어 한 목자에게 있으리라"고 말씀하셨다(요 10:16). 사도 바울은 돌감람나무 같은 이방인들이 유대인들 중에 접붙임이 되어 참감람나무 뿌리의 진액을 함께 받는 자 되었다고 말했다(롬 11:17).

〔9-12절〕 들의 짐승들아, 삼림 중의 짐승들아, 다 와서 삼키라. 그 파숫군[파수꾼]들은 소경이요 다 무지하며 벙어리개라. 능히 짖지 못하며 다 꿈꾸는 자요 누운 자요 잠자기를 좋아하는 자니 이 개들은 탐욕이 심하여 족한 줄을 알지 못하는 자요 그들은 몰각한[깨달음이 없는] 목자들이라. 다 자

이사야 56장: 이방인들도 받으심

기 길로 돌이키며 어디 있는 자이든지 자기 이(利)만 도모하며 피차 이르기를 오라, 내가 포도주를 가져오리라. 우리가 독주를 잔뜩 먹자. 내일도 오늘 같이 또 크게 넘치리라 하느니라.

'들의 짐승들'과 '삼림의 짐승들'은 이스라엘 나라를 침략할 이방 나라들을 가리켰고, '파수꾼들'은 이스라엘 나라의 지도자들을 가리켰다. 이스라엘 나라의 지도자들은 하나님도 알지 못하고 그 시대가 직면한 위기의 형편도 깨닫지 못하며 사람들에게 재앙을 경고할 줄도 모르며 게으르고 불성실하였다. 그들은 자기의 이익만 추구했고 육신의 쾌락만 좋아한 자들이었다. 그들은 결국 멸망할 것이다.

본장의 교훈을 정리해보자. 첫째로, 이스라엘 백성은 의를 지키고 행하는 자들이 되어야 한다. 의는 율법을 지키는 것이다. 성경은 우리의 신앙생활의 법이다. 우리는 모든 악을 버리고(2절) 의를 지키고 행해야 한다. 구원은 의의 회복이다. 로마서 8:13, "너희가 육신대로 살면 반드시 죽을 것이로되 영[성령]으로써 몸의 [악한] 행실을 죽이면 살리니."

둘째로, 본문은 안식일을 지키고 더럽히지 않아야 함을 강조하고(2, 4, 6절) 하나님과의 연합을 강조하고(3, 6절) 또 하나님의 언약을 굳게 잡는 것을 강조한다(2, 4, 6절). 신약교회 성도들도 주님을 믿고 따르는 자들은 즐거이 주일을 지킬 것이다. 또 하나님과 연합된 자들은 하나님을 믿고 순종할 것이다. 연합은 믿음과 순종으로 표현된다. 또 우리는 신구약성경에 계시된 정통 기독교 신앙을 굳게 잡아야 한다. 보수신앙은 참된 경건이며 바른 길이다. 데살로니가후서 2:15, "이러므로 형제들아, 굳게 서서 말로나 우리 편지로 가르침을 받은 유전을 지키라."

셋째로, 멸망하는 이스라엘 나라 지도자들은 무지하며 불충성되었고 또 게으르고 탐욕적이며 향락적이었다. 우리는 그런 자가 되지 말아야 한다. 우리는 지혜롭고 충성된 성도들이 되어야 한다(마 25:1-30). 우리는 하나님의 바른 교훈들을 분별하고 이 마지막 시대를 분별하고 모든 게으름과 불충성을 버리고 하나님께 죽도록 충성해야 한다(계 2:10).

이사야 57장: 우상숭배자들을 고치심

57장: 우상숭배자들을 고치심

[1-2절] 의인이 죽을지라도 마음에 두는 자가 없고 자비한 자들이 취하여 감을 입을지라도 그 의인은 화액(禍厄)[다가올 재앙] 전에 취하여 감을 입은 것인 줄로 깨닫는 자가 없도다. 그는 평안에 들어갔나니(야보 יָבוֹא)[들어가리니] 무릇 정로로(네코코 נְכֹחוֹ)[정직하게] 행하는 자는 자기들의 침상에서 편히 쉬느니라.

배교의 시대에는 사람들이 의인들과 자비한 자들을 알지 못하고 그들의 죽음이 복된 것도 모른다. 왜냐하면 그들은 재앙 전에 죽는 것이며 평안에 들어가기 때문이다. 구약시대에도 경건한 자는 죽을 때 평안에 들어간다. 우리는 사람이 알아주든 알아주지 않든 경건하게 살고 바르고 정직하게 살고 자비와 선을 베풀며 살아야 한다.

[3-6절] [그러나] 무녀(巫女)의 자식, 간음자와 음녀의 씨 너희는 가까이 오라. 너희가 누구를 희롱하느냐? 누구를 향하여 입을 크게 벌리며 혀를 내미느냐? 너희는 패역의 자식, 궤휼의 종류[거짓의 자손]가 아니냐? 너희가 상수리나무 사이, 모든 푸른 나무 아래서 음욕을 피우며 골짜기 가운데 바위틈에서 자녀를 죽이는도다. 골짜기 가운데 매끄러운 돌 중에 너희 소득이 있으니 그것이 곧 너희가 제비 뽑아 얻은 것이라. 너희가 전제(奠祭)와 예물[소제, 곡물제사]을 그것들에게 드리니 내가 어찌 이를 용인하겠느냐?

구약교회인 이스라엘 사회는 심히 우상숭배적인 사회가 되었다. 하나님께서는 이스라엘 백성을 '무녀(巫女)[마술하는 여자]의 자식' '간음자와 음녀[창녀]의 씨' '패역의 자식' '거짓의 자손'이라고 부르셨다. 이스라엘 백성은 하나님을 거역하고 우상숭배와 부도덕에 떨어졌다. 그들은 육신적으로도 음란하였겠지만, 영적으로, 종교적으로 하나님을 저버리고 다른 신들을 섬겼다. 그것은 영적 간음이었다. 그들은 우상숭배에 열광하였다. 그들은 모든 상수리나무와 푸른 나무 아래서 우상들에게 번제와 소제[곡물제사]를 드렸다. 그들은 골짜기

이사야 57장: 우상숭배자들을 고치심

가운데 바위틈에서 심지어 자녀들을 우상에게 불태워 드렸다.

〔7-10절〕 네가 높고 높은 산 위에 네 침상을 베풀었고 네가 또 그리로 올라가서 제사를 드렸으며 네가 또 네 기념표를 문과 문설주 뒤에 두었으며 네가 나를 배반하고 다른 자를 위하여 몸을 드러내고 올라가며 네 침상을 넓히고 그들과 언약하며 또 그들의 침상을 사랑하여 그 처소를 예비하였으며 네가 기름을 가지고 몰렉에게 나아가되 향품을 더욱 더하였으며 네가 또 사신(使臣)을 원방에 보내고 음부까지 스스로[지옥에까지 네 자신을](KJV) 낮추었으며 네가 길이 멀어서 피곤할지라도 헛되다 아니함은 네 힘이 소성되었으므로 쇠약하여 가지 아니함이니라.

이스라엘 백성은 높은 산 위에서 우상들에게 제사를 드렸다. 또 그들은 하나님의 말씀 대신 우상의 기념표를 자기 집 문과 문기둥 뒤에 두었다. 그것은 하나님을 배반하고 배신한 행위이다. 그들은 하나님 외에 다른 신들에게 몸을 드러내고 그들과 교제하며 언약을 맺었다. 그들은 기름과 향품을 가지고 이방신 몰렉에게 나아갔고 원방에까지 사신을 보내어 우상숭배를 배우니 그것은 지옥 구덩이에 던짐 받을 일이었다. 그들은 우상숭배하는 데는 피곤치 않았고 힘이 있었다.

〔11-13절〕 네가 누구를 두려워하며 누구로 하여 놀랐기에 거짓을 말하며 나를 생각지 아니하며 이를 마음에 두지 아니하였느냐? 네가 나를 경외치 아니함은 내가 오래 동안 잠잠함을 인함이 아니냐? 너의 의(義)를 내가 보이리라. 너의 소위(所爲)[행위]가 네게 무익하니라. 네가 부르짖을 때에 네가 모은 우상으로 너를 구원하게 하라. 그것은 다 바람에 떠가겠고 기운에 불려갈 것이로되 나를 의뢰하는 자는 땅을 차지하겠고 나의 거룩한 산을 기업으로 얻으리라.

하나님께서는 이스라엘 백성이 누구를 두려워하여 거짓을 말하며 하나님을 생각지 않고 하나님을 바로 섬기는 일을 마음에 두지 않았느냐고 물으신다. 또 하나님께서는 그들의 의와 행위가 얼마나 보잘 것없고 헛됨을 보이겠다고 말씀하신다. 또 그는 그들이 환난과 재앙의 날에 그들이 모은 우상에게 구원을 청해보라고 말씀하신다. 그러

이사야 57장: 우상숭배자들을 고치심

나 그것들은 다 바람에 날려갈 것이다. 그러나 하나님을 의뢰하는 자들은 하나님의 거룩한 산을 기업으로 얻을 것이다.

〔14절〕장차 말하기를 돋우고 돋우어 길을 수축하여 내 백성의 길에서 거치는 것을 제하여 버리라 하리라.

이것은 구원을 준비시키기 위한 것 곧 죄의 회개를 암시한다.

〔15절〕지존무상하며 영원히 거하며 거룩하다 이름하는 자가 이같이 말씀하시되 내가 높고 거룩한 곳에 거하며 또한 통회하고 마음이 겸손한 자와 함께 거하나니 이는 겸손한 자의 영을 소성케 하며 통회하는 자의 마음을 소성케 하려 함이라.

하나님께서는 지극히 높으시고 존귀하시며 영원하시며 또 지극히 거룩하신 분이시다. 그러므로 그는 사람이 겸손히 자신의 죄를 통회할 때 그와 함께하신다. 그는 그의 영을 새롭게 하실 것이다.

〔16-17절〕내가 영원히 다투지 아니하며 내가 장구히 노하지 아니할 것은 나의 지은 그 영과 혼이 내 앞에서 곤비할까 함이니라. 그의 탐심의 죄악을 인하여 내가 노하여 그를 쳤으며 또 내 얼굴을 가리우고 노하였으나 그가 오히려 패역하여 자기 마음의 길로 행하도다.

하나님께서는 그의 창조하신 영혼들의 구원을 위해 그들과 영원히 다투지 않으시고 영구히 노하지 않으실 것이라고 말씀하신다. 그는 그들을 긍휼히 여기시며 그들이 너무 곤비할까봐 염려하신다. 그러나 사람들은 하나님을 알지 못하고 패역하여 자기 마음대로 행한다.

〔18-19절〕내가 그 길을 보았은즉 그를 고쳐 줄 것이라. 그를 인도하며 그와 그의 슬퍼하는 자에게 위로를 다시 얻게 하리라. 입술의 열매를 짓는 나 여호와가 말하노라. 먼데 있는 자에게든지 가까운데 있는 자에게든지 평강이 있을지어다, 평강이 있을지어다, 내가 그를 고치리라 하셨느니라.

본문은 하나님께서 그를 고쳐주실 것이라고 두 번이나 강조한다. 하나님께서는 친히 죄인들을 구원하실 것이다. 그는 사람이 얼마나 부패하고 얼마나 무능한지를 아신다. 구원은 하나님께로 말미암는다.

이사야 57장: 우상숭배자들을 고치심

하나님께서는 구주이시다. 그 결과 그들은 위로와 평안을 얻을 것이다. 우리의 구원도 그러하다. 우리는 소망 없는 자들이었으나 하나님의 긍휼의 구원을 받음으로 위로를 받았고 평안을 얻었다.

[20-21절] 오직 악인은, 능히 안정치 못하고 그 물이 진흙과 더러운 것을 늘 솟쳐내는 요동하는 바다와 같으니라. 내 하나님의 말씀에 악인에게는 평강이 없다 하셨느니라.

구원 얻은 자들의 심령에는 참된 회개와 변화가 일어나지만, 죄를 회개치 않는 자들의 심령은 진흙과 더러운 것을 늘 솟쳐내는 바다와 같다. 죄 가운데 살며 회개치 않는 악인들에게는 참된 평안이 없다.

본장의 교훈을 정리해보자. 첫째로, 하나님께서는 이스라엘 백성을 '무녀의 자식,' '창녀의 씨,' '패역의 자식,' '거짓의 자손'이라고 부르셨다. 이스라엘의 역사는 우상숭배와 음란과 온갖 부도덕으로 더럽혀진 역사이었다. 사람은 죄인이며 심히 부패되어 있다. 예레미야 17:9, "만물보다 거짓되고 심히 부패한 것은 마음이라." 우리는 사람이 심히 죄악된 존재이며 또 악인에게는 평안이 없음(21절)을 알아야 한다.

둘째로, 하나님께서는 "내가 그를 고쳐주리라"고 두 번이나 강조해 말씀하신다(18, 19절). 사람의 행위의 의는 무익하다. 12절, "너의 의를 내가 보이리라. 너의 소위가 네게 무익하니라." 우리의 의는 더러운 옷 같다(사 64:6). 구원은 하나님의 은혜로만 된다(딤후 1:9). 우리는 하나님의 은혜로 만세 전 그리스도 안에서 선택되었고 예수 그리스도의 피로 구속(救贖)함을 얻었고 성령의 부르심을 얻었고 보호하심을 얻었다.

셋째로, 하나님의 뜻은 사람이 회개하며 하나님을 의뢰하는 것이다. 13절, "나를 의뢰하는 자는 땅을 차지하겠고 나의 거룩한 산을 기업으로 얻으리라." 15절, "[내개] 통회하고 마음이 겸손한 자와 함께 거하나니." 우리는 죄를 통회하고 하나님을 의지하고 그의 말씀을 순종하는 자들이 되어야 한다. 하나님의 은혜를 받은 자는 겸손한 마음으로 모든 죄를 통회하고 하나님만 의지하고 그의 말씀을 순종하는 자이다.

58장: 나의 기뻐하는 금식

〔1절〕 크게 외치라. 아끼지 말라. 네 목소리를 나팔같이 날려 내 백성에게 그 허물을, 야곱 집에 그 죄를 고하라.

하나님께서는 선지자 이사야에게 이스라엘 백성의 죄악을 지적하며 크게 외치라고 말씀하신다. 그는 선지자에게 목소리를 크게 외치며 아끼지 말고 목소리를 나팔같이 날려보내라고 말씀하신다.

〔2-5절〕 그들이 날마다 나를 찾아 나의 길 알기를 즐거워함이 마치 의를 행하여 그 하나님의 규례를 폐하지 아니하는 나라 같아서 의로운 판단을 내게 구하며 하나님과 가까이 하기를 즐겨하며 이르기를 우리가 금식하되 주께서 보지 아니하심은 어찜이오며 우리가 마음을 괴롭게 하되 주께서 알아주지 아니하심은 어찜이니이까 하느니라. 보라, 너희가 금식하는 날에 오락을 찾아 얻으며[행하며] 온갖 일을 시키는도다[너희의 모든 일꾼들을 엄하게 부리는도다](NASB). 보라, 너희가 금식하면서 다투며 싸우며 악한 주먹으로 치는도다. 너희의 오늘 금식하는 것은 너희 목소리로 상달케 하려 하는 것이 아니라[너희는 오늘날 너희가 하듯이 너희 목소리로 높은 곳에 들리게 하려고 금식하지 말지니라](KJV, NASB). 이것이 어찌 나의 기뻐하는 금식이 되겠으며 이것이 어찌 사람이 그 마음을 괴롭게 하는 날이 되겠느냐? 그 머리를 갈대같이 숙이고 굵은 베와 재를 펴는 것을 어찌 금식이라 하겠으며 여호와께 열납될 날이라 하겠느냐?

그들은 날마다 하나님을 찾으며 그의 교훈을 알기를 즐거워하며 마치 의를 행하여 하나님의 규례를 폐하지 않는 나라 같으며 의로운 판단을 구하며 하나님과 가까이 하기를 즐겨하는 자 같았다. 그들은 심지어 우리가 금식하되 주께서 보지 아니하심은 어찜이오며 우리가 마음을 괴롭게 하되 주께서 알아주지 아니하심은 어찜이니이까라고 반문하기까지 하였다. 그들은 종교적 형식을 지키고 있었다. 그러나 하나님께서는 그들이 금식하는 날에 오락을 찾아 행하며 모든 일꾼들을 엄하게 부린다고 지적하셨다. 또 그는 그들이 금식하면서 다투

이사야 58장: 나의 기뻐하는 금식

며 싸우고 악한 주먹으로 서로 친다고 하셨다. 그는 이것이 어찌 나의 기뻐하는 금식이 되겠으며 사람이 그 마음을 괴롭게 하는 날이 되겠느냐고 말씀하신다. 그는 또 그들이 머리를 갈대같이 숙이고 굵은 베와 재를 펴는 것만 가지고 금식이라 하겠으며 여호와께서 받으시는 일이 되겠느냐고 말씀하신다. 다시 말하면, 그들의 금식은 종교적 형식과 외적 모양에 불과했다는 것이다. 하나님께서 원하시는 금식은 진실한 마음의 금식, 즉 그들이 하나님의 계명을 온전히 순종치 못했을 때 자신의 부족과 죄를 뉘우치며 상한 마음으로 하는 금식인데, 그들은 진실한 마음이 없는 종교적 형식만 지켰던 것이다.

〔6-7절〕 나의 기뻐하는 금식은 흉악의 결박을 풀어 주며 멍에의 줄을 끌러주며 압제 당하는 자를 자유케 하며 모든 멍에를 꺾는 것이 아니겠느냐? 또 주린 자에게 네 식물을 나눠주며 유리하는 빈민을 네 집에 들이며 벗은 자를 보면 입히며 또 네 골육을 피하여 스스로 숨지 아니하는 것이 아니겠느냐?

금식은 회개의 표현이어야 한다. 진정한 금식은 금식 자체에 의미가 있지 않고, 자신의 죄와 부족을 깨닫고 죄를 뉘우치고 바르고 선한 삶을 결심하는 데 의미가 있다. 회개는 죄를 깨닫고 죄를 버리는 것이다. 우리는 중생했을 때 참된 회개를 했고 복음 신앙, 곧 속죄의 믿음을 가지게 되었다. 이제 우리는 이웃을 학대하여 악하게 결박한 일이 있으면 그 결박을 풀어주고 압제 당하는 자를 자유케 하며 모든 멍에를 꺾어야 한다. 또 굶주린 자에게 먹을것을 나눠주며 거처할 집이 없는 자를 집에 들이며 헐벗은 자를 보면 입히며 어려운 친척을 보고 피하지 않는 것이다. 다시 말해, 참된 금식은 모든 죄를 뉘우치고 악을 버리고 선을 행하면서 하는 것이어야 한다는 말이다.

〔8-12절〕 그리하면 네 빛이 아침같이 비췰 것이며 네 치료가 급속할 것이며 네 의가 네 앞에 행하고 여호와의 영광이 네 뒤에 호위하리니 네가 부를 때에는 나 여호와가 응답하겠고 네가 부르짖을 때에는 말하기를 내가 여

이사야 58장: 나의 기뻐하는 금식

기 있다 하리라. 만일 네가 너희 중에서 멍에와 손가락질과 허망한 말을 제하여 버리고 주린 자에게 네 심정을 동하며 괴로와[괴로워]하는 자의 마음을 만족케 하면 네 빛이 흑암 중에서 발하여 네 어두움이 낮과 같이 될 것이며 나 여호와가 너를 항상 인도하여 마른 곳에서도 네 영혼을 만족케 하며 네 뼈를 견고케 하리니 너는 물 댄 동산 같겠고 물이 끊어지지 아니하는 샘 같을 것이라. 네게서 날 자들이 오래 황폐된 곳들을 다시 세울 것이며 너는 역대의 파괴된 기초를 쌓으리니 너를 일컬어 무너진 데를 수보(修補)하는 자라 할 것이며 길을 수축하여 거할 곳이 되게 하는 자라 하리라.

하나님께서는 참으로 회개하는 자에게 기쁨과 행복, 건강의 회복, 재앙으로부터의 회복을 주시며 기도의 응답과 심령의 만족을 주시며 항상 인도해주시며 몸을 건강케 하시며 물 댄 동산 같게 하실 것이다. 또 그들의 자녀들은 황폐한 성읍들과 길들을 다시 세울 것이다. 하나님께서는 회개하는 자에게 이와 같이 평안을 주실 것이다.

〔13-14절〕만일 안식일에 네 발을 금하여 내 성일(聖日)에 오락을 행치 아니하고 안식일을 일컬어 즐거운 날이라, 여호와의 성일(聖日)을 존귀한 날이라 하여 이를 존귀히 여기고 네 길로 행치 아니하며 네 오락을 구치 아니하며 사사로운 말을 하지 아니하면 네가 여호와의 안에서[여호와로 인하여] 즐거움을 얻을 것이라. 내가 너를 땅의 높은 곳에 올리고 네 조상 야곱의 업으로 기르리라[야곱의 기업으로 먹이리라]. 여호와의 입의 말이니라.

구약시대에 이스라엘 백성이 안식일을 거룩히 지키는 것은 회개의 한 내용이다. 그것은 십계명을 지키는 일이었다. 구약시대의 안식일은 하나님과의 언약의 표이었고(출 31:16-17) 하나님께 성회로 모이는 날(레 23:3), 즉 하나님께 예배드리는 날로 구별된 성일이며 구약백성들의 신앙 훈련을 위해 매우 유익한 날이었다. 안식일에는 그들의 말과 행동을 조심해야 하였고 육신적 오락을 행치 말아야 했다. 사람이 안식일을 범하는 것은 사형에 해당하는 큰 죄이었다. 출애굽기 31:14-15, "너희는 안식일을 지킬지니 이는 너희에게 성일이 됨이라. 무릇 그 날을 더럽히는 자는 죽일지며 무릇 그 날에 일하는 자는

이사야 58장: 나의 기뻐하는 금식

그 백성 중에서 그 생명이 끊쳐지리라. 엿새 동안은 일할 것이나 제7일은 큰 안식일이니 여호와께 거룩한 것이라. 무릇 안식일에 일하는 자를 반드시 죽일지니라." 이스라엘 백성은 안식일을 즐겁고 존귀한 날로 여기며 자신들의 길로 행하지 말고 자신들의 즐거움을 구하지 말고 사사로운 말을 하지 말아야 했다. 그러면 그들은 하나님으로 인해 즐거움을 얻고 안전한 곳에 거하게 되며 또 하나님의 기업으로 복을 얻을 것이다. 안식일은 구약 성도에게 큰복이었다. 신약 성도들이 주일을 거룩히 지키는 것도 원리가 비슷하고 참으로 복된 일이다.

본장의 교훈을 정리해보자. 첫째로, 하나님의 뜻은 죄를 회개하는 것이다. 1절, "크게 외치라. 아끼지 말라. 네 목소리를 나팔같이 날려 내 백성에게 그 허물을, 야곱 집에 그 죄를 고하라." 죄의 지적, 죄의 깨달음, 죄의 청산은 하나님의 뜻이다. 우리는 오락을 버리고 다툼을 버리고 아랫사람을 학대하지 말고 어려운 이웃을 돌아보아야 한다.

둘째로, 참된 금식은 회개와 계명 순종을 수반해야 한다. 6-7절, "나의 기뻐하는 금식은 흉악의 결박을 풀어 주며 멍에의 줄을 끌러주며 압제 당하는 자를 자유케 하며 모든 멍에를 꺾는 것이 아니겠느냐? 또 주린 자에게 네 식물을 나눠주며 유리하는 빈민을 네 집에 들이며 벗은 자를 보면 입히며 또 네 골육을 피하여 스스로 숨지 아니하는 것이 아니겠느냐?" 회개와 계명 순종이 없는 금식은 무의미한 금식이다.

셋째로, 하나님의 뜻은 특히 안식일을 거룩히 지키는 것이다. 13절, "만일 안식일에 네 발을 금하여 내 성일에 오락을 행치 아니하고 안식일을 일컬어 즐거운 날이라, 여호와의 성일을 존귀한 날이라 하여 이를 존귀히 여기고 네 길로 행치 아니하며 네 오락을 구치 아니하며 사사로운 말을 하지 아니하면." 안식일 성수는 경건과 계명 순종의 표이다.

넷째로, 계명 순종에 평안이 있다. 계명을 순종하는 자에게는 치료와 기도 응답과 심신의 평안과 건강과 기쁨이 있을 것이다(8, 9, 11, 14절).

이사야 59장: 하나님께서 자기 의로 구원하심

59장: 하나님께서 자기 의로 구원하심

〔1-2절〕 여호와의 손이 짧아 구원치 못하심도 아니요 귀가 둔하여 듣지 못하심도 아니라. 오직 너희 죄악이 너희와 너희 하나님 사이를 내었고 너희 죄가 그 얼굴을 가리워서 너희를 듣지 않으시게 함이니.

하나님의 손이 짧아 구원하지 못하심이 아니고 그의 귀가 둔하여 듣지 못하심이 아니다. 이스라엘 백성의 죄악이 그들과 하나님 사이를 내었다. 죄는 우리의 기도에 대한 하나님의 응답을 막는다. 죄가 사람의 근본 문제이다. 우리가 조심할 것은 죄밖에 없다.

〔3-5절〕 이는 너희 손이 피에, 너희 손가락이 죄악에 더러웠으며 너희 입술은 거짓을 말하며 너희 혀는 악독을 발함이라. 공의대로 소송하는 자도 없고 진리대로 판결하는 자도 없으며 허망한 것을 의뢰하며 거짓을 말하며 잔해를 잉태하여 죄악을 생산하며 독사의 알을 품으며 거미줄을 짜나니 그 알을 먹는 자는 죽을 것이요 그 알이 밟힌즉 터져서 독사가 나올 것이니라.

이스라엘 백성은 남을 해치고 죽이고 거짓을 말하였다. 그들의 손에는 피가 있었고 그들의 손가락은 죄악에 더러웠고 그들의 입술은 거짓을 말하였고 그들의 혀는 악독을 발하였다. 또 이스라엘 백성의 법정은 부패하였다. 공의대로 소송하는 자도 없고 진리대로 판결하는 자도 없었다. 의와 불의, 선과 악, 진실과 거짓을 분별하고 판결해야 할 법정이 부패되어 거기에 불의와 악과 거짓이 있었다. 이스라엘 나라는 거짓과 악독이 가득한 나라가 되었다. 그러나 그들은 독사의 알을 품은 것과 같아서 그 결과는 재앙과 죽음과 멸망이다.

〔6-7a절〕 그 짠 것으로는 옷을 이룰 수 없을 것이요 그 행위로는 자기를 가리울 수 없을 것이며 그 행위는 죄악의 행위라. 그 손에는 강포한 행습〔행동〕이 있으며 그 발은 행악하기에 빠르고 무죄한 피를 흘리기에 신속하며 그 사상은 죄악의 사상이라.

이스라엘 백성의 행위의 의는 더러운 누더기 옷과 같았다. 그들의

이사야 59장: 하나님께서 자기 의로 구원하심

행위는 자신의 부끄러운 수치를 가리울 수 없었다. 그것은 곧 메말라 버리는 무화과 잎으로 만든 옷과 같았다(창 3:7). 그 행위는 죄악의 행위요, 그 손에는 강포한 행동이 있고 그 발은 악을 행하기에 빠르고 무죄한 피를 흘리기에 신속하며 그 사상은 죄악의 사상이었다.

〔7b-8절〕 **황폐와 파멸이 그 길에** 끼쳐졌으며 **그들은 평강의 길을 알지 못하며 그들의 행하는 곳에는 공의가 없으며 굽은 길을 스스로 만드나니 무릇 이 길을 밟는 자는 평강을 알지 못하느니라.**

이스라엘 백성의 죄와 부패의 결과는 그 앞길에 황폐와 파멸이 있는 것이고 그들이 평안의 길을 알지 못하는 것이었다. 그들은 공의를 행치 않았고, 공의를 저버리는 자들에게는 평안의 삶이 없다.

〔9-11절〕 **그러므로 공평이 우리에게서 멀고 의가 우리에게 미치지 못한 즉 우리가 빛을 바라나 어두움뿐이요 밝은 것을** 바라나 **캄캄한 가운데 행하므로 우리가 소경같이 담을 더듬으며 눈 없는 자같이 두루 더듬으며 낮에도 황혼 때같이 넘어지니 우리는 강장한 자 중에서도 죽은 자 같은지라. 우리가 곰같이 부르짖으며 비둘기같이 슬피 울며 공평을 바라나 없고 구원을** 바라나 **우리에게서 멀도다.**

이스라엘 백성은 의가 없기 때문에 빛을 바라나 어두움뿐이었다. 빛은 기쁨과 행복을 상징하고 어두움은 슬픔과 불행을 상징한다. 그들은 어두움 속에서 방황하는 자와 같았다. 그들은 환난과 재앙 속에서 부르짖고 탄식하며 구원을 바라나 구원이 그들에게서 멀었다.

〔12-15a절〕 **대저 우리의 허물이 주의 앞에 심히 많으며 우리의 죄가 우리를 쳐서 증거하오니 이는 우리의 허물이 우리와 함께 있음이라. 우리의 죄악을 우리가 아나이다. 우리가 여호와를 배반하고 인정치 아니하며 우리 하나님을 좇는 데서 돌이켜 포학과 패역을 말하며 거짓말을 마음에 잉태하여 발하니 공평이 뒤로 물리침이 되고 의가 멀리 섰으며 성실**(에메스 אֱמֶת)**[진실]이 거리에 엎드러지고 정직이 들어가지 못하는도다. 성실[진실]이 없어지므로 악을 떠나는 자가 탈취를 당하는도다.**

선지자는 이스라엘 백성의 죄를 깨닫는다. 그들은 하나님을 배반하

이사야 59장: 하나님께서 자기 의로 구원하심

고 인정치 않았고 하나님을 따르는 데서 돌이켜 포학과 패역을 말하며 거짓말을 했다. 그들에게는 의(義)도, 진실도 없었다. 오히려 의인이 탈취를 당하는 일이 있을 정도이었다. 구약교회 곧 이스라엘 사회는 경건이 없고 의와 정직이 없는 심히 죄악된 교회요 사회이었다.

〔15b-18절〕 여호와께서 이를 감찰하시고 그 공평이 없는 것을 기뻐 아니하시고 사람이 없음을 보시며 중재자 없음을 이상히 여기셨으므로 자기 팔로 스스로 구원을 베푸시며 자기의 의를 스스로 의지하사 의로 호심경[흉패]을 삼으시며 구원을 그 머리에 써서 투구를 삼으시며 보수(報讐)로 속옷을 삼으시며 열심을 입어 겉옷을 삼으시고 그들의 행위대로 갚으시되 그 대적에게 분노하시며 그 원수에게 보응하시며 섬들에게 보복하실 것이라.

하나님께서는 이스라엘 백성의 절망적 상황을 보시고 친히 자기의 팔로 또 자기의 의로 그들을 구원하실 것이다. 하나님의 구원은 주권적이시다. 하나님께서는 친히 이스라엘 백성을 구원하실 것이다. 그는 자신의 의로 흉패(breastplate)(KJV, NASB)와 투구를 삼으시고 그 의에 근거하여 이스라엘 백성의 원수들을 갚고 보응하실 것이다.

〔19절〕 서방에서 여호와의 이름을 두려워하겠고 해 돋는 편에서 그의 영광을 두려워할 것은 여호와께서 그 기운에 몰려 급히 흐르는 하수같이 오실 것임이로다.

본문(NASB, NIV)은 다음과 같이 번역할 수 있다. "서방에서 여호와의 이름을 두려워하겠고 해 돋는 편에서 그의 영광을 두려워할 것이며, 원수가 홍수같이 올 때에 여호와의 영이 그를 대항해 기(旗)를 들리라(KJV, NKJV)(혹은 몰아대시리라)." 본문 하반절은 하나님께서 이스라엘의 원수들을 물리치실 것을 예언한 말씀이라고 본다.

〔20-21절〕 여호와께서 가라사대 구속자(救贖者)가 시온에 임하며 야곱 중에 죄과(罪過)를 떠나는 자에게 임하리라. 여호와께서 또 가라사대 내가 그들과 세운 나의 언약이 이러하니 곧 네 위에 있는 나의 신[영]과 네 입에 둔 나의 말이 이제부터 영영토록 네 입에서와 네 후손의 입에서와 네 후손의 후손의 입에서 떠나지 아니하리라 하시니라. 여호와의 말씀이니라.

이사야 59장: 하나님께서 자기 의로 구원하심

하나님께서는 이스라엘 백성 중에서 죄를 떠나는 자들, 곧 회개하는 자들에게 구속자(救贖者)를 보내주실 것이다. 또 그는 이스라엘 백성과 세우신 그의 언약을 지키실 것이며 그의 영과 그의 말씀을 그들에게 영원히 주실 것이다. 또 그는 이스라엘의 원수들에게 분노하시며 보복하실 것이며, 그의 뜻하신 바를 다 이루실 것이다.

본장의 교훈을 정리해보자. 첫째로, 이스라엘 백성은 심히 죄악되었다. 그들의 손은 피로 더러워져 있고 그들의 입술은 거짓을 말하며 그 혀는 악독을 발했다(3절). 공의로 소송하는 자도 없었고 진리대로 판결하는 자도 없었다(4절). 그들의 발은 악을 행하기에 빠르고 무죄한 피를 흘리기에 신속했고 그 사상은 죄악의 사상이었다(7절). 그들은 하나님을 배반했고 인정치 않았고 포학과 패역과 거짓을 말했다(13절).

둘째로, 이스라엘 백성에게는 구원도, 평안도 없었다. 그들은 하나님께 기도했으나 응답함이 없었고 구원을 얻지 못했다(1절). 황폐와 파멸이 그 길에 있었고 평안의 길을 알지 못했다(7-8절). 그들이 기쁨의 빛을 바랐으나 슬픔의 어두움뿐이었고(9절) 구원은 그들과 멀었다(11절). 이스라엘의 역사는 그들의 죄에 대한 하나님의 보응이 불행과 멸망임을 보여주었다. 악인들에게는 평안이 없다. 이것은 하나님의 진리이다.

셋째로, 하나님께서는 이스라엘 백성을 자기의 의로 친히 구원하실 것이다. 이스라엘 백성에게는 의가 없었다. 그러므로 하나님께서는 자기 팔로, 자기의 의로 친히 그들을 구원하기를 원하셨다. 그것은 하나님의 전적인 긍휼의 구원이다. 구원은 하나님의 주권적 긍휼의 행위이다. 하나님께서는 이스라엘 백성과 영원한 언약을 맺으셨고 그의 영과 그의 말씀이 그들과 그들의 자자손손 영원히 떠나지 않을 것이라고 약속하셨다. 죄인들의 구원은 하나님께 달려 있다! 죄인들 자신에게는 아무 공로나 의(義)나 자격이 없다. 하나님께서는 죄인들의 구주이시다. 우리의 구원도 하나님의 은혜로 예수 그리스도의 대속으로 이루어졌다.

이사야 60장: 영광스럽게 회복될 것

60장: 영광스럽게 회복될 것

〔1-3절〕일어나라. 빛을 발하라. 이는 네 빛이 이르렀고 여호와의 영광이 네 위에 임하였음이니라. 보라, 어두움이 땅을 덮을 것이며 캄캄함이 만민을 가리우려니와 오직 여호와께서 네 위에 임하실 것이며 그 영광이 네 위에 나타나리니 열방은 네 빛으로, 열왕은 비취는 네 광명으로 나아오리라.

이스라엘 백성은 장차 메시아의 구원의 빛을 받을 것이며 그 빛을 세상에 비출 것이다. 이것은 메시아의 강림과 세계복음화의 일을 보인다. 어둠은 죄와 불행과 죽음을 가리킨다. 세상이 죄와 불행과 죽음 가운데 있었으나, 메시아께서는 세상의 빛으로 오시고(요 1:9) 그 빛이 이스라엘 백성에게 비취고 온 세상이 그 빛으로 나아올 것이다.

〔4-5절〕네 눈을 들어 사면을 보라. 무리가 다 모여 네게로 오느니라. 네 아들들은 원방에서 오겠고 네 딸들은 안기워 올 것이라. 그때에 네가 보고 희색(喜色)을 발하며 네 마음이 놀라고 또 화창하리니 이는 바다의 풍부가 네게로 돌아오며 열방의 재물이 네게로 옴이라.

이스라엘 나라의 회복은 기쁨과 놀라움의 일이며 열방의 풍부함과 물질적 풍요를 동반할 것이다. 이것은 이방인들의 구원을 암시하며 세계적이며 풍요로운 신약교회의 모습을 보인다.

〔6-9절〕허다한 약대, 미디안과 에바의 젊은 약대가 네 가운데 편만할 것이며 스바의 사람들은 다 금과 유향을 가지고 와서 여호와의 찬송을 전파할 것이며 게달의 양 무리는 다 네게로 모여지고 느바욧의 수양[숫양]은 네게 공급되고 내 단에 올라 기꺼이 받음이 되리니 내가 내 영광의 집을 영화롭게 하리라. 저 구름같이, 비둘기가 그 보금자리로 날아오는 것같이 날아오는 자들이 누구뇨? 곧 섬들이 나를 앙망하고 다시스의 배들이 먼저 이르되 원방에서 네 자손과 그 은금을 아울러 싣고 와서 네 하나님 여호와의 이름에 드리려 하며 이스라엘의 거룩한 자에게 드리려 하는 자들이라. 이는 내가 너를 영화롭게 하였음이니라.

하나님께서는 신약교회를 물질적으로 풍요롭고 영광스러운 교회

이사야 60장: 영광스럽게 회복될 것

가 되게 하실 것이다. 장차 천국에서 우리가 누릴 영광은 말할 것도 없으나, 많은 이방인들과 그 자녀들이 신약교회 안으로 들어올 것이며 그들은 많은 헌금을 하나님께 드리며 하나님을 섬길 것이다.

〔10-12절〕 내가 노하여 너를 쳤으나 이제는 나의 은혜로 너를 긍휼히 여겼은즉 이방인들이 네 성벽을 쌓을 것이요 그 왕들이 너를 봉사할 것이며 네 성문이 항상 열려 주야로 닫히지 아니하리니 이는 사람들이 네게로 열방의 재물을 가져오며 그 왕들을 포로로 이끌어 옴이라. 너를 섬기지 아니하는 백성과 나라는 파멸하리니 그 백성들은 반드시 진멸되리라.

전에는 하나님께서 노하셔서 그들을 징벌하셨으나 이제 그는 은혜로 그들을 긍휼히 여기시겠고, 그들을 멸망시켰던 이방인들이 그들에게 돌아와 교회를 건립하고 그들을 섬길 것이다. 신약교회의 문은 항상 열려 있고 밤낮으로 닫히지 않을 것이다. 모든 나라의 사람들이 신약교회로 들어올 것이다. 예수 그리스도의 교회 밖에는 구원이 없다. 이 교회에 속하고 이 교회를 섬기지 않는 자들은 멸망할 것이다.

〔13절〕 레바논의 영광 곧 잣나무(베로쉬 ברוש)[삼나무(cypress)](LXX, Syr, BDB)와 소나무(티드하르 תדהר)[느릅나무(elm)](시마커스역, Vg, BDB)와 황양목(테앗슈르 תאשור)[회양목(box-tree)](BDB, Vg, Targ, KJV)이 함께 네게 이르러 내 거룩한 곳을 아름답게 할 것이며 내가 나의 발 둘 곳을 영화롭게 할 것이라.

이것은 신약교회에 귀한 인재들이 많을 것을 보이는 것 같다.

〔14절〕 너를 괴롭게 하던 자의 자손이 몸을 굽혀 네게 나아오며 너를 멸시하던 모든 자가 네 발 아래 엎드리어 너를 일컬어 여호와의 성읍이라, 이스라엘의 거룩한 자의 시온이라 하리라.

이스라엘 백성을 괴롭히며 멸시하던 이방인들의 자손들은 그들에게 굴복할 것이며 그들을 하나님의 성, 이스라엘의 거룩한 자의 시온이라고 부르며 하나님께서 그들과 함께하심을 증거할 것이다.

〔15-16절〕 전에는 네가 버림을 입으며 미움을 당하였으므로 네게로 지나는 자가 없었으나 이제는 내가 너로 영영한 아름다움(가온 גאון)[뛰어남,

이사야 60장: 영광스럽게 회복될 것

우수함]과 대대의 기쁨이 되게 하리니 네가 열방의 젖을 빨며 열왕의 유방을 빨고 나 여호와는 네 구원자, 네 구속자(救贖者), 야곱의 전능자(아비르 יַעֲקֹב)[용새]인 줄 알리라.

회복된 이스라엘 나라는 영영한 아름다움과 뛰어남과 대대의 기쁨이 될 것이다. 또 그것은 세계적 교회가 될 것이며 이방 나라 왕들이 양식을 공급할 것이다. 또 회복된 이스라엘 나라 즉 신약교회는 하나님께서 그들의 구원자이며 구속자(救贖者)이심을 알게 될 것이다.

〔17-18절〕내가 금을 가져 놋을 대신하며 은을 가져 철을 대신하며 놋으로 나무를 대신하며 철로 돌을 대신하며 화평을 세워 관원을 삼으며 의를 세워 감독을 삼으리니 다시는 강포한 일이 네 땅에 들리지 않을 것이요 황폐와 파멸이 네 경내에 다시 없을 것이며 네가 네 성벽을 구원이라, 네 성문을 찬송이라 칭할 것이라.

신약교회는 물질적으로 풍부하고 도덕적으로 안정적일 것이다. 그들에게는 은금놋철이 풍성할 것이다. 또 그 교회는 평안과 의(義)가 다스리는 교회가 되며 강포가 없을 것이며 황폐와 파멸도 다시 없을 것이다. 그 성벽은 구원, 그 성문은 찬송이라고 불릴 것이다. 이것은 궁극적으로는 장차 천국에서 이루어질 교회의 모습을 가리키지만, 또 이 세상에서도 바른 교회는 그런 모습을 나타낼 것이다.

〔19-20절〕다시는 낮에 해가 네 빛이 되지 아니하며 달도 네게 빛을 비취지 않을 것이요 오직 여호와가 네게 영영한 빛이 되며 네 하나님이 네 영광이 되리니 다시는 네 해가 지지 아니하며 네 달이 물러가지 아니할 것은 여호와가 네 영영한 빛이 되고 네 슬픔의 날이 마칠 것임이니라.

새 예루살렘 성에서는 해와 달이 필요하지 않다. 하나님께서 친히 영영한 빛이 되시고 영광이 되실 것이기 때문이다(계 21:23). 해가 지지 않고 달이 기울지 않는 것도, 하나님께서 그들의 영영한 빛이 되실 것이기 때문이다. 이로써 그들의 슬픔의 날은 마칠 것이다.

〔21-22절〕네 백성이 다 의롭게 되어 영영히 땅을 차지하리니 그들은 나의 심은 가지요 나의 손으로 만든 것으로서 나의 영광을 나타낼 것인즉

이사야 60장: 영광스럽게 회복될 것

그 작은 자가 천을 이루겠고 그 약한 자가 강국을 이룰 것이라. 때가 되면 나 여호와가 속히 이루리라.

하나님께서는 자기 백성을 의로운 백성으로 만드실 것이며 또 그들로 영원히 땅을 차지하게 하실 것이다. 그들은 하나님께서 심으신 자들이요 하나님께서 친히 만드신 자들이다. 그들은 약한 자라도 강건케 될 것이다. 하나님께서는 이 일을 속히 이루실 것이다.

본장의 교훈을 정리해보자. 첫째로, 하나님께서는 친히 이스라엘 나라를 회복시키실 것이다. 7절, "내가 내 영광의 집을 영화롭게 하리라." 9절, "내가 너를 영화롭게 하였음이니라." 15절, "내가 너로 영영한 아름다움과 대대의 기쁨이 되게 하리니." 16절, "[네가] 나 여호와는 네 구원자, 네 구속자(救贖者), 야곱의 전능자인 줄 알리라." 21절, "그들은 나의 심은 가지요 나의 손으로 만든 것." 22절, "때가 되면 나 여호와가 속히 이루리라." 이스라엘의 회복과 구원은 하나님께서 이루시는 일이다.

둘째로, 이스라엘의 회복은 세계적일 것이다. 3절, "열방은 네 빛으로, 열왕은 비취는 네 광명으로 나아오리라." 9절, "섬들이 나를 앙망하고 다시스의 배들이 먼저 이르되 원방에서 네 자손과 그 은금을 아울러 싣고 와서 네 하나님 여호와의 이름에 드리려 하며." 10절, "이방인들이 네 성벽을 쌓을 것이요 그 왕들이 너를 봉사할 것이며." 이것은 복음이 온 세상에 전파될 것과 신약교회가 세계적이게 될 것을 보인다.

셋째로, 회복될 이스라엘은 영광스러울 것이다. 7절, "내가 내 영광의 집을 영화롭게 하리라." 9절, "내가 너를 영화롭게 하였음이니라." 15절, "내가 너로 영영한 아름다움과 대대의 기쁨이 되게 하리니." 거기에는 의와 평안이 있을 것이다(17절). 신약교회는 하나님의 영광의 빛을 받은 자들의 모임이며 거기에는 의와 평안이 있다. 그것은 예수 그리스도의 오심으로 시작되었고 장차 그의 재림으로 영광스럽게 완성될 것이다. 그러므로 우리는 일어나 빛을 발하며(1절) 복음을 널리 전해야 한다.

이사야 61장: 메시야의 구원 시대

61장: 메시아의 구원 시대

〔1절〕 주 여호와의 신[영]이 내게 임하셨으니(알라이 עָלַי)[내 위에 계시니] 이는 여호와께서 내게 기름을 부으사[바르사] 가난한 자에게 아름다운 소식을 전하게 하려 하심이라. 나를 보내사 마음이 상한 자를 고치며 포로된 자에게 자유를, 갇힌 자에게 놓임을 전파하며.

이 말씀은 메시아 예언이다. 누가복음 4:18-21을 보면, 주 예수께서는 이 구절을 읽으신 후 "이 글이 오늘날 너희 귀에 응하였느니라"고 말씀하셨다. '기름을 바르다'는 말(마솨크 מָשַׁח)에서 '메시아'(마쉬아크 מָשִׁיחַ)라는 말이 나왔다. 기름은 성령을 상징한다. 메시아께서는 성령의 기름 바름을 받으셨다. 요한복음 3:34, "하나님의 보내신 이는 하나님의 말씀을 하나니 이는 하나님이 성령을 한량없이 주심이니라." 사도행전 10:38, "하나님께서 나사렛 예수에게 성령과 능력으로 기름을 바르셨으매 저가 두루 다니시며 착한 일을 행하시고"(원문).

메시아께 기름 바름을 주신 목적은, 첫째로, 복음 전파를 위해서이다. 예수 그리스도께서는 오셔서 복음을 전하셨다. 마가복음 1:14-15, "요한이 잡힌 후 예수께서 갈릴리에 오셔서 하나님의 복음을 전파하여 가라사대 때가 찼고 하나님 나라가 가까왔으니 회개하고 복음을 믿으라 하시더라." 둘째로, 죄와 그 결과인 불행으로 마음이 상한 자들을 고치시기 위해서이다. 마태복음 9:13, "내가 의인을 부르러 온 것이 아니요 죄인을 부르러 왔노라." 마태복음 11:28, "수고하고 무거운 짐 진 자들아, 다 내게로 오라. 내가 너희를 쉬게 하리라." 셋째로, 포로 되고 갇힌 자에게 자유를 선포하기 위해서다. 포로 되고 갇힌 자란 죄의 포로된 자를 말한다. 구원은 죄로부터의 자유이다. 요한복음 8:34, 36, "예수께서 대답하시되 진실로 진실로 너희에게 이르노니 죄를 범하는 자마다 죄의 종이라," "그러므로 아들이 너희를 자유케

이사야 61장: 메시야의 구원 시대

하면 너희가 참으로 자유하리라."

[2-3절] 여호와의 은혜의 해와 우리 하나님의 신원(伸寃)[원통함을 풀어주심]의 날을 전파하여 모든 슬픈 자를 위로하되 무릇 시온에서 슬퍼하는 자에게 화관(花冠)을 주어 그 재를 대신하며 희락의 기름으로 그 슬픔을 대신하며 찬송의 옷으로 그 근심을 대신하시고 그들로 의의 나무 곧 여호와의 심으신 바 그 영광을 나타낼 자라 일컬음을 얻게 하려 하심이니라.

메시아 시대는 하나님의 은혜의 해이며 원통함을 풀어주시는 날이다. 사도 바울은 고린도후서 6:2에서 "보라, 지금은 은혜 받을 만한 때요; 보라, 지금은 구원의 날이로다"고 말했다. 메시아 시대는 은혜의 시대일 뿐 아니라, 원통함을 풀어주시는 날이기도 하다. 메시아의 구원의 복음이 전파될 때 믿는 자들은 구원을 얻지만, 믿지 않는 자들은 정죄를 받고 멸망하게 될 것이다(요 3:17-19). 의인들을 핍박했던 악인들은 하나님의 공의의 보응을 받을 것이다. 그러나 죄와 불행을 슬퍼하며 회개하는 자들은 위로를 얻을 것이다. 그들은 죄사함과 의롭다 하심과 심령의 평안과 부활과 영생의 소망을 얻을 것이다.

'무릇 시온에서 슬퍼하는 자'는 애통하며 회개하는 신약교인들을 가리킨다고 보인다. 그들은 재 대신 화관(花冠)을, 슬픔 대신 희락의 기름을, 근심 대신 찬송의 옷을 입게 될 것이다. 죄와 그 징벌로 슬퍼하던 하나님의 백성은 이제 존귀와, 성령의 기쁨과 찬송으로 단장될 것이다. 이것이 구원이다. 구원은 죄에서 의로, 슬픔과 근심에서 기쁨과 찬송으로 변화되는 것이다. 특히, 회복된 이스라엘 백성은 "의의 나무"라고 불릴 것이며 또 "여호와의 심으신 바"라고 불릴 것이다.

[4-7절] 그들은 오래 황폐하였던 곳을 다시 쌓을 것이며 예로부터 무너진 곳을 다시 일으킬 것이며 황폐한 성읍 곧 대대로 무너져 있던 것들을 중수(重修)할 것이며 외인은 서서 너희 양떼를 칠 것이요 이방 사람은 너희 농부와 포도원지기가 될 것이나[것이며] (NIV) 오직 너희는 여호와의 제사장이라 일컬음을 얻을 것이라. 사람들이 너희를 우리 하나님의 봉사자[사역자들]라 할 것이며 너희가 열방의 재물을 먹으며 그들의 영광을 얻어 자랑할

이사야 61장: 메시야의 구원 시대

것이며 너희가 수치 대신에 배나 얻으며 능욕 대신에 분깃을 인하여 즐거워할 것이라. 그리하여 고토(故土)에서 배나 얻고 영영한 기쁨이 있으리라.

'그들'은 구원 얻은 백성들, 곧 신약교회를 가리키며, '오래 황폐하였던 곳'은 구약교회를 가리킬 것이다. 신약교회는 구약교회를 재건할 것이다. 그때 외인들과 이방인들이 양을 치는 목자, 농부, 포도원 지기가 될 것이다. 그들은 모두 다 신약교회를 세우는 사역자들이다. '너희'는 이방인 신자들과 사역자들을 포함해 신약교회 전체를 가리킨다고 본다. 그들은 '여호와의 제사장들'과 '하나님의 사역자들'이라고 불릴 것이다. 베드로전서 2:9, "오직 너희는 택하신 족속이요 왕 같은 제사장들이요 거룩한 나라요 그의 소유된 백성이니." 고린도후서 6:1, "우리가 하나님과 함께 일하는 자로서 너희를 권하노니."

[8-9절] 대저 나 여호와는 공의를 사랑하며 불의의 강탈(가젤 베올라 גָּזֵל בְּעוֹלָה)['번제에서의 강탈'(KJV, NASB), '강탈과 불의(베아웰라 בְּעַוְלָה)' (LXX, Syr, NIV)]을 미워하여 성실히 그들에게 갚아 주고 그들과 영영한 언약을 세울 것이라. 그 자손을 열방 중에, 그 후손을 만민 중에 알리리니 무릇 이를 보는 자가 그들은 여호와께 복 받은 자손이라 인정하리라.

심판자 하나님께서는 의를 사랑하시고, 단순히 번제의 제사 행위보다 강탈을 미워하시며, 자기 백성을 진실하게 다스리시고 그들과 영영한 언약을 세우실 것이다. 그 자손들은 열방 중에 알려지며 그들이 "여호와께 복 받은 자손"이라고 인정될 것이다(엡 1:3).

[10-11절] 내가 여호와로 인하여 크게 기뻐하며 내 영혼이 나의 하나님으로 인하여 즐거워하리니 이는 그가 구원의 옷으로 내게 입히시며 의의 겉옷으로 내게 더하심이 신랑이 사모(紗帽)[혼례식 모자]를 쓰며 신부가 자기 보물로 단장함 같게 하셨음이라. 땅이 싹을 내며 동산이 거기 뿌린 것을 움돋게 함같이 주 여호와께서 의와 찬송을 열방 앞에 발생하게 하시리라.

구원은 하나님께로 말미암는다. 구원 얻은 성도는 여호와로 인하여 크게 기뻐하며 즐거워할 것이다. 그러므로 신약 성도는 주 안에서 항상 기뻐한다(빌 4:4). 하나님께서는 그들에게 구원의 옷, 의의 겉옷을 입히실 것이다. 믿는 자들은 예수 그리스도로 옷 입었다. 갈라디아서 3:27, "누구든지 그리스도와 합하여 세례를 받은 자는 그리스도로 옷 입었느니라." 신약 성도들은 예수 그리스도의 의로 의롭다 하심을 얻었다. 또 하나님께서는 의와 찬송을 열방 앞에 드러내실 것이다.

본장의 교훈을 정리해보자. 첫째로, 하나님께서는 메시아를 보내셔서 복음을 전파하시고 하나님의 은혜의 해를 선포하실 것이다. 이스라엘 백성은 하나님께서 심으신 자들, 하나님께 복 받은 자손들이 될 것이다. 하나님께서는 그들에게 구원의 옷, 의의 겉옷을 입혀주시며 그들은 여호와로 인해 크게 기뻐할 것이다. 메시아께서 오셨고 신약교회는 바로 하나님의 은혜를 받은 자들이다. 디도서 3:4-5, "우리 구주 하나님의 자비와 사람 사랑하심을 나타내실 때에 우리를 구원하시되."

둘째로, 회복된 이스라엘 백성은 의의 나무라고 불리며 의의 겉옷을 입을 것이다. 구원은 죄인을 의인 만드는 것이다. 그것은 예수 그리스도로 말미암은 하나님의 구원의 은혜이다. 예수께서는 죄인을 불러 회개시키기 위해 세상에 오셨다. 그는 우리 죄를 위해 죽으심으로 우리의 의를 이루시고 율법의 마침이 되셨다(롬 10:4). 죄인들은 그를 믿음으로 하나님의 은혜로, 값없이 의롭다 하심을 얻는다(롬 3:24). 이제 우리는 의롭다 하심을 얻은 성도들답게 죄를 멀리하고 하나님만 섬기고 그의 계명들을 지켜 거룩하고 의롭고 선하고 진실하게만 살아야 한다.

셋째로, 메시아의 시대에 구원 얻을 자들은 위로를 받고 화관(花冠)을 쓰고 희락의 기름을 가지고 찬송의 옷을 입을 것이며 영영한 기쁨을 얻어 크게 기뻐하고 찬송을 부를 것이다. 구원은 기쁨 충만한 것이다. 신약성경은 주 예수 그리스도로 말미암아 우리가 얻은 구원이 기쁨의 열매를 맺는 구원임을 증거한다. 우리는 주께서 주신 의와 구원, 부활과 천국과 영생 소망 때문에 항상 기뻐할 수 있다. 성령의 열매는 희락을 포함한다(갈 5:22). 우리는 주 안에서 항상 기뻐해야 한다(빌 4:4).

이사야 62장: 예루살렘의 회복

62장: 예루살렘의 회복

〔1-3절〕 나는 시온의 공의가 빛같이, 예루살렘의 구원이 횃불같이 나타나도록(아드 예체 אַד־יֵצֵא)[나타나기까지] 시온을 위하여 잠잠하지 아니하며 예루살렘을 위하여 쉬지 아니할 것인즉 열방이 네 공의를, 열왕이 다 네 영광을 볼 것이요 너는 여호와의 입으로 정하실 새 이름으로 일컬음이 될 것이며 너는 또 여호와의 손의 아름다운 면류관, 네 하나님의 손의 왕관이 될 것이라.

시온의 공의가 빛같이 나타나며 예루살렘의 구원이 횃불같이 나타나는 때는 메시아 시대를 가리킨다. 이스라엘 백성이 바벨론 나라에서 돌아오는 것은 그 예표가 될 것이다. 이사야는 하나님께서 시온과 예루살렘을 위해 주신 이 복된 예언을 잠잠치 않고 쉬지 않고 선포하며 전파하겠다고 말한다. 그것은 백성들에게 위로와 소망이 되며 또 그때를 준비하는 일이 될 것이며 때가 되면 그 일이 이루어질 것이다.

신약교회는 예수 그리스도의 십자가 대속 사역으로 의와 구원을 얻었고 장차 주의 재림으로 말미암아 충만한 영광을 누릴 것이다. 또 신약교회는 여호와의 입으로 정하실 새 이름으로 일컬음을 얻었다. 사람들의 이름은 그들의 신분과 권위를 나타낸다. 신약교회 성도들은 '예수 그리스도의 제자들,' '구원 얻은 성도들,' '그리스도인들'이라는 새 이름을 얻었고 또 그들은 여호와의 손의 아름다운 면류관과 왕관이 될 것이다. 마태복음 13장에 보면, 주께서는 천국을 '밭에 감추인 보화'와 '극히 값진 진주'로 비유하셨다(마 13:44, 46). 사도 베드로는 신약교회 성도들을 '택하신 족속,' '왕 같은 제사장들,' '거룩한 나라,' '그의 소유된 백성'이라고 증거하였다(벧전 2:9).

〔4-5절〕 다시는 너를 버리운 자라 칭하지 아니하며 다시는 네 땅을 황무지라 칭하지 아니하고 오직 너를 헵시바(켑치바흐 חֶפְצִי־בָהּ)['나의 기쁨이 그에게 있다'는 뜻]라 하며 네 땅을 쁄라(뻬울라 בְּעוּלָה)['결혼하였다'는 뜻]

이사야 62장: 예루살렘의 회복

라 하리니 이는 여호와께서 너를 기뻐하실 것이며 네 땅이 결혼한 바가 될 것임이라. 마치 청년이 처녀와 결혼함같이 네 아들들이 너를 취하겠고 신랑이 신부를 기뻐함같이 네 하나님이 너를 기뻐하시리라.

이스라엘 백성은 범죄함으로 버리운 자가 되었었고 그 땅은 황무지가 되었었으나, 회복될 예루살렘 성은 '나의 기쁨이 그에게 있다'라고 불리고 그 땅은 '결혼하였다'라고 불릴 것이다. 결혼하는 신랑이 신부를 기뻐함같이 하나님께서는 이스라엘 백성을 기뻐하실 것이며, 청년이 처녀와 결혼함같이 그들은 하나님께로 돌아와 그 성을 취할 것이다. 예루살렘 성은 다시 아름답고 영광스럽게 회복될 것이다.

[6-7절] 예루살렘이여, 내가 너의 성벽 위에 파숫군[파수꾼]을 세우고 그들로 종일 종야에 잠잠치 않게 하였느니라. 너희 여호와로 기억하시게 하는 자들(NASB)(함마즈키림 엣 예호와 הַמַּזְכִּירִים אֶת־יְהוָה)[여호와를 부르는 자들](BDB, KJV, NIV)아, 너희는 쉬지 말며 또 여호와께서 예루살렘을 세워 세상에서 찬송을 받게 하시기까지 그로 쉬지 못하시게 하라.

선지자 이사야는 메시아를 대신하듯이 말씀의 사역을 쉬지 않고 행하게 하겠다고 말한다. 예루살렘의 파수꾼들은 성벽 위에서 밤낮으로 계속 말씀을 전할 것이다. 또 그는 하나님의 이름을 부르는 자들이 여호와께서 예루살렘을 세워 세상에서 찬송을 받게 하시기까지 그의 일을 쉬지 못하시게 하라고 말한다. 그것은 주의 종들과 성도들의 기도를 가리킨다고 보인다. 주의 종들과 성도들의 간절한 기도는 예루살렘을 건립하는 하나님의 일을 힘있게 진행시킬 것이며 완성케 할 것이다. 하나님께서는 예루살렘의 회복 곧 신약교회 건립을 쉬지 않으시고 그의 열심으로 그 교회를 세우시고 영화롭게 하실 것이다.

[8-9절] 여호와께서 그 오른손, 그 능력의 팔로 맹세하시되 내가 다시는 네 곡식을 네 원수들에게 식물로 주지 아니하겠고 너의 수고하여 얻은 포도주를 이방인으로 마시지 않게 할 것인즉 오직 추수한 자가 그것을 먹고 나 여호와를 찬송할 것이요 거둔 자가 그것을 나의 성소 뜰에서 마시리라 하셨느니라.

이사야 62장: 예루살렘의 회복

이스라엘 백성의 평안과 풍족함의 회복은 하나님의 오른손 곧 그의 능력의 손으로 이루실 일이다. 하나님께서 맹세하신 그 일은 반드시 이루어질 것이다. 이스라엘 백성이 다시는 원수들에게 그 곡식과 포도주를 빼앗기지 않을 것이며, 평안과 풍족함을 누릴 것이다.

〔10-11절〕 **성문으로 나아가라**[지나가라], **나아가라**[지나가라]. **백성의 길을 예비하라. 대로(大路)를 수축하고 수축하라. 돌을 제하라. 만민을 위하여 기(旗)를 들라. 여호와께서 땅끝까지 반포하시되 너희는 딸 시온에게 이르라. 보라, 네 구원이 임하느니라. 보라,** [그의] **상급**[보상]**이 그에게 있고** [그의] **보응이 그 앞에 있느니라 하셨느니라.**

길을 예비하고 대로(大路)를 세우라는 것은 메시아를 영접할 준비를 하라는 뜻이라고 본다. '돌을 제하라'는 말은 믿음에 방해가 되는 불신앙, 교만, 완고함, 온갖 탐욕, 물욕, 정욕, 명예욕 등의 죄를 제거하라, 즉 그것들을 회개하고 버리라는 뜻이라고 본다. 메시아의 복음은 만민을 위해, 땅끝까지 전파될 것이다. 이스라엘 백성에게 구원이 임할 것이다. 메시아의 강림과 그의 대속 사역은 온 세상에 복음으로 전파될 것이다. 세계복음화는 하나님의 계획된 뜻이다.

하나님께서는 구원을 보상과 보응이라는 말로 표현하셨다. 구원은 하나님의 전적인 은혜이지만, 하나님께서는 성경에서 때때로 구원과 관련해 보상과 보응이라는 표현을 사용하신다. 마태복음 25:34-35, "내 아버지께 복 받을 자들이여, 나아와 창세로부터 너희를 위하여 예비된 나라를 상속하라. 내가 주릴 때에 너희가 먹을 것을 주었고." 로마서 6:22, "이제는 너희가 죄에게서 해방되고 하나님께 종이 되어 거룩함에 이르는 열매를 얻었으니 이 마지막은 영생이라." 갈라디아서 6:7-8, "사람이 무엇으로 심든지 그대로 거두리라. 자기의 육체를 위하여 심는 자는 육체로부터 썩어진[썩는] 것을 거두고 성령을 위하여 심는 자는 성령으로부터 영생을 거두리라."

〔12절〕 **사람들이 너를 일컬어 거룩한 백성이라, 여호와의 구속(救贖)하**

이사야 62장: 예루살렘의 회복

신 자[들]라 하겠고 또 너를 일컬어 찾은 바된 자[들]요 버리지 아니한 [버림받지 않은] 성읍이라 하리라.

회복된 예루살렘은 '거룩한 백성'이며 '여호와의 구속(救贖)하신 자들'이며 '찾은 바된 자들'이며 '버림받지 않은 성읍'이라고 불릴 것이다. 신약교회가 바로 그러하다. 구약교회는 죄로 인해 하나님의 버림을 받았으나, 신약교회는 예수 그리스도의 대속(代贖) 사역과 성령의 활동으로 세워지고 끝까지 보존되고 마침내 영광에 이를 것이다.

본장의 교훈을 정리해보자. 첫째로, 회복될 예루살렘 성은 거룩하고 의로운 성이 될 것이다(1, 12절). 시온에는 의가 빛같이 나타날 것이며 그 거민들은 거룩한 백성이라 불릴 것이다. 신약교회는 예수 그리스도의 대속 사역과 성령의 중생케 하심으로 거룩함과 의롭다 하심을 얻은 자들의 모임이다. 그러므로 이제 우리는 영육의 더러운 모든 죄를 버리고(고후 7:1) 우리의 몸과 마음을 거룩과 의로 항상 단장해야 한다.

둘째로, 예루살렘 성은 영광스런 성으로 회복될 것이다. 3절, "너는 여호와의 손의 아름다운 면류관, 네 하나님의 손의 왕관이 될 것이라." 예루살렘 성은 새 이름을 얻을 것이며 여호와의 손의 아름다운 면류관과 왕관이 될 것이며 평안과 식물의 풍족함도 누릴 것이다. 이와 같이, 신약교회는 하나님의 영광을 회복할 것이며, 그 영광은 장차 주 예수 그리스도의 재림으로 천국과 영광의 부활에서 완전히 이루어질 것이다.

셋째로, 이스라엘 백성은 하나님의 기뻐하신 바 되며 그와 결혼할 것이다. 4절, "오직 너를 헵시바라 하며 네 땅을 쁄라라 하리니 이는 여호와께서 너를 기뻐하실 것이며 네 땅이 결혼한 바가 될 것임이라." 이스라엘 백성은 '여호와의 구속(救贖)하신 자들,' '찾은 바된 자들,' '버림받지 않은 성읍'이라고 불릴 것이다. 신약교회는 하나님의 기뻐하심으로 택함 받은 자들과 그의 특별한 사랑을 받은 자들이며 '택하신 족속,' '왕 같은 제사장들,' '거룩한 나라,' '그의 소유된 백성'으로 불리었다(벧전 2:9). 그러므로 우리는 하나님과 주 예수님과 성도들을 사랑해야 한다.

이사야 63장: 하나님의 긍휼을 간구함

63장: 하나님의 긍휼을 간구함

〔1-2절〕 에돔에서 오며 홍의(紅衣)[붉은 옷]를 입고 보스라에서 오는 자가 누구뇨? 그 화려한 의복 큰 능력으로 걷는 자가 누구뇨? 그는 내니 의(義)를 말하는 자요 구원하기에 능한 자니라. 어찌하여 네 의복이 붉으며 네 옷이 포도즙 틀을 밟는 자 같으뇨?

하나님께서는 자신을 에돔과 보스라에서 원수를 갚는 자이며 그의 옷이 피로 물들어 붉다고 묘사하시며 또 자신을 의(義)를 말하는 자이며 구원하기에 능한 자라고 묘사하신다. 그는 공의로 이방 나라들을 심판하실 것이며, 그것은 이스라엘에게는 구원이 될 것이다. 이사야는 하나님께 "어찌하여 당신의 의복이 붉으며 당신의 옷이 포도즙 틀을 밟는 자 같나이까?"라고 반문한다. 그것은 하나님께서 공의의 심판자로서 이방 나라들의 많은 사람들을 죽이시기 때문이다.

〔3-6절〕 만민 중에 나와 함께한 자가 없이 내가 홀로 포도즙틀을 밟았는데 내가 노함을 인하여 무리를 밟았고 분함을 인하여 짓밟았으므로 그들의 선혈[피]이 내 옷에 뛰어 내 의복을 다 더럽혔음이니 이는 내 원수 갚는 날이 내 마음에 있고 내 구속(救贖)할(게울라이 גְּאוּלַי)[나의 구속(救贖)받는 자들의](원문, KJV) 해가 왔으나 내가 본즉 도와주는 자도 없고 붙들어 주는 자도 없으므로 이상히 여겨 내 팔이 나를 구원하며 내 분이 나를 붙들었음이라. 내가 노함을 인하여 만민을 밟았으며 내가 분함을 인하여 그들을 취케 하고 그들의 선혈[피]로 땅에 쏟아지게 하였느니라.

하나님께서는 친히 열방을 심판하시며 홀로 원수들을 심판하실 것이며, 그와 함께한 자가 없을 것이다. 그의 심판으로 많은 사람들이 죽을 것이며 그 피가 옷을 더럽힐 것이다. 또 열국에 대한 그 심판의 날은 하나님의 백성에게 구속(救贖)이 되는 날이기도 할 것이다. 그는 인류의 원수인 사탄과 악령들을 친히 심판하시고 멸망시키시며 자기 백성을 죄와 죽음과 지옥 형벌로부터 구원하실 것이다.

이사야 63장: 하나님의 긍휼을 간구함

〔7-9절〕 내가 여호와께서 우리에게 베푸신 모든 자비와 그 찬송을 말하며 그 긍휼을 따라, 그 많은 자비를 따라 이스라엘 집에 베푸신 큰 은총을 말하리라. 여호와께서 말씀하시되 그들은 실로 나의 백성이요 거짓을 행치 아니하는 자녀라 하시고 그들의 구원자가 되사 그들의 모든 환난에 동참하사(베콜 차라삼 로 차르 בְּכָל־צָרָתָם לֹא צָר)[그들의 모든 환난에서 대적자가 아니시고]27) 자기 앞의 사자로 그들을 구원하시며 그 사랑과 그 긍휼로 그들을 구속(救贖)하시고 옛적 모든 날에 그들을 드시며 안으셨으나.

이사야는 이스라엘 백성에게 베푸신 하나님의 모든 자비와 긍휼과 큰 은총을 찬송하며 증거한다. 하나님께서는 그들을 그의 백성으로 삼으시고 모든 환난에서 사랑과 긍휼로 구원하셨고 옛적 모든 날에 그들을 드시며 안으셨었다. 본문은 자비, 긍휼, 은총, 사랑 등의 동의어를 여섯 번이나 사용하였다(15절에 두 번 더). 우리의 구원은 하나님의 전적인 자비와 긍휼과 크신 은총과 사랑으로 된다.

〔10-14절〕 그들이 반역하여 주의 성신[성령]을 근심케 하였으므로 그가 돌이켜 그들의 대적이 되사 친히 그들을 치셨더니 백성이 옛적 모세의 날을 추억하여 가로되 백성과 양무리의 목자를 바다에서 올라오게 하신 자가 이제 어디 계시뇨? 그들 중에 성신[성령]을 두신 자가 이제 어디 계시뇨? 그 영광의 팔을 모세의 오른손과 함께하시며 그 이름을 영영케 하려 하사 그들 앞에서 물로 갈라지게 하시고 그들을 깊음으로 인도하시되 말이 광야에 행함과 같이 넘어지지 않게 하신 자가 이제 어디 계시뇨? 여호와의 신[영]이 그들로 골짜기로 내려가는 가축같이 편히 쉬게 하셨도다. 주께서 이같이 주의 백성을 인도하사 [주의] 이름을 영화롭게 하셨나이다 하였느니라.

11절의 '백성이 . . . 기억하였다'는 원문(와이즈코르 וַיִּזְכֹּר)은 '그리고 그가 기억하였다'는 뜻이다. '그'는 하나님을 가리킬 수 있고 그러면 11절부터 14절 전반부는 하나님의 하신 말씀으로 번역되어야

---

27) 한글개역이나 영어번역들(KJV, NASB, NIV)은 17개 히브리어 사본들과 더불어 마소라 본문의 케레의 제안(לוֹ)을 따른 것이다. 그러나 원문에는 לֹא로 쓰여 있고(케티브), LXX, Vg, Syr도 그런 뜻으로 번역하였다. 그것은 10절에 '그들의 대적이 되사'라는 말씀과 대조되는 것 같다.

이사야 63장: 하나님의 긍휼을 간구함

할 것이다(KJV). 그러나 이스라엘 백성의 말이든지 하나님의 말씀이든지 그것이 전하고자 하는 바는 동일하다. 하나님께서는 이스라엘에게 많은 긍휼을 베푸셨지만, 이스라엘 백성은 심히 죄악되고 연약했다. 그들은 하나님을 거역했다. 그러므로 출애굽 시대의 하나님의 능력의 손은 더 이상 그들과 함께하지 않으셨으며, 홍해를 육지같이 갈라 통과하게 하시던 능력의 하나님께서는 더 이상 그들과 함께하지 않으셨다. 사람은 참으로 죄악되고 연약하다.

〔15-19절〕 주여, **하늘에서 굽어살피시며 주의 거룩하고 영화로운 처소에서 보옵소서. 주의 열성과 주의 능하신 행동이 이제 어디 있나이까?** 주의 베푸시던 **간곡한 자비와 긍휼이 내게 그쳤나이다. 주는 우리 아버지시라. 아브라함은 우리를 모르고 이스라엘은 우리를 인정치 아니할지라도 여호와여, 주는 우리의 아버지시라. 상고부터 주의 이름을 우리의 구속자(救贖者)라 하셨거늘 여호와여, 어찌하여 우리로 주의 길에서 떠나게 하시며 우리의 마음을 강퍅케 하사 주를 경외하지 않게 하시나이까? 원컨대 주의 종들 곧 주의 산업인 지파들을 위하사 돌아오시옵소서. 주의 거룩한 백성이** 땅을 차지한지 오래지 아니하여서 우리의 대적이 주의 성소를 유린하였사오니[짓밟았사오니] **우리는 주의 다스림을 받지 못하는 자 같으며 주의 이름으로 칭함을 받지 못하는 자같이 되었나이다.**

선지자 이사야는 하나님의 긍휼과 능력의 구원을 간구하며 "주여, 하늘에서 굽어살피시며 주의 거룩하고 영화로운 처소에서 보옵소서. 주의 열성과 주의 능하신 행동이 이제 어디 있나이까? 주의 베푸시던 간곡한 자비와 긍휼이 내게 그쳤나이다"라고 말한다. 그는 하나님을 '우리 아버지'라고 거듭 부르며 이스라엘 백성의 마음을 변화시키시며 그들에게로 돌아오셔서 그들을 구원해주시기를 간구한다.

15절의 "간곡한 자비"라는 원문(하몬 메에카 הֲמוֹן מֵעֶיךָ)은 '당신의 창자들의 시끄러운 소리'라는 뜻으로 하나님의 긍휼의 심정을 잘 묘사하는 말이다. 또 이사야는 하나님의 이름이 옛날부터 이스라엘 백성의 구속자(救贖者)이심을 확신하고 있다. 또 그는 이제 예루살렘

이사야 63장: 하나님의 긍휼을 간구함

성의 구원과 회복이 오직 하나님께서 돌아오심으로써만, 즉 그의 자비와 긍휼의 개입하심으로써만 가능하다고 말한다. 그는 "원컨대 주의 종들 곧 주의 산업인 지파들을 위하사 돌아오시옵소서"라고 간구한다. 이것은 예레미야 애가 5:21의 말씀과 비슷하다. "여호와여, 우리를 주께로 돌이키소서. 그리하시면 우리가 주께로 돌아가겠사오니 우리의 날을 다시 새롭게 하사 옛적 같게 하옵소서." 사람의 구원은 긍휼의 하나님께 있고 하나님의 간곡한 자비와 크신 긍휼에 있다.

본장의 교훈을 정리해보자. 첫째로, 우리는 하나님을 알아야 한다. 우리는 하나님의 공의를 알아야 한다. 하나님께서는 의를 말하는 자이시다. 우리는 하나님의 공의의 심판을 알아야 한다. 하나님께서는 공의로 열국을 심판하시는 자이시다. 또 우리는 하나님의 긍휼을 알아야 한다. 하나님께서는 자기의 백성을 긍휼로 구원하신다. 또 우리는 하나님의 능력을 알아야 한다. 우리는 하나님의 심판과 구원의 능력을 알아야 한다. 우리는 하나님을 알아야 한다. 구원은 하나님을 아는 것이다.

둘째로, 우리는 사람의 심히 죄악됨을 알아야 한다. 이스라엘 백성은 하나님의 큰 은혜를 받았음에도 불구하고 하나님을 거역하고 범죄하곤 했다. 그러므로 하나님의 은혜가 아니면 구원 얻을 자가 아무도 없다. 그러므로 모든 사람은 겸손해야 한다. 구원 얻은 자들은 아무것도 자랑해서는 안 된다. 인간편에서는 높은 마음을 가질 것이 전혀 없다. 우리는 하나님 앞에서 오직 겸손해야 하고 또 늘 깨어 조심해야 한다.

셋째로, 우리는 오직 하나님의 긍휼만 의지하고 순종해야 한다. 하나님께서는 그의 크신 긍휼과 자비로 예수 그리스도의 십자가 대속 사역으로 우리를 구원하셨다. 그러므로 예수님 믿고 구원 얻은 우리는 세상의 모든 것이 헛되고 예수님의 십자가 외에 자랑할 것이 없음을 고백하고(갈 6:14; 빌 3:8) 예수님만 귀중히 여기고 그의 십자가 의만 의지하고 천국만 소망하고 하나님의 뜻만 순종하고 선한 일에 힘써야 한다.

이사야 64장: 하나님의 회복의 손길을 간구함

64장: 하나님의 회복의 손길을 간구함

〔1-2절〕 원컨대 주는 하늘을 가르고 강림하시고 주의 앞에서 산들로 진동하기를 불이 섶[숲, 나뭇가지]을 사르며 불이 물을 끓임 같게 하사 주의 대적으로 주의 이름을 알게 하시며 열방으로 주의 앞에서 떨게 하옵소서.

선지자 이사야는 능력의 하나님께서 개입하시기를 구한다. 그는 하나님께서 하늘을 가르고 내려오셔서 산들을 진동시키며 불이 숲을 사르며 물을 끓이듯이 그의 원수인 이방 나라들을 엄중하게 심판하셔서 그들로 하나님의 이름을 알게 하시기를 간구하는 것이다.

〔3-4절〕 주께서 강림하사 우리의 생각 밖에 두려운 일을 행하시던 그때에 산들이 주의 앞에서 진동하였사오니 주 외에는 자기를 앙망하는 자를 위하여 이런 일을 행한 신(神)을 예로부터 들은 자도 없고 귀로 깨달은 자도 없고 눈으로 본 자도 없었나이다.

본문은 하나님께서 예전에 시내산에 강림하셨던 사건을 말한다고 본다. 출애굽기 19:18-19, "시내산에 연기가 자욱하니 여호와께서 불 가운데서 거기 강림하심이라. 그 연기가 옹기점 연기같이 떠오르고 온 산이 크게 진동하며 나팔 소리가 점점 커질 때에 모세가 말한즉 하나님께서 음성으로 대답하시더라." 신명기 4:32-33, "네가 있기 전 하나님께서 사람을 세상에 창조하신 날부터 지금까지 지나간 날을 상고하여 보라. 하늘 이 끝에서 저 끝까지 이런 큰 일이 있었느냐? 이런 일을 들은 적이 있었느냐? 어떤 국민이 불 가운데서 말씀하시는 하나님의 음성을 너처럼 듣고 생존하였었느냐?"

〔5절〕 주께서 기쁘게 의를 행하는 자와 주의 길에서 주를 기억하는 자를 선대하시거늘 우리가 범죄하므로 주께서 진노하셨사오며 이 현상이 이미 오랬사오니 우리가 어찌 구원을 얻을 수 있으리이까?

하나님께서는 기쁘게 의를 행하는 자들과 하나님의 길을 걸으며 하나님을 기억하는 자들을 선대하시지만, 이스라엘 백성은 범죄했고

이사야 64장: 하나님의 회복의 손길을 간구함

하나님의 진노를 가져왔다. 또 그들은 그런 상태로 지낸 것이 벌써 오래 되었다. 그들이 구원을 얻고 회복될 가능성은 없어 보였다.

[6-7절] 대저 우리는 다 부정한 자 같아서 우리의 의는 다 더러운 옷 같으며 우리는 다 쇠패함이 잎사귀 같으므로 우리의 죄악이 바람같이 우리를 몰아가나이다. 주의 이름을 부르는 자가 없으며 스스로 분발하여 주를 붙잡는 자가 없사오니 이는 주께서 우리에게 얼굴을 숨기시며 우리의 죄악을 인하여 우리로 소멸되게 하셨음이니이다.

이스라엘 백성은 부정하고 불결한 자와 같았다. 그들의 의는 더러운 옷과 같았다. 그것은 하나님 앞에서 모든 사람의 죄악된 모습이다. 이스라엘 백성의 죄악됨은 사람의 전적 부패성과 무능력을 잘 증거한다. 사람의 행위의 의는 더러운 누더기 옷과 같다. 이스라엘 백성은 시들어 버린 잎사귀와 같았다. 그들 중에는 하나님의 이름을 부르는 자도 없었고 스스로 분발하여 주를 붙잡는 자도 없었다. 하나님께서는 그들에게 얼굴을 숨기셨고 그들이 그 죄 때문에 멸망을 당하게 하셨다. 예레미야는 사람의 전적 부패성과 무능력을 가장 잘 증거하였다. 예레미야 17:9, "만물보다 거짓되고 심히 부패한 것은 마음이라. 누가 능히 이를 알리요마는" 예레미야 13:23, "구스인이 그 피부를, 표범이 그 반점을 변할 수 있느뇨? 할 수 있을진대 악에 익숙한 너희도 선을 행할 수 있으리라." 사람은 부패되고 무능력해진 존재이다.

[8-9절] 그러나 여호와여, 주는 우리 아버지시니이다. 우리는 진흙이요 주는 토기장이시니 우리는 다 주의 손으로 지으신 것이라. 여호와여, 과히 [너무] 분노하지 마옵시며 죄악을 영영히 기억하지 마옵소서. 구하오니 보시옵소서, 보시옵소서, 우리는 다 주의 백성이니이다.

이사야는 이스라엘 백성의 회복을 간구하는 근거를 말한다. 그것은 하나님께서 그들을 창조하셨고 그들을 자기 백성으로 택하셨다는 사실이다. 그는 그들이 다 죄악 가운데 빠졌으나 그들에게 너무 분노하지 마시고 그들의 죄악을 영영히 기억하지 마시기를 간구한다.

이사야 64장: 하나님의 회복의 손길을 간구함

〔10-12절〕 주의 거룩한 성읍들이 광야가 되었으며 시온이 광야가 되었으며 예루살렘이 황폐하였나이다. 우리 열조가 주를 찬송하던 우리의 거룩하고 아름다운 전이 불에 탔으며 우리의 즐거워하던 곳이 다 황무하였나이다. 여호와여, 일이 이러하거늘 주께서 오히려 스스로 억제하시리이까? 주께서 오히려 잠잠하시고 우리로 심한 괴로움을 받게 하시리이까?

이사야는 예루살렘 성과 유다 성읍들의 황폐함을 말하며 또 거룩하고 아름다웠던 성전도 불에 탔고 황폐케 되었음을 말하면서 하나님께서 잠잠하지 마시고 회복의 손길을 펴주시기를 갈망한다.

본장의 교훈을 정리해보자. 첫째로, 여호와 하나님께서는 시내산 위에 위엄과 능력과 영광 중에 내려오셨었다(출 19장). 창조자 하나님께서는 두려운 주권적 섭리자이시다. 그는 하늘을 가르고 내려오시고 산들로 진동케 하시고 불이 숲을 사르고 불이 물을 끓이듯이 그의 대적들을 두렵게 할 수 있으시다. 우리는 그 두려우신 하나님을 바로 알아야 하고 그 앞에서 두려운 마음을 가지고 그를 섬기며 그에게 순종해야 한다.

둘째로, 이스라엘 백성은 다 부정한 자 같았고 그들의 의는 다 더러운 옷 같았다(6절). 사람의 마음은 만물보다 거짓되고 심히 부패하였고(렘 17:9) 구스인이 그 피부를, 표범이 그 반점을 변할 수 없듯이, 악에 익숙한 인생이 선을 행할 수 없다(렘 13:23). 사도 바울은 로마서 8:7-8에서 육신의 생각이 하나님과 원수가 되며 하나님의 법에 굴복치 아니할 뿐 아니라 할 수도 없고 육신에 있는 자들이 하나님을 기쁘시게 할 수 없다고 말했다. 사람은 전적으로 부패되었고 무능력해진 존재이다.

셋째로, 이사야는 이스라엘 백성을 만드시고 자기 백성으로 삼으신 하나님께서 그들의 죄악에 대해 너무 분노하지 마시고 그것을 영원히 기억하지 마시기를 간구하였다(8-9절). 우리의 구원은 만세 전 그리스도 안에서 우리를 선택하신(엡 1:4) 창조주 하나님의 긍휼에 근거할 뿐이다. 하나님께서는 구주 예수 그리스도의 대속의 죽음으로 그의 진노를 누그러뜨리셨다. 우리는 하나님의 긍휼의 손길만 의지해야 한다.

이사야 65장: 하나님의 심판, 새 하늘과 새 땅

65장: 하나님의 심판, 새 하늘과 새 땅

1-16절, 패역한 유대인들을 벌하심

〔1절〕 나는 나를 구하지 아니하던 자에게 물음을 받았으며 나를 찾지 아니하던 자에게 찾아냄이 되었으며 내 이름을 부르지 아니하던 나라에게 내가 여기 있노라, 내가 여기 있노라 하였노라.

이스라엘 나라의 회복에 대한 예언에서 갑자기 이방인의 구원을 암시하는 예언이 나온다. 이 구절은 로마서 10:20에 인용되었다. "또한 이사야가 매우 담대하여 이르되 내가 구하지 아니하는 자들에게 찾은 바 되고 내게 문의하지 아니하는 자들에게 나타났노라 하였고." 호세아 2:23에서도 비슷한 말씀이 나온다. "내가 나를 위하여 저를 이 땅에 심고 긍휼히 여김을 받지 못하였던 자를 긍휼히 여기며 내 백성 아니었던 자에게 향하여 이르기를 너는 내 백성이라 하리니 저희는 이르기를 주는 내 하나님이시라 하리라."

〔2-5a절〕 내가 종일 손을 펴서 자기 생각을 좇아 불선(不善)한 길을 행하는 패역한 백성(들)[암 소렐 סוֹרֵר עַם][반역적인 백성]을 불렀나니 곧 동산에서 제사하며 벽돌 위에서 분향하여 내 앞에서 항상 내 노를 일으키는 백성이라. 그들이 무덤 사이에 앉으며 은밀한 처소에서 지내며 돼지고기를 먹으며 가증한 물건의 국을 그릇에 담으면서 사람에게 이르기를 너는 네 자리에 섰고 내게 가까이 하지 말라. 나는 너보다 거룩함이니라 하나니.

하나님께서는 유대인들의 패역을 지적하신다. 그들은 자기 생각을 좇아 사는 자들이며 선하지 않은 길, 곧 악한 길을 행하는 자들이다. 그들은 동산에서 우상들에게 제사하며 벽돌을 쌓고 분향하여 하나님 앞에서 항상 그의 노를 일으키는 자들이다. 그들은 무덤 사이에 앉으며 은밀한 처소에서 지내며 돼지고기를 먹으며 가증한 물건의 국을 그릇에 담는다. 그것은 율법에 금지된 바이었다(레 11:7). 그들은, 그

이사야 65장: 하나님의 심판, 새 하늘과 새 땅

런 일을 하면서도, 자신을 다른 사람들보다 거룩하다고 여기는 교만과 위선의 악까지 가지고 있었다. 그들은 참으로 악한 자들이었다.

〔5b-7절〕 이런 자들은 내 코의 연기요 종일 타는 불이로다. 보라, 이것이 내 앞에 기록되었으니 내가 잠잠치 아니하고 반드시 보응하되 그들의 품에 보응할지라. 너희의 죄악과 너희 열조의 죄악을 함께하리니 그들이 산 위에서 분향하며 작은 산 위에서 나를 능욕하였음이라. 그러므로 내가 먼저 그[그들의 이전의] 행위를 헤아리고 그 품에 보응하리라. 여호와가 말하였느니라.

이스라엘 백성은 산 위에서 우상들 앞에 분향하며 하나님을 능욕하였다. 그러므로 하나님께서는 그들의 행위가 그 앞에 다 기록되었다고 말씀하시며 그들에게 심판을 선언하신다. 그는 그들의 이전의 행위에 대해 반드시 징벌하시고 보응하시겠다고 말씀하신다.

〔8-10절〕 여호와께서 이같이 말씀하시되 포도송이에는 즙이 있으므로 혹이 말하기를 그것을 상하지 말라. 거기 복이 있느니라 하나니 나도 내 종들을 위하여 그같이 행하여 다 멸하지 아니하고 내가 야곱 중에서 씨를 내며 유다 중에서 나의 산들을 기업으로 얻을 자를 내리니 나의 택한 자가 이를 기업으로 얻을 것이요 나의 종들이 거기 거할 것이라. 사론은 양떼의 우리가 되겠고 아골 골짜기는 소떼의 눕는 곳이 되어 나를 찾은 내 백성의 소유가 되려니와.

하나님께서는 심판의 선언 중에서도 구원하실 남은 자들을 언급하신다. 그는 그의 종들을 남겨두실 것이다. 그는 야곱 중에 씨를 내시며 유다 중에 택한 자를 남기셔서 하나님의 산들을 기업으로 얻게 하실 것이라고 말씀하신다. 갈멜산 남쪽의 비옥한 목축지인 사론과, 또 아간의 가족들을 처형했던 아골 골짜기는 양떼와 소떼의 눕는 곳이 될 것이다. 그 곳들은 하나님의 백성의 소유가 될 것이다. 하나님께서는 진노 중에도 씨를 남겨두실 것이며 택한 자들을 남겨두실 것이다.

〔11-12절〕 오직[그러나] 나 여호와를 버리며 나의 성산(聖山)을 잊고 갓(ㄱ)(바벨론의 '행운의 신', 로마의 주피터 신과 같음)에게 상을 베풀어 놓

이사야 65장: 하나님의 심판, 새 하늘과 새 땅

으며 므니(מְנִי)(바벨론의 '운명의 여신', 로마의 비너스 신과 같음)에게 섞은 술을 가득히 붓는 너희여, 내가 너희를 칼에 붙일 것인즉 다 구푸리고 살륙을 당하리니 이는 내가 불러도 너희가 대답지 아니하며 내가 말하여도 듣지 아니하고 나의 눈에 악을 행하였으며 나의 즐겨하지[기뻐하지] 아니하는 일을 택하였음이니라.

유다 백성은 하나님을 버리고 예루살렘 성전에서 하나님을 섬기는 것을 잊어버렸다. 그들은 하나님 대신 갓과 므니에게 상을 베풀고 섞은 술을 가득히 부었다. 그들은 여호와 하나님 대신 이방신들을 섬긴 것이다. 또 그들은 하나님께서 불러도 대답지 않았고 하나님 앞에서 악을 행하고 그의 기뻐하지 아니하시는 일을 택했다. 그러므로 하나님께서는 그들을 칼에 붙이실 것이며 그들이 구푸리고 살륙을 당하게 하실 것이다. '붙인다'는 원어(마나 מָנָה)는 '므니'라는 말과 어근이 같은 말로서 '운명짓다, 정하다'는 뜻을 가진다.

[13-15절] 이러므로 주 여호와가 말하노라. 보라, 나의 종들은 먹을 것이로되 너희는 주릴 것이니라. 보라, 나의 종들은 마실 것이로되 너희는 갈할 것이니라. 보라, 나의 종들은 기뻐할 것이로되 너희는 수치를 당할 것이니라. 보라, 나의 종들은 마음이 즐거우므로 노래할 것이로되 너희는 마음이 슬프므로 울며 심령이 상하므로 통곡할 것이며 또 너희의 끼친[남긴] 이름은 나의 택한 자의 저줏거리가 될 것이니라. 주 여호와 내가 너를 죽이고 내 종들은 다른 이름으로 칭하리라.

하나님께서는 택한 종들에게 먹을 것과 마실 것을 주시고 기쁨과 즐거움을 주실 것이지만, 하나님을 배반하여 우상을 섬겼던 악한 자들에게는 주림과 갈함, 수치와 슬픔과 통곡을 주실 것이라고 말씀하신다. 또 그는 범죄하는 악한 자들을 죽이실 것이고 그의 택하신 종들이 다른 이름으로 불릴 것이라고 말씀하신다.

[16절] 이러므로 땅에서 자기를 위하여 복을 구하는 자는 진리의 하나님을 향하여 복을 구할 것이요 땅에서 맹세하는 자는 진리의 하나님으로 맹세하리니 이는 이전 환난이 잊어졌고 내 눈앞에 숨겨졌음이니라.

이사야 65장: 하나님의 심판, 새 하늘과 새 땅

선지자 이사야는 반역적인 유다 백성에게 심판을 선언하는 중에도 남은 자들이 있어 그들이 진리의 하나님께 복을 구하며 진리의 하나님으로 맹세할 것이라고 말한다. 그는 하나님을 '진리의 하나님'(엘로헤 아멘 אֱלֹהֵי אָמֵן)[아멘의 하나님]이라고 두 번 말한다. 우리에게 현세와 내세에 복을 주실 자는 바로 이 진리의 하나님뿐이시다. 그는 진실하시며 그의 모든 계명과 언약과 증거는 참되고 믿을 만하다.

본문의 교훈을 정리해보자. 첫째로, 이스라엘 백성과 유다 백성은 자기 생각을 좇아 우상들을 숭배하였다. 그들은 갓에게 상을 베풀고 므니에게 술을 부었다. 그러나 우리는 살아계신 참 하나님만 경외하고 섬기며 순종해야 한다. 그는 '진리의 하나님' 곧 '아멘의 하나님'이시며 삼위일체 되신 하나님이시다. 우리는 하나님의 말씀인 성경에 마음과 귀를 기울이고 성경의 교훈대로 믿고 선을 행하고 악을 버려야 한다.

둘째로, 하나님께서는 악을 행하는 이스라엘 백성에게 진노하시고 보응하실 것을 선언하셨다. 그들은 칼에 붙인 바 되어 살륙을 당할 것이다. 하나님께서는 그들을 죽이실 것이다. 그는 그들의 악을 심판하실 것이다. 그러므로 악을 행하는 자들은 다 철저히 회개해야 한다. 신약 성도들은 하나님의 은혜와 구주 예수 그리스도의 속죄사역으로 죄사함과 의롭다 하심의 구원을 얻었다. 그러나 하나님의 경고는 우리에게도 여전히 유효하다(롬 8:13). 우리는 하나님의 심판을 두려워해야 한다.

셋째로, 하나님께서는 하나님을 알지도 못하고 찾지도 않았던 이방인이었던 우리들을 구원해주셨고 또 우리를 그리스도인이라는 이름으로 불리게 하셨다. 그것은 이스라엘 자손들이라는 구약 백성의 이름과 다른 이름이며 새 이름이다. 우리는 하나님께서 남기신 자들이며 그의 종들이다. 그는 우리에게 장차 영광의 천국을 기업으로 주실 것이며 또 현세에서도 영육의 필요한 것을 넉넉히 주셨고 또 주실 것이다. 그러므로 우리는 긍휼과 구원의 하나님께 감사와 찬송을 항상 올려야 한다.

이사야 65장: 하나님의 심판, 새 하늘과 새 땅

17-25절, 새 하늘과 새 땅

〔17절〕 보라, 내가 새 하늘과 새 땅을 창조하나니(보레 בּוֹרֵא)(분사)[창조하고 있나니] 이전 것은 기억되거나 마음에 생각나지 아니할 것이라.

하나님께서는 어떤 특별한 내용을 말씀하실 때 듣는 자들의 주의를 집중시키기 위해 '보라'는 말을 종종 사용하신다. 본문에서도 그러하다. 하나님께서는 친히 새 하늘과 새 땅을 창조하고 계신다고 말씀하신다. '새 하늘과 새 땅'은 현재 우리가 살고 있는 세상과 대조된다. 이 세상은 6천년 이상이 된 세상이며, 죄로 인해 심히 더러워진 세상이며 하나님의 저주와 재앙을 받은 세상이다. 첫 사람 아담의 범죄로 땅은 저주를 받았고 가시덤불과 엉겅퀴를 내는 곳이 되었다. 창세기 3:17-18, "[하나님께서] 아담에게 이르시되 네가 네 아내의 말을 듣고 내가 너더러 먹지 말라 한 나무 실과를 먹었은즉 땅은 너로 인하여 저주를 받고 너는 종신토록 수고하여야 그 소산을 먹으리라. 땅이 네게 가시덤불과 엉겅퀴를 낼 것이라." 그러므로 노아의 부모는 세상이 하나님께서 저주하심으로 안식 없는 세상이 되었기 때문에 안식을 갈망하면서 아들의 이름을 노아라고 지었었다. 노아라는 말(노아크 נֹחַ)은 '안식'이라는 뜻이다. 현재 우리가 살고 있는 세상과 구별되는 새 하늘과 새 땅은 회복된 세상, 곧 죄와 저주와 재앙이 없는 세상, 의와 기쁨과 평안이 넘치는 세상이다. 그 곳이 바로 천국이다.

하나님께서는 새 하늘과 새 땅을 창조하고 계신다. 인류의 역사는 하나님의 구원의 역사인데, 그것은 하나님의 전능하심으로 행하시는 새 창조의 역사이며 세상 회복의 역사이다. "이전 것은 기억되거나 마음에 생각나지 아니할 것이라"는 말씀은 하나님께서 그의 능력으로 회복하실 새 세상이 현재의 세상과 비교할 때 너무 현저히 변화된 세상이라는 것을 말한다. 요한계시록 21:1도 "내가 새 하늘과 새 땅을 보니 처음 하늘과 처음 땅이 없어졌고 바다도 다시 있지 않더라"고

이사야 65장: 하나님의 심판, 새 하늘과 새 땅

증거했다. 천국은 현재의 세상과 비교할 수 없이 좋은 세상, 거룩하고 선하고 아름답고 완전한 세상일 것이다.

[18-19절] [그러내(KJV, NASB, NIV) 너희는 나의 창조하는(보레 בֹּרֵא) [창조하고 있는] 것을 인하여 영원히 기뻐하며 즐거워할지니라. [이는] 보라, 내가 예루살렘으로 즐거움을 창조하며 그 백성으로 기쁨을 삼고 내가 예루살렘을 즐거워하며 나의 백성을 기뻐하리니 우는 소리와 부르짖는 소리가 그 가운데서 다시는 들리지 아니할 것이며[아니할 것임이며].

새 세상의 한 특징은 기쁨과 즐거움이다. 이사야는 이사야 35:10에서도 "여호와의 속량(贖良)함을 얻은 자들이 돌아오되 노래하며 시온에 이르러 그 머리 위에 영영한 희락을 띠고 기쁨과 즐거움을 얻으리니 슬픔과 탄식이 달아나리로다"고 예언했다. 현재의 세상은 눈물의 골짜기이지만, 장차 우리가 들어갈 천국은 눈물이 없고 기쁨만 충만한 세상일 것이다. 요한계시록 21:4, "모든 눈물을 그 눈에서 씻기시매 다시 사망이 없고 애통하는 것이나 곡하는 것이나 아픈 것이 다시 있지 아니하리니 처음 것들이 다 지나갔음이러라." 그러므로 우리는 현 세상에서도 그 천국을 소망하며 항상 기뻐할 수 있고 기쁨의 생활을 해야 한다. 로마서 12:12, "소망 중에 즐거워하라." 빌립보서 4:4, "주 안에서 항상 기뻐하라. 내가 다시 말하노니 기뻐하라."

[20절] 거기는 날 수가 많지 못하여 죽는 유아(幼兒)와 수한(壽限)이 차지 못한 노인이 다시는 없을 것이라. 곧 백세에 죽는 자가 아이겠고 백세 못되어 죽는 자는 저주받은 것이리라.

새 하늘과 새 땅의 다른 한 특징은 장수(長壽) 곧 오래 사는 것이다. 죽음이나 저주에 대한 언급은 천국에서의 영생을 강조하기 위해 가상적으로 말한 것이거나, 또는 천년왕국 때를 묘사한 것일 것이다. 천년왕국은 영원한 천국을 미리 맛보는 시대이다. 22절도 "이는 내 백성의 수한(壽限)이 나무의 수한[즉, 수백 년]과 같겠다"고 말했다.

천국은 영생의 나라이다. 전도서 3:11, "하나님이 모든 것을 지으시

이사야 65장: 하나님의 심판, 새 하늘과 새 땅

되 때를 따라 아름답게 하셨고 또 사람에게 영원을 사모하는 마음을 주셨느니라." 하나님께서는 예수님 믿고 구원 얻은 우리에게 영생을 약속하셨다. 디도서 1:2, "[나의 사도된 것은] 영생의 소망을 인함이라. 이 영생은 거짓이 없으신 하나님이 영원한 때 전부터 약속하신 것인데," 요한일서 5:13, "내가 하나님의 아들의 이름을 믿는 너희에게 이것을 쓴 것은 너희로 하여금 너희에게 영생이 있음을 알게 하려 함이라." 성도들은 천국에서 죽지 않고 복되게 영원히 살 것이다.

〔21-23절〕 그들이 가옥을 건축하고 그것에 거하겠고 포도원을 재배하고 열매를 먹을 것이며 그들의 건축한데 타인이 거하지 아니할 것이며 그들의 재배한 것을 타인이 먹지 아니하리니 이는 내 백성의 수한(壽限)이 나무의 수한(壽限)과 같겠고 나의 택한 자가 그 손으로 일한 것을 길이 누릴 것임이며 그들의 수고가 헛되지 않겠고 그들의 생산한 것이 재난에 걸리지 아니하리니 그들은 여호와의 복된 자의 자손이요 그 소생도 그들과 함께 될 것임이라.

새 하늘과 새 땅의 또 하나의 특징은 평안이다. 그것은 그들이 집을 건축하고 거기 거하며 포도원을 재배하고 그 열매를 먹는 것으로 묘사되었다. 그들이 건축한 집을 타인이 거하지 않을 것이며 그들이 재배한 포도를 타인이 먹지 않을 것이다. 그들은 손으로 일한 것을 길이 누릴 것이며 그들이 낳은 자녀들도 재난을 당하지 않을 것이다.

〔24절〕 그들이 부르기 전에 내가 응답하겠고 그들이 말을 마치기 전에 내가 들을 것이며.

하나님께서 그들과 함께 계심으로 그들은 하나님께 기도하고 기도 응답을 빠르게 받을 것이다. 하나님께서는 그들이 하나님께 기도하기도 전에 또 그들이 말을 마치기 전에 그들에게 응답하실 것이다.

〔25절〕 이리와 어린양이 함께 먹을 것이며 사자가 소처럼 짚을 먹을 것이며 뱀은 흙으로 식물을 삼을 것이니 나의 성산(聖山)에서는 해함도 없겠고 상함도 없으리라[그것들은 나의 모든 성산에서 해하지도 아니하고 상하게 하지도 아니하리라]. **여호와의 말이니라.**

이사야 65장: 하나님의 심판, 새 하늘과 새 땅

천국에는 사나운 짐승이 없을 것이다. 이리와 어린양이 함께 먹고 사자가 소처럼 짚을 먹을 것이다. 이사야 11:6-9, "그때에 이리가 어린양과 함께 거하며 표범이 어린 염소와 함께 누우며 송아지와 어린 사자와 살찐 짐승이 함께 있어 어린아이에게 끌리며 암소와 곰이 함께 먹으며 그것들의 새끼가 함께 엎드리며 사자가 소처럼 풀을 먹을 것이며 젖 먹는 아이가 독사의 구멍에서 장난하며 젖뗀 어린아이가 독사의 굴에 손을 넣을 것이라." 거기에는 우리를 시험할 마귀도, 우리를 해칠 악인도 없을 것이다. 천국은 오직 평안으로 충만할 것이다.

본문의 교훈을 정리해보자. 첫째로, 하나님께서는 새 하늘과 새 땅을 창조하고 계신다. 신약성경은 천국을 밝히 증거한다. 요한계시록 21:1, "내가 새 하늘과 새 땅을 보니 처음 하늘과 처음 땅이 없어졌고 바다도 다시 있지 않더라." 베드로후서 3:12-13, "하나님의 날이 임하기를 바라보고 간절히 사모하라. 그 날에 하늘이 불에 타서 풀어지고 체질이 뜨거운 불에 녹아지려니와 우리는 그의 약속대로 의의 거하는 바 새 하늘과 새 땅을 바라보도다." 천국은 의와 기쁨과 평안과 영생의 나라이다. 우리는 새 하늘과 새 땅을 믿고 기쁨으로 간절히 소망해야 한다.

둘째로, 이 세상에는 고난이 많지만, 천국을 바라는 성도들은 현재의 고난을 참아야 한다. 로마서 8:18, "현재의 고난은 장차 우리에게 나타날 영광과 족히 비교할 수 없도다." 로마서 8:24-25, "우리가 소망으로 구원을 얻었으매 보이는 소망이 소망이 아니니 보는 것을 누가 바라리요. 만일 우리가 보지 못하는 것을 바라면 참음으로 기다릴지니라."

셋째로, 천국에는 악한 자들이 없고 사나운 짐승도, 남을 해치거나 상하게 하는 것들도 없을 것이다. 그러므로 천국 소망 가진 자들은 이 세상에서도 천국 백성답게 거룩하고 선하게 살아야 한다. 베드로후서 3:11-12, "거룩한 행실과 경건함으로 하나님의 날이 임하기를 바라보고 간절히 사모하라." 우리는 거룩하게 살며 의와 선만 행해야 한다.

이사야 66장: 하나님의 심판

66장: 하나님의 심판

1-14절, 하나님의 말씀을 인해 떠는 자들

[1-2a절] 여호와께서 이같이 말씀하시되 하늘은 나의 보좌요 땅은 나의 발등상이니 너희가 나를 위하여 무슨 집을 지을꼬? 나의 안식할 처소가 어디랴? 나 여호와가 말하노라. 나의 손이 이 모든 것을 지어서 다 이루었느니라.

하늘은 하나님의 보좌이며 땅은 그의 발판이다. 천지만물을 지으신 하나님께서는 사람들이 지은 성전에 매이지 않으신다. 그러므로 형식적인 종교의식은 무의미하다. 우리는 단지 성전 종교의식만으로 하나님을 기쁘시게 할 수 없다. 우리가 어떻게 무한하신 영이신 창조자 하나님을 감히 땅의 성전에서 온전히 섬길 수 있겠는가?

[2b-3b절] 무릇 마음이 **가난하고 심령에 통회하며 나의 말을 인하여 떠는 자 그 사람은 내가 권고(眷顧)하려니와**(나바트 נבט)[돌아보려니와] **소를 잡아** 드리는 것은 **살인함과** 다름이 없고 **어린양으로 제사드리는 것은 개의 목을 꺾음과** 다름이 없으며 **드리는 예물은 돼지의 피와** 다름이 없고 **분향하는 것은 우상을 찬송함과** 다름이 없이 하는.

마음이 가난하고 심령에 뉘우치며 하나님의 말씀을 인해 떠는 자는 하나님께서 돌아보실 것이다. 배교의 시대에도 하나님의 은혜로 악에 굴복지 않은 경건한 성도들이 남아 있을 것이다. 아합 때 바알에게 무릎 꿇지 않은 7천명처럼(왕상 19:18), 또 사데 교회에 몇 명의 흰옷 입은 자들처럼(계 3:4), 오늘날도 남은 자들이 있을 것이다.

"소를 잡아 드리는 것은 살인함과 다름이 없고 어린양으로 제사드리는 것은 개의 목을 꺾음과 다름이 없으며 드리는 예물은 돼지의 피와 다름이 없고 분향하는 것은 우상을 찬송함과 다름이 없이 하는"이라는 말씀은 영어성경들처럼 "다름이 없도다"라고 끝나게 번역하는

이사야 66장: 하나님의 심판

것이 좋을 것이다(KJV, NASB, NIV). 이 말씀은 앞절의 말씀과 같이 단순히 종교의식만으로는 무의미함을 다시 증거하신 것이라고 본다.

[3c-4절] 그들은 자기의 길을 택하며 그들의 마음은 가증한 것을 기뻐한즉 나도 유혹(타알룰림 תַּעֲלֻלֵיהֶם)[혹은 '변덕스러운 일들'](BDB)을 그들에게 택하여 주며 그 무서워하는 것을 그들에게 임하게 하리니 이는 내가 불러도 대답하는 자 없으며 내가 말하여도 그들이 청종하지 않고 오직 나의 목전에 악을 행하며 나의 기뻐하지 아니하는 것을 택하였음이니라 하시니라.

본문은 형식적 종교의식이 무의미한 까닭을 보인다. 그것은 그들이 하나님의 길로 가지 않고 자기의 길을 택하며 그들의 마음이 가증한 것을 기뻐하기 때문이다. 그들은 하나님의 부르심에 대답지 않았고 하나님의 말씀을 듣고 복종하려 하지 않았고 하나님 앞에서 악을 행하며 하나님의 기뻐하지 않으시는 것을 택하였다.

[5-6절] 여호와의 말씀을 인하여 떠는 자들아, 그 말씀을 들을지어다. 이르시되 너희 형제가 너희를 미워하며 내 이름을 인하여 너희를 쫓아내며 이르기를 여호와께서는 영광을 나타내사 너희 기쁨을 우리에게 보이시기를 원하노라 하였으나 그들은 수치를 당하리라 하셨느니라. 훤화하는[큰 소동의] 소리가 성읍에서부터 오며 목소리가 성전에서부터 들리니 이는 여호와께서 그 대적에게 보응하시는 목소리로다.

위선적인 이스라엘 백성은 자신들이 하나님의 말씀을 두려움으로 받지 않을 뿐 아니라, 하나님의 말씀을 인하여 떠는 자들을 미워하며 하나님의 이름 때문에 그들을 쫓아내며 하나님께서 그들의 영광과 기쁨을 보이시라고 조롱하였다. 그러나 그들은 수치를 당할 것이다. 하나님께서는 그 대적자들에게 보응하실 것이다. 하나님의 심판으로 인하여 그 성읍들에는 큰 소동의 소리가 들릴 것이다.

[7-9절] 시온은 구로(劬勞)[해산의 고통]하기 전에 생산하며 고통을 당하기 전에 남자를 낳았으니 이러한 일을 들은 자가 누구이며 이러한 일을 본 자가 누구이뇨? 나라가 어찌 하루에 생기겠으며 민족이 어찌 순식간에 나겠느냐? 그러나 시온은 구로(劬勞)하는 즉시에 그 자민(子民)[그의 자녀

이사야 66장: 하나님의 심판

들]을 순산하였도다. 여호와께서 가라사대 내가 임산케 하였은즉 해산케 아니하겠느냐? 네 하나님이 가라사대 나는 해산케 하는 자인즉 어찌 태를 닫겠느냐 하시니라.

하나님께서는 비록 시온 백성이 매우 부패되었고 형식적이었지만, 시온의 회복이 갑작스럽게 이루어질 것이라고 말씀하신다. 이스라엘 백성의 포로귀환은 놀랍게도 갑자기 이루어질 것이다. 그러나 그것은 시온의 회복을 조금 맛보는 것에 불과할 것이다. 신약교회는 예수 그리스도의 오심으로 갑자기 세워졌고 성령의 강림과 사도들의 전도 사역으로 힘있게 확장되었다. 바울의 회심(주후 35년경)으로부터 그의 순교 때(주후 68년경)까지는 약 33년에 불과했으나, 그 동안 복음은 소아시아, 마게도냐, 아가야, 또 로마와 스페인까지 널리 전파되었고 곳곳에 교회들이 세워졌다. 신약교회는 세계적 교회가 되었다.

〔10-14절〕예루살렘을 사랑하는 자여, 다 그와 함께 기뻐하라. 다 그와 함께 즐거워하라. 그를 위하여 슬퍼하는 자여, 다 그의 기쁨을 인하여 그와 함께 기뻐하라. 너희가 젖을 빠는 것같이 그 위로하는 품에서 만족하겠고 젖을 넉넉히 빤 것같이 그 영광의 풍성함을 인하여 즐거워하리라. 여호와께서 이같이 말씀하시되 보라, 내가 그에게 평강을 강같이, 그에게 열방의 영광을 넘치는 시내같이 주리니 너희가 그 젖을 빨 것이며 너희가 옆에 안기며 그 무릎에서 놀 것이라. 어미가 자식을 위로함같이 내가 너희를 위로할 것인즉 너희가 예루살렘에서 위로를 받으리니 너희가 이를 보고 마음이 기뻐서 너희 뼈가 연한 풀의 무성함 같으리라. 여호와의 손은 그 종들에게 나타나겠고 그의 진노는 그 원수에게 더하리라.

회복될 시온에는 기쁨과 강 같은 평안과 위로가 있을 것이다. 12절의 '열방의 영광'은 신약교회의 영광을 암시한다. 천국은 기쁨과 평안이 충만한 곳일 것이다. 신약교회와 신약 성도들에게도 기쁨과 넘치는 평안과 위로가 있을 것이다. 빌립보서 4:4, "주 안에서 항상 기뻐하라. 내가 다시 말하노니 기뻐하라." 데살로니가후서 3:16, "평강의 주께서 친히 때마다 일마다 너희에게 평강을 주시기를 원하노라." 고린

이사야 66장: 하나님의 심판

도후서 1:3-4, "찬송하리로다. 그는 우리 주 예수 그리스도의 하나님이시요 자비의 아버지시요 모든 위로의 하나님이시며 우리의 모든 환난 중에서 우리를 위로하사 우리로 하여금 하나님께 받는 위로로써 모든 환난 중에 있는 자들을 능히 위로하게 하시는 이시로다."

본문의 교훈을 정리해보자. 첫째로, 단순히 성전 제사 같은 종교의식들은 무의미하다. 형식적인 교회생활은 헛되다. 아름다운 예배당이나 엄숙한 예배 의식이 소용이 없고, 심지어 충실한 교회 출석이나 봉사도 무의미할 수 있다. 그것들이 다 형식이 될 수 있다. 신앙생활은 내면적 경건을 상실할 때, 즉 그의 마음 속에 하나님의 말씀을 두려워함이 없을 때, 또 사람이 성경을 무시하고 제 고집대로 악을 행할 때, 형식적이게 될 것이다. 우리는 우리의 신앙생활이 형식이 되지 않도록 조심해야 한다. 우리는 형식적 신앙생활, 형식적 교회생활을 조심해야 한다.

둘째로, 하나님께서는 마음이 가난하고 심령에 통회하며 하나님의 말씀을 인해 떠는 자들을 돌아보실 것이다. 사람이 하나님을 경외하는 것, 즉 경건은 하나님의 말씀을 대하는 그의 태도에서 나타날 것이다. 그가 어떻게 성경을 진지하게 읽고 어떻게 성경을 진지하게 듣고 성경을 묵상하고 그것을 믿고 실천하고자 애쓰는지 보면, 우리는 그가 참된 경건을 소유한 자인지 소유하지 않은 자인지 알 수 있을 것이다. 우리는 하나님을 경외하고 하나님의 말씀을 인해 떠는 자가 되어야 한다.

셋째로, 시온의 회복은 갑작스럽게 그러나 기쁨과 평안과 위로 가운데 이루어질 것이다. 시온의 회복은 메시아이신 예수께서 사람으로 이 세상에 오심으로 시작되었고 신약교회 안에서 이루어지고 있다. 그러나 그것의 완성은 그의 재림으로 영광스럽게 이루어질 것이다. 우리는 시온의 회복의 시작을 감사하며 그 완성을 소망해야 한다. 우리는 구주 예수 그리스도 안에서 부르시고 구원하신 하나님께 감사하고 경건하게 살고 주 예수 그리스도의 재림과 복된 천국을 소망해야 한다.

이사야 66장: 하나님의 심판

15-24절, 악인들과 의인들

〔15-18a절〕보라, 여호와께서 불에 옹위되어 강림하시리니 그 수레들은 회리바람 같으리로다. 그가 혁혁한 위세(케마 המה)[격노함]로 노를 베푸시며 맹렬한 화염으로 견책하실 것이라. 여호와께서 불과 칼로 모든 혈육에게 심판을 베푸신즉 여호와께 살륙 당할 자가 많으리니 스스로 거룩히 구별하며 스스로 정결케 하고 동산에 들어가서 그 가운데 있는 자를 따라 돼지고기와 가증한 물건과 쥐를 먹는 자가 다 함께 망하리라. 여호와의 말씀이니라. 내가 그들의 소위(所爲)[행한 바]와 사상을 아노라.

심판주인 하나님께서는 불 가운데서 강림하실 것이며 회리바람 속에서 오실 것이며 심히 격노함을 나타내시며 맹렬한 화염으로 징벌하실 것이다. 사도 바울은 주의 재림 때 불의 심판이 있을 것을 예언하였다. 데살로니가후서 1:7-9, "주 예수께서 저의 능력의 천사들과 함께 하늘로부터 (불꽃 중에) 나타나실 때에 하나님을 모르는 자들과 우리 주 예수의 복음을 복종치 않는 자들에게 [불의] 형벌을 주시리니 이런 자들이 주의 얼굴과 그의 힘의 영광을 떠나 영원한 멸망의 형벌을 받으리로다." 사도 베드로도 주 예수님의 재림 때 불의 심판이 있을 것을 예언하였다. 베드로후서 3:6-7, 10-13, "이로 말미암아 그때 세상은 물의 넘침으로 멸망하였으되 이제 하늘과 땅은 그 동일한 말씀으로 불사르기 위하여 간수하신 바 되어 경건치 아니한 사람들의 심판과 멸망의 날까지 보존하여 두신 것이니라," "그러나 주의 날이 도적같이 오리니 그 날에는 하늘이 큰 소리로 떠나가고 체질이 뜨거운 불에 풀어지고 땅과 그 중에 있는 모든 일이 드러나리로다[불타버리리라](전통사본). 이 모든 것이 이렇게 풀어지리니 너희가 어떠한 사람이 되어야 마땅하뇨? 거룩한 행실과 경건함으로 하나님의 날이 임하기를 바라보고 간절히 사모하라. 그 날에 하늘이 불에 타서 풀어지고 체질이 뜨거운 불에 녹아지려니와 우리는 그의 약속대로 의의 거하는 바 새 하늘과 새 땅을 바라보도다."

이사야 66장: 하나님의 심판

하나님의 심판은 또한 칼로 나타날 것이다. 그때 그의 칼에 죽임 당할 자들이 많을 것이다. 칼은 전쟁을 가리킨다. 마지막 심판은 큰 전쟁으로 나타날 것이다. 요한계시록 14:17-20, "또 다른 천사가 하늘에 있는 성전에서 나오는데 또한 이한[날카로운] 낫을 가졌더라. 또 불을 다스리는 다른 천사가 제단으로부터 나와 이한 낫 가진 자를 향하여 큰 음성으로 불러 가로되 네 이한 낫을 휘둘러 땅의 포도송이를 거두라. 그 포도가 익었느니라 하더라. 천사가 낫을 땅에 휘둘러 땅의 포도를 거두어 하나님의 진노의 큰 포도주 틀에 던지매 성 밖에서 그 틀이 밟히니 틀에서 피가 나서 말굴레까지 닿았고 일천 육백 스다디온[약 300킬로미터]에 퍼졌더라." 요한계시록 19:11-15, "내가 하늘이 열린 것을 보니 보라 백마와 탄 자가 있으니 그 이름은 충신과 진실이라. 그가 공의로 심판하며 싸우더라. 그 눈이 불꽃같고 그 머리에 많은 면류관이 있고 또 이름 쓴 것이 하나가 있으니 자기 밖에 아는 자가 없고 또 그가 피 뿌린 옷을 입었는데 그 이름은 하나님의 말씀이라 칭하더라. 하늘에 있는 군대들이 희고 깨끗한 세마포를 입고 백마를 타고 그를 따르더라. 그의 입에서 이한[날카로운] 검이 나오니 그것으로 만국을 치겠고 친히 저희를 철장으로 다스리며 또 친히 하나님 곧 전능하신 이의 맹렬한 진노의 포도주 틀을 밟겠고."

하나님의 심판을 받을 악인들은 하나님의 율법을 어기며 우상숭배하며 율법에 금한 돼지고기와 쥐 같은 가증한 것들을 먹었다(레 11:7, 29). 그들은 그 심판에서 다 멸망할 것이다. 물론, 구약시대의 깨끗한 음식과 부정한 음식에 대한 법들은 신약시대에는 폐지되었고 신약 성도들은 더 이상 그 법에 속박되지 않는다(골 2:16-17). 그러나 우상 숭배와 도덕법을 어기는 죄악들은 여전히 더럽고 가증한 죄악들이다.

하나님께서는 사람이 행한 대로 심판하신다. 사람은 자기가 심은 대로 거둘 것이다. 악을 행한 자는 재앙을 당할 것이며 선을 행한 자

이사야 66장: 하나님의 심판

는 평안과 형통을 얻을 것이다. 하나님의 심판은 공의롭고 공평하다.

〔18b-19절〕 때가 **이르면 열방과 열족(列族)**[모든 방언들](원문)**을 모으리니 그들이 와서 나의 영광을 볼 것이며 내가 그들 중에 징조**[표적]**를 세워서 그들 중 도피한 자를 열방 곧 다시스와 뿔**[풀]**과 활을 당기는 룻과 및 두발과 야완과 또 나의 명성을 듣지도 못하고 나의 영광을 보지도 못한 먼 섬들로 보내리니 그들이 나의 영광을 열방에 선파하리라.**

본문은 하나님께서 여러 지역의 이방인들을 불러 구원하실 것을 보이는 것 같다. 이방인들이 하나님의 영광을 보리라는 것은 그들이 하나님의 아들 예수 그리스도의 영광 곧 그의 신성의 영광(요 1:14)을 볼 것이라는 뜻일 것이다. 구주 예수 그리스도께서는 하나님의 영원하신 아들께서 사람이 되신 자이시다. 우리는 하나님의 은혜로 예수 그리스도의 영광을 알게 되었다. 고린도후서 4:6, "어두운 데서 빛이 비취리라 하시던 그 하나님께서 예수 그리스도의 얼굴에 있는 하나님의 영광을 아는 빛을 우리 마음에 비취셨느니라."

유다 백성 중 하나님의 심판을 피한 자들, 하나님의 은혜로 남겨진 자들, 곧 예수 그리스도의 제자들은 온 세계에 흩어져 예수 그리스도의 복음을 전할 것이다. 다시스는, 소아시아의 동남부 길리기아 다소(Tarsus)나(요세푸스, 매튜 풀), 스페인의 타르테수스(Tartessus)나(알브라잇), 이탈리아 서쪽의 사르디니아(Sardinia) 섬(아하로니) 중 하나로 본다. 뿔[풀 Pul](MT, KJV) 혹은 풋(LXX 일부, NASB, NIV)은 아프리카 북동부를 가리키고, 활을 당기는 룻도 아프리카의 한 지역이라고 본다. 두발은 소아시아 동부를 가리키고, 야완은 헬라 지역이라고 본다. 또 하나님의 명성을 듣지도 못하고 그의 영광을 보지도 못한 먼 섬들은 그 외의 먼 이방나라들을 가리킬 것이다. 아시아와 유럽과 아프리카의 모든 이방나라들에 하나님의 복음이 증거될 것이다.

〔20-21절〕 **나 여호와가 말하노라. 이스라엘 자손이 예물을 깨끗한 그릇에** 담아 **여호와의 집에 드림같이 그들이 너희 모든 형제를 열방에서 나의**

이사야 66장: 하나님의 심판

성산 예루살렘으로 말과 수레와 교자(轎子)[가마]와 노새와 약대에 태워다가 여호와께 예물로 드릴 것이요 나는 그 중에서 택하여 제사장과 레위인을 삼으리라. 여호와의 말이니라.

이방인들은 구원을 얻어 예루살렘 성으로 올라올 것이다. 이방인들이 구원 얻어 하나님께로 나아오는 방법은 다양할 것이지만, 그들은 여호와께 드려지는 예물과 같을 것이다. 사도 바울은 자신의 직무를 이방인들을 제물로 하나님께 드리는 제사장 직무라고 표현하였다. 로마서 15:16, "이 은혜는 곧 나로 이방인을 위하여 그리스도 예수의 일군이 되어 하나님의 복음의 제사장 직무를 하게 하사 이방인을 제물로 드리는 그것이 성령 안에서 거룩하게 되어 받으심직하게 하려 하심이라." 또 하나님께서는 이방인들 중에서 택하여 제사장과 레위인, 즉 복음의 일꾼들, 곧 전도자들과 교사들을 많이 일으키실 것이다. 실상, 성도들은 하나님의 거룩한 제사장이다. 베드로전서 2:9, "오직 너희는 택하신 족속이요 왕 같은 제사장들이요 거룩한 나라요 그의 소유된 백성이니 이는 너희를 어두운데서 불러내어 그의 기이한 빛에 들어가게 하신 자의 아름다운 덕을 선전하게 하려 하심이라."

[22-23절] 나 여호와가 말하노라. 나의 지을 새 하늘과 새 땅이 내 앞에 항상 있을 것같이 너희 자손과 너희 이름이 항상 있으리라. 여호와가 말하노라. 매 월삭과 매 안식일에 모든 혈육이 이르러 내 앞에 경배하리라.

"나 여호와가 말하노라," "여호와의 말이니라"는 표현(20, 21, 22, 23절)은 선지자 이사야가 전한 말씀들의 참됨을 확증하신다. 하나님께서 새 하늘과 새 땅을 만드시고 하나님 앞에 항상 있게 하시듯이, 회복된 이스라엘 곧 중생한 성도들로 구성되는 신약교회는 하나님 앞에 항상 있을 것이다. "매 월삭과 매 안식일에"라는 말은 "한 월삭부터 다른 월삭까지와 한 안식일로부터 다른 안식일까지" 즉 "달마다, 주마다"라는 표현이며, "모든 혈육[사람]이 이르러 내 앞에 경배하리라"는 말씀은 구원 얻은 모든 사람이 하나님을 섬길 것이라는 뜻

이사야 66장: 하나님의 심판

이다. 구원 얻은 모든 사람은 달마다, 주마다 하나님을 섬길 것이다. 신약교회가 지상에서도 그러하고 천국에서는 더욱 그러할 것이다.

[24절] 그들이 나가서 내게 패역한[거역하여 범죄한](KJV, NASB) **자들의 시체들을 볼 것이라. 그 벌레가 죽지 아니하며 그 불이 꺼지지 아니하여 모든 혈육에게 가증함이 되리라.**

본문은 악인들 곧 심판받을 자들에 대한 예언이다. 악인들은 불의 형벌을 받을 것이다. 그들의 벌레는 죽지 않고 그 불은 꺼지지 않을 것이다. 그것은 주 예수께서 증거하신 지옥의 모습과 같다. 마가복음 9:48, "거기는 구더기도 죽지 않고 불도 꺼지지 아니하느니라." 하나님께서는 악인들을 위해 지옥 불못을 예비하실 것이다(계 21:8).

본문의 교훈을 정리해보자. <u>첫째로, 장차 불과 칼의 심판이 있을 것이다</u>. 하늘과 땅은 불사르기 위하여 심판과 멸망의 날까지 보존되어 있다(벧후 3:6-7). 최종적으로, 지옥이 있을 것이다(계 21:8). 그 곳은 꺼지지 않는 불못이다(막 9:43-47). 거기는 구더기도 죽지 않고 불도 꺼지지 않을 것이다(막 9:48). 모든 사람은 지옥 불못을 두려워해야 한다.

<u>둘째로, 하나님께서는 만국에서 택자들을 불러 모으실 것이다</u>. 그것은 구원하심의 일이다. 세계복음화는 하나님의 뜻이다. 주 예수께서는 "너희는 가서 모든 족속으로 제자를 삼아 아버지와 아들과 성령의 이름으로 세례를 주라"(마 28:19), "너희는 온 천하에 다니며 만민에게 복음을 전파하라"(막 16:15)고 명하셨다. 각 나라와 족속과 백성과 방언에서 아무라도 셀 수 없는 큰 무리가 구원을 얻을 것이다(계 7:9).

<u>셋째로, 그들은 새 하늘과 새 땅에서 항상 하나님을 섬길 것이지만, 하나님을 거역한 악인들은 영원한 불못에 던지울 것이다</u>. 구원 얻은 자들은 천국에서 하나님의 보좌 앞에 있고 달마다, 주마다(사 66:23), 밤낮 하나님을 섬기며(계 7:15) 주의 얼굴을 볼 것이다(계 22:4). 그들은 영원토록 기쁨과 평안을 누릴 것이다. 그러나 악인들은 천국의 성밖에 있을 것이며(계 22:15) 불과 유황으로 타는 못에 참여할 것이다(계 21:8).

저자 소개

연세대학교 문과대학 철학과 졸업 (B.A.).
총신대학 신학연구원[신학대학원] 졸업 (M.Div. equiv.).
미국, Faith Theological Seminary 졸업 (Th.M. in N.T.).
미국, Bob Jones University 대학원 졸업 (Ph.D. in Theology).
계약신학대학원 교수, 합정동교회 담임목사.
[역서] J. 그레셤 메이천, 신약개론, 신앙이란 무엇인가? 등 다수.
[저서] 구약성경강해 1, 2, 신약성경강해, 조직신학, 기독교교리개요, 기독교 윤리, 현대교회문제, 자유주의 신학의 이단성, 에큐메니칼운동 비평, 복음주의 비평, 현대교회문제자료집, 천주교회비평 등.

이사야 강해

2010년 1월 14일 1판
2019년 4월 19일 2판
2022년 7월 29일 3판

저　　자　김 효 성
발 행 처　옛신앙 출판사
　　　　　Old-time Faith Press
　　　　　www.oldfaith.net
　　　　　서울 마포구 독막로 26 (합정동)
　　　　　합정동교회 내
　　　　　02-334-8291, 팩스 02-337-4869
　　　　　oldfaith@hjdc.net
　　　　　등록번호: 제10-1225호

ISBN 978-89-98821-75-3   03230

옛신앙출판사는 이익을 추구하지 않으며 출판권은 저자에게 있습니다.

♣ **'옛신앙'**이란, 옛부터 하나님의 선지자들과 주 예수 그리스도의 사도들이 가졌던 신앙, 오직 정확 무오(正確無誤)한 하나님 말씀인 신구약성경에만 근거한 신앙, 오늘날 배교(背敎)와 타협의 풍조에 물들지 않는 신앙을 의미합니다.

"여호와께서 이같이 말씀하시되 '너희는 길에 서서 보며 **옛적 길** 곧 **선한 길**이 어디인지 알아보고 그리로 행하라. 너희 심령이 평강을 얻으리라' 하나, 그들의 대답이 '우리는 그리로 행치 않겠노라' 하였으며"(렘 6:16).

옛신앙 출판사 서적 안내

1. 김효성, 현대교회문제. [6판]. 204쪽. 4,000원.
2. 김효성, 자유주의 신학의 이단성. [2판]. 170쪽. 4,000원.
3. 김효성, 에큐메니칼운동 비평. 158쪽. 6,000원.
4. 김효성, 복음주의 비평. 193쪽. 6,000원.
5. 김효성, 천주교회 비평. [2판]. 97쪽. 3,000원.
6. 김효성, 이단종파들. [6판]. 70쪽. 700원.
7. 김효성, 공산주의 비평. [6판]. 44쪽. 2,000원.
8. 김효성, 조직신학. [2판]. 627쪽. 6,000원.
9. 김효성, 기독교 교리개요. [10판]. 96쪽. 2,500원.
10. 김효성, 기독교 윤리. [6판]. 240쪽. 4,500원.
11. 김효성, 신약성경 전통본문 옹호. 166쪽. 4,000원.
12. 김효성, 기독교 신앙입문. [10판]. 34쪽. 600원.
14. 김효성, 창세기 강해. [3판]. 359쪽. 6,000원.
15. 김효성, 출애굽기 강해. [2판]. 204쪽. 4,000원.
16. 김효성, 레위기 강해. [3판]. 164쪽. 4,000원.
17. 김효성, 민수기 강해. [2판]. 182쪽. 4,000원.
18. 김효성, 신명기 강해. [2판]. 184쪽. 4,000원.
19. 김효성, 여호수아 사사기 룻기 강해. [3판]. 216쪽. 4,000원.
20. 김효성, 사무엘서 강해. [3판]. 233쪽. 5,000원.
21. 김효성, 열왕기 강해. [3판]. 217쪽. 5,000원.
22. 김효성, 역대기 강해. [2판]. 256쪽. 5,000원.
23. 김효성, 에스라 느헤미야 에스더 강해. [2판]. 129쪽. 3,000원.
24. 김효성, 욥기 강해. [2판]. 195쪽. 4,000원.
25. 김효성, 시편 강해. [3판]. 703쪽. 10,000원.
26. 김효성, 잠언 강해. [3판]. 623쪽. 10,000원.
27. 김효성, 전도서 강해. [3판]. 84쪽. 3,000원.
28. 김효성, 아가서 강해. [3판]. 88쪽. 3,000원.
29. 김효성, 이사야 강해. [2판]. 398쪽. 6,000원.
30. 김효성, 예레미야 및 애가 강해. [2판]. 359쪽. 6,000원.
31. 김효성, 에스겔 다니엘 강해. [2판]. 293쪽. 6,000원.
32. 김효성, 소선지서 강해. [2판]. 318쪽. 6,000원.
33. 김효성, 마태복음 강해. [2판]. 340쪽. 6,000원.
34. 김효성, 마가복음 강해. [3판]. 223쪽. 5,000원.
35. 김효성, 누가복음 강해. [2판]. 373쪽. 6,000원.
36. 김효성, 요한복음 강해. [3판]. 281쪽. 5,000원.
37. 김효성, 사도행전 강해. [3판]. 236쪽. 4,000원.
38. 김효성, 로마서 강해. [3판]. 145쪽. 4,000원.
39. 김효성, 고린도전서 강해. [2판]. 122쪽. 3,000원.
40. 김효성, 고린도후서 강해. [2판]. 100쪽. 3,000원.
41. 김효성, 갈라디아서 에베소서 강해. [2판]. 169쪽. 4,000원.
42. 김효성, 빌립보서 골로새서 강해. [2판]. 143쪽. 4,000원.
43. 김효성, 데살로니가전후서 빌레몬서 강해. [2판]. 92쪽. 3,000원.
44. 김효성, 디모데전후서 디도서 강해. [2판]. 164쪽. 4,000원.
45. 김효성, 히브리서 강해. [3판]. 109쪽. 3,000원.
46. 김효성, 야고보서 베드로전후서 강해. [2판]. 145쪽. 4,000원.
47. 김효성, 요한1,2,3서 유다서 강해. [2판]. 104쪽. 3,000원.
48. 김효성, 요한계시록 강해. [2판]. 173쪽. 4,000원.

☆ 주문: oldfaith.net/07books.htm   전화: 02-334-8291
☆ 계좌: 우리은행 1005-604-140217 합정동교회